吹黄

Fuki

タオの風

～字源解釈による
新説と自由展開で噛み砕く
『荘子』斉物論篇～

風詠社

はじめに

『荘子』は老子の思想を継いだ荘子（紀元前三六〇年？〜紀元前二八〇年？）が道家思想を完成させた書と言われています。実際の成立年代等の詳細は不明で、当初の荘子自身が記した純粋なものに、後の荘子学派の者たちによる説明や解説などが加筆、追加されたものも混入されているのだろうと言われています。

『荘子』の書として現在残されているものは、四世紀の晋の郭象《かくしょう》によって定められた内篇七篇・外篇十五篇・雑篇十一篇に分かれて構成されている膨大なものです。

この中でも、荘子自身が書いたものとして重要視されているのは内篇です。その内篇の中に、斉物論《せいぶつろん》篇があります。この篇では、地の視点しかない人々に天の視点を与え、根源的な《一》へといざなう「明」による、物を斉《ひと》しく見極める万物斉同の境地が説かれています。内篇の中でも最も重要な根幹的思想が展開されており、《道《タオ》》の概念を縦横無尽に発展させた壮大な宇宙観・人間観が繰り広げられています。

とはいえ、その思想を垣間見る現代語訳が訳者によってまちまちなのです。あいまいな意味のまま流しているものもあれば、原文の一行ずつの解釈をせず、つじつまを合わせるように極端な意訳をしているものもあります。一方、皆が共通する定説となっている箇所ももちろんありますが、納得のいかない難解な箇所や、「おや？　そうだろうか」と疑問をもつ箇所がたくさんあります。

そんな折、『学研漢和大字典』（藤堂明保編　学習研究社）に出会いました。難解な箇所の漢字を洗い直しているうち、そこに記されている「字源（漢字のなりたち）」をもとにして解釈すると、それまで納得できなかった意味内容が見事に浮き彫りになって筋の通ったものになっていくのでした。

なぜ「字源」なのかと言いますと、荘子の時代の漢字のもともとの意味するところと、その後の年代の意味とは異なっている事があるからです。また音《おん》や部分的字形が同じということで別の漢字と通用してその意味を含むと解釈して定説となっているものもありますが、『荘子（内篇）』では基本的に通用はないものとして「字源」に従った方が話が見えてくるように思ったからです。そして、これは私の想像によるものですが、荘子自体が新たに造語した漢字も含まれているように思うのですが、それを最初に解釈した人が理解に及ばず（想像あるいは曲解して）意味付けしたものが、そのまま定説となってしまったものもあるのではないかと思っています。そのため、一度リセットするようにその「字源」に立ち返って解釈してみて、はじめてもとの真意に迫れる文字も少なからずあるように感じたからです。

さても、言葉は左脳の言語野で処理することができる意味を理解する思考でとらえられるとされています。一方、漢字の「字源」をたどりますと、形声文字以外、指事文字や象形文字や会意文字の場合、映像化できるようなもともとのイメージが見えてきます。それは右脳的な発想と言えるかもしれません。荘子の用いる言葉はその両方をふんだんに生かしてバランスのとれた豊かな表現を実現しているように思ったのです。それ故、今まで形声文字としているものの中に実は会意文字だった可能性も見いだせるのではないかと推察したものもあります。

そんな自己流の解釈をしてもいいものだろうかと疑いの眼差しを向ける人が多いかもしれません。しかし実は「字源」といっても確実な絶対的な解字解釈があるわけではないのです。辞書によってまちまちなのです。そのため、根拠があれば新説が入り込む余地があるのではないかと思っています。現に藤堂明保氏は白川静氏の「字源」解釈は、「全般になんでもかんでも宗教的、呪術的なものが背景にあったとする主観的な主張」だと真っ向から否定しているのです。逆に白川氏は、藤堂氏の方こそ漢字を「音をあらわすだけの記号」としかとらえていないと反論しています。しかし藤堂氏の説は確かに共通する音から「単語家族説」をとってはいますが、それは一般論で通用できるかどうかの問題で、音だけではない「字源」解釈をちゃんと示しています。この度の『荘子』の新解釈においては、基本的には通用させた字を用いず、そもそもの「字源」を重要視したため、事実、藤堂氏の解釈を参照することによって、『荘子』において読み取れなかった多くの意味が明確になっていきました。反対に白川氏の『字統』（平凡社）を参考にしようにも、『荘子』解釈にはまったく役に立たなかった事実があるため、「字源」に関しては、藤堂氏の説の方に信憑性があると考え、それに従いました。とはいえ、藤堂氏の説も百パーセント的を射ているかというと、見直す点もあるのではないかと思っているのも事実で、そのため推理した新説も加える運びとなったのです。

よって本文中の「字源」は推理した新説を含みますが、ベースとしているのは『学研漢和大字典』（藤堂明保編　学習研究社）と『漢字源　ＥＰＷＩＮＧ版』（藤堂明保　松本昭　竹田晃編　学習研究社）から抜粋（要約）したものです。それにない字は『大漢和辭典』（諸橋轍次著　大修館書店）から抜粋しましたが、読み方と意味だけで「字源」はわかりません。そこで部首や部外などを分解して意味を読み取り、全体を推理した字もあります。その他の辞書は必要に応じて参照しましたが、難解な漢字は形声文字にしていることが多く、特記することはありませんでした。

さて、本文中「通説」として引用、要約しているそのほとんどは『荘子』（金谷治訳注　岩波書店）からです。その説に異論を唱えているところが多々ありますが、金谷氏の尽力があってこそ、はじめて『荘子』に触れることができたという経緯に感謝しております。また『中国の思想　第12巻　荘子』（岸陽子訳　徳間書店）の説も参照しましたが、この訳は原文に忠実に沿ったものではなく、大筋はとらえているようでいて、本文にはない憶測での自論を展開しており、かなりの意訳をして勢いよくうまくまとめているもののように思えたため、本文中に引用することはほとんどできませんでした。その他の数冊の本は、『斉物論篇』のすべてを訳しているのではなかったため、参照するにとどめました。

最近になって、藤堂明保氏の監修した『中国の古典5　荘子（上下）』（池田知久訳　学習研究社）があると知り、期待をこめて取り寄せ、読みました。しかし、正直なところがっかりしました。「字源」ではなく一般的な意味で解釈しているからです。また本書において、金谷氏の説と同じく一～五（章）と分けて解釈しているところ、まとめて第一章として取り扱っているため、かなり無理な意訳が目立ったからです。しかも、最初に登場する南郭子綦《なんかくしき》を「道をきわめた師」というイメージではなく、「哲学者」としているため、展開される豊かな話を「学説」ととらえて小難しいややこしい話にしてしまっているのが残念でした。

こうしたわけで本書では、多くの箇所は「字源」に基づき、独自の解釈で新説を唱える運びとなりました。またそれだけではなく、現代の私たちにも響くように、新説を裏付ける根拠を示した解説をすることに加えて、《道《タオ》》を吹き抜ける風が自由に舞い踊るようなイメージが自ずと生まれるようにと、形式にこだわらないフリートークを試みることにしました。そうすることによって、今まで難解だった箇所が紐解かれ、一歩でも二歩でも荘子の意図したことに迫れることを願ってやみません。

本文は小さなまとまりごとに二部構成で成り立っています。前半部は「通説」と比較しながら「字源」を基にした「新解釈（新説）」、後半部はその「補足説明」やそこから噛み砕いた「自由展開」としました。

凡例

（前半部）

▼……底本による原文

【新解釈による読み下し文】

新解釈（新説）による現代語訳

＊……辞書、『漢字源　ＥＰＷＩＮＧ版』（藤堂明保　松本昭　竹田晃編　学習研究社）
『学研漢和大字典』（藤堂明保編　学習研究社）による字源と意味の説明

△……独自の新解釈（新説）による字源の補足的推理

※……類する漢字の補足説明

■……他所の参考文

◆……通説（主に金谷治氏）による注釈や読み下し文と現代語訳

●……新解釈による注釈や解説

（後半部）

☆……部分的概要

太文字……新解釈（新説）による現代語訳

――……補足説明や対話形式で噛み砕いた自由展開

目次

一、天の籟《ふえ》

南郭子綦
隱几而坐
仰天而嘘
嗒焉似喪其耦
顏成子游　立侍乎前　曰
何居乎
形固可使如槁木
而心固可使如死灰乎
今之隱几者
非昔之隱几者也
子綦曰
偃不亦善乎
而問之也

南郭子綦《なんかくしき》、
几《き》に隠《かく》れて坐し、
天を仰いで嘘《ふ》く。
嗒焉《とうえん》とした其の耦《ぐう》を喪《うしな》うに似たり。
顔成子游《がんせいしゆう》、前に立侍《りつじ》して曰く。
何ぞ居るや。
形は固《もと》よりの槁木《こうぼく》の如くならしむべく、
心は固よりの死灰の如くならしむべきか。
今の几に隠れる者は、
昔の几に隠れる者にあらざるや。
子綦曰く。
偃《えん》にして、また善からずや、
而《しこう》してこれを問うことや。

今者吾喪我
汝知之乎
汝聞人籟而未聞地籟
汝聞地籟而未聞天籟夫
子游曰　敢問其方
子綦曰
夫大塊噫氣
其名爲風
是唯無作
作則萬竅怒呺
而獨不聞之翏翏乎
山林之畏佳
大木百圍之竅穴
似鼻　似口　似耳
似枅　似圏　似臼
似洼者　似汚者
激者　謞者
叱者　吸者

今者《いま》、吾は我を喪う。
汝《なんじ》これを知るか。
汝は人籟《らい》を聞くも未だ地籟を聞かず。
汝は地籟を聞くも未だ天籟を聞かざるかな。
子游曰く。敢《あ》えて其の方を問う。
子綦曰く。
それ大塊《たいかい》の噫《あい》気、
其の名を風と為す。
是れ唯《ただ》作《さく》するはなし。
作するとは則ち万竅《ばんきょう》怒呺《どごう》す。
而《しか》も独りこの翏翏《りゅうりゅう》たるを聞かざるや。
山林の畏佳《いか》たり。
百囲《かかえ》の大木の竅穴《きょうけつ》は、
鼻に似、口に似、耳に似、
枅《けん》に似、圏《けん》に似、臼に似たり。
洼《わ》に似る者、汚《お》に似る者〔あり〕。
激する者、謞《こう》する者、
叱《しっ》する者、吸う者、

叫者　譹者
宎者　咬者
前者唱于
而隨者唱喁
泠風則小和
飄風則大和
厲風濟則衆竅爲虛
而獨不見之調調之刁刁乎
子游曰
地籟則衆竅是已
人籟則比竹是已
敢問天籟
子綦曰
夫吹萬不同
而使其自己也
咸其自取
怒者其誰邪

叫ぶ者、譹《ごう》する者、
宎《よう》する者、咬《こう》する者〔あり〕。
前なる者は于《う》と唱《とな》え、
随《したが》う者は喁《ぐ》と唱う。
泠《れい》風は則ち小和し、
飄《ひょう》風は則ち大和す。
厲《れい》風済めば、則ち衆竅《しゅうきょう》虚と為る。
而して独りにしてこの調調たると、この刁刁《ちょうちょう》たるとは見ざるや。
子游曰く。
地籟則ち衆竅是のみ。
人籟則ち比竹《ひちく》是のみ。
敢えて天籟を問う。
子綦曰く。
夫《そ》れ同じからざる万《よろず》を吹く。
而《しか》も其れ己よりせしむなり。
咸《ことごと》く其れ自ら取るも、
怒《はげ》ます者は其れ誰ぞや。

南郭《なんかく》子《し》綦《き》は、几《き》（人間の土台≒肌）に隠《かく》れて坐し、
天を〔行き交うように〕仰いでふうと深い息を嘘《ふ》き出した。

それは、まるで莢《さや》のようにして合わさった状態にある、共に働くその相方を喪うことに似ていた。

顔成《がんせい》子《し》游《ゆう》は、その前に立ち控えていたが、つぶやいた。「何者が居るというのだろう。

〔これが〕形（肉体）は、本来のかわいた木のようにさせることができ、
心は、本来の燃えきった灰のようにさせることができるということだろうか。

今まさに几《き》に隠れている者は、それまでの几に隠れていた者ではないのか。」

子綦は言った。「偃《えん》（低姿勢）にして、なかなかよいではないか。しかもその問いも。

今まさに、《吾《わたし》》は《我《われ》》を喪っていたのだ。お前にも、このことがわかったのだろうか。

お前は人の籟《ふえ》を聞いたことがあったとしても、まだ地の籟は聞いたことはないだろう。

お前は、地の籟を聞くことになったとしても、まだ天の籟を聞くことにはならないだろう。」

子游は言った。「あえて、そちらの方の話をうかがいたいものです。」

子綦は言った。「そもそもまるい大地のあくびで発せられた息、それを名づけて風と言っている。

唯《ただ》これ（風）だけでは何も作り出すことはない。

作るとは、つまり、あらゆる竅《あな》がどよめき、音を発するということだ。

けれども、風単独では《翏翏《りゅうりゅう》》という音は聞けないだろう。

山林はおそろしくも、又、美しい〔音がある〕。

〔それは〕百囲《かか》えもある大木の竅穴《あな》に、鼻に似たもの、口に似たもの、耳に似たもの、

また、枡型（□）に似たもの、輪型（○）に似たもの、臼型（∪）に似たものがある〔からだ〕。

〔こんこんと湧き出る〕澄んだ水に似た音《もの》もあれば、〔せき止められ〕よどんだ水に似た音《もの》もある。

ぶつかる激しい音、かぶせかかる高い音、発散的な叱る音、受け入れる吸う音、
絞り出す叫ぶ音、太く強い音、か細くこもる音、かみしめる音〔などがある〕。

前者（風）が〔ぶつかり曲り〕于《う》と唱《うた》い始めると、
それに身を任せている随者（竅穴）も〔そっくりに〕喁《ぐ》と唱い始める。

清涼さ（水気）を帯びた風ならば小さく和してゆき、熱気（火気）を帯びた旋風ならば大きく和してゆく。

はげしい風も〔温度や気圧が均一になって〕済《や》むと、
つまりは、もろもろの竅《あな》はただの〔中がからっぽの〕虚《うろ》となる。

それにしても、樹単独でも〔枝葉が〕《調調》と〔ハーモニーをもって〕振るえるさまも、
《刁刁》《ちょうちょう》と〔鈴の舌のように音をたて〕ゆらめくさまも見られないだろう。」

子游は言った。「地の籟《ふえ》とは、つまりもろもろの竅《あな》だと、こう言えるのですね。

人の籟とは、つまり竹のたぐいだと、こう言えるのですね。

では、天の籟とは何か、ぜひうかがいたいです。」

子綦は言った。「それ（天）は、同じものは二つとない万《よろず》を〔籟《ふえ》として〕吹いている。

だが、〔天は〕それ（風）がおのれ自身から起こるようにとさせているのだ。

ことごとく皆、それ（音）を自らのものとしてしまうものだが、
はて、いったい誰が勢いよく息を吹いているのだろう。」

▼南郭子綦

【南郭子綦《なんかくしき》、】

南郭子綦《なんかくしき》は、

……………………………………

＊【郭】は「邑（まち）＋［真ん中に□印の城があり、その南北に城門のあい対するさま（を描いた象形文字）］」で、「外壁を囲んだ町」をあらわします。中国では町全体を城壁でとりまき、城門の外に発達した町をさらに外城でとり囲んでいます（南の城門の外を南郭といいます）。

＊【綦】は「糸＋其（音符）」の形声文字で、「もえぎ色（の布）」「きわまる・きわめる」などの意。

◆通説で（金谷氏）は、【南郭子綦】の【南郭】は「城郭《まち》の南のはずれ。」そこに住んでいるので呼び名となった。【子綦】は人名。「楚の国の哲人」……と説明しています。

【南郭子綦、】は［南郭子綦《なんかくしき》は、］としています。

◆藤堂氏は、「架空の哲学者」……と説明しています。

●新解釈では、実在した者ではなく、架空の人物だと解釈しました。架空の人物の場合、名前に意味が込められていると考えられます。【子綦】とは、硬いイメージの「哲人」や「哲学者」とは全く違う、むしろ対照的なナイーブで柔軟な「道をきわめた師」という含みをもった人物だと推察しました。

▼隱几而坐

【几《き》に隠《かく》れて坐し、】

几《き》（人間の土台≒肌）に隠《かく》れて坐し、

＊【几】は「両端に二本の脚のついた台」を描いた象形文字で、「机」の原字となったものです。主に「坐几」を指します。

△【几】は、「木＋几」で「机」になりますが、それ以外では「肉＋几」で「肌」、「食＋几」で「飢」など、「人間」にも使われます。辞書では両方とも意味は関係ない形声文字とされていますが、新解釈では、会意文字だったのではないかと推察しています。よって、【几】はもともとは「机」や「肌」のもとになった広義の「二本脚をもつ土台となるもの」という意味をもっていたのではないかと推察しました。

＊【隱（隠）】は「阜（壁、土べい）＋「爪（手）＋工印＋彐（手）」＋心」で、「上下の手で、〔工〕をおおうように、壁でかくしてみえなくすること」です。「かくれる・かくす」の他「よる（よりかかる）」意もあります。

△【隠】が本来の「かくれる」という意味で使うと、【几】（一般的解釈のひじ掛けや机）との絡みで意味が通じなくなるため、つじつまが合うように意訳して「よる（よりかかる）」意とくんだのが定着してしまい、その後【隠几】は「ひじ掛け（机）によりかかる」という意味が定説になり、決まり文句のように他の人も用いるようになったものだと想像します。新解釈では、あくまでも「かくれる」という意味のまま解釈しました。

＊【坐】は「人＋人＋土」で「人が地上にしりをつけること」を示します。
◆通説では、【几《き》に隠《よ》りて坐し、】は、「肘掛《ひじか》けにもたれて坐り、」としています。
●【几】＝「（二本脚の）人間の土台となるもの」≒「肌」として考えるならば、【隠】を「よりかかる」という特別な読み方をしなくても、そのままの文意で「人間の土台となるからだ（心身）」に「隠れて」と受け取ることができ、見える「姿勢」ではなく、見えないけれども存在として「坐す」と言っていることになり、以降の文意をも、より際立たせる「人間観」がうかがえるようです。
（あまりに定説から逸脱する説ではないかと思う人が多いと思いますが、荘子は不必要などうでもいいような情景描写をしている箇所は一つもないと思っています。ましてや後で繰り返したのは重要な概念だったからだと解釈しました。）

▼ 仰天而嘘　【天を仰いで嘘《ふ》く。】

天を〔行き交うように〕仰いでふうと深い息を嘘《ふ》き出した。

＊【仰】は「人＋卬（上から見おろす人＋下から見あげる人）」で、「上下の方向にかみあう動作」を意味します。→のち「あおぐ（高い方を見上げる）」「あおぐ（ふりあおいで尊敬する）」意に用います。
＊【嘘（噓）】は「口＋虚（音符）」で、中国語では「ふうと静かに息を出すこと」と「ふうとため息をつく」のみの意味しかありません。「うそ」の意味は昔も今も全く持っていません（日本でのみ用います）。

△【嘘】は形声文字とされていますが、「口＋虚（うろ）」の会意文字と考えられます。キーワードです。おそらく荘子の造語から生まれた文字ではないかと推察しています。

◆通説では、【天を仰いで嘘《いき》（息）す。】は［大空を仰いで太い息をはいた。］としています。

●新解釈では、【仰】はただ「天の方を見上げていた」という外的な様子ではなく、原義の「上下の方向にかみあう動作」という意により、【天】との間を「上下する気の循環」をしているようなイメージを想像します。【嘘】はただ「吐く」とか「吹く」とかばかりではなく、後の風の話ともからんでくる「虚の口から息が出入りする」としているところがミソだと思います。

▼嗒焉似喪其耦

【嗒焉《とうえん》とした其の耦《ぐう》を喪《うしな》うに似たり。】

それは、まるで莢《さや》のようにして合わさった状態にある、共に働くその相方を喪うことに似ていた。

＊【嗒】は形声文字で、「わすれる・うっとりする」とされています。

＊【焉】は「状態」を表します。

＊【嗒焉《とうえん》】で、「われを忘れて満足するさま」とか「われを忘れてうっとりするさま」というのが定説になっています。

※この箇所の【嗒】は、『大漢和辞典』によると、【荅】という字が用いられていたという説もあるとしています。【荅】は「艸＋合」の会意文字で、「さやのあわさった豆」のことです。また、「二つ合わさってい

るようなさま」から、「こたえる」「あう・あわさる」という意味もあります。

△【嗒焉】は状況を憶測したところから定説になったものだと思われます。定説とは違い、【荅（嗒）】が形声文字ではなく会意文字だとすると、「二つが莢のように合わさっている状態」だと言えそうです。

＊【耦】は「耒（すき）＋禺（人に似た猿、似た相手）」で、「似た者二人が並んで鋤をとること」「二人が並んで耕す」「なかま・相手・相方」「向かい合う・二つで組になる」「二つできれいに割れる数」。

※この「禺」（ものまね猿・人に似た猿・そっくりなもの）という字と組み合わさって出てくる漢字が、『荘子』の話の中にはたくさんあります。とても重要な意味を秘めている字のようです。そのことについては、十‐一で詳しく説明しようと思っています。

＊【喪】は「哭（なく）＋口×2＋亡（ない）」で、「死人を送って口々に泣くこと」ですが、「ばらばらに離散する」意を含み、「相（二つに分かれる）」と同系の言葉です。

◆通説では、【耦】は偶と同じ。軀《く》体のこと……と説明しています。
【嗒焉《とうえん》として其の耦《からだ》（偶）を喪《わす》るるに似たり。】は〔茫然としてまるでその肉体の存在を忘れたかのようである。〕としています。

●【耦】が、「一個人」の中で「共に働くそっくりな相方」だとすれば、なおさら【荅（嗒）】の本来の字義「莢のように二つが合わさっている」という意味とも合致するというものです。よって、【喪】も「忘れる」というニュアンスではなく、「二つが離散する」という意味の「うしなう」ということだと解釈しました。

▼ 顔成子游　立侍乎前　曰

【顔成子游《がんせいしゆう》、前に立侍《りつじ》して曰く。】

顔成子游《がんせいしゆう》は、その前に立ち控えていたが、つぶやいた。

＊【游】は、「水のように流れのままに遊ぶ」意です。

＊【侍】の「寺」は「[て]＋[あし]」で「手足を動かして雑用を弁じる」の意。身分の高い人の身辺を世話する人を古くは寺人と称していましたが、のちに寺人の寺は役所や仏寺の意に転用されたため、【侍】の字がその原義をあらわすようになりました。「はべる」「そばに控える」。

◆通説では【顔成子游】も子綦の弟子として実在した人の呼び名としています。

【顔成子游《がんせいしゆう》、前に立侍《りつじ》して曰く、】は、「門人の顔成子游がその前に立ってひかえていたが、口を開いた。」としています。

●【顔成子游】はもちろん名前ですが、これも架空の人物だとみなしました。意をくむと、「顔を成す自然の遊びの流れ」→「自然な顔の表情をもつ人」の含みがあるのかもしれないと推察します。師は「坐している」のに対して、顔成子游は「その前で立ち控えている」という位置関係を印象付けている言葉です。

▼ 何居乎

【何ぞ居るや。】

「何者が居るというのだろう。

＊【居】は「尸（しり）＋古（＝固／固定、すえる）」で「腰を落ち着けること」。
◆通説では、【居】は問詞の助詞とみなし、【何居《なん》ぞや、】は「どうなさったのですか。」としています。
●しかし、ここの【居】はむしろ「几に隠れて坐す」者の見えないにもかかわらず確固たる存在感を感じたが故に、子游は「何者が居る（どっしりと腰を落ち着けている）というのだろう。」と驚きを隠せない言葉を発したのだと思います。

▼形固可使如槁木
而心固可使如死灰乎

【形は固《もと》よりの槁木《こうぼく》の如くならしむべく、】
【心は固よりの死灰の如くならしむべきか。】

〔これが〕形（肉体）は、本来のかわいた木のようにさせることができ、心は、本来の燃えきった灰のようにさせることができるということだろうか。

＊【槁】は、「木＋高（たかくかわいた）」で「かわいた木」のことです。
＊【死】は、「歹（骨の断片）＋人」で、「人がしんで骨きれに分解すること」を表します。「死んだように活動しなくなって、現実には役立たないさま」。
◆通説では【形固可使如槁木　而心固可使死灰（灰）乎】ということの比喩は、『荘子・徐無鬼篇』その他にも見え、また『文子』にも老子のことばとして見えていて、それからすると一種の諺として通行していた

もののようである。子游の語はそれをふまえたものであろう。……と説明しています。【形は固《もと》より槁木《こうぼく》の如くならしむべく、心は固より死灰の如くならしむべきか。】は〔肉体はもちろん枯れ木のようにすることができるし、心はもちろん冷えた灰のようにすることができる〔というのはこととこと な〕のでしょうか。〕としています。

■『荘子・庚桑楚篇《こうそうそ》』にはこのようにあります。

〔至人は〕兒子《じし》〔頭蓋骨の上部がまだ合わさらないような子・みどり児〕のようにして、為すところを知らずして動き、ゆくところを知らずして行く。【身を槁木の枝の如く、心を死灰の如くしている。】そのような者は、禍もまた至らず、福もまたやって来ることもない。禍福さえなくなるからには、人災をどうして受けるようなことがあるだろうか。

■『荘子』より後の時代のものですが、『黄金の華の秘密』（C・G・ユング　R・ヴィルヘルム著　人文書院）での呂祖師の話の要約です。

断崖を目前にも【枯木】のように打坐する境地に至るには、多くの錯誤を犯す可能性がある。

…（中略）…

一般の静寂不動の境地とは、往々にして【槁木死灰】を連想することが多く、〔本来の〕大地が明るい春を迎える〔躍動、昂揚〕状態を思い描くことが少ない。これでは、陰の世界に落ちることになる。その気は冷たく、その息は沈むだけだ。さらに寒々とした衰退のイメージを多々許すことになる。

●これらの話からしても、【形（身）は槁木《こうぼく》の如く、心は死灰の如く】とは、もともとは人間の本来あるべき理想的な「静寂不動の境地」を形容する決まり文句のようなものだったようです。【死灰】の意味するもともとの意味は「燃えきった灰」といったニュアンスだったものが、通説のように「冷たい灰」と解釈されることが多いということから、誤解されたまま後世に伝わっていったのではないかと思われます。

【子綦】は【南郭】という名からしても陽気を連想できそうです。息が沈むどころか、天と行き交うほどの深々とした太い息であるとしていることからも、「静寂不動の境地」にありながらも、冷たい陰の世界に落ち込むことなく、暖かい陽の世界の昂揚した気を巡らせていたことがうかがえます。

▼ 今之隠几者
非昔之隠几者也

【今の几に隠れる者は、】
【昔の几に隠れる者にあらざるや。】

今まさに几《き》に隠れている者は、それまでの几に隠れていた者ではないのか。」

◆通説では、【今の几に隠《よ》る者は、昔《さき》の几に隠る者に非ざるなりと。】は、［ただいまの肘掛けに倚《よ》られたご様子は、これまでの肘掛けに倚られたご様子とは違っています。」］としています。

●新解釈では、「今まさに几《き》に隠《かく》れている者」は、形（肉体）と心は【槁木死灰】とも思えるほどの完全な静寂不動の中にありながら、その背後で天と交流している圧倒的な存在感を感じるが故に、「昔（それまでの形や心と共に活動していた時）の几に隠れている者ではないのか。」……と言っているのだと受けとりました。

▼ 子綦曰
偃不亦善乎　而問之也

【子綦曰く。】
【偃《えん》にして、また善からずや、而《しこう》してこれを問うことや。】

子綦は言った。「偃《えん》（低姿勢）にして、なかなかよいではないか。しかもその問いも。

＊【偃】は「低く押さえた姿勢」を指し、「ふせる・たおれる」とか、「（武器や道具を置いて）ひと休みする」といった意味があります。

＊【亦】は、「人間が大の字になった全形を描き、その両脇の下を［丶］印で示した」会意文字。「同じ物事がもう一つある」意を含みます。

◆通説では、【偃《えん》】は「顔成（姓）」「子游（字《あざな》）」の「偃（名）」と解釈され定着しています。【亦《また》】という意味は無視されています。【而】も接続詞ではなく「なんじ（お前）」の意ととらえているようです。そのため、【偃《えん》よ、亦た善からずや、而《なんじ》のこれを問うこと。】は、「偃《えん》よ、いかにも立派だよ、お前の問いは。」としています。

●【偃】は前述にて「立侍（立ち控える）」とわざわざ書かれているところから、「ふせる」では矛盾するものと、その意味は黙殺されたのかも知れません。百歩譲って【偃】が名前だとしても架空の人物である以上、意味が込められていると推察できます。また、【亦】があることによって、【偃】と【問】の二つのことを【善い】と言っているのです。「立派だ」などという判断を下しているのではなく、「〈名が示すように〉その低姿勢もまた、なかなかいいではないか。その問いとともに。」といったニュアンスでの、師の応答ではないかと解釈しました。

▼ 今者吾喪我　汝知之乎

【今者《いま》、吾は我を喪う。汝《なんじ》これを知るか。】

今まさに、《吾《わたし》》は《我《われ》》を喪っていたのだ。
お前にも、このことがわかったのだろうか。

＊【吾】は、「口＋五（交差する）」というもので一人称代名詞にのみ使われます。
＊【我】は、「刃がぎざぎざになった戈（ほこ）」を描いた象形文字です。一人称代名詞に用いるようになったのは、「ガ」という音からの仮借です。
（文法上、古くは【吾】はおもに主格と所有格に、【我】はおもに目的格に用いていたようです。）
△ここの場合、単なる文法上、そうしただけでしょうか。新解釈では、意図して違った扱いをしているものと解釈しました。人間は「二つのそっくりなものがある」と言っていたこととも関連して、違った漢字をあてがったのではないかと思っています。【吾】は総括する《わたし》、【我】は形や心によって形成される

自我と言える《わたし》といったニュアンスでしょうか。

※「一人称の様々な表記」については、二-二で詳しく述べようと思っています。

◆通説では、【喪我】は忘我の状態、万物と一体となった境地をいう。……と説明しています。

【今者《いま》、吾は我を喪《わす》る。汝《なんじ》これを知るか。】は［今のばあいは私は自分の存在を忘れたのだ。お前にはそれが分かるかな。］としています。

●新解釈では、【吾は我を喪《うしな》う】とは、「自分の存在を忘れる」というニュアンスではなく、「【吾】（総括する《わたし》）は存在していても【我】（形や心といった自我である《わたし》）は喪って（離脱して）いた」……と言っているのだと解釈しました。【我】とはまさに【耦】のことだと言えそうです。【汝これを知るか。】と言うことによって、「お前も違う何かを感じ取ることができたのか」とその共感に師も喜んだようです。

▼ 汝聞人籟而未聞地籟
汝聞地籟而未聞天籟夫

【汝は人籟《らい》を聞くも未だ地籟を聞かず。】
【汝は地籟を聞くも未だ天籟を聞かざるかな。」】

お前は人の籟《ふえ》を聞いたことがあったとしても、まだ地の籟は聞いたことはないだろう。
お前は、地の籟を聞くことになったとしても、まだ天の籟を聞くことにはならないだろう。」

＊【籟】は「竹＋賴（音符）」形声文字で、「笙《しょう》などの笛」のことです。

△「ふえ」を表す漢字は、笛、笙、管、簫、籥、龠などがありますが、どれも会意文字か会意兼形声文字とされています。その中にあって【籟】の「頼（頼）」だけはただの音符で、「たのむ・たよる」の意味は含まない形声文字だとされていることに逆に疑問を抱きます。【籟】は、ひょっとしたら荘子の造語かもしれず、積極的にその意味をもたせていたと考えるなら、「人を頼りにするふえ」「地を頼りにするふえ」「天を頼りにするふえ」となり、今後の展開上深みが増すように思えます。

◆通説では、【汝は人籟《じんらい》を聞くも、未だ地籟を聞かず。汝は地籟を聞くも、未だ天籟を聞かざるかな。】は［お前は人の吹く簫《ふえ》は聞いたとしても、まだ地の簫を聞いたことはなく、お前は地の簫を聞いたとしても、まだ天の簫を聞いたことはないだろう。］としています。

●新解釈では、【籟】は会意文字だとみなして、この話ならではの「人、地、天のそれぞれを頼りにしているふえ」という含みをもった漢字だと推察しました。よって、他の「ふえ」の漢字で代用できない字だとみなしました。

☆荘子は、非常に一つ一つの単語を吟味して、無駄な（無意味な）情景描写は一切入れていないとみなしました。ですから、この数行の話の中にも、今まで考えられてきたような単なる外的な状況説明ではなく、通常の人の持っている感覚とは違う、荘子ならではの「人間観」がうかがえます。

南郭子綦《なんかくしき》は、几《き》（人間の土台≒肌）に隠《かく》れて坐し、

——【隠几而坐】という表現は、ここだけではなく、後でまた二度使われています。「肘掛けにもたれて

「（坐っている）」などという、いわばどうでもいいようなことを三度も使うはずはないと思うのです。「几」という概念はもともとは「二本脚をもつもの」という広い意味で使われており、「人間の外殻をなす土台」という意味においても通用するものだと推測しています。
つまり、人間を単なる肉体だけだとは考えておらず、その「几（≒肌）」の奥に「隠れている」存在が、厳然としてあるということを冒頭にポンともってきたのではないかと想像しています。そのことが一つのキーワードになるため、三度も繰り返したのだと考えます。

天を〔行き交うように〕仰いでふうと深い息を嘘《ふ》き出した。

――【仰天】という表現も、単に「大空を仰ぐ（見上げる）」といったような外的な姿勢を述べたのではなく、その奥には【仰】の原義のように、「天と人との間を交流する」かのようにして気（息）の循環とでもいうような状態だったのではないかと推察します。そして【嘘】は後に出てくる「籟《ふえ》」の話とも関連してくるように、「天と上下する気（風）」を、「虚」を通して「口」にする……ととらえるなら、まさにこれから語られる話のお膳立てにピッタリです。

それは、まるで莢《さや》のようにして合わさった状態にある、

――【嗒（荅）焉】という表現も、人間を「二つのもののペアで成り立っている状態」などという概念を持つことができない学者（訳者）が、自分の知っている知識の範囲内で、「うっとりとしている（茫然としてる）状態」という、これまた外的な状況を想像して定着させてしまったのではないかと考えられます。けれども、一連の字源からうかがえるのはそんな状況説明ではなく、荘子の「人間観」を浮き彫りにしている箇所ではないでしょうか。「人間」を単一体とするのではなく、「（二つで一組になる）莢のように合わさった」

複合体だと宣言しているように思えます。

共に働くその相方を喪うことに似ていた。

——それだからこそ、「其の耦を喪うに似たり」という表現とも、ピッタリイメージが重なるのです。「人間」として活動している「もう一人のそっくりな者の存在」が【耦】と言えるのです。つまり「まるで、生命としてペアを成し、ともに働いていたその片方が分離していなくなった状態に似ている」ということになりそうです。うっとりして「自分の存在を忘れていた」といったニュアンスとはちょっと違うものだと思います。

顔成《がんせい》子游《しゆう》は、その前に立ち控えていたが、つぶやいた。

——師（子綦）が「坐している」のに対して、弟子（子游）は「その前に立って控えていた」と、わざわざ位置関係を示しているところにも、注目しておく点だと思っています。

「何者が居るというのだろう。

——顔成子游は、目の前の師を見つめながら、その変化に気付いたのでしょう。同じ肉体を眺めているのに、その裏に隠れている全く違う「存在」の印象を受けたのではないでしょうか。しっかりとその様子を観ている子游は、「ここに居るもの、それは何者だ！」と、その眼を凝らしていたに違いありません。かつて感じたことがないほどの、「この現存は何だ！」と……。

〔これが〕形（肉体）は、本来のかわいた木のようにさせることができ、

心は、本来の燃えきった灰のようにさせることができるということだろうか。

——目の前で、生きているだろうことには違いない肉体や心が、槁木や死灰と思えるほどに、深い静寂なるもののように映ったのかもしれません。今まで噂には聞いていた言葉は、こういったことを指していたのかと確かめたかったのでしょう。

今まさに几《き》に隠れている者は、それまでの几に隠れていた者ではないのか。」

――定説になっている「ひじ掛けに寄りかかっている者」の今と昔の違いなら、目で見ての違いを指していることになります。そこに違いがあったのでしょうか。それを表現するのに、三度もどうでもいいような「ひじ掛けに寄りかかっている者」と言う必要があるでしょうか。

そうではなく、同じ人間を眺めながら、「几（≒肌）」の背後に隠れている全く違う存在感に圧倒され、超然としていながらの現存に驚き、生命としての「存在」とは何だろうといった根源的な疑問が湧き、思わず言葉をついて出てきたのではないでしょうか。

子綦は言った。「偃《えん》（低姿勢）にして、なかなかよいではないか。しかもその問いも。

――「問い」に「よいもの」「よくないもの」があるのでしょうか。善し悪しの判断のことではなく、疑問や質問のあり方次第で、「こたえ」が違ってくるのですから、重要なポイントとなりそうです。つまり喜んでこたえたくなるような問いとそうでない問いとがあるということでしょう。

言葉で簡単に「答え」られないものでも、「応える」ことならできる場合があります。それは、互いの感応、反応によってはじめて起こるもので、必ずしも「言葉」に直接対応したものとは限らない「応え」です。それが「起こる」ためには、今の状態がどうあるのかという、その焦点の合った、真実を受け取るに値する（意識の）「状態」や「姿勢」のようなものがあるかどうかがキーポイントになるのかもしれません。

弟子の子游は、「知識」として知りたいのではなく、心底「その真相」を知りたいという気持ちで、目の当たりにした実感によって湧き起こる疑問が言葉となり、師はそれに「応えたいと思えるような《よい》問いだ」と言ったのかもしれませんね。

そういう意味では、「偃」という言葉によって（それがたとえ名前だとしても、架空の人間ならその意味を含ませていたと考えられますので）、自身を低くする姿勢を取っている（既成概念という人間の思考の道具をわきにおいている）とイメージすることは、もしかすると、「自分にとって未知なるものごとを知ろう」とする姿勢として、とても重要なポイントであるのかもしれません。

ここの話でおもしろいのは、最初に「人間にはよく似た二つの存在があるかのようだ」ということをほのめかせていることです。師は坐していて、弟子は立っているという位置関係を示していましたが、「几に隠れている存在」の師は、天を見上げていながら同時に高々とした天から見下ろしているかの状態で坐しているのに対し、弟子にも二つの存在があるとするならば、肉体は立っているにもかかわらず、その意識は低姿勢をとっていたと考えられるところです。顔成子游の謙虚さが引き立つところです。子綦はその「姿勢」と「問い」との両方が「よい」から、それに「応えよう」と、そこから次の話が生まれたと考えられます。

今まさに、《吾》《わたし》は《我》《われ》を喪っていたのだ。

――「《我》《われ》を喪っていた」とは「自分の存在を忘れた」ということでしょうか。どうやらそうではなさそうです。《吾》と《我》には違いがあるようです。「《我》を喪う」とは、《吾》はいるが、共に働く《我（自意識をもったわたし）》が離脱（機能停止）していたということではないかと受け取りました。つまり《我》が「槁木死灰」のように見えたこととつながっているのです。《我（自我）》がなければ「彼（他の世界）」もなくなるといった、すべて一切の境界線が無くなり、それ故に天とも（万物とも）気の交流ができるほどに、一体化していた……という意味を含んでいるように感じました。

お前にも、このことがわかったのだろうか。

——それが「何」とは言えなくても、「お前（子游）にも、そこに通常とは違う何かを感じることができたのか」……ならば喜んで「応えよう」と、師（子綦）は口を開いたのでしょう。

お前は人の籟《ふえ》を聞いたことがあったとしても、まだ地の籟は聞いたことはないだろう。

お前は、地の籟を聞くことになったとしても、まだ天の籟を聞くことにはならないだろう。

——弟子の子游は「見て」感じたことを質問したのに対し、師の子綦は「お前の聞いたものは」と応える……まさに「答え」ではなく、師ならではの「応え」と言えるようです。

「人の籟」・「地の籟」・「天の籟」とは、「人が吹く籟」・「地が吹く籟」・「天が吹く籟」ということと同時に、「人を頼りにしているふえ」・「地を頼りにしているふえ」・「天を頼りにしているふえ」という含みをもっているのではないかと思われます。

「人の籟」なら確かに聞いたことがあると言えるでしょう。では「地の籟」はどうだろうといきなり言われてもピンとこないかもしれません。でも、話を聞いて焦点を当てさえすれば、きっとすぐに聞くことができるものになるだろう……と言っています。でも「天の籟」は簡単には聞けるものではない……ということのようです。

▼子游曰　敢問其方

【子游曰く。敢《あ》えて其の方を問う。】

子游は言った。「あえて、そちらの方の話をうかがいたいものです。」

＊【敢】は、古くは「手＋手＋／印（払いのける）＋甘（口の中に含む）」で、「封じこまれた状態を、思い切って手で払いのけること」を表します。「あえてする」「あえて（おもいきって）」。

◆通説では、【子游曰く、敢えてその方《さま》（状）を問わんと。】は「子游がいった、「ぜひとも、そのことについてお教え下さい。」」としています。

●子游は自分のつぶやいた質問の答えよりも、師の話の展開に興味津々だったことでしょう。「教えてほしい」と頼むというニュアンスではなく、「自分なりに理解したい」という思いだったのではないかと推察します。

▼子綦曰　夫大塊噫氣　其名爲風

【子綦曰く。それ大塊《たいかい》の噫気《あい》、其の名を風と為す。】

子綦は言った。「そもそもまるい大地のあくびで発せられた息、それを名づけて風と言っている。

＊【塊】は、「土＋鬼（まるい頭をした亡霊の姿）」で、「まるい形の土くれ」。

△【大塊】は「大地」でしょうが、「大きなまるい土のかたまり」となると、足元にある「大地」というより、知ってか知らずか「天が丸めた大地（地球）」という視点を感じます。

＊【噫】は、「口＋意［音＋心（心中に収まっている音）］」で、「嘆き声」「おくび・あくび」の意。

◆通説では、【子綦曰く。夫《そ》れ大塊《たいかい》の噫気《あい》、其の名を風と為す。】は、[子綦は答える、「そもそも大地のあくびで吐き出された息、それが風と言うものだ。」としています。

●「大塊」を擬人化するようにその「あくび」としているところがおもしろいですね。いきなり「風というものがあるが……」といった表現をせずに、「大塊のあくびを名づけて風と言う」とは、やはり荘子ならではのするどい表現だと感じます。

▼ 是唯無作

【是れ唯作《ただざく》するはなし。】

唯《ただ》これ（風）だけでは何も作り出すことはない。

＊【唯】は、「口＋隹」の形声文字。「ただ（それだけ）」。

＊【作】は、「人＋乍（素材に切れ目を入れる）」で「人為を加え、動作をすること」「つくる」「（変化して）なる」の他、「おきる・おこる」といった意もあります。

◆通説では、【唯】の意味を組み入れず、【作】を「起こる」と解釈しています。

【是《こ》れ唯作《ただお》（起）こるなし。】は［これはいつも起こるわけではないが、］としています。

●新解釈では、【唯】は重要な意味をもっているものとみなし、そして【作】も「つくる」意として訳しました。ここは情景描写ではなく、もっと深い洞察眼によって、「風」の本質を説明している箇所だととらえました。

▼作則萬竅怒呺

【作するとは則ち万竅怒呺《ばんきょうどごう》す。】

作るとは、つまり、あらゆる竅《あな》がどよめき、音を発するということだ。

…………………………………………

＊【竅】は「穴＋敫（キョウ）」の形声文字で、「細いあな」のこと。「敫」は、「激」（白いしぶきをあげてぶつかる）の原字ですが、この場合は、意味は含まないものとみなされています。

△新解釈では、【竅】という字は形声文字ではなく、「敫」の「ぶつかる（氵がないので白いしぶきは関係ない）」という意味をもった会意文字だとみなせるものだと推察しました。というのも、ただの「穴」だけでいいところをわざわざ【竅】としたのは、「風がぶつかる穴」だということを示していると思えるからです。

＊【怒】は「心＋奴（力を込めて働く奴隷）」で、「強く心が緊張すること」です。「はげしい」。

＊【呺】は「口＋号（大きな口を開けて声を上げる）」で、「口」が付いていようが「号」と同じような意味とされています。

△【呺】の字も荘子の造語ではないかと推察しています。

＊【怒号】は、「風・波がはげしく音をたてること」。

◆通説では、【作《お》これば則《すなわ》ち万竅怒呺《ばんきょうどごう》す。】は［起こったとなると、すべての穴という穴はどよめき叫ぶ。］としています。

●新解釈では、情景描写ではなく、理論展開しているものとみなしました。「風が作る」とはどういうことか、それはもともとは「無音」であるのに「ぶつかる穴（竅）があれば、作る（音を生み出す）ことになる」と説明しているのです。

▼而獨不聞之翏翏乎

【而《しか》も独りこの翏翏《りゅうりゅう》たるを聞かざるや。】

けれども、風単独では《翏翏《りゅうりゅう》》という音は聞けないだろう。

＊【獨（独）】は「犬＋蜀（目が大きくて、桑の葉にくっついてはなれない虫）」で「犬や桑虫のように、一定のところにくっついて動かず、他に迎合しないこと」。「ひとり」。

＊【翏】は「羽＋㐱（まじる）」で、「離れる」と「もつれる」という両義的な意をもち、「鳥がつきつ離れつして高く飛ぶ」という意です。【翏翏】で「風の吹きぬけるさま」や、「ピュウピュウ」「ヒューヒュー」に近いような風の音として「リュウリュウ」と表現しているものです。

◆通説では、【而】を「なんじ」という二人称とし、【独】は「まさに」と読んで特に訳していません。【而《なんじ》は独《まさ》に翏翏たるを聞かざるか。】は「お前はいったいあのひゅうひゅうと鳴る〔遥かな風〕音を聞いたことはないか。」としています。

●新解釈では、【唯】同様に、この【独】こそが重要な鍵を握っているものとみなしました。つまり「風単独では《無音》だ」ということを強調しているのです。「風の音」などとよく言いますが、風単独でそんな「音」はないのです。よって、【而】も「なんじ」ではなく、接続詞とみなし、前文から続く「風」というものの論理的な説明だとみなしました。

▼ 山林之畏佳

【山林の畏佳《いか》たり。】

山林はおそろしくも、又、美しい〔音がある〕。

＊【畏】は「鬼が手に武器を持っておどすさま」で、「威圧を感じること」です。「おそろしい」「気味が悪い」「こわいさま」などの意味があります。

＊【佳】は「人＋圭（はっきりしている）」で「よい」「すっきりと美しい」意です。

◆通説で（金谷氏）は、【山林】は「山陵」の誤りではないかとして【稜】と変換しています。また【畏佳】は「いし」と読んで、高山のありさまと解する説が多い……と説明しています。【山稜の畏佳《いし》たる、】は〔山の尾根がうねうねと廻《めぐ》っているところ、〕と情景描写のかなりの意訳をしています。

◆藤堂氏は【畏佳】ではなく【畏隹《いさい》】としており、〔高低左右のまがりくねり〕と解釈しています。

●【山林】とは、まさに「風」の《ぶつかる》ところを指しているのではないでしょうか。【畏佳《いか》】とは、《音》の現れ方の違い、「おそろしいものと美しいもの」があるということを表現しているものだと言えそうです。

▼
大木百圍之竅穴
似鼻　似口　似耳
似枅　似圏　似臼

【百囲《かかえ》の大木の竅穴《きょうけつ》は、】
【鼻に似、口に似、耳に似、】
【枅《けん》に似、圏《けん》に似、臼に似たり。】

〔それは〕百囲《かか》えもある大木の竅穴《あな》に、鼻に似たもの、口に似たもの、耳に似たもの、また、枅型（□）に似たもの、輪型（○）に似たもの、臼型（∪）に似たものがある〔からだ〕。

＊【圍（囲）】は、物の周囲の長さをはかる単位で、「一囲」は「五寸（約十五センチ）」か「一尺（約三〇センチ）」。

△【百囲】の【百】は実際の数だと十五メートル（三〇メートル）にもなります。これは実際の数ではなく、「非常に大きい」という形容のための数字だと思われます。

＊【枅】は「角材」ですが、「升」のように「□」の形を表しています。

＊【圏】は「まるく囲む」ことで、「○」の形を表しています。

＊【臼】は「うす」のことで、「∪」の形を表しています。

◆通説では、【大木百囲の竅穴《きょうけつ》は、鼻に似、口に似、耳に似、枅《さけ》（鈃《つぼ》）に似、圏《さかずき》に似、臼《うす》に似、】は「百囲《かか》えもある大木の穴は、鼻の穴のような、口のような、耳の穴のような、細長い酒壺の口のような、杯《さかずき》のような、臼《うす》のような、」としています。

●【竅】【穴】と同じ意味の字が使われていますが、前述したように【竅】の字を会意文字として解釈した場合、「ぶつかる」という意味が隠されていたのかもしれないと思っています。山林には恐ろしくもまた美しい音がある理由は、空中と違って山林の大木には、風のぶつかる様々な形をした竅穴があるからだ……と言っているのでしょう。

▼ 似洼者　似汚者

【洼《わ》に似る者、汚《お》に似る者〔あり〕。】

〔こんこんと湧き出る〕澄んだ水に似た音《もの》もあれば、〔せき止められ〕よどんだ水に似た音《もの》もある。

*【洼】は、「窪」の下の部分が「くぼむ・くぼみ」という意から、「深い池」を示します。

△「圭」は（「くぼむ」とは正反対に）土を形よく盛った「∧」型を表しているものです。これはまったくの憶測ですが、【洼】は、もともとは「水＋圭」で「（こんこんともり上がるように湧き出る）清水」を表しているものではないかと推察しました。「深い池」の意になったのは誤解されたまま、定説になったのではないかと思います。

*【汚】は、「曲がりくぼんだ（∪）形の中の水溜り」を表し、そこから、「にごり・よごれる」という意味が派生したものです。

◆通説では、前文に続く「違う穴の形容」としています。前文の初めの三者は人身に、次の三者は器物に、この最後の二者は地形にたとえたものであるから、【者】字はここにあるべきではない。……と解説しています。

【洼《あ》に似、汚《お》に似たり。】は［深い池のような、狭い窪地のような、様々な形がある〔が、さて風が吹きわたると、それが鳴りひびく〕。］としています。

●新解釈では、「穴の形容」ではなく、「音の形容」だとしました。【洼】は「こんこんと湧き出る澄んだ清水」、【汚】は「よどんだ汚水」という、二つの対比する水の性質に似たような音の違いがある……と解釈しました。

▼ 激者　謞者　叱者　吸者
叫者　譹者　宎者　咬者

【激する者、謞《こう》する者、叱《しっ》する者、吸う者、叫ぶ者、譹《ごう》する者、宎《よう》する者、咬《こう》する者〔あり〕。】

ぶつかる激しい音、かぶせかかる高い音、発散的な叱る音、受け入れる吸う音、絞り出す叫ぶ音、太く強い音、か細くこもる音、かみしめる音〔などがある〕。

＊【激】は「水＋敫［白＋放］（ぶつかり白いしぶきを放つ）」で、「はげしい」。
＊【謞】は「言＋高（音符）」で、「ふてぶてしく言い張る」。
＊【叱】は「口（くち）＋七（鋭い刃でさっと切る）」で、「しっと鋭くどなる」。
＊【吸】は「口＋及［人＋又］（逃げる人の背に手が届く）」で「口が届きすう」。
＊【叫】は「口＋糾の原字（なわをよじりあわせたさま）」で、「しぼり出す」。
＊【譹】は「言＋［豕＋高（たかく目だつ）の略体］」で、「太く強くはく」。

＊【宎】は「宀（やね）＋夭（しなやか）」で、「か細くこもる」。
＊【咬】は「口＋交（交差させる）」で、「ぐっとかみしめる」。
◆通説では、【激《ほ》（噭）ゆる者あり、謞《よ》（号）ぶ者あり、叱《しか》る者あり、吸《す》う者あり、叫《さけ》ぶ者あり、譹《なきさけ》ぶ者あり、宎《ふか》（深）き者あり、咬《かなし》き者あり。】は、〔吼えたてるもの、高々と叫ぶもの、低く叱りつけるもの、細々と吸い込むもの、叫ぶもの、号泣するもの、深々とこもったもの、悲しげなもの。〕としています。
●自然音の表現の違いをこれだけ羅列するには、何らかの意味があってのことだと思います。ただ似たような音だというのではなく、ある意味人〔の感情など〕から発せられる声をイメージさせます。最終的に、天の籟のことを理解する上でのヒントのようなものになっているのでしょうか。

▼前者唱于　而随者唱喁

【前なる者は于《う》と唱《とな》え、随《したが》う者は喁《ぐ》と唱う。】

前者（風）が〔ぶつかり曲り〕于《う》と唱《うた》い始めると、
それに身を任せている随者（竅穴）も〔そっくりに〕喁《ぐ》と唱い始める。

＊【唱】は「口＋昌〔日＋曰（いう）〕」で、「口に出して、明らかに言う」こと。「となえる・うたう」ですが、「最初に口にする、始める」という意を含みます。（【唱】には「和」のような「合わせる」という意味はありません。）
＊【于】は「直進するものが「一」でつかえて曲ること」を示します。また「感嘆の声」。

＊【隨（随）】は「辶（すすむ）＋隋の原字（盛り土が、崩れ往くさま）」で、「慣性にまかせる」意を含み、「先行者の行くにまかせて進む」こと。
＊【喁】は形声文字で、「あざとう（魚が水面でバクバクする息音）」。ここでは、「呼び合う声」とされています。
△【喁】の「禺」は、前述した「禺（ものまね猿・似たもの）」と同じ意味を含み、その擬音とともに「そっくりな音（声）」とみなすことができるのではないかと推察できます。よって形声文字ではなく会意兼形声文字だとみなしました。
◆通説では、【随者（者）】を「後の者」としています。また、【于】も【喁】も、意味なく単なる擬音語のみとみなされているようです。
【前なる者は于《う》と唱《とな》え、而して随《したが》う者は喁《ぎょう》と唱う。】は、「前のものが「ううっ」となると、後のものは「ごおっ」と声をたてる。」としています。
●【前者】とは、「風」のことであり、直進していたそれが「穴にぶつかり曲る」瞬間の状態を【于】によって表し、それと同時に、その時はじめて「ウ」という音が発生する……と言っているのではないかと解釈しました。そして【随者】とは、「後の者」という時間差があるものではなく、【前者】に「追随する者」つまり「竅穴」のことであり、その時、【喁】つまり「そっくりな《グ》という音が発生する」……と言っているのだとみなしました。【于】と【喁】はそれぞれ意味を持ちながら韻を踏んでいる表現ですが、音《おん》よりも意味の方に重きが置かれており、風と竅穴が出会った（ぶつかった）瞬間、「前者」も「随者」も、時間的には同時に同じ音で「唱《うた》い始める」とみなしました。決して次々に順番に音を和していくのではないのです。【前者】と【随者】であって、「前者」と「後者」ではないのです。

【冷《れい》風は則ち小和し、飄《ひょう》風は則ち大和す。】

▼冷風則小和　飄風則大和

清涼さ（水気）を帯びた風ならば小さく和してゆき、
熱気（火気）を帯びた旋風ならば大きく和してゆく。

＊【冷】は「水＋令（神意を聞く）」で、「水のようにきよい」の意。「すがすがしい・さわやか」の他、「おしえる」「さとる」などの意もあります。（「冷」という字と違います。）
＊【和】はここでは「声や音の調子を合わせること」です。
＊【飄】は「風＋票（火の粉が高く舞いあがる）」で、「舞い上がるつむじ風」。
◆通説では、【冷風】は「微風」、【飄風】は「強風」の意味にだけ訳されています。【冷《れい》（零）風は則ち小和し、飄《ひょう》風は則ち大和す。】は、〔微風《そよかぜ》のときは軽やかな調和《ハーモニー》、強風のときは壮大な調和《ハーモニー》。〕としています。
●「風」と言えば、「横」の流れを想定してしまいそうですが、ここでは、「水」と「火」の質を帯びたような「風」の表現によって、「下降」と「上昇」という、「縦」の流れをも想起させるものです。「沈静に向かう音は〔次第に〕小さく和してゆき、高揚に向かう音は〔次第に〕大きく和してゆく」と極めて科学的な視点でその性質を述べているようです。また、最終的に、天籟がいかなるものか、類推する上でのヒントとなるようなな描写をしているのかもしれません。

▼厲風濟則衆竅爲虚

【厲《れい》風済めば、則ち衆竅《しゅうきょう》虚と為る。】

はげしい風も〔温度や気圧が均一になって〕済《や》むと、つまりは、もろもろの竅《あな》はただの〔中がからっぽの〕虚《うろ》となる。

＊【厲】は「厂（がけ）＋萬（さそり／毒をもつ）」で「ひどい」「はげしい」の意。

＊【濟（済）】は「水＋齊（でこぼこをそろえる）」で、「（川の水量を）過不足がなくなるように調整すること」。

＊【虚（虚）】は「丘の原字（中央にくぼみ）＋虍」で「中が空いているさま」。

◆通説では、【済】はただ「止む」、【虚】は「静まる」と訳されています。【厲《れい》風済《や》（止）めば、則ち衆竅も虚と為《な》る。】は［そしてはげしい風が止むと、もろもろの穴はみなひっそり静まりかえる。］としています。

●【済】の意味にはただ「止まる」という以上の「温度や大気圧が均一になる」という真相があります。【虚】は「ただの〔中がからっぽの〕虚《うろ》」となる……と言っているところがミソとなると思うのです。「中空の竹」という比喩はよく使われますが、その形態と「ふえ」という概念と繋げるためにも、「中空（からっぽ）」という意味の【虚】という字は重要な役割を果たしているのではないかと思います。

（△【噓】が形声文字でなく会意文字だとする根拠はここにあります。）

▼而獨不見之調調之刁刁乎

【而して独りにしてこの調調たると、この刁刁《ちょうちょう》たるとは見ざるや。】

それにしても、樹単独でも〔枝葉が〕《調調》と〔ハーモニーをもって〕振るえるさまも、《刁刁《ちょうちょう》》と〔鈴の舌のように音をたて〕ゆらめくさまも見られないだろう。」

＊【調】は「言＋周」で、「全体にまんべんなく行き渡らせること」です。「ととのえる・ととのう」「しらべる」「しらべ（なごやかにバランスをとる音の流れ）」。

＊【調調】は、「枯れ枝や枯れ葉がぶらさがってゆれ動くさま」。

＊【刁】は「舌の揺れる鈴」を描いた象形文字です。

◆通説では、ここでも前と同じく【而】を「なんじ」と解し、【獨（独）】の意味を無視して訳しています。【調調】は「ざわざわと動く」としています。【刁刁《ちょうちょう》】は【刀刀《とうとう》】とする説をとり、「ゆらゆらと揺れる」としています。

【而独《なんじまさ》に之《こ》の調調《ちょうちょう》たると之の刀刀《とうとう》たるを見ざるかと。】は、「お前はいったいあの〔風の中の樹々が〕ざわざわと動きゆらゆらと揺れるさまを見たことがないのか。」としています。

●新解釈では、前と同じく【而】は接続詞であって、【独】は「樹単独で」という意味だと解釈しました。

【不見】ですので、聴覚的効果を生み出す視覚的なところで、【調調】という調べ《ハーモニー》をもって「揺れ動くさま」

や【刁刁《ちょうちょう》】という音を奏でる鈴の舌のように「ゆらめくさま」は「見られないのだ」としました。

☆いよいよ、弟子の子游の質問に応じての師の子綦の話が本格的に始まります。しかし、単なる「質問」に対しての直接的な「答え」のようなものではないようですね。師（子綦）の話は、単なる「風」の様子の情景描写をしているのではなく、「音」の生滅のメカニズムについての非常に科学的洞察力をもった理路整然とした説明をしているようです。

子游は言った。「あえて、そちらの方の話をうかがいたいものです。」

――師の子綦が、「人籟・地籟・天籟」という言葉を持ち出したことに対し、弟子の子游は自分の質問の答えを求めるのではなく、「あえて、そちらの方の話をうかがいたい」と願い出たのでしょう。

子綦は言った。「そもそもまるい大地のあくびで発せられた息、それを名づけて風と言っている。

――「（誰もが知っている）風というものがある」ではなく、「名づけて風と言っている」と表現しているところが荘子らしいですね。そこには、「風」を単に一つの実在的な現象とする前に、もっとその奥深いところに、眼差しが向けられているかのようです。空に存在する「風」は、ともすれば「天」に属するものと思われがちですが、その生まれる現象からして「地」に属するものなのだと印象づけています。

唯《ただ》これ（風）だけでは何も作り出すことはない。

――「唯」という言葉で、他の存在とはかかわりをもたない状態を示しており、つまり風は空中に「ただ」存在しているだけでは、何も作り出すことはない……と言っているのです。

作るとは、つまり、あらゆる竅《あな》がどよめき、音を発するということだ。

――ところが、この世界では、「風」だけが独立して存在することはありません。「作る」とは、「風」が他の存在、「もろもろの竅《あな》」とぶつかってはじめて新たな第三のもの、つまり「音」を生み出す〔作る〕ということだ……と言っているのです。

けれども、風単独では《翏翏《りゅうりゅう》》という音は聞けないだろう。

――私たちは、何気なく「風の音」と言ってしまっています。しかし、もともと「風」そのものには「音」は存在していないのです。私たちはこのことに意識的になる必要がありそうです。

通説では「お前はいったいあのひゅうひゅうと鳴る〔遙かな風〕音を聞いたことはないか。」と言っていますが、私たちはその音はよく聞いているのです。それが「風の音」だと思い込んでいるのです。ところがそれは「風が単独に有する音ではない」ということをここで強調しているのです。

日本語ではよくその音を「ヒューヒュー」とか「ピュウピュウ」という言葉を当てたりしますが、あえてここでは「翏翏」という字を残して「リュウリュウ」のままにしました。なぜかというと、字源のところで書きませんでしたが、【風】の原字は「鳳《おおとり》」と全く同じで、中国においては、おおとりを風の使い〔風師〕と考えていたということもあって、聴覚的に反映している【翏】のもっている、鳥がつきつ離れつして高く飛ぶという意味の壮大なイメージをもった音がふさわしいと思えたからです。

山林はおそろしくも、又、美しい〔音がある〕。

――いくら「風」そのものが、そこに存在していたとしても、抵抗したり、衝突したり、摩擦したりするものが存在しないところでは、「作られる音」はありません。私たちの目や耳は、その存在にすら、気付かないかも知れません。「山林」という、ともすれば「風」と対立しかねないようなその存在があってこそ、初めてそこで「作られ、生まれる音」というものがあり、その存在を知れる……と言っているのではないでしょうか。

山林……それは、風の存在を確認できる、おそろしい不気味な音を発する場所となるかもしれません。あるいは、心を癒してくれるような美しい音を発する場所となるかもしれません。

〔それは〕**百囲《かか》えもある大木の竅穴《あな》に、鼻に似たもの、口に似たもの、耳に似たもの、また、枡型（□）に似たもの、輪型（○）に似たもの、臼型（∪）に似たものがある〔からだ〕**。

――けれども、山林に響く音が、「おそろしい」のか「美しい」のか……それは「風」の知るところではないでしょう。様々に違う音は、風がぶつかるその「竅穴《あな》」の「形」や「大きさ」の違いによって生じるものだ……と言っているようです。

「風」は、その腹の中に受け入れてくれるものがあればどこにでも、あまねく往き渡り、訪れてきます。「あそこはいい」「ここはいや」などといった、選り好みはしないものです。そうして、そこかしこで様々な形の「竅穴」と共に、千差万別の「音」を作っているようです。

とはいえ、「音」そのものは、「風」のものでも「竅穴」のものでもないのです。確かに、「違い」を生じさせるのは「風」の強弱や「竅穴」の大きさや形かも知れません。けれども、「竅穴」だけでも、「風」だけでも、「音」は生まれません。二つの異質のもの、「風」と「竅穴」がぶつかり出会う瞬間、新たな第三の存在としてはじめて「音」が生まれてくるのだ……と言っているのです。

〔**こんこんと湧き出る**〕**澄んだ水に似た音《もの》もあれば、**〔**せき止められ**〕**よどんだ水に似た音《もの》もある。**

――ここでは違う音の形容をしているのでしょう。こんこんと湧き出る泉のように、澄んだ音が、次から次へと生まれ出ずることもあるのかもしれません。また、一所のへこんだ地に留めおくような淀み水のように、濁った音が、同じ場所で干渉しあうように生まれることもあるのかもしれません。

ぶつかる激しい音、かぶせかかる高い音、発散的な叱る音、受け入れる吸う音、
絞り出す叫ぶ音、太く強い音、か細くこもる音、かみしめる音〔などがある〕。

――様々な形状の竅穴があることによって、それぞれ違う性質をもった音を耳にすることになるでしょう。人間の声の場合を考えたなら、その人の（感情などの）あり方によって、自然と声帯と口の形状を変えて、様々な性質をもった声を発するということになることをほのめかしているのかもしれませんね。

前者（風）が〔ぶつかり曲り〕于《う》と唱《うた》い始めると、
それに身を任せている随者（竅穴）も〔そっくりに〕喁《ぐ》と唱い始める。

――私たちは「音の誕生する瞬間に、何がどのようになっているのか、意識したことがあるでしょうか？「風」が進もうとしているところに、ぶつかるものがあることによって衝撃（振動）を与えながら、その進路は「曲げられてしまう」のです。すると、それまで「無音」だった「風」に「音」が伴うのです。それが「于《う》」です。一方「竅穴」の方もそれまで「無音」ですが、その「風」がぶつかるがままに「随う」がために、「そっくりな音」を発するのです。それが「喁《ぐ》」です。その「音」はどちらのものでもないはずですが、その出会いの瞬間の出来事によって、それまでどこにも存在していなかった第三のものと言える「音の誕生」となるのです。

清涼さ（水気）を帯びた風ならば小さく和してゆき、

熱気（火気）を帯びた旋風ならば大きく和してゆく。

――まったく違う音をつなぐものは何でしょう。それは、まさに「風」という「見えない糸」なのかもしれません。その「風」が水気を帯びていたら、下降気流をなしながら様々な音を作りつつ、次第に小さくなるようにと和していき、火気を帯びていたら、上昇気流をなしながら様々な音を作りつつ、次第に大きくなるようにと和していくことになるでしょう。

「風」で紡がれ和した音たち……それは、単音の足し算ではありえないハーモニーとなって響きあうに違いありません。それは「風」の性質や強弱の違いによって違うハーモニーになることでしょうが、忘れてはならないのは、そこにはそれぞれに違う大きさや形の竅穴（虚《うろ》）たちがあるからこそ、豊かなメロディも生まれ出るものだということです。

はげしい風も〔温度や気圧が均一になって〕済《や》むと、

――「風」は、そこに温度や気圧の違いがある隙間があるならば、どんなところにでも「自ずと起こり」、流れていくことでしょう。その違いの程度によって、「風」の強弱も自ずと決まることでしょう。「風」は流れるべくして、流れる方へと、流れてゆき、次々と「もろもろの竅」に突き当たっては、様々な「音」を生み出し、和音や旋律を醸し出すのです。

しかし、いつまでも同じわけではありません。いつしか違うものたちの間にも、絶妙の均衡が保たれる瞬間が訪れるからです。温度や気圧の差がなくなる時、「風」の役目も「済む」のです。一仕事したかのように……。流れは止まるべくして止まり「凪」となり、「風」の存在は消えてしまうものです。

つまりは、もろもろの竅《あな》はただの〔中がからっぽの〕虚《うろ》となる。

――「風」が姿を消すやいなや、「竅たち」にも「静寂」が訪れるばかりとなります。どんなに響きあっていた存在感があったといっても、それがウソのように、そこにあるのは、ただの「中がからっぽの器」とでもいうような、単なる「虚《うろ》」に戻ってしまうのです。これが「自然」なのです。

それにしても、樹単独でも〔枝葉が〕《調調》と〔ハーモニーをもって〕振るえるさまも、《刁刁《ちょうちょう》》と〔鈴の舌のように音をたて〕ゆらめくさまも見られないだろう。」

――「風単独」では「音」はないのと同様に、「樹単独」でも「音」はないのです。「風」が吹いている時、「音」を生み出すのは竅《あな》だけではないようです。木々の枝葉が振動したりこすれたり、鈴の舌が揺れるようにぶつかり叩いたりして、サラサラ、ザワザワ、カサカサ、チョウチョウ（調調・刁刁）という「音」を生み出しているのです。それを視覚的な動きに結び付けて、「樹々のざわめき」と錯覚してしまいがちです。ところが実際は「風」なくして「樹単独」で、そんな「音」を生み出す「動き」も見ることはできないのだ……と言っているようです。

▼ 子游曰　地籟則衆竅是已
人籟則比竹是已　敢問天籟

【子游曰く。地籟則ち衆竅是のみ。】
【人籟則ち比竹《ひちく》是のみ。敢えて天籟を問う。】

子游は言った。「地の籟《ふえ》とは、つまりもろもろの竅《あな》だと、こう言えるのですね。人の籟とは、つまり竹のたぐいだと、こう言えるのですね。では、天の籟とは何か、ぜひうかがいたいです。」

＊【比】は「たぐい」という意味です。
＊【比竹】で「竹のたぐい」となります。

◆通説では、【比竹】は「ひちく」として、これで「竹管・竹笛」としています。
【子游曰く、地籟は則ち衆竅これのみ。人籟は則ち比竹これのみ。敢えて天籟を問うと。】は、「子游がいった、「地の籟《ふえ》はつまりもろもろの穴がそれですね、人の籟はつまり竹管がそれですね。どうか天の籟のことをお教えください。」」としています。

●「地が〔頼りにして〕吹く籟《ふえ》＝衆竅」これのみ。「人が〔頼りにして〕吹く籟《ふえ》＝比竹」これのみ。ならば、「これのみ」と言える「天が〔頼りにして〕吹く籟《ふえ》＝？」とは何なのだという問いのようです。

▼子綦曰　夫吹萬不同

【子綦曰く。夫《そ》れ同じからざる万《よろず》を吹く。】

子綦は言った。「それ（天）は、同じものは二つとない万《よろず》を〔籟《ふえ》として〕吹いている。

◆通説では、【子綦曰く、夫れ吹くこと万《よろず》にして同じからざるも、】は「子綦は答えた、「〔地の籟も人の籟も、〕そもそも吹きかたはさまざまで同じでないが、」」としています。

●通説の解釈がそうであるなら、「天籟とは何か」という問いに答えていないように思えます。新解釈では、【夫《そ》れ同じからざる万《よろず》を吹く。】は「天が〔頼りにして〕吹く籟＝？」という質問に「？＝【万《よろず》】」だと直接答えているものと考えます。【夫】は「天」を受けている指示の助詞で、【吹】は「吹き方」ではなく「吹くもの〔籟〕」を示し、その「吹く」対象は【不同】なる【万】だ……と言っているのではないかと解釈しました。

▼ 而使其自己也

【而《しか》も其れ己よりせしむなり。】

だが、〔天は〕それ〔風〕がおのれ自身から起こるようにとさせているのだ。

＊【自】は「人の鼻」を描いた象形文字。〔「私が」と言うとき、鼻を指さすことから〕「……からおこる、……から始まる」という起点をあらわすことばとなったものです。

＊【己】は、もと古代の土器のもようの一部で、「目立つ目印の形」の象形文字です。反対語は「他人」です。「起〔はっとおきる〕」「紀〔注意を呼び起こす糸口〕」と同系の言葉で、「外からの刺激にはっとして自覚するもの」→「おのれ」となったものです。

◆通説では〔使役の意と思われる〕【使】は、無視しているようです。【而も其の己れよりせしむ。】は「〔それらは、すべての穴や竹菅〕みなそれぞれに自分で音を出しているのだ。」としています。

●【使】の隠れている主語は、やはり「天」だと考えられ、「天」が、「それら自身」を起点に「おのれ」から「〔風が〕起きるように《させている》」と、使役の意がこめられていると解釈しました。

「天」は【万《よろず》】を籟としているとするなら、人自体もそれ（籟）に当てはまるわけで、その場合の「風」は「気流」とも言え、自分から起こり【己（自分）】に流れているようにさせている……と言えるのかもしれませんね。

▼咸其自取

【咸《ことごと》く其れ自ら取るも、】

ことごとく皆、それ（音）を自らのものとしてしまうものだが、

＊【咸】は、もと「口＋戌（ほこをもつ）」で、「刃物で強いショックを加えて口を封じること」です。「合わせて封じこめること」↓「みな一緒に封じる」↓「おしなべて・みな」となったものです。

＊【取】は、「耳＋又（て）」で、「しっかりと手にもつ・自分のものにする」ことです。

◆通説では、【咸《ことごと》く其の自ら取るなり】は、［すべてそれ自身で音が選ばれている。］としています。

●ことごとく皆、天と関係があるなどという意識を持つことなく、生まれ出る音は自分のものだとしてしまう……と言っているようです。

▼怒者其誰邪

【怒《はげ》ます者は其れ誰ぞや。】

はて、いったい誰が勢いよく息を吹いているのだろう。」

＊【怒】は「はげしい」「力を込めて」という意味が含まれた「吐き出す」意です。
◆通説では、【怒《はげ》ます者は其れ誰ぞや。】は、反語にとらえて［音を出させる者はいったい何者であろう〔そんな者はありはしない〕。］としています。
●新解釈では、ここは反語ではなく、あえて疑問形のままに残しているのだとしました。どういうニュアンスで答えを出すのかは、この話を聞いた（読んだ）者に一任しているのではないでしょうか。

☆弟子の子游は地籟と人籟とは理解したようですが、天籟についてはまだ理解が及ばなかったようで質問しています。その質問に対して、師の子綦の応じ方は、ちゃんと的を射たものになっているようです。果して子游は子綦の話に意識がついていけたのでしょうか。

子游は言った。「地の籟《ふえ》とは、つまりもろもろの竅《あな》だと、こう言えるのですね。人の籟とは、つまり竹のたぐいだと、こう言えるのですね。では、天の籟とは何か、ぜひうかがいたいです。」

――先に子綦が言ったように「地籟＝衆竅」の音は言われてみれば、聞くことができるので理解できます。「人籟＝比竹」の音は確かに聞いたことがあるので理解できます。しかし、「天籟＝?・」なので、まだ聞いたことがなく理解もできません……と子游は言っているようです。子游は、「天の籟とはこれだ」と言えるものを、期待していたのでしょうか。「衆（多くを一かたまりとする）」なら「竅」と言えるようなものや、

「比（比較や分類する）」なら「竹」と言えるような、自分なりに想像できる範疇に入るような何かを想定して尋ねたのではないでしょうか。

子綦は言った。「それ（天）は、同じものは二つとない万《よろず》を〔籟《ふえ》として〕吹いている。

――子綦は、単刀直入に、「天の籟とは万《よろず》だ」と言いつつも、「衆《しゅう》」とも「比《たぐい》」とも言えない「同じものは二つとないものだ」と子游の質問に、うまくかみ合うように答えているようです。「万《よろず》」とするからには、「人間」も「天の籟《ふえ》」となりうることも想定しているようです。その音を聞くためには自ら（《我》）を「虚（中空の竹）」にしなくてはならないのです。それこそ「嘘《ふ》くこと」と関係があるかもしれません。いわゆる「天の風」が吹き巡っている時、自らを「ふえ」と化すためには、「虚であること」「《我》を喪うこと」が重要なカギを握っているかもしれません。

だが、〔天は〕それ（風）がおのれ自身から起こるようにとさせているのだ。

――さて、この下りが難解と言えそうです。実は「天の風」などなく「己の風（気流）」としか言えないように「させている」のだと説明しています。「地の風と木の竅穴」や「人の息と竹の管」という別の物の出会い（ぶつかりあい）ならその概念をつかむことができますが、「自分から吹く風（気流）と自分というふえ」から発する音を「天の籟」として聞くというのは至難の業と言えそうです。「天の籟」の「風（気流）」の起点は「天」という特別な外部の何かではなく、内部の「自身」を起点にするように「させている」と子綦は表現しているのです。

この「させている」という感覚は、人間は自分自身で〔生を営み〕生きていることには違いなくても、ある意味「天に生かされている」という感覚に似ていると言えるかもしれません。ところが、そのほとんどは

「天」といった意識をもっていないかもしれません。それ故、子綦は子游に対して語りつつ、その実は私たちに対して「お前はまだ天の籟は聞いたことがないだろう」……と言っているのです。ひいては「天」というものを「理解」できるだろうか……と、荘子は私たちに問いかけているのかもしれませんね。

ことごとく皆、それ（音）を自らのものとしてしまうものだが、

――もし「風」が吹き、「気」が流れて、自ら持っているふえがあるならば、そこには、その人にしかない「音（表現）」が生まれてきます。それは、まぎれもない《自己》の実在感を意識できる瞬間かもしれません。その時の私たちは《自己》を感じているのです。そんな時、「天」のことなど微塵も考えてないかもしれません。私たちはこう感じるのです。この《我》をして、この「音（表現）」は誕生した、と。だから、この「音（表現）」は《我》のものだ、と。さてもことごとく皆、忘れてしまっているのです。「音」は、「風」のものでも「竅穴」のものでもないことを……。

はて、いったい誰が勢いよく息を吹いているのだろう。」

――子綦は説明をしながら最後に意味深な疑問を投げかけているのです。「いったい誰が勢いよく息を吹いているのだろう。」と。通説のように、反語ととらえ、「そんな者はありはしない」と言っているのでしょうか。それとも、それこそ「天が吹いている」と言えるでしょうか。さあ、どちらなのでしょうね。あるいはどちらでもないのでしょうか。

「風」は「人」と「人」との間にも吹くものなのかもしれません。ある事において「知っている者」と「知らない者」の間に高低差ができ、両者の《我》が消え、オープンマインドであったなら、天の法則に従って、自然と「気流」つまり「風」が起きるかもしれないのです。天の籟は万を吹くものだと言っています。まさに、子綦（師）と子游（弟子）の間にそれが起きたと言えるかもしれません。子綦の「籟」の話こそ、子游に向って流れてゆく「風（気流）」に随い、奏でられたメロディとなったのかもしれません。もしそうなら、奇しくも子游は師の子綦を通して「天の籟」の音《ね》を初めて聞いたことになったのかもしれません。そのことを自覚したのでしょうか、子游は子綦の最後の言葉に、もうそれ以上問いかけることはしなくなったようです。その結果、その事における「知」の高低差がなくなり、「風」は自ずと済《や》んで凪となったとみえて、子綦もそれ以上は、黙して語ることはなくなったかもしれません。

さて、その「風」はいったい誰が勢いよく吹いたのでしょうね。

二 - 一、人間の構造（一）顕現の仕方

大知閑閑　小知閒閒
大言炎炎　小言詹詹
其寐也魂交　其覺也形開
與接爲構　日以心鬬
縵者　窖者　密者
小恐惴惴　大恐縵縵
其發若機栝
其司是非謂也
其留如詛盟
其守勝之謂也
其殺若秋冬
以言其日消也
其溺之所爲之

大知は閑閑《かんかん》たり。小知は閒閒《かんかん》たり。
大言は炎炎《えんえん》たり。小言は詹詹《せんせん》たり。
其の寐《いぬ》るや魂《こん》交わり、其の覚《さ》むるや形開く。
与《とも》に接して構を為し、日に心を以て闘う。
縵《まん》なる者あり、窖《こう》なる者あり、密なる者あり。
小恐は惴惴《ずいずい》たり、大恐は縵縵たり。
其の発するは機栝《きかつ》の若《ごと》しとは、
其の是非を司るの謂いなり。
其の留まるは詛盟《そめい》の如しとは、
其の勝り之《ゆ》くを守るを謂いなり。
其の殺《さい》するは秋冬の若しとは、
以て其の日の消ゆるを言うなり。
其の溺れ之《ゆ》くの為す所、

不可使復之也
其厭也如緘
以言其老洫也
近死之心
莫使復陽也

これを復《かえ》らしむべからず。
其の厭《お》さるるや緘《とず》るが如しとは、
以て其の老洫《ろうきょく》を言うなり。
死に近づき之《ゆ》く心は、
復陽せしむるなし。

大いなる知は、〔ネットワークを作るように、〕次々につながり、広がってゆく。
小さき知は、〔ネットワークを作らず、〕こせこせと細部を区別してゆく。
大いなる言は、〔完全燃焼する炎のように〕きらきらと輝いている。
小さき言は、〔不完全燃焼する煙のように〕くどくどこもっている。
眠っている時には、魂は交流しているが、
目覚めている時には、形は離れて開いている。
互いに接しあって力をかし、関係を構築することもあれば、
日によっては、心でもって闘うこともある。
〔その心の構造は〕ゆったりと構えているものもあれば、行き詰まっているものもあり、
また、がちがちになってすきまがないものもある。
〔それ故に〕小さき恐れは、おそれおののきビクビクとしているものだが、
大いなる恐れは、どこまでもゆったりと構えているものなのだ。

その〔心が外へと〕広がる発展は、機栝《きかつ》（織りなすかみ合い）のよう、とは是非を司る（善し悪しをうまく取りしきる）ことを言っているのだ。

その〔心が内にと〕いっとき留めおくことは、詛盟《そめい》（積み重ねの祈り）のよう、とは、〔自然に浮上して〕勝《まさ》ってゆくように見守っていることを言っているのだ。

その積極的な実の刈り取りは、秋冬（収穫して貯蔵する時期）のよう、とは日（陽気）が徐々に消えゆく時期の状態のことを言っているのだ。

それ（陽気）が溺れてゆくのは、〔自然の〕なりゆきの為すところのもので、〔この流れの向きを無理に〕もとに戻そうとさせてはいけない。

それが厭《いや》だと抵抗すると、〔流れを〕封鎖してとじてしまうようになるとは、言うなれば、それは老いた血管のような流れになるということだ。

〔そうして〕死に近づいてゆく心は、陽〔の期〕に再び復帰させることはできなくなる。

▼ 大知閑閑　小知間間

【大知は閑閑《かんかん》たり。小知は間間《かんかん》たり。】


大いなる知は、〔ネットワークを作るように、〕次々につながり、広がってゆく。

小さき知は、〔ネットワークを作らず、〕こせこせと細部を区別してゆく。

＊【閑】は、もともと「門＋木」で、門にかける「かんぬきの棒」のことです。

＊【閑閑】は、「車がゆれるさま」「自由にのびのびと往来するさま」「盛んなさま」。
＊【間】はもともと「門＋月（欠）」で、【間】はその俗字です。「門の隙間」、あるいは「門の隙間から月の見えること」を表し、本来は「二つに分ける」という意味を含んでいます。「ひまでのんびりするさま」「静かに落ち着いているさま」ともされています。
＊【間間】は、「こま切れ・細部を区別するさま」。

◆通説では、【大知は閑閑《かんかん》たり、小知は間間《かんかん》たり。】は〔すぐれた知恵はゆったりとのんびりとしているが、〔世俗の〕つまらない知恵はこまごまと穿鑿《せんさく》する。」としています。

●通説での【閑閑】の「ゆったりとのんびりとしている」といったイメージ解釈は、実は【間】の「ひまでのんびり・静かにゆったり」という意を通用させたものにすぎません。それでは、【閑閑】と【間間】の違いが釈然としなくなります。

そこで、もともとの意に従い、【閑】と【間】を見比べてみた時、面白いことに気づきました。そう、共通する「門」の中の字の違いです。【閑】には「つなぎとめるもの」があり、【間】には「すきま」があるという点です。つまり「ネットワーク」の有無の違いです。知の様子をイメージで表現しながら、科学的所見を述べているのだとみなせます。

▼大言炎炎　小言詹詹

【大言は炎炎《えんえん》たり。小言は詹詹《せんせん》たり。】

大いなる言は、〔完全燃焼する炎のように〕きらきらと輝いている。

小さき言は、〔不完全燃焼する煙のように〕くどくどこもっている。

＊【炎炎】は、「ひどく暑いさま・光り輝くさま・美しくて盛んなさま・りっぱなさま」です。

＊【詹】は「⺈（上から押さえる）＋八（広がる）＋言」で、「言葉の広がりを上から押さえる」→「口をふさいでブツブツ言う・くどくどしつこくものを言う（さま）」ということです。

◆通説では、【炎】は「淡」の字を通用としたものとみなし、「淡淡《たんたん》」としています。【大言は炎炎《たんたん》（淡淡）たり。小言は詹詹《せんせん》たり。】は「優れた言葉はあっさり淡白であるが、〔世俗の〕つまらない言葉はつべこべと煩わしい。」としています。

●新解釈では、あくまでも、【炎炎】は原義と受け取れ、「淡淡」の字の通用だとはみなしません。ここもイメージばかりではなく、もっと科学的な、「言葉のもつエネルギーの状態の違い」に焦点を合わせた所見だとみなしました。よって、「完全燃焼・不完全燃焼」という言葉を補足して訳しました。

▼其寐也魂交　其覺也形開

【其の寐《いぬ》るや魂《こん》交わり、其の覚《さ》むるや形開く。】

眠っている時には、魂は交流しているが、
目覚めている時には、形は離れて開いている。

＊【寐】は「宀（やね）＋爿（とこ）＋未（見えにくい細い枝）」で、「家の中の寝台で目をつむる」こと

を示し、つまりは「目の見えない暗いねむりの中にはいること」です。
＊【魂】はもともとは「鬼＋云（＝雲：もやもや）」で、「形のはっきり定まらないもの」という意を含みます。
＊【開】は、「門＋幵（＝界：二つに分ける・平等に並ぶ）」又は「門のかんぬきを両手ではずす」ことを示し、そこから「あける・ひらく」「離れる・間があく」という意を持ちます。
◆通説では、これ以降はすべて「小（つまらないもの）」の状態の形容だと解釈しています。
【其の寐《いぬ》るや魂《こん》交わり、其の覚《さ》むるや形開き、】は〔其の寝ている時は魂が外界と交わって〔夢にうなされ〕、其の目覚めている時は肉体が外に開かれ〔て心を乱し〕、〕としています。
●新解釈では、これ以降も顕現の仕方の違う人間の構造についての説明だと受け止めました。そこで、二つの文のキーワードを並べてみましょう。
【寐】（ねている時）――【魂】（形のないものは）――【交】（まじえている）
【覚】（さめている時）――【形】（形のあるものは）――【開】（わかれている）
単純に、こういう人との接し方の構造のことを言っているのではないでしょうか。

▼與接爲構

【与《とも》に接して構を為し、】

互いに接しあって力をかし、関係を構築することもあれば、

＊【與（与）】は、「二人の両手＋与（かみあった姿）」を示し、「かみあわす・力をあわせる」「ともに・いっしょに」といった意味です。

＊【接】は、「手＋妾（女の奴隷）」で「相手とくっつく動作」を示します。「くっつく・ふれあう」「まじわる」。

＊【構】は、「木＋冓（木をうまく組んでたてたさま）」で、「木をうまく組んで、前後平均するよう組みたてること」→「かまえる」という意味になります。

◆通説では、【与《とも》に接《まじわ》りて構《こう》を為し、】は［互いの交際でめんどうをひき起こし、］としています。

●【与接】は、「〔他人とのネットワークは〕互いに接して力をあわせていること」ということになるでしょう。

▼日以心闘　【日に心を以て闘う。】

日によっては、心でもって闘うこともある。

＊【心】は「心臓」を描いた象形文字です。また、体や生命の中心になることから、「まん中」という意味や、心臓で精神作用が生まれると考えたところから「こころ」の意味も含んでいます。

＊【鬭（闘）】は、「鬥（二人が武器を持って切りあい、たたかうさま）＋斲（きる）」です。そこから「たたかう・あらそう・きそう」という意味になります。

◆通説では、【日々に心を以て闘わしむる。】は〔日ごとに心の争いをくりかえす。〕としています。
●他人とのネットワークの構築は、良好な時ばかりでなく、「日によっては心でもって闘って〔壊して〕いる時もある」ということでしょう。

▼縵者　窖者　密者

【縵《まん》なる者あり、窖《こう》なる者あり、密なる者あり。】

〔その心の構造は〕ゆったりと構えているものもあれば、行き詰まっているものもあり、また、がちがちになってすきまがないものもある。

＊【縵】は、「糸＋曼（だらりと長い）」で「無地の絹布」を表しています。「ゆるやか・ゆったりとしている」「たるんでいる」といった意味をもっています。
＊【窖（こう）】は、「穴＋告（牛＋口：しばったかせ・いきづまり）」で、「行きづまりの土の穴」「穴のように深い」といった意味があります。
＊【密】は、「山＋宀（いえ）＋必（ピッタリと木を締め付けているさま）」で、「隙間なく戸口を閉め、人の近づけないよう山」を表しています。「ピッタリとくっついてすきまがない」。
◆通説では、【縵《まん》なる者あり、窖《こう》なる者あり、密なる者あり。】は、〔大まかなものもあれば、深刻なものもあり、細かいこともある。〕としています。
●ここでは「心」のネットワークの構造の違いを述べているのだと解釈できそうです。その構成は遊びをもってゆったりと構えているものもあれば、袋小路のようになっているもの、また遊びがなくがんこなままに凝り固まっているものもある……と言っているようです。

▼ 小恐惴惴　大恐縵縵

【小恐は惴惴《ずいずい》たり、大恐は縵縵たり。】

〔それ故に〕小さき恐れは、おそれおののきビクビクとしているものだが、大いなる恐れは、どこまでもゆったりと構えているものなのだ。

＊【恐（恐）】は、「突き通して穴をあけられた心の状態」「穴のあいたようなうつろな感じがすること」を表し、そこから「おそれる・こわい」といった意味になったものです。

＊【惴】は、「耑」が音を表し、心臓が短くどきどきと動悸を打つことから、「おそれる・びくびくする」という意味になります。

＊【惴惴】とは、「おそれおののくさま」を表しています。

＊【縵】は、すでに説明しましたが、「ゆるやか・ゆったりとしている」などの意です。

＊【縵縵】とは、「ゆったりと遠くまでのび広がっているさま」ということです。

◆通説では【小恐は惴惴《ずいずい》たり】と【大恐は縵縵たり】の順番を入れ替え、前文の【大言炎炎　小言詹詹】の続きに差し替えて、「すぐれた恐怖はおおらかでこせつかないが、（世俗の）つまらない恐怖はびくびくとおののく」としています。

●「心」のネットワークの構築の仕方に違いがあることを説明したからこそ、「恐れ」のあり方も違うという流れで説明をしているのだと思います。「恐れ」にも「小さきもの」と「大いなるもの」とかある……と言っているようです。

☆ここでは、「知」や「言」においての主観的に感じられる雰囲気の違いをただ表現しているのではなく、「大いなるもの」と「小さきもの」の顕現の違いを、もっと科学的立場に立って、そのメカニズムの違いとして説明しているように感じます。

大いなる知は、〔ネットワークを作るように、〕次々につながり、広がってゆく。
小さき知は、〔ネットワークを作らず、〕こせこせと細部を区別してゆく。

――人間にとって「知ること」とはどんな意味があり、どれだけの価値があるのでしょうか。「知」にも、その量の多さを問題にする人もあれば、その質を問題にする人もあるかもしれません。いずれにしても、人間として存在していく以上、この「知」は必要不可欠で大事なものです。

荘子は「大知」「小知」という分類をしているようですが、それはなぜなのでしょう。通説で言われているように、「すばらしい知恵」というものがあるのに対して、「つまらない知恵」があるものだと、世俗的なものを小ばかにしたように、その違いを描写したのでしょうか。

荘子は、そんな自分の主観を述べたに留まるようなことを書き残したのだとは思えません。そもそも「斉物論《せいぶつろん》」とは、「物を斉《ひと》しくする論」つまり、「万物は窮極的には皆斉しく一なるものへと通ずると理解するための論理」といったものであるため、もっと客観的な「大小のできる原理」を解き明かしながら、どんな人でも「大」にも「小」にもなる可能性と危険性を説いているのではないかと思っています。

「大いなる知」と「小さき知」の違いは、量の問題ではなく、質の問題だと思います。「知のネットワークの構築の仕方」の違いを述べているのではないでしょうか。つまり、外から入ってくる情報を脳が記憶（記録）する際に、既に自分が内に有している他の情報との関係性を見抜いて、多角度的に「つなぎ手」を伸ばしていくことによってネットワークを作り、単発的な「知識」に留まらず、その対象の真相を「理解」して応用できるような「知恵」とすることもできる、そんな「知力」を「大いなる知」と呼んだのではないでしょうか。

一方、「小さき知」は、こまごまとした情報の一つ一つのことは、多くを知っているのかもしれません。つまり「知識」が豊富にあるかもしれませんが、それぞれはばらばらに「ぶつ切り」されたかのように脳に記憶（記録）されているため、そこではネットワークは成していないのかもしれません。あるいはごく小さなネットワークが数多く散在しているとも言えるかもしれません。自分の存在に関わり応用できるようなものでもなく、自分が生きている間の「知恵」にもならないような、何でもかんでも含まれているかもしれません。そんな「知力」を「小さき知」と呼んだのではないでしょうか。

大いなる言は、〔完全燃焼する炎のように〕きらきらと輝いている。

小さき言は、〔不完全燃焼する煙のように〕くどくどこもっている。

――「知ること」は、ある意味、受動的に外から内に導入することによって起こる現象と言えるかもしれません。「言うこと」は、ある意味、能動的に内から外に放出することによって起こる現象と言えるかもしれません。もしそうならば、「知」と「言」は、そのサイクルを創り出すために密接な関係がありそうです。「大知」と「小知」の科学的分かれ目があったのなら、「大言」と「小言」にも科学的分かれ目があることでしょう。「言うこと」には「言葉」と「エネルギー」が必要です。「大いなる言」は、無駄な言葉を残すことなくその「エネルギー」が「完全燃焼する」と言うことができるでしょう。その時「炎のようにきらめく」のです。それを聞く相手は、「未知」や「無知」だったところを照らしてもらえるのです。聞いているうち話が明るく見えるようになるのです。

一方「小さき言」は、「エネルギー」と「言葉」に無駄なものが残る「不完全燃焼」を引き起こすのです。その時「くすぶりこもる」のです。「くどくどとしつこく話す」だけなのです。そんな「言葉」を聞く相手の内部は、煙にまかれたかのように暗いままで、話が見えてこないのです。

眠っている時には、魂は交流しているが、

——今までは自分の内なるネットワークの話でしたが、今度は外、他人とのネットワークをどう構築するかの話になってきます。

眠っている時は、魂がコミュニオン（communion）の状態にあるということのようです。コミュニオンとは、「親交、（霊的）交渉」のことで、語源はラテン語「相互感応」の意です。この場合は「言」を用いず、交流することとです。でも、そんなことは信じられるでしょうか。

どうやらここでは、顕在意識が眠っている時の話とも言えそうです。つまり潜在意識においてはあり得る話と言えそうだからです。顕在意識を眠ったように静まらすことができたなら、人間の肉体とは別の魂が、その存在に見合った霊妙な波長を放射しながら、交流して影響しあうなんてこともあるのかもしれません。はっきりした形をもたないものは、潜在意識では感応し合っているに違いありません。それを魂（形をもたないもの）は交わっている……と言っているのでしょう。「言」では表現できないような、偽りない存在のバイブレーションを交えているかもしれませんね。

目覚めている時には、形は離れて開いている。

――目覚めている時は、形が開いている状態にあるということなのでしょう。顕在意識では目や耳がとらえる世界が優先します。「形」あるもの同士は、簡単に交わることはできません。そこで「言葉」のコミュニケーション（communication）によって交わるしかありません。けれども、そこにはいろいろな罠が潜んでいます。偽りが混じり込むかも、議論が生じるかも、単なる情報伝達に終わるだけかもしれません。コミュニオンとコミュニケーションとは、まるで違うことなのです。

互いに接しあって力をかし、関係を構築することもあれば、

――外界、他人とのネットワークを、コミュニオンやコミュニケーションから構築することができることもあるかもしれません。互いに接して力を合わせ、良好な関係をつくることも可能なようです。

日によっては、心でもって闘うこともある。

――ところが、日によってはうまくいかない時もあるのです。何が問題なのか……それは「心」の問題のようです。誰もが求めている「心」の交流、内外に「心」のネットワークをどう構築するかによって関係は変わってきます。私たちは往々にして、心でもって闘うことがあるのです。

〔その心の構造は〕ゆったりと構えているものもあれば、

――けれども、人は心の闘いを通してでも、何かを学び、心を研磨し、鍛錬をし、心の有り方、構造を組み直していくこともできるようです。内なる「知」のネットワークや外なる「言」のネットワークを築くように、「心」のネットワークも構築する必要があるのです。

「ゆったりと構えている状態」……それは「弛緩状態」「リラックス状態」に近い「ゆとりをもったもの」といったイメージでしょうか。「縵楽《まんがく》」で「つれびき」の意味なので、「共鳴できるような糸のゆるみ加減」とも言え、いつでも他ともネットワークを構築できる、「つなぎ方」としては、理想的なものなのかもしれません。常にニュートラルな気持ちでもって、次にどんなものが訪れても、どんな手をつなぐのかを楽しみに待ちながら、バランスを保っている状態と言えるかもしれません。

行き詰まっているものもあり、

――ところが、「深くつながっていても、そこは袋小路」といったような感じのネットワークもあり、それは自己満足に終わる「つなぎ方」なのかもしれません。常にチェックをおこたらないようにして、同類とだけ手を組むことを考えていているため、たとえどんなに大きく強力な機構を作っていたとしても、袋小路に陥ってしまい、「行き詰まっている」かもしれません。

また、がちがちになってすきまがないものもある。

――さらには、「こみあっていて自由がとれない状態」「がちがちに凝り固まっている状態」で、融通のきかない決まりきった太い(同じ所に数多い)パイプラインでつながれたネットワークもあるようです。「縵」の反対の「張りつめ過ぎた状態」に近い「他を寄せつけないもの」というイメージでしょうか。他を受け入れようにも、その隙間がない「つなぎ方」なのかもしれません。常に緊張感をもって、敵対するものや相反するものの手が伸びてこないように見張っていて、持論を守ろうとするばかりに、「がちがちに凝り固まっている」かもしれません。

〔それ故に〕**小さき恐れは、おそれおののきビクビクとしているものだが、**

――「恐れ」とは、どのような状態の時に起こるものなのでしょうか。それは、自分の体や心の存続を脅かすような、外部からの刺激がある時ではないでしょうか。強い衝撃に尻込みする時や、あるいは、自分にとって未知なる「得体の知れないもの」に襲われる感覚に身震いを覚える時かもしれません。はたまた、「相反するもの」に打ちのめされるダメージに愕然とする時かもしれません。

その衝撃は普通「心」に、つまり「こころ」と「心臓」に大きなショックを与えるものです。自分がそれまで大事に構築してきた「知」や「言」のもつつながりを崩壊させるかもしれないという危機感に、必死になって抵抗や拒絶しようとするばかりに緊張し、息は詰まり、心臓はバクバクしはじめ、気は下がり、「恐怖」にビクビクとしてしまうものです。こんな状態が、「小さき恐れ」と言えるのかもしれません。

大いなる恐れは、どこまでもゆったりと構えているものなのだ。

――ところが、「心」のネットワークを常にまんべんなく行き渡らせて、その構造は適度のゆとりある緊張感をもっているならば、どんなに強い力に出会ったとしても、その衝撃にも尻込みすることはないかもしれません。「得体の知れないもの」は、ただ自分にとっての「未知」にすぎないという認識しかなかったならば、一方で新しいものの危険性にゾクゾクもしつつ、もう一方で新たな期待にワクワクする感覚に打ち震えているかもしれません。

その衝撃は、「心」にショックを与えるかもしれませんが、一種の「目覚め」をうながすものなのかもしれません。「縵」としたネットワークは各方面から張りめぐらされていて大きな振動にも崩れるようなことはないため、その心配をするどころか、歓待するかのように、「畏怖（恐れつつもかしこまって敬うこと）」にゆったり構えているものです。こんな状態が、「大いなる恐れ」と言えるのかもしれません。

▼其發若機栝
其司是非謂也

【其の発するは機栝《きかつ》の若《ごと》しとは、】
【其の是非を司るの謂いなり。】

その〔心が外へと〕広がる発展は、機栝《きかつ》（織りなすかみ合い）のよう、とは是非を司る（善し悪しをうまく取りしきる）ことを言っているのだ。

＊【發（発）】は「弓＋［癶（左右にひらいた足）＋殳（動詞の記号）］」で、「弓をはじいて放つこと」→「離れてひらく」→「出る・のびる・おこる」の意です。
＊【機】は「木＋幾（糸＋ほこ＋人）」で、縦横糸のかみあう装置「はた」のこと。「複雑な仕掛け」「からくり」→「細かい心の動き」「事が起る細かいかみあい」の意です。
＊【栝】は「木＋舌（くびれる）」で、「矢はず（弦にはめるための矢の末端のくびれ）」のこと。
＊【司】は「𠃌（人の変形）＋口（穴）」で、「小さな穴からのぞくこと」で、「よく一事を見極める」→「一事に通じてその役目を担当すること」を表します。

◆通説では、【その発するは機栝《きかつ》の若《ごと》しとは、その是非を司《みわ》（察）くるの謂いなり。】は［〔この世俗の人々について〕その発動が石弓のひきがねを引くよう〔にす速い〕というのは、事の善し悪しを見分けることについて言ったものである。」としています。

●【其発若機栝】とは、それぞれの字義に基づくと次のようになりそうです。

【其】……「心」を受けているようです。

【発】……「弓矢を放つこと・伸びる状態・発展」（組み合うために前後左右に手をのばすこと）。

【若】……「～のようだ」。

【機】……「縦糸と横糸を織り合わせる機能」（組み合わせの巧みなからくり）。

【栝】……「弓の弦と一括りになるための凹（矢はず）」（かみ合いの受け構え）。

【其司是非】とは、それぞれの字義に基づくと次のようになります。

【其】……「心」を受けているようです。

【是】……「肯定」「善し」など。

【非】……「否定」「悪し」など。

【司】……「一事として見極める」→「うまく織りなし、かみ合わせる」。

本来の「心」の発展は、相反するものが精密なからくりによって成り立っているようです。「心」において「是非」もうまくかみ合わせて「司どる」ことができる……と言っているようです。

▼其留如詛盟
其守勝之謂也

【其の留まるは詛盟《そめい》の如しとは、】
【其の勝り之《ゆ》くを守るを謂いなり。】

その（心が内にと）いっとき留めおくことは、詛盟《そめい》（積み重ねの祈り）のよう、とは、〔自然に浮上して〕勝《まさ》ってゆくように見守っていることを言っているのだ。

＊【留】は「田＋卯（かこう）」又は「丣（開きそうな戸を押しとめる）＋田」で、「動きやすいものを、ある区画にしばらくとどめる」こと。

＊【詛】は「言＋且（ものを積み重ねる）」で、もとは「言葉を重ねる」こと。→「神に祈る」→「誓う」という意味に使われるようになったものです。

＊【盟】は「皿＋明（開いた天窓＋月）」で、もとは「皿に血を盛ったさま」を表します。又は「生贄の血を皿に盛り、神にあかしをたてる」→「誓い」「かたい約束」となったものです。

＊【守】は「宀（やね）＋寸（て）」で、「屋根の下で手によってまもるさま」。

＊【勝（勝）】は「力＋朕（舟を手で持ちあげる）」で、「耐える力で上に出る」こと。

＊【之】は「足の先が線から出て進みいくさま」で、「ゆく」こと。

◆通説では、【其の留まること詛盟《そめい》の如しとは、其の勝ちを守るの謂いなり。】は、「その不動なことは誓約をしたよう〔に堅固だ〕というのは、その勝利の立場を守ることについて言ったものである。」としています。

●【其留如詛盟】も字義に基づくと、次のようになりそうです。
【其】……「心」を受けているようです。

【留】……「一時の間、ひと所に留める」（外に出さずに内にためておく）。

【如】……「〜のようだ」。

【詛】……「言葉を重ねる」（気持ちのこもった言葉を重ねて祈るようにする）。

【盟】……「皿の上に（血気を）盛る」（気持ちを心に盛るように高めていく）。

【其守勝之】とは、字義に基づくならば、次のようになりそうです。

【其】……「心」を受けているようです。

【守】……「内部で、守り保つ」（心の内で、大切に見守る）。

【勝】……「ある力が浮上してくる」（自然にある気持ちが湧いて溢れるほどになる）。

【之】……「ゆく」（次第にすすんでゆく）。

「心の中で留めるというのは、まるで祈るようなことで、その気持ちが自ずと外へとほとばしるほどに勝ってゆくまで見守るということを言っている」……といったニュアンスではないかと解釈しました。

▼其殺若秋冬
以言其日消也

【其の殺《さい》するは秋冬の若しとは、】

【以て其の日の消ゆるを言うなり。】

その積極的な実の刈り取りは、秋冬（収穫して貯蔵する時期）のよう、とは日（陽気）が徐々に消えゆく時期の状態のことを言っているのだ。

＊【殺】は「メ（刈りとる）＋朮（もちあわ）＋殳（動詞記号）」で、「刃物で草の穂を刈り、その実をそぎとる」→転じて「殺す」「死なせる」意となったものです。

＊【秋】はもと「禾（作物）＋束（たばねる）」で「作物を集めて束ね収める」こと。

＊【冬（冬）】は、もと「食物をぶらさげて貯蔵したさま」で、のち「冫印（氷）」を加えたもの。

＊【日】は、太陽の姿を描いた象形文字。

＊【消（消）】は「水＋肖（肉＋小）」で「水が細ること」→「姿をけす」「衰える」こと。

◆通説では、【殺】と【死】は同義なものとして考えているようです。

【其の殺《さい》すること秋冬の如しとは、以て其の日々に消ゆるを言うなり。】は、「そのしぼみ枯れるさまは秋や冬のようだというのは、日ごとに衰えていくことを言ったものである。」としています。

●ここは【殺】の原義を反映するところがカギになりそうです。

【其殺若秋冬】とは、字義に基づくと、次のようになりそうです。

【其】……「心」を受けているようです。

【殺】……「作物を刈り取り、実を収穫すること」（心の中で実る種のようなものの収穫）。

【秋】……「収穫の時期」（心の実や種の収穫期。広がりが縮む時期）。

【冬】……「貯蔵の時期」（心の糧になり、来季につなぐことのできる実や種の貯蔵期）。

【其日消也】とは、字義に基づくと、次のようになりそうです。

【其】……「心」を受けているようです。

【日】……「太陽」（陽気。ここでは日にちのことではない）。

【消】……「姿を消す」（徐々に減少し表立っては姿が見えなくなる）。

ここの【日】を「陽気」と補足したのは、後から出てくる文との兼ね合いも考えた上での意訳です。中国では古来より、四季の変化を「陰陽の気の交換」としてみなしており、また、植物の変化に喩えることがよくあります。それを人の「心」の中でも起きる変化（変容）の状態とも照らし合わせているようです。

▼其溺之所爲之
不可使復之也

【其の溺れ之《ゆ》くの為す所、】

【これを復《かえ》らしむべからず。】


それ（陽気）が溺れてゆくのは、〔自然の〕なりゆきの為すところのもので、〔この流れの向きを無理に〕もとに戻そうとさせてはいけない。

＊【溺】は「水＋弱」で、「水につかり、柔らかくぐったりとなる」こと。
＊【復】は「彳（いく）＋复（←の動きの向きを→にもどす）」。
◆通説では、【溺れて為《な》す所は、これを復《かえ》らしむべからず。】は「迷い溺れてふるまうことは、もはやそれをもとの純粋さには戻せず、」としています。
●【不可使】を通説では「不可能だ」という意味にとっていますが、【不可】で「いけない」意であり、新解釈では【不可使】で「〜させようとしてはいけない」としました。自然の変化の過程と同様、人（心）の中で働く陰陽のエネルギーにも、流れの向きというものがあり、その転換期には、それに必要な流れの向きがあるのだから、無理にもとに戻そうとさせてはいけない……ととらえました。

▼ 其厭也如緘
　以言其老洫也

【其の厭《お》さるるや緘《とず》るが如しとは、】
【以て其の老洫《ろうきょく》を言うなり。】

それが厭《いや》だと抵抗すると、〔流れを〕封鎖してとじてしまうようになるとは、言うなれば、それは老いた血管のような流れになるということだ。

＊【厭】は「厂（上からの重しの石）＋猒（しつこい脂肪の多い肉）」で、「しつこい肉は食べ飽きていやになる＋上から押さえられた重圧を感じること」を表します。「あきる」「重圧を感じる」→「度を過ぎる・余分」→「いやになる」という意味です。

＊【緘】は「糸＋咸（おさえて口をふさぐ）」で、「封じる」「とじる」意です。

＊【洫】は「水＋血」で、「血がからだの血管をめぐる」ような、「田畑をめぐって水を与える溝」のことを示しています。

◆通説では、【其の厭《お》さるるや緘《とず》るが如しとは、以て其の老洫《ろうきょく》を言うなり。】は、［その塞《ふさ》がり蔽われているさまは封じこめたようだというのは、老衰して動かなくなったことを言ったものである。］と訳しています。

●字義に基づいて解釈してゆくと、あくまでも人間の「心」の中を廻る「気（エネルギー）の流れ」の説明をしているようです。抵抗すると流れを封鎖するようになり、それは老いた血管のような気の流れの封鎖になる……と言っているようです。

▼近死之心　莫使復陽也

【死に近づき之《ゆ》く心は、復陽せしむるなし。】

〔そうして〕死に近づいてゆく心は、陽〔の期〕に再び復帰させることはできなくなる。

＊【死】は「歹（バラバラの骨の断片）＋人（ヒ）」で、「人の命が尽き果て、骨きれに分解すること」を表しています。

＊【陽】は、「阜（おか）＋昜（太陽が輝いて高く上がるさま）」で、「明るい」「はっきりした」の意を含みます。

＊【莫】は、「草原のくさむらに日が隠れるさま」「隠れて見えない」「ない」の意です。

◆通説では、ここだけが「心（精神状態）」のことを言っているものとしているようです。

【死に近づくの心は、復《ま》た陽《い》（生）かしむるなし。】は、［死に近づいた精神状態は、もはやそれをもとのように蘇《よみが》えらせることはできない。」としています。

●「老いる」ということは、則ち「死に近づく」ということを表しており、「心」においても肉体のような現象が起きるのだということを言っているようです。字源からいって、先に出てきた【殺】と、ここの【死】とは、大きな違いがあるようです。表面的なところでは、「積極的な刈り取り」か「消極的に単にバラバラに分解する」かの違いですが、内面的なところでは、実りの「種」を収穫できたか否かという決定的な違いがありそうです。実りなく死に近づいていく心は、新たなる春、つまり【陽】の気が再び廻ってきた時に、活動の再開ができなくなる……と言っているようです。

☆「心」をじっくり観察した結果、それは漠然としたものではなく、ある法則下において機能しているものだということを説いているようです。荘子独自の洞察眼で「心」を観察したならば、その中では植物を育てる四季のような周期があるという法則が働いているということを前提としたような説明をしているようです。

その〔心が外へと〕広がる発展は、機栝《きかつ》（織りなすかみ合い）のよう、とは

――「心」の成長や発展のためには、大きく分けて二通りの過程があるようです。「外側の発展」と「内側の充実」という二つの過程です。ここでは、まず第一の「心」の「外へと広がる発展」について述べているようです。

「心」のネットワークを構築するためには、「からくり」が必要で、例えば弓の垂直の弦に対して水平に矢を構えるためには「矢はず（凹）」が必要だということのようだ……と言っています。

是非を司る（善し悪しをうまく取りしきる）ことを言っているのだ。

――その「からくり」は、心臓のようなはたらきをしているとも言えるかもしれません。動脈（鮮血）と静脈（汚血）をうまく司っているからです。酸素と二酸化炭素との関係は、是と非、善しと悪し、凸と凹のような関係にあるかもしれません。

心における春の営みのようだと言えるかもしれません。

その〔心が内にと〕いっとき留めおくことは、詛盟《そめい》（積み重ねの祈り）のよう、とは、

――今度は、「心」の活動や成長のための過程における、「内側の充実」の話のようです。

良くも悪くもちょっとした感情や思いは、外部の刺激に触れることによって突然湧き起こったとしても、それを発散してしまい、すぐに消えてしまうことが多いかもしれません。だから、ほとんど無意識のままでいることになるでしょう。それでも、何度か繰り返し湧き起こる思いは意識するようになります。ただし、意識できるようになったとしても、それは自分自身でままならない場合が多いかもしれません。

だからそれを意識的に手中に収めるために、すぐに外へと発散するのではなく、内に湧き起こるがままにまかせ、積み重ねてみるのです。それは、愛情や楽しさや喜びばかりでなく、怒りや悲しみであっても、いっとき心の中に大事に留めてみるのです。何の人為的な操作を加えずに、ありのままに、自己内部で自分を意識的に認めてみることです。

よくありがちなことは、ポジティブな気持ちだけは肯定して、ネガティブな気持ちは、否定すべきものだと考えて、揉み消そうと意識の外に追い出そうとするのです。その実態に触れたくも、見たくもないと思うことが多いからです。

荘子はそんな人為的、作為的なことをするのではなく、自然の法則に任そう……と言っているようす。いかなる操作を加えることなく、「内側が充実」するまで留めて、積み重ねてみよ……と言っているようです。そうすると次に何が起こるのか観察したことがあるでしょうか。ただ意識的に「内側に留める」だけで、何かが変わりはじめるのです。ポジティブな気持ちばかりではなく、ネガティブな気持ちでさえ、次第に「祈り」のような質を帯びたものになっていくかもしれません。

〔自然に浮上して〕勝《まさ》ってゆくように見守っていることを言っているのだ。

――それは、自然（宇宙）の法則に従って、「内側が満杯状態にまで充実」するように勝ってくると、力むこともなく、抑圧されることもなく、気持ちや思いが自然に浮上するように満ち溢れてくるのです。その時は、その人の偽りなき「心」のバイブレーションでもって、メッセージを発するかもしれません。「心に留めること」は、「自然に勝っていく」状態になるようにと、作為を加えず「見守り」続けることだということだ……と、語っているのではないでしょうか。

こうしたことは、心の内側の夏の変化だと言えるかもしれません。

その積極的な実の刈り取りは、秋冬（収穫して貯蔵する時期）のよう、とは

――「心」の活動や成長というのは、まるで稲作でもしているかのようなものだと言わんばかりです。「秋冬」……それは必ずや廻ってくる季節です。花への執着もなければ、茎や葉にも未練を残すことなく、さっぱりと「殺す（刈り取る）」ことができるのは、その命をつなぐ、小さな「実（種）」への信頼があってのことでしょう。ただ「死にゆく」こととはまったく違うことです。「心」の中でも、そのようなことが起こる……と言っているようです。心の「実」とは、「doing」を止めても「being」が残ることです。

日（陽気）が徐々に消えゆく時期の状態のことを言っているのだ。

――それは季節という自然のはからいに従って、その姿の盛衰を繰り返す植物の状態さながらに、「心」の内の状態にも、自然や宇宙の時の流れに従って、変化してゆくのです。「秋冬」というのは、その陽気（日）が水を細めるように徐々に弱まって消えていく季節のようです。その見える姿は、衰退の途をたどっていくことになるでしょう。反対に言えば、陰気が次第に盛んになる季節とも言えるかもしれませんが、なくてはならない期間なのです。

それ（陽気）が溺れてゆくのは、〔自然の〕なりゆきの為すところのもので、

――自然の織りなす季節は、陰陽の強弱を水のごとく滑らかに巡らせることによって、ひと回りします。「秋冬」は、陽気は次第に消えてゆき、徐々に溺れるかのようになる……と言っているのでしょう。

人間の「心」の活動も、根底にはそういった季節の巡りのようなものがあるのかもしれません。盛んに表立って現れていた感情や気持ちも、あたかも水の中に溺れていくかのように静まり始める時、それは、自然の為すところの陰の期が訪れているのかもしれません。

〔この流れの向きを無理に〕もとに戻そうとさせてはいけない。

――ところが、人間のマインドは、大きいもの、際立つものほど優れていると思っているものです。ですから、それを、「殺すなんてことがあるなんて！」と叫んでいるかもしれません。すっかりその姿が「溺れて見えなくなる」かもしれない、その危機感にさいなまれるかもしれません。ですからその前に手を打っておこうとするかもしれません。喩えるなら、花の形を留めたいがためにドライフラワー作りに向かうようなことがあるかもしれません。

けれども、荘子は、「もとに戻そうとしてはいけない」と注意を促しているようです。

それが厭《いや》だと抵抗すると、〔流れを〕封鎖してとじてしまうようになるとは、

――刻々と変化する「今、ここ」で起こっている現実が、自分の気に入らないこと、厭《いや》なことだったとしたら、人のマインドは自分の気に入っていた過去の「栄光」「繁栄」にしがみついて、自然の流れに対して抵抗してしまっているかもしれません。けれどもそうしたならうまく気（エネルギー）を自分の「心」に流すことができなくなり、とじたものにして受け入れることができなくなってしまうのです。

「愛情」や「楽しみ」も「悲しみ」や「怒り」も、ある時期に「消えたかのようになる」ことがあるかもしれませんが、無理やりそれを継続させようと推し進めようとしたなら、そこから派生していたその同じ「行為」をいくら続けようとも、その本来の流れは反対にうまく流れなくなり、止まってしまうかもしれないのです。


言うなれば、それは老いた血管のような流れになるということだ。

――荘子の時代でも、老化によって血流が悪く、時々詰まることがあるという事実は知っていたことでしょう。だから、【老洫】という言葉を用いたのでしょう。それは、まるで動脈硬化を喩えにしているかのようです。「心」の「気の流れ」においても同じことが言えるのだ……と言っているようです。


〔そうして〕死に近づいてゆく心は、陽〔の期〕に再び復帰させることはできなくなる。

――自然や宇宙のサイクルの流れを、自分の中にうまく取り入れられなくなってしまった時、「死に近づきゆく心」は、「冬」の次に必ずや到来する「春」の「陽気」にも、再び、活動をしはじめることができなくなるのだと、荘子はそう警告しているようです。

「心」の世界で「死に近づかないため」には、収穫期が満ちたら「自ら殺す（実の刈り取りをする）こと」

がキーポイントになるかもしれません。「心」の中に「老いを知らないものを作り上げること」「復陽を待つ実（種）を作ること」に、もしかしたら人間の生きる意味が隠されているのかもしれないと思ったりもします。

二-二、人間の構造（二）《わたし》の中の真の主君

喜怒　哀樂　慮嘆
變慹　姚佚　啓態
樂出虛
蒸成菌
日夜相代乎前
而莫知其所萌
已乎已乎
旦暮得此
其所由以生乎
非彼無我
非我無所取
是亦近矣
而不知其所爲使

喜怒あり、哀楽あり、慮嘆《りょたん》あり、
変慹《へんしつ》あり、姚佚《よういつ》あり、啓態《けいたい》あり。
楽《がく》は虚より出で、
蒸《じょう》は菌を成す。
日夜、前に相代るも、
而も其の萌《きざ》す所を知るなし。
已《や》みなん、已みなん。
旦暮《たんぼ》これを得るは、
其れ由《よ》る所をもって生じるや。
彼あらざれば我も無し。
我あらざれば取る所無し。
これまた近しも、
而も其の為使《いし》する所を知らず。

若有眞宰
而特不得其眹
可行已信
而不見其形
有情而九無形
百骸九竅六藏賅而存焉
吾誰與爲親
汝皆說之乎
其有私焉
如是皆有爲臣妾乎
其臣妾不足以相治乎
其遞相爲君臣乎
其有眞君存焉
如求得其情與不得
無益損乎其眞

真宰《しんさい》あるがごとし。
而も特に其の眹《ちん》を得ず。
行うべきははなはだ信なるも、
而も其の形を見ず。
情あれども形なし。
百骸《がい》九竅《きょう》六藏、賅《そなわ》りて存す。
吾、誰と与《くみ》して親《しん》たらん。
汝皆これを説くや。
其れ私《し》あり。
かくの如きは皆臣妾《しんしょう》たることありや。
其れ臣妾は以て相《あい》治むるに足らざるや。
其れ逓《たが》いに君臣と相なるか。
其れ真君ありて存せり。
求めるが如きは、其の情を得ると得ざると、
其の真に益損することなし。

喜んだと思ったら、怒ったり、哀《かな》しんだと思ったら、楽しんだり、思い（言葉）をめぐらしていたと思ったら、言葉にならずに嘆いたり、

心変わりすると思ったら、ひとつのものに執着したり、
心軽やかに生き生きとしていると思ったら、ふぬけになったり、
心を開放していると思ったら、心を閉じてうわべをつくろい身構えていたりする。
〔それらは〕音楽が虚《うろ》から生まれ出たり、
蒸気が〔ひょんなところに突然〕菌《きのこ》を形成したりするかのようなものだ。
日夜、目の前に現れる姿は相互に入れ代わるが、
それでいて、その萌《きざ》すところを知ることはない。
もう〔こんな諸相にふりまわされる無意識の状態は〕やめだ、やめだ。
明け暮れに、こんな状態を得るというのは、
そこに理由《きっかけ》があるからこそ、生じるのだろう。
〔理由《きっかけ》となる〕彼（外界）との関係がなくなれば、《我（自意識をもったわたし）》もなくなる。
《我》がなくなれば、心が取る諸相も現れなくなる。
これもまた〔やめることに〕近そうだが、
しかし、そうさせているところに関しては無知（無意識）のままだ。
どうやら真の主宰者（心の諸相を司る者）があるかのようだ。
だからといって、特別これだという《朕（尊大なわたし）》を得ることはない。
行い（真宰が心の諸相を司ること）ができるというのは、
きわめて信じられるものだが、その形を見ることはない。

実情はあるが、形はないのだ。

〔人は〕百の骨節（肉体）、九つの竅《あな》（感覚）、五つの臓器と心包絡（感情や心）などが、組み合わさって存在する。

《吾（総括的なわたし）》とは誰とかみ合い、力を合わせるものとして接しているのだろうか。

あなたは、これら全てを説き伏せ〔て従わせ〕ることができるだろうか。

そこには《私（ばらばらで勝手なわたし）》がいるものだ。

このようなものは皆、《臣妾（従うわたし）》でいることがあるだろうか。

《臣妾（従うわたし）》どうしでは、互いに治めるには不十分ではないだろうか。

それはかわるがわる互いに主君になったり従者になったりするのだろうか。

〔やはり〕真の主君が、〔別に〕存在するのだ。

〔ばらばらな《わたし》を〕一つに引き締めることに至っては、その情を得ようと得まいと、その〔真の主君がいるという〕真実には、何ら益も損もない。

▼ 喜怒　哀樂　慮嘆

【喜怒あり、哀楽あり、慮嘆《りょたん》あり、】

喜んだと思ったら、怒ったり、哀《かな》しんだと思ったら、楽しんだり、
思い（言葉）をめぐらしていたと思ったら、言葉にならずに嘆いたり、

＊【慮】は「心＋盧の略体（つらねる）」で、「次々と関連して考える」意です。
＊【嘆】は「口＋菓（革＋火＋土）」で、「口が熱く、興奮して舌打ちだけをする」ことから、「言葉にならず息だけをもらす」「なげく」ことを意味します。
◆通説では、【喜び怒り、哀《かな》しみ楽しみ、慮《おもんぱか》り嘆き、】は「喜んだり怒ったり、悲しんだり楽しんだり、さきゆきを案じたり過ぎたことを嘆いたり、」としています。
●心の現れを二字ずつ対語にして並べているようです。

▼變慹

【変慹《へんしつ》あり、】

心変わりすると思ったら、ひとつのものに執着したり、

＊【變（変）】は、「［絲＋言］（糸が乱れて解けないさま）＋攴（動詞の記号）」で、「不安定にもつれて変わりやすい」という意味を含みます。
＊【慹】は『学研漢和大事典』にはありませんが、『大漢和辭典』によると「おそれる」「動かないさま」とあります。
△［執］の「幸（手かせ）＋丸（ひざまずく人の姿）」から、「しっかりとつかまえる・とる・とらえる・とらえられる」という意に［心］が加わり、「心の状態が執着して動かないさま」という意になると推察しました。

◆通説では、【変】は「戀（恋）」の通用と捉えて解釈して、「慕いこがれる」としています。【慹】は【慹】であるとする説をとり、「恐れはばかる」としていますが、『大漢和辞典』によると「ありさま（情態）」という意味しかありません。

【変《した》（恋）い慹《おそ》れ】は［慕いこがれたり恐れはばかったり、］としています。

●新解釈では、【変】と【慹】はその字のまま解釈しました。ころころと「変わる心」に対し、固執したように「動かない心」の意だとしました。

▼姚佚　啓態

【姚佚《よういつ》あり、啓態《けいたい》あり。】

心軽やかに生き生きとしていると思ったら、ふぬけになったり、心を開放していると思ったら、心を閉じてうわべをつくろい身構えていたりする。

＊【姚】は「女＋兆（さっとはねる）」で、「身軽なさま」「スマート・美しい」という意です。

＊【佚】は「人＋失（手＋抜け出る印）」で、「世（俗）を捨てる（さま）」、また「抜けてなくなる」「しまりがない」「のんびりしているさま」などの意です。

＊【啓】は「戸＋攵（て）＋口」で、「戸を手で開くこと」、又は「閉じた口を開き述べる」の意。そこから「開放する」「（目を開いて）理解させる」「闇が明るくなる」の意も含みます。

＊【態】は「心＋能（力を備える・たえる）」で、「できるという心構え」、「たえる心の能力」の意。↓

「心ばえ」「身構え」、また「心構えのすがた・さま」「うわべをつくろう（さま）」も表します。

◆通説では、【姚《うきうき》し佚《きまま》にし、啓《ひら》き態《かたち》づくり】は［浮き浮きしたりだらけたり、あけすけにしたり取りつくろったり。］としています。

●【姚佚《よういつ》】は見慣れない漢字ですが、これも「生き生きとしていると思ったら、ふぬけになったり」としました。【啓態】も対として、外部より内部が優勢にはたらいて「心を開放している」時と、内部よりも外部が優勢にはたらいて「うわべをつくろい身構えている」時とがあるととらえました。

▼ 樂出虛　蒸成菌

【楽《がく》は虚より出で、蒸《じょう》は菌を成す。】

〔それらは〕音楽が虚《うろ》から生まれ出たり、
蒸気が〔ひょんなところに突然〕菌《きのこ》を形成したりするかのようなものだ。

＊【蒸】は「艸＋烝（上へ熱気がたちのぼる）」で、もともとは「草が上へ上へと伸びること」を意味していますが、普通は「むす」の意として使われています。

＊【菌】は「艸＋囷（まるくまとまる、まるい）」の意で、そこから「きのこ」「菌類」のことを示すようになったものです。

◆通説では、ここは伝統的な通説に従って訳しておくが、前後との関係も悪く、【楽出虚蒸成菌】の六字の句形も疑問で、恐らく原文の字句に誤りがあろうと思われる。……と説明しています。

【楽《がく》は虚より出で、蒸《じょう》は菌《きん》を成す〔がごとく〕、】は［笛の音が空っぽの竹管から生まれ、蒸せた湿気で菌《きのこ》ができてくるように、］としています。

●新解釈では、誤りではなく、前文までは心の諸相を並べ、ここからはその説明が始まったものと解釈しました。「音」ではなく、あえて【樂（楽）】としているのは、〔心の諸相の代表として〕「楽しさ」も同じだ、という含みもあるのかもしれません。【菌《きのこ》】とともに、不意打ちをくらったかのようにひょんなところから出現するということを喩えているのでしょう。

▼日夜相代乎前
而莫知其所萌

【日夜、前に相代るも、】
【而も其の萌《きざ》す所を知るなし。】

日夜、目の前に現れる姿は相互に入れ代わるが、それでいて、その萌《きざ》すところを知ることはない。

＊【萌】の「明」は、「冏（まど）＋月」で、窓から月光が差しこんで物が見えるようになることを示します。「艸＋明（かすかなあらわれ）」で、「きざし」「もえる」「めばえ」などの意となります。

◆通説では、【日夜、前に相代るも、而も其の萌《きざ》す所を知るなし。】は、［〔さまざまな人情の変化は〕昼となく夜となく目の前にかわるがわるにあらわれてくるが、それでいてそうした形がどうして起こってくるかは、分からない。］としています。

●【萌】という字を使っているのは、前の文章で、心の諸相の顕われ方を「菌（植物）」に喩えていたように、ここでも、菌（植物）の「芽生え」のイメージを喩えにしているのだと思います。自分の内部の「萌し」の出所については無知であり、無意識のままだ……と言っているようです。

▼已乎已乎

【已《や》みなん、已みなん。】

もう〔こんな諸相にふりまわされる無意識の状態は〕やめだ、やめだ。

＊【已】は、動詞「やめる・中止する・止める」。

◆通説では、【已《や》みなん、已みなん。】は［くよくよすることを止めよう。］としています。

●新解釈では、「自身の萌すところを知らないままの状態でいること」、つまり［こんな現れては消えるような諸相にふりまわされる無意識の状態］は［もうやめだ、やめだ。］……と宣言しているのだと解釈しました。

▼旦暮得此　其所由以生乎

【旦暮《たんぼ》これを得るは、其れ由《よ》る所を以て生じるや。】

明け暮れに、こんな状態を得るというのは、そこに理由《きっかけ》があるからこそ、生じるのだろう。

＊【旦】は「日＋一（地平線）」で、「太陽（目だったもの）が地上（外）に姿を現すこと」を意味しています。

＊【暮】は「日＋莫（太陽が草むらに没する→ない・見えない）」で、もとの「太陽が没する」意を、「莫（ない）」と区別するために用いるようになったものです。

＊【由】は、「小口の酒つぼ」の形の象形文字です。「～から出てくる」「ある事が何かから生じた理由」「原因」の意味を含みます。

◆通説では【旦暮に此を得《う》るは、其の由りて以て生ずる所か。】は「明け暮れにこうした心の変化が起こるのは、もともとその原因があって生み出されたものであろうか。」としています。

●【旦暮】は、前に出てきた「日夜」と同様に、「明け暮れに」としておきますが、ひょっとすると、「太陽が出たり沈んだりする現象のように」という含みをもっているかもしれません。通説では【其所由以生乎】を疑問文としていますが、新解釈では平叙文とみなし、【其れ由《よ》るところを以て生じるや。】（そこに理由《きっかけ》があるからこそ、生じるのだろう。）としました。

▼ 非彼無我　非我無所取

【彼あらざれば我も無し。我あらざれば取る所無し。】

〔理由《きっかけ》となる〕彼（外界）との関係がなくなれば、《我（自意識をもったわたし）》もなくなる。

《我》がなくなれば、心が取る諸相も現れなくなる。

◆通説では、【彼に非ざれば我れなく、我れに非ざれば取る所なし。】は、［〈いったい〉相手がなければ自分というものもなく、自分がなければさまざまな心も現われようがない。］としています。

●【彼】とは「外界」、つまり「他人とのかかわり」「様々な出来事」「社会的位置づけ」などを指していると考えられます。それらとの関係がなくなれば、《【我】という自意識をもったわたし》もなくなります。【我あらざれば取るところ無し。】は「《【我】という自意識をもったわたし》がなくなったならば、喜怒哀楽その他の心の諸相も現れなくなる。」ということでしょう。

▼是亦近矣　【これまた近しも、】

これもまた〔やめることに〕近そうだが、

◆通説では、【是れ亦た近し、】は、［これこそが真実に近いのだ。］としています。

●この【近し】は何に「近い」のかが問題です。新解釈では、【亦】という字があるところから「真実に」ではなく、「やめることに近そうだが、」と解釈しました。

▼而不知其所爲使　【而も其の為使《いし》する所を知らず。】

しかし、そうさせているところに関しては無知（無意識）のままだ。

◆通説では、【而も其の為使《いし》する所を知らず。】は、「それでいて、何がそのようなさまざまな状態をおこさせるのかは分からない。」としています。
●【而も其の為使《いし》する所を】は「そうさせているところに関しては」とし、【知らず。】で、「知らないまだ。」つまり、「無知（無意識）のままだ。」という意味だと解釈しました。使役文です。隠れた主格を想定しているのでしょうか。

☆心の諸相は裏表があるかのように入れ替わり現れるようです。無知、無意識のままでふりまわされるだけのようです。自分ではどうにもならないのでしょうか。荘子は言います。もうやめようではないかと。無知のままの状態をやめるとは何を知ればいいのでしょうか。

喜んだと思ったら、怒ったり、

——人に褒められたり、人から信頼されたり、人からプレゼントをもらったり、勝負に勝ったり、何かの記録を作ったり、賞をもらったりなどすると、人はなぜだか自然に喜ぶものです。

その一方で、人から誹《そし》られたり、人から裏切られたり、人に誤解されたり、人に物を奪われたり、人から危害を加えられたり、物を壊されたり、何かの行為を邪魔されたり、人が思うように動かなかったり、意見がくいちがったりなどすると、人はなぜだか自然に怒るものです。

哀《かな》しんだと思ったら、楽しんだり、

――人と別れたり、人が死んだり、人に信用されなかったり、いじめられたり、人に相手にされなかったりなどすると、人はなぜだか自然に哀しむものです。

その一方で、人と出会ったり、誕生日を祝ったり、人と会話したり、人と遊んだり、スポーツしたり、ゲームをしたり、趣味に没頭したり、旅行したりなどすると、人はなぜだか自然に楽しむものです。

思い（言葉）をめぐらしていたと思ったら、言葉にならずに嘆いたり、

――人との楽しい会話を想像したり、自己表現の場を得たり、物事のイメージが膨らんだりなどすると、人はいつのまにか言葉が次ぎ次ぎに浮かび、思い（言葉）をめぐらしているものです。

その一方で、辛いことにぶつかったり、事が思い通りにいかずに限界を感じたり、物事のイメージをつかめなかったりなどすると、人はいつのまにか言葉にならずにただ嘆いているものです。

心変わりすると思ったら、ひとつのものに執着したり、

――様々な本を読んだり、いろいろの人の評価を気にしたり、いろいろな人のアドバイスを聞いたりなどすると、人はいつのまにかころころと心変わりしているものです。

その一方で、お気に入りのものを見つけたり、特定の人の評価に傾向していったり、特定の教えにとらわれたりなどすると、人はいつのまにかひとつのものに執着しているものです。

心軽やかに生き生きとしていると思ったら、ふぬけになったり、

――何か人生の目的を持っていたり、目標を掲げてがんばっていたり、好きなことに携わっていたりなどすると、人はいつのまにか心軽やかに生き生きとしているものです。

その一方で、ふと死のことを考えたり、人生の目的を失ったり、行動の意味を感じられなくなったり、嫌な事ばかりに関わったりなどすると、人はいつのまにかふぬけになっているものです。

心を開放していると思ったら、心を閉じてうわべをつくろい身構えていたりする。

――何かのひらめきがあったり、トラブルが解消したり、愛情に満ちあふれていたりなどすると、人はいつのまにか他人に心を開放しているものです。

その一方で、何かのわだかまりがあったり、トラブルにまきこまれたり、他人に対して猜疑心にさいなまれていたりなどすると、人はいつのまにか他人に対して心を閉じて、うわべをつくろい身構えているものです。

〔それらは〕音楽が虚《うろ》から生まれ出たり、

――音楽が虚から生まれるというのは一（章）の中に出てきたことを受けているのでしょう。ただ「音」ではなく「楽」としているのは、「楽しみ」も同様にして生まれるということを重ね合わせて表現したのかもしれません。

心の諸相の出現の第一声を、「声」で表現するならば、「あぁ！」と感慨に浸る声が、「うぅ……」と後悔する声が、「えっ？」と不審がる声が、「おー！」と感嘆する声が、「わぅ！」と歓喜する声が、それぞれ自然に声帯や口の形を変えた虚から生まれ出てくるようです。

蒸気が〔ひょんなところに突然〕菌《きのこ》を形成したりするかのようなものだ。

――「きのこ」の中には、ひょんなところに突然姿を現したかと思うと、一夜で溶けて消えてしまう「一夜《ひとよ》茸《たけ》」というものがあるそうです。それ以上にすばやく、早朝の暗いうちに生えてきて、明るくなると溶けて消えてしまうという「きのこ」もあるようです。ここでの「菌」はそんな神出鬼没の「きのこ」のことを心の諸相に重ね合わせて喩えたのではないかと想像します。

日夜、目の前に現れる姿は相互に入れ代わるが、

――心の諸相は、歓迎したくなるものと、敬遠したくなるものとがあります。そんな気持ちがあったとしても、それらは交互に入れ代わり現れます。人は「なんでだー！　喜びや楽しみだけでいい、負の感情はもうたくさんだ！」と、心の中で叫んでいるかもしれません。

そんな声をなだめるために、学識ある人は言うかもしれません。「すべては、相対的なものなのだ。怒りや悲しみを感じなければ、喜びや楽しみを意識できないのさ」と。その考えは一理あるかもしれませんが、喜びや楽しみを怒りや悲しみより優位に（歓迎するものと）考えていることに変わりがありません。ですから、それを頭で理解したとしても、生きてる現場では役立ちそうにありません。喜怒、哀楽、慮嘆、変慹《へんしつ》、姚佚《よういつ》、啓態《けいたい》が目まぐるしく入れ代り、それに振り回されてしまうのです。

それでいて、その萌《きざ》すところを知ることはない。

――私たちは、ある心の状態を歓迎したり排除したりすることばかりに忙しく、「諸相の萌し」つまり、いつ、どこから、どうやって、それらの感情が「芽生えてきた」のか、そんなことに注意を払ったことなどないかもしれません。じっくり観察したことがないようです。まったくの無知、無意識なのです。

そして、こんなふうに考えているかもしれません。「だって、私にはどうしようもなく、なぜか自然にいつのまにか起こるものは起こるのだから仕方がないことなのだ。」「その起爆剤のようなものは、他人や外界にあるのだから、責任の負いようがないのだ。」と。

もう「こんな諸相にふりまわされる無意識の状態は」やめだ、やめだ。

――荘子は、いったい何を「もうやめだ」と言っているのでしょうか。心の諸相の顕われを「他人」や「外界」のせいにしたり、「どうしようもない」と思ったりして、自分自身の中に、その「萌し」を察知することなく、無知で無責任で無意識でいる状態は、「もうやめだ、やめだ！」……と言っているのではないでしょうか。

明け暮れに、こんな状態を得るというのは、
そこに理由《きっかけ》があるからこそ、生じるのだろう。

――明けても暮れても、いつもいつも無知（無意識）のまま心の諸相にふりまわされていても、その「萌すところ」はわからないままでも、その「きっかけ」ならわかるかもしれませんね。

人に褒められたから、人に誹られたから、人と別れたから、人と出会ったから、トラブルが解消したから、トラブルにまきこまれたからと、その理由《きっかけ》ならたくさん挙げられます。

〔我（自意識をもったわたし）〕
〔理由《きっかけ》となる〕彼（外界）との関係がなくなれば、
《我》がなくなれば、心が取る諸相も現れなくなる。

――きっかけや理由になっている「外界」、つまり「彼《ひと》の意見や評価」「彼《ひと》との喧嘩」「彼《ひと》との信頼」「様々な彼方の出来事」などを遮断したり、縁を切ったり、無視してたりして、関係がなくすることが可能なれば、その時は比較するもの、摩擦を起こすもの、じゃまをするものなどがなくなり、なんなりと自由にしていられる時には《我（自意識をもったわたし）》が存在するという意識もなくなっているでしょう。そんな《我（自意識をもったわたし）》がないところでは、嬉しくも、悲しくもなく、怒ることもなければ、楽しいと思うこともなく、心の諸相は現れなくなることでしょう。

これもまた〔やめることに〕近そうだが、

しかし、そうさせているところに関しては無知（無意識）のままだ。

――「やめること」とは「何を」でしょうか。「心の諸相にふりまわされること」と自分の内にある「そうさせているところに関して無関心、無意識、無知のままでいること」をやめよう……と言っているのではないでしょうか。

先に述べた《彼》と《我》との相対性を応用すれば、第一の心の諸相に振り回されている状態をやめることに近づきそうです。ところが外部との接触を断つことなどできません。しかも第二の自分の内にある「そうさせているところ」に関してはまったくの無知（無意識）のままの状態をやめることはクリアできそうにありません。「そうさせているところ」を知るためには、「そうさせる者」を知る必要がありそうです。

▼若有眞宰

【真宰《しんさい》あるがごとし。】

どうやら真の主宰者（心の諸相を司る者）があるかのようだ。

＊【宰】は「宀（いえ）＋辛（刃物）」あるいは「宀＋辛（つかさどる：司）」で、「きる・さく」「料理する」→「仕事を意のままに処理する・切り盛りする」、また、「つかさ」「司る・治める」「官史の長」「おさ・かしら」を意味します。

◆通説では、【真宰《しんさい》あるが若《ごと》きも】は［真宰――真の主宰者――がいるようでもあるが、］としています。
●新解釈では、「そうさせている者」、つまり人間の心の諸相を、実質的、本質的、根元的に司るような「そんな《真の宰《つかさ》》がどうやら存在するようだ」と言っているのだととらえました。

▼ 而特不得其眹

【而も特に其の朕《ちん》を得ず。】

だからといって、特別これだという《朕（尊大なわたし）》を得ることはない。

＊【特】は「牛＋寺（寸（て）＋之（あし））（じっと待つ、立つ）」で、「一群の中で、とくに目だつ雄牛」を表し、「とりわけ優れた・目立ったさま」「他に例がない・それ一つだけのさま」を意味します。
＊【眹《ちん》】は『漢字源　EPWING版』『学研漢和大字典』にも『字統』にも載っていませんが、『大漢和辞典』には「ひとみ」「きざし」「うらかた」「あと・あらわれ」とあります。
※岸陽子氏は【朕《ちん》】だとする説をとっています。【朕《ちん》（朕）】は【眹《ちん》】とよく似ていますが別字のようです。
新解釈でも【眹】ではなく【朕】の方の説をとることにしました。
＊【朕】は、「舟＋両手で物を持ちあげる姿」で、もとは「浮力」「上に持ち上げ、現われ出る」「表面に現われた兆し」の意を含み、転じて、尊大な気持ちで自分を持ちあげて称する古代の自称詞「われ・わが」として使われたものです。「きざし・しるし・あと」という意味もあります。
◆通説で（金谷氏）は、【而特】の【特】は、『釈文』で「辞なり」とあり、意味のない助詞であるから読

まなかった……と説明しています。【眹《あと》】は「形跡」としています。
【而も其の眹《あと》を得《え》ず。】は「その形跡は得られない。」としています。
◆岸氏は【眹】は「明示」としています。
●新解釈では、【特】という言葉の意味は重要なものとして訳に反映しました。私たちは【真】の言葉から「絶対的な特別な何か」を想定してしまいがちですが、それをあえて否定するために、そこに「特殊・特別・特異なものはない」……と言っているとみなしました。ここの【朕《ちん》】は尊大な気持ちで自分を持ちあげる自称詞「われ・わが」に使用するところに、ここの展開におけるミソがあるように思います。様々な心の諸相の原因は、他（外）の何かにあるのではなく、《わたし》の中に有るのだと思えても、特別な形で浮上してくる尊大視できる、そんな《わたし》として見いだすことはできないのだ……と解釈しました。

▼ 可行已信　而不見其形

【行うべきははなはだ信なるも、而も其の形を見ず。】

行い（真宰が心の諸相を司ること）ができるというのは、きわめて信じられるものだが、その形を見ることはない。

＊【已】は、ここでは副詞で、「はなはだ・ひどく・きわめて」の意。
◆通説では『礼記』の注に、【可】は「所」と読むとあるとし、それに従う……と説明しています。
【行なう可《ところ》已《はなは》だ信なるも、而も其の形を見ず。】は「作用《はたらき》の結果は確かであるが、そうさせたものの形は見えない。」としています。
●新解釈では、ここの【可】は、「可能」を表しているととらえました。
【可行】……行い（真宰が心の諸相を司ること）ができるというのは、
【已信】……（自分の内では）非常に信じられるものだが、
【而不見其形】……しかし、（外に証明できるような）その形は見えない。
……と言っているのではないでしょうか。

▼有情而無形　【情あれども形なし。】

実情はあるが、形はないのだ。

＊【情（情）】は「心＋青（清く澄み切っている）」で、「心の動きをもたらす生まれながらにしてあるエキスのようなもの」を表しています。
◆通説では、【情】を「実質」としているようです。
【情あれども形なし。】は、［実質はあるが姿形はないのである。］としています。
●ここの【情】という言葉をどう受け取るか難しいところです。単純に「なさけ」や「感情」というなじみ深い言葉では言い表せない、もっと、根源的な「心の動きをもたらす生まれながらにしてあるエキスのようなもの」なのでしょうが、ここでは言葉での説明はせず「実情」としました。

▼百骸九竅六藏賅而存焉

【百骸《がい》九竅《きょう》六藏、賅《そなわ》りて存す。】

〔人は〕百の骨節（肉体）、九つの竅《あな》（感覚）、五つの臓器と心包絡（感情や心）などが、組み合わさって存在する。

＊【百骸】は、「百の骨節」。
＊【骸】は「むくろ」と読み、「死んで魂が抜けた体」を意味することもあります。
△【百骸】は、「百の骨」だけではなく、「百の肉」も含んでいるのだととらえました。
＊【九竅】は、九つの穴。目（二）＋耳（二）＋鼻（二）＋口（一）＋二漏。
＊【六藏（藏）】は、精気や栄養をしまいこむ内臓。心臓＋肝臓＋脾臓＋肺＋腎臓＋心包絡。普通は「五臓」とされ、「心包絡」は「心の外衛」として一臓としては数えないことが多いようです。
△なぜ荘子は、「五臓」とせず【六藏】としたのか考えてみたいと思います。まず「五臓」についてですが、古代中国における概念は次のようなものでした。「五臓」は、五志とに関連があり、それぞれ次の様に結び付けて考えていたようです。

五臓　心　肝　脾　肺　腎
五志　喜　怒　思　悲　恐

【六藏】のもう一つのものとしては、「心包絡」とするのが一般的で、「命門」の説はとりません。「心包絡」とは臓器として形はありませんが、心臓の外側を包む膜で、「心」を保護しているものです。「心」を傷つかないように、邪を受けて、それを守るという大事な機能を持った存在とされています。「心包」が損傷されると、「心」が傷ついた時と似たような症状が発生するようです。また、「心包」は、喜怒哀楽の感情を外へと伝える役目もあるようです。

つまり、このように【六蔵】としたのは、単なる物質的な働きをする臓器としてだけではなく、「心（感情）」との関係があるものとみなしていたからではないかと推理できます。そのため、ひょっとすると肉月の「臓」という字を使わず、あえて【蔵】としたのかもしれません。

＊【賅】は、「貝（2つに分かれる二枚貝）＋亥（ブタの骨格・骨組み）」です。「たりる・そなわる」。

◆通説では、【六蔵】とは、「心臓・肝臓・脾臓・肺臓・腎臓の五つと、腎臓から分別した命門」……としています。

【百骸《がい》九竅《きょう》六蔵、賅《そなわ》りて存す。】はすべて肉体のこととして［〔人の体には〕百の骨節、九つの竅《あな》、六つの内臓がすべてそろっているが、］としています。

●新解釈では、これは「人間」を構成している様々なパーツをただ羅列しただけではなく、

【百骸】……肉をも含む（外形を成す）骨組みを構成するもの（↓物質的な部分）。

【九竅】……外界の印象・刺激などの出入り門のようなもの（↓感覚的な部分）。

【六蔵】……外気と内気が交じり合い、循環するところ（↓心的、感情的な部分）。

……といったような分類を含めた上での「いろいろな部分」なのかもと推理しました。

▼ 吾誰與爲親

【吾、誰と与《くみ》して親《しん》たらん。】

《吾（総括的なわたし）》とは誰とかみ合い、力を合わせるものとして接しているのだろうか。

＊【與（与）】は、「二人の両手＋与（かみあった姿）」で、「かみあわす・力をあわせる」という意を含みます。

＊【親】は「見＋［辛（刃物）＋木］」、又は「見＋亲（ひっつく）」で、「身をきられるほど近い」又は「目をくっつけて見る」「自分で直接見る」の意です。普通に使う「おや」「したしい」などの意味の他に、「近い・身近に接している」「自ら」「自分でじかに」「直接に」などの意味もあります。

◆通説では、【親】を「愛する」と意訳しているようです。

【吾れ誰《いず》れをか親しむこと為さん。】は「自分はそのどれかを特に選んで愛することはない。」としています。

●新解釈では、【与】という字の意味（かみあい、力をあわせる）を考え、【親】は、本来の意味の「身近に接している（親しんでいる）」という意にとりました。《我》ではなく【吾】としているところから、「総括的な本来の《わたし》」を意味していると思えます。「何」ではなく【誰】という字を使っていることから、人間の「構成部分」を「物」としてみなしておらず、「様々な声を出す《わたし》の中の誰か」といったニュアンスを含んでいるのではないかと思えます。

【吾】は大きく分けて、肉体と親しくしているのか、感覚と親しくしているのか、感情（心）と親しくしているのか、いったい誰と力を合わせているのだろうか……と疑問を投げかけているようです。

▼汝皆説之乎

【汝皆これを説くや。】

あなたは、これら全てを説き伏せ〔て従わせ〕ることができるだろうか。

＊【皆】は、「比（人が肩をならべるさま）＋自（鼻のことでそうすることの意。白ではない）」で、「みんな並んでそうすること」を示しています。

＊【説（說）】は、「言＋兌［八（ときはなす）＋兄（頭の大きい人）］」で、「言葉でしこりを解き放す」ことです。「理でつめた意見・主張」「相手に説明して自分の意見に従わせる」意ももっています。

◆通説では、ここは【説】を「悦」として通用して読み、「愛する」としているようです。【汝皆これを説《よろこ》ばんか、】は［お前はそれらをすべて愛しようとするが、］としています。

●新解釈では、あくまでも、通用させた文字とみなさず、原義のまま見ていこうと思います。ここは、「あなたは自分の全てを説得して思い通りに従わせることができるか」問うているのだととらえました。

▼其有私焉

【其れ私《し》あり。】

そこには《私（ばらばらで勝手なわたし）》がいるものだ。

＊【私】は「禾（作物）＋ム（自分だけのものを腕でかかえこむさま）」で、「収穫物を分割して、自分のだけをかかえこむこと」「ばらばらに細分する」という意を含んでいます。一人称の代名詞ですが、特に分離分割した「自分一人」「勝手な」「一人分ずつ別になったもの」の意。

◆通説では、【其れ私《し》あり。】を「きっとえこひいきが起こるであろう。」としています。

●【私】とは、一人の《わたし》の中に多くの《ばらばらな勝手な声を発するような個別的なわたし》がいるのだ……と言っているとみなしました。

▼ 如是皆有爲臣妾乎

【かくの如きは皆臣妾《しんしょう》たることありや。】

このようなものは皆、《臣妾（従うわたし）》でいることがあるだろうか。

＊【臣】は、下に伏せてうつむいた目を描いた象形文字で、「平伏する奴隷」の意。「しもべ・家来」の他、「へりくだりの自称」としても使います。

＊【妾】は、「辛（刃物→捕虜や罪人に入れ墨する）＋女」で、「女の奴隷」の意。のち、女性を卑しめていう言葉としても使われます。「めかけ」「身分の高い人の身辺の世話をする女・こしもと」の他、「謙そんの自称（女性）」としても使います。

◆通説では、【臣妾】はただ「召使い」という訳になっています。

【是《か》くの如くんば皆有《もっ》（以）て臣妾と為さんか、】は〔もしそうなら、〔愛情を離れて〕皆召使いのようにみなしておこうか、〕としています。

●新解釈では、【臣妾】は《従う立場にあるわたし》という自称であることに注目しました。

※『荘子』の中での様々な《わたし》（一人称）をまとめてみると次のようになります。（⇕は対語）

《吾》……総括的な《わたし》⇕《なんじ（汝・爾など）》
《我》……自我（エゴ）、自意識をもっている《わたし》⇕《彼・なんじ（汝・爾など）》
《朕》……尊大な状態の《わたし》⇕《臣・妾》
《私》……分離して個別的な意味あいが強い《わたし》⇕《公》
《臣》……下位におかれていて従うへりくだった《わたし》⇕《君・主》
《妾》……下位におかれていて従う謙遜している女の《わたし》⇕《君・主》
《予》……年配者などが自称する《わたし》⇕《なんじ（女・若など）》

このように自称を使い分けているようです。

▼ 其臣妾不足以相治乎

【其れ臣妾は以て相治《あい》むるに足らざるや。】

《臣妾（従うわたし）》どうしでは、互いに治めるには不十分ではないだろうか。

＊【治】は、「水＋台〔口＋ム（＝以：工具を用いて人工を加える）〕」で、「河川に工作や口によって、人

の作為を加え、流れを調整すること」の意です。
◆通説では、【其れ臣妾は以て相い治むるに足らず。】は、［召使いだけでは治められないことになるであろう。］としています。
●もし《わたし》という全存在が《臣妾（従うわたし）》ばかりで構成されているのだったならば、それもまた、互いに《わたし》を一つの流れの方向へと統治するには不十分ではないだろうか……ということでしょう。

▼ 其遞相爲君臣乎

【其れ遞《たが》いに君臣と相なるか。】

それはかわるがわる互いに主君になったり従者になったりするのだろうか。

＊【遞（逓）】の［辶］をとった右側の字（テイ）は、委虎《いこ》（はいつくばって、ひと足ずつ横に歩く）という動物を表しているようです。「横へ横へとのび進むこと」「次々に伝える」「かわるがわる」という意。
＊【君】は、「口＋尹［手＋亅印（上下を調和する働きを示す）］（号令）」で、もと、神と人の間をとりもっておさめる「聖職」のことでした。そこから、「人々に号令して円満周到におさめまとめる人」のことを示します。
◆通説では、【其れ逓《たが》いに君臣と相い為らんか。】は［召使いたちが交代で主人になったり召使いになったりするのか。］としています。

●大意は通説と大差ありません。

▼ 其有眞君存焉　【其れ真君ありて存せり。】

〔やはり〕真の主君が、〔別に〕存在するのだ。

◆通説では、【其れ真君ありて存す。】を「やはり真実の主人が存在するであろう。」としています。

●ここで注目したいのが【君】の原義です。ただの「主人」というだけではなく、「神と人の間をとりもっておさめる聖職」ということです。荘子の概念の中には「神」はなかったでしょうから、「天」と置き換えて考えてみます。百骸九竅六蔵の内の私利私欲をそれぞれにもつ《私》が、各々の主張をさておき、その指令に聞く耳をもち、皆が《従うわたし》となる可能性があるのは、《天命に従って号令をかける人《わたし》》＝【眞（真）君】が、百骸九竅六蔵以外のところに存在すると考えられる時ということになる……と言っているのではないでしょうか。

▼ 如求得其情與不得　【求めるが如きは、其の情を得ると得ざると、】

〔ばらばらな《わたし》を〕一つに引き締めることに至っては、その情を得ようと得まいと、

＊【如】は文のはじめにつけて「……などは・……に至っては」の意を示すこともあります。
＊【求】は「動物の毛皮」を描いた象形文字で、体に引き締めるようにしてまといつけることから、離散、分散しないように、「ぐいと引き締めること」の意です。そこから「さがしもとめる」「ほしがる」「自分のものにしようとする」という意味を持つようになったものです。
◆【如求】の解釈はちょっと難しいようで、はっきりした意味を明らかにせず、あいまいに「そうした」といった程度の訳になっています。
通説では、【求めて其の情を得ると得ざる如きは、】は［そうした実情が分かろうと分かるまいと、］としています。
●【求】は原義を尊重して、「ばらばらにならないように、一つに引き締めること」の意とし、【如】は「（求）に至っては」の意として、【如求】で「（ばらばらな《わたし》を）一つに引き締めることに至っては」と解釈しました。

▼無益損乎其眞　【其の真に益損することなし。】

その〔真の主君がいるという〕真実に、何ら益も損もない。

……………………………………

＊【益】は「水の字を横にした形＋皿（さら）」で、「水がいっぱいになるさま」→「不足分をたしていっぱいにする」→「もうけ・とく・ききめ」、あるいは、→「ますます・どんどん上に加わって・いよいよ」

の意となります。

＊【損】は、もと「手＋員［〇印＋鼎（かなえ）］」で、「丸い穴をあけること」→「くぼめること」→「減らすこと」の意となります。

◆通説では、【其の真に益損することなし。】は［この真実（――肉体のすべてがうまく働いているこの真実）に何の増減もないのだ。］と訳しています。

●新解釈では、【其の真】の指しているところは、「真の主君がいるという真実」ととらえました。【真】というのは、それ自体で「充実（充足）している状態」であるがために、それ以上の【益】（加えるもの）もなければ、そこからの【損】（減らすもの）もない、……と言っているのではないでしょうか。

☆ここの描写は「（肉体的な）体」のみのことを言っているのではなく、「人間」はどのような「存在」であるかということを示唆しているようです。ここでも人間一人を単体と見るのではなく、複合体と見ていることがうかがえます。様々な《わたし》という存在がどのような構造になっているか、その可能性を探ってみているようです。人間の構造における真実とはいかなるものなのでしょうか。

どうやら真の主宰者（心の諸相を司る者）があるかのようだ。

――心の諸相が現れるのは「そうさせられる」からと受け身的にとらえるのを止め、「そうする者」がいると能動的にとらえるとどうなるでしょうか。すると、どうやら真《まこと》の心の諸相を司るそんな者、「真宰」が存在するようだという結論に達するのです。果して《吾》の中に、本当に《我》や《私》とは違う、「真の主宰者」となるような者が存在するでしょうか。その答えを言葉でさぐろうとしても、虚しいことかもしれません。問題は、そういった存在を自分の中に感じたことがあるかどうかです。荘子は自分の感覚と照らし合わせてみたのでしょう。その結果やっぱりどうやら「真宰」はいるようだ……と言っているようです。

だからといって、特別これだという《朕（尊大なわたし）》を得ることはない。

――けれどもそれは、顕著にわかる《特別にえらいわたし》とか《尊大なわたし》と言える存在ではなさそうです。やっぱり、単なる想像的概念にすぎないのでしょうか。どうやらそういうことではなさそうです。

行い（真宰が心の諸相を司ること）ができるというのは、きわめて信じられるものだが、その形を見ることはない。

――その「真宰の行い」つまり「真宰が心の諸相を司ること」は可能なこととして、自分の内部ではきわめて信じられるが、外部に証明できるようなその形を見ることはできない……ということのようです。

実情はあるが、形はないのだ。

――普通「情」と言えば「感情」に結びつくようなイメージをもつかもしれません。しかし、「真宰」によってもたらされる「情」は、もっと言葉にしがたい根源的な「心を動かすエキスのようなもの」ということになるようです。おそらく自身のことを振り返ってみる時、「情」という感覚を味わったことが「ない」と言う人はいないでしょう。だから「情」は「ある」と言えそうですが、誰一人としてそれを「形」として証明できるものでは「ない」と言うしかないようです。

〔人は〕百の骨節（肉体）、

――肉体（骨組み）である《わたし》は、普段どんな声を発しているのでしょう。「腹へった」・「おなかいっぱい」、「休みたい（眠い）」・「遊びたい（活動したい）」……などでしょうか。「気持ちいい」・「気持ち悪い」、「快適」・「不快」……などでしょうか。「痛い」、「苦しい」、「疲れた」……などでしょうか。

九つの竅《あな》（感覚）、

――次に九つの竅《あな》において印象や刺激を受けた《わたし》は、どんなふうに反応しているのでしょう。そこでは、「思考」も働き、常に何かを「判断」しているかもしれません。「美しい」・「醜い」、「かっこいい」・「ダサい」……などでしょうか。「心地いい」・「うるさい」、「うまい」・「まずい」、「いい匂い」・「臭い」……などでしょうか。

五つの臓器と心包絡（感情）などが、

――最後に「六蔵」は、既に説明してきたように、実は「人間」に「内蔵」されている「心的、感情的な部分」を示唆しているようです。感情に浸される《わたし》は、どんな気分を抱いた声をあげるのでしょうか。「楽しい」・「悲しい」、「うれしい」・「恐い」……などでしょうか。「ヨッシャ！」・「がっかり」、「やるぞー」・「うんざり」、「うふっ」・「やれやれ」……などでしょうか。

組み合わさって存在する。

――「人間」というのは、百の骨組み（肉体）と言えるような「物質的な部分」と、九つの竅《あな》（穴という字でないところがクセモノです）と言えるような「感覚的な部分」と、五つの内臓＋心包絡と言える「心的、感情的な部分」とが、一緒にそなわって組み合わされているような存在なのだと言えそうです。

それぞれの《わたし》の中では、別々のバラバラな「声」がなり響いているものなのです。互いの関係をうまくとって協力しあっていながらも、時に、かみ合わなかったり、矛盾していたり、対立していたりすることさえあるかもしれません。「人間」とは、そうしたものを内包したまま組み合わされて存在しているのです。

《吾（総括的なわたし）》とは誰とかみ合い、
力を合わせるものとして接しているのだろうか。

――自分の中に、いろいろな《わたし》がたくさんいるのです。《吾（総括的なわたし）》は、どの《わたし》の声とコラボして、どこまで親しんでいるのでしょうか。

《肉体的なわたし》の欲求の声に従って、それを満たしていきながら、力を合わせているのでしょうか。それとも、《感覚的なわたし》の判断する声にうなずき、それとかみ合っているのでしょうか。あるいは《感情的なわたし》の声に浸って、密接な関係を築いているのでしょうか。

あなたは、これら全てを説き伏せ（て従わせ）ることができるだろうか。

――複雑な構造により成り立っている「人間」……その内部では様々な声を発しているようです。荘子は、私たち自身で自分の内部を振り返ってみよ……と言っているようです。

たとえば、あなたは理由なく、はげしい運動をして食事制限せよと《肉体のわたし》に説き伏せて、すぐに実行することができるでしょうか。不眠不休で仕事せよと《肉体のわたし》と説得して、実際に実行することができるでしょうか。

スタイルのいい絶世の美女を見て「美しい」と思ったり、極端に太った人を見て「ぶさいくだ」と思ったり、また、お気に入りの音楽を聞いて「快感」だと思ったり、騒音を聞いて「不快」だと思ったりする判断をやめよと《感覚のわたし》に言って、はたして判断停止できる人がいるでしょうか。

勝負事をしていて、その勝敗に「一喜一憂するな」と《感情のわたし》に説き伏せて、いうことをきくでしょうか。かわいい子供が誕生しても「喜ぶな」、愛する人が死んでも「悲しむな」と《感情のわたし》に説得して、はたしてその通りできるでしょうか。

そもそもどれだけの人が自分の行動に意識的になって、たくさんの声をもつ《わたし》をいちいち説得して行動しているものなのでしょうか。

そこには《私（ばらばらで勝手なわたし）》がいるものだ。

――どうやら、どのケースも簡単には「イエス」とも「ノー」とも言い切れないようです。というのも、ばらばらな欲求や様々な理屈や事情をもった《勝手なわたし》がいるからです。自分の内部を観察してみるならば、どうやらそこで発見できるのは、一人の人間のはずなのに、ちりぢりになった奔放な《勝手なわたし》の群の集合的存在ばかりです。いうなれば「私的事情」をもった複数の《勝手なわたし》が寄り集まってそれなりの一定の役割を果たしながら一人の人間を構成しているかのようです。

このようなものは皆、《臣妾（従うわたし）》でいることがあるだろうか。

――そんなばらばらで《勝手なわたし》たちは、自分の機嫌や都合で自己主張するものです。皆が皆、その場の提案に《従うわたし》でいることなどありえるのでしょうか。

《臣妾（従うわたし）》どうしでは、互いに治めるには不十分ではないだろうか。

――それでももし、皆が《従うわたし》となってしまった場合、《従うわたし》を統率するという責任感をもつ者がいなければ、互いに治めるには不十分ではないか……と言っています。

それはかわるがわる互いに主君になったり従者になったりするのだろうか。

――百骸九竅六蔵の内の誰かである《わたし》の一人が優位権をもって、その時々の都合や気分で、《号令をかける主君》となった場合、その他の《わたし》は《従うわたし》となって、まるく治まることがあるのでしょうか。優位権をもったからといって、《従うわたし》を統一する責任を負っているかどうかは疑問です。一時《号令をかけるわたし》になっても次の瞬間には、責任を放棄して別の誰かが代わって《号令をかけるわたし》になったとしたら、他の《わたし》は従者としてその命令に従うものになるものでしょうか。

〔やはり〕真の主君が、〔別に〕存在するのだ。

――どうやら、人間という存在は百骸九竅六蔵だけで構成しているのではなく、それ以外の存在として「真の主君」が別に存在するのだ……と言っているようです。それは全体にとっての《主人となるわたし》としてだけでなく、「天命（天から与えられた使命）」を感じ取って、それに沿った《号令をかけるわたし》のようです。ですから、その《真の主君》は、決して私的でない《わたし》ということになりそうです。

〔ばらばらな《わたし》を〕一つに引き締めることに至っては、

――百骸九竅六蔵の私的な《わたし》たちと違って、真の主君は皆を一つに引き締めることに至っては、エキスパートなのです。人間は何のために生まれてきたのかを考える時、「天命を全うするため」ではないかという想定ができます。もしそのために《号令をかけるわたし》が存在したならば、百骸九竅六蔵の《私たち》は、自ら《従うわたし》となって、その《一つ》の目的のために、尽力するようになれるのかもしれません。

その情を得ようと得まいと、

――ある人は、そんな「真君」の力を自分の「情」を通して感じたことがあるかもしれません。また、ある人は、そんな「真君」の力を自分の「情」を通して感じたことなどないかもしれません。真の主君の存在を意識的に知っている人と無意識で知らない人とがいるからです。

その〔真の主君がいるという〕真実には、何ら益も損もない。

——そのどちらであっても、「真実」には影響しないのだ……と言っています。「その真実」とは何か。それは「真の主君が百骸九竅六蔵以外のところにいるという真実」でしょう。「真実」というものは、人がどう感じようとも、どう判断しようとも、また信じようとも信じられなくとも、あるがままに存在しているもので、それによって加わるものも、減るものも微塵もないものなのだ……と言っているようです。

二‐三、人間の構造（三）《わたし》の師

一受其成形
不亡以待盡
與物相刃相靡
其行盡如馳
而莫之能止
不亦悲乎
終身役役
而不見其成功
苶然疲役
而不知其所歸
可不哀邪
人謂之不死奚益
其形化其心與之然

一を受けて其の形を成さば、
亡《うしな》わずして以て尽きるを待つ。
物と相刃《やいば》し相靡《すりへら》す、
其の行の尽くすこと馳するが如し。
而も之を能《よ》く止《や》むることなし。
また悲しからずや。
終身役役《えきえき》として、
而して其の功を成すことを見ず。
苶然《でつぜん》として役に疲れ、
而して其の帰する所を知らず。
哀《あわ》れまざるべけんや。
人はこれを死せずと謂うも、奚《なん》の益あらん。
其の形化して其の心もこれと与《とも》に然り。

可不謂大哀乎　大哀と謂わざるべけんや。
人之生也　固若是芒乎　人の生や、固《もと》より是《か》くのごとく芒《ぼう》なるか。
其我獨芒　其の我独り芒にして、
而人亦有不芒者乎　而も人また芒ならざる者ありや。
夫隨其成心而師之　夫れ其の心の成るに随いて、これを師とす。
誰獨且無師乎　誰も独りにして且つ師なからん。
奚必知代　奚《なん》ぞ必ずしも代を知らんや。
而心自取者有之　而して心の自ら取る者はこれ有らん。
愚者與有焉　愚なる者と与《とも》にこれ有り。
未成乎心而有是非　未だ心を成さずして、是非有り。
是今日適越而昔至也　是れ「今日、越に適《てき》し、昔、至れり」なり。
是以無有爲有　是れ、無し有りを以て有りと為す。
無有爲有　無し有りで有りと為さば、
雖有神禹　神禹《う》有りと雖《いえど》も
且不能知　且つ知ることあたわず。
吾獨且奈何哉　吾独りにして且つ奈何《いかん》せん。

〔真君に従って〕《一》になることを受け入れて、その形を成すならば、見失うことなく、〔形が自然と〕尽きていくのをじっくりと待つばかりだ。

〔ところが〕物とのかみ合わせで、傷つけあったり、すりへらしあったりしていれば、そんな行いが尽きるのは、早馬が駆け抜けるかのようにあっという間だ。

しかし、これを止《や》めることができないでいる。

なんとまた悲しいことではないか。

終身、〔意識から遠いところで〕あくせくと働き、しかも、その実りの功績を見ることはない。

くたびれた〔実入りのない〕草さながらに、〔意識の遠くでの〕苦役に疲れ果て、しかも、その回帰するところもわからなくなってしまっている。

これを哀れまずにいられようか。

人は「だが死んではいないのだから……」と言うが、それが何の役に立つだろうか。

このような形の変化に伴い、その心も同様になってしまうものだ。

これこそ、大きな哀れと言わないで何と言えるだろうか。

人の生とは、もともと、こんなにも芒《くら》い状態のものだろうか。

〔いや、そうではなく、〕それはただ《我（自意識をもったわたし）》が芒いだけで、〔一人の〕人の中にはまた、決して芒くはない者も存在するのではないだろうか。

そもそも、その心の成す（まとめあげる）がままにまかせるなら、これが師となるのだ。

誰もが「独り（独自な存在）」であるのに、他にさらなる師はいない。

どうして、代わりになるような者を知る必要があるだろうか。〔そんな必要はない。〕

そして、心が自ずと促すものを選択する者には、これ（師）がいることになる。
愚なる（心を鏡のようにしている）者とともに、これ（師）は存在する。
ただ、未だに心を成して〔まとめあげて〕いないところに、是非が起きる。
これが「今日、越に適し、昔、至っていた」というようなことだ。
これは「無し」か「有り」か〔の議論〕でもって、〔恵施は〕「有り」としたものだ。
「無し」か「有り」か〔の議論〕で「有り」とするのでは、
たとえ目に見えない心の働きの禹（師）が「有り」としたところで、
さらなるそれ以上のことを知る（理解する）ことは到底できないだろう。
さて、《吾《わたし》》は「独り」だが、これ以上にどうする必要があるだろうか。

▼一受其成形　【一を受けて其の形を成さば、】

〔真君に従って〕《一》になることを受け入れて、その形を成すならば、

＊【受】は、「爪（て）＋又（て）＋〔舟→冖（音符で意味には無関係）〕」で、「手から手に落とさないように渡し、失わないようにうけとるさま」を示します。

◆通説では、【一《ひと》たび其の成形《せいけい》を受くれば、】は、［一旦この人としての形を受けたからには、］としています。

●ここの【一を受けて】とは、前からの続きで、真君の天の示す道に従がった号令で各々の《わたし》が「《一》に統一することを受け入れて、」……という意味だと解釈しました。【其成形】は、真君の声をベースに「（それぞれの《わたし》が）形を成す（まとめる）ならば、」……と解釈しました。

▼ 不亡以待盡

【亡《うしな》わずして以て尽きるを待つ。】

見失うことなく、〔形が自然と〕尽きていくのをじっくりと待つばかりだ。

…………………………………………

＊【亡】は、「乚（囲い）で隠すさま」又は「乚（ものかげ）＋人」で、「あったものが姿を隠す」又は「人がものかげに隠れる」の意味です。「見えなくなる」「なくなる」→「滅びる」「ない」→「死ぬ」意。

＊【待】は、「彳（おこなう）＋寺〔寸（て）＋之（足で進む）〕」で、「手足を動かして相手をもてなすこと」の意味を含みます。

＊【盡（尽）】は、「筆の先から滴が皿にたれつくすさま」を示しています。「残りなく、ありったけ出す」「最後まで全うする」→「おわる」「死ぬ」「力をあるだけあらわして最上の程度に達する」。

◆通説では、【不亡】を「不化」と改めて解釈して、「形にとらわれてむりに延命をはかるようなことはしないこと。」……と説明しています。

【化せずして尽くるを待たん。】を〔それを変えることなくそのまま〔自然〕にして生命の尽きるのを待とう。」としています。

●新解釈では、【不亡】は「（意識が）見失ってしまうことなく」という意味に解釈しました。【尽】は、「自分がまとめてきた形が自然にまかせて全うし尽くす」ことを表し、【以待尽】で、「（自然に形が）尽きることを、（じっくりともてなすような気持ちで）待つ」という意味に解釈しました。

▼與物相刃相靡

【物と相刃《やいば》し相靡《すりへら》す、】

〔ところが〕物とのかみ合わせで、傷つけあったり、すりへらしあったりしていれば、

＊【刃（刃）】は刀の「は」のある所を「、」印で指し示した指示文字。「やいばする」ということで「刀で切り殺す」という意もあります。

＊【靡】は「麻（しなやかなあさ）＋非」として、「なびく・外からの力に従う」「柔らかい・弱い」という意の他、「こする・すりへらす」という意もあります。

◆通説では、【物と相《あ》い刃《さから》い相靡《そこな》わば、】は、〔外界の物事に逆らって傷つけあっていけば、〕としています。

●【與（与）】は、「かみ合わす」「組みする」などの意なので、それを反映しました。【靡】は「なびく」意もありますが、ここでは「すりへらす」意としました。

▼其行盡如馳

【其の行の尽くすこと馳するが如し。】

そんな行いが尽きるのは、早馬が駆け抜けるかのようにあっという間だ。

＊【馳】は「馬＋也（横にのびる）」で、「乗った車馬を速く走らせる」「速くいく」「物がさっと動いていく」「さっと遠くへおしやる」の意です。

◆通説では、【其行盡（尽）】は「その一生」と解釈しています。

【其の行き尽くすことは馳《は》するが如くにして、】は、「その一生は早馬のように過ぎ去って、」としています。

●【其行】は、物質界においての活動としての「そんな行為・行い」の意と解釈しました。

▼而莫之能止

【而も之を能《よ》く止《や》むることなし。】

しかし、これを止《や》めることができないでいる。

◆通説では、【これを能《よ》く止《とど》むるなし。】は「ひきとめる手だてもない。」としています。

●他人の介入ではなく、自分自身で「止《や》めることができないでいる。」としました。

▼不亦悲乎

【また悲しからずや。】

なんとまた悲しいことではないか。

＊【悲】は、「心＋非（羽が左右に開いたさま）」で、「心が調和統一を失って裂けること」や「胸が裂けるようなせつない感じのこと」に使います。

◆通説では、【亦た悲しからずや。】は［なんと悲しいことではないか。］としています。

●荘子は一歩離れたところから、これも「また悲しいことだ。」という心情を述べたのでしょう。

▼終身役役

【終身役役《えきえき》として、】

終身、〔意識から遠いところで〕あくせくと働き、

＊【終（終）】は「糸＋冬」で、「糸巻きに糸をはじめからおわりまで・いっぱい巻いて蓄えた糸の玉」「まき糸の収穫期（冬）」→「しまい」→「死ぬ」などの意。

＊【身】は「女性がみごもったさま」を描いた象形文字。「充実する・いっぱい詰まる」→「重く筋骨のつまったからだ」の意。

＊【役】は「彳（いく）＋殳（ほこを手にして仕事する）」で、「遠くに行って仕事をすること」「遠い所

へまっすぐ出向く」意、あるいは、「武器を手にめぐり歩く」↓「苦しいつとめをする」意を含みます。

＊【役役】は、「つらい仕事などで、身心ともに苦しむさま」。

◆【終身】は、通説では「生涯」としています。

【終身役役《えきえき》として、】は「生涯をあくせくとすごして」としています。

●「生涯」ではなく、【終身】とあえてしているところから、少し深読みしたくなるところです。その字源からすると「終（しまい）」に「孕むものがある身」という意味を含んでいるのかもしれません。よって訳も「終身」のままにしました。【役】に「仕事をする」という以外に、「遠地に行く」という意が含まれているようなので、【役役】は、「あくせく働く」だけでなく、「（自分の意識の）遠いところで」という意を残しました。というのも、後からでてくる「帰」という言葉の意味とも絡むと思ったからです。

▼而不見其成功　【而して其の功を成すことを見ず。】

しかも、その実りの功績を見ることはない。

＊【功】は「力＋工（上下両面に穴をあける）」で、「努力を要し、工夫をこらした仕事とできばえ」のことを言いますが、もとは百工あるなかでも「農事に限定する字」であったようです。

◆通説では、【其の成功を見ず、】は「それだけの効果もあらわれず、」としています。

●【功】が「農事に限定する字」であったとすることを考え合わせたら、【成功】は、「サクセス」のことではなく、「実りの功績」といった方がいいかもしれません。

▼ 苶然疲役

【苶然《でつぜん》として役に疲れ、】

くたびれた（実入りのない）草さながらに、〔意識の遠くでの〕苦役に疲れ果て、

＊【苶（茶）】は「艸＋尓（柔らかく小さい、げんなりした）」で、「ぐったりと疲れるさま」「忘れるさま」などの意。

△人間を今までも植物に喩えることが度々ありました。ここでも【苶然】とするのが、まさにイメージにピッタリではないでしょうか。ただ「疲れるさま」というのではなく、草冠があることから、その草の状態を示していて、ここも植物にたとえをとって、「草がげんなりとくたびれているようなさま」の意か、もう一歩踏み込んだ意味として、【茶】の下の字の「小」が未熟な状態を表しているとしたら、ひょっとすると、「実入りせずに草臥《くたび》れてぐったりとしているさま」を表しているかもしれないと推察するところです。

＊【疲】は「疒＋皮（曲がってしゃんとたたない）」で、「病気や疲れで、からだがぐったり曲がること」の意です。

◆通説では、底本にある【苶《でつ》】ではなく、【薾《てつ》】であったという説をとって、【薾然】として、「疲れはてたさま」の意としています。【薾然《てつぜん》として疲役《ひえき》して】は「ぐったりと疲労しきって」としています。

●新解釈では、【苶然】の訳は「くたびれた（実入りのない）草さながらに」としました。【疲】で、ぐっ

たり曲がっている状態が映像的なイメージとして伝わってきそうです。

▼而不知其所歸

【而して其の帰する所を知らず。】

しかも、その回帰するところもわからなくなってしまっている。

＊【歸（帰）】は形声文字。（又は会意兼形声文字とする説もありますが省略。）「回ってもどる・もとの所へもどってくる」「あるべき所に落ち着く」などの意です。

◆通説では、【其の帰《き》する所を知らず。】は［身を寄せるところもわからない。］としています。

●新解釈では、【帰】は、「回ってもどる・もとの所へもどってくる」といったその字のもつ本来の意味のままに解釈しました。植物に喩えをとっているところから、「実（種）となって回帰する」という意味も含んでいるのではないかと思っています。

▼可不哀邪

【哀《あわ》れまざるべけんや。】

これを哀れまずにいられれようか。

＊【哀】は、「口＋衣（かぶせて隠す）」で、「言いたいことを胸中におさえる」→「せつない・悲しい」

「あわれむ・かわいそう」といった気持ちを表します。
◆通説では、【哀《あわ》れまざるべけんや。】は〔哀れまないでおれようか。〕としています。
●「悲しむ」より「哀れむ」の方がその質は深いもののようです。

▼人謂之不死奚益

人は「だが死んではいないのだから……」と言うが、それが何の役に立つだろうか。【人はこれを死せずと謂うも、奚《なん》の益あらん。】

◆通説では、【人はこれを死せずと謂うも、奚《なん》の益あらん。】は〔世間でそれを死んではいないと言ったところで、何の役にたとう。〔すでに死んでいるのと同じである。〕〕としています。
●人々の多くは物質界に焦点が合っていて、「肉体の生存（長生き）」を望む傾向にあるようですが、荘子は、「肉体が死んでいない」としても、今まで述べてきた状態では、たとえ長生きしようとも、「死んでいるのも同然だ」……と言わんばかりです。

▼其形化其心與之然【其の形化して其の心もこれと与《とも》に然り。】

このような形の変化に伴い、その心も同様になってしまうものだ。

＊【化】は、左右に違う形（姿勢）をとっている人を表しています。

◆通説では、【其の形化して其の心もこれと与《とも》に然り。】は「その肉体がうつろい衰えて心もそれと一緒に萎んでしまったのである。」としています。

●新解釈では、【其形化】は「このような形の変化に伴い」としました。「ぐったりとする」のは形（肉体）ばかりではなく、「その心も同様になってしまう」……と言っているのでしょう。

▼ 可不謂大哀乎　【大哀と謂わざるべけんや。】

これこそ、大きな哀れと言わないで何と言えるだろうか。

◆通説では【大哀と謂わざるべけんや。】は「大きな悲劇だといわないでおられようか。」としています。

●新解釈では、その現実に対して荘子は〔悲劇だという〕評価をのべているのではなく、あくまでも気持ちの現れとして、「大きな哀れ」と言わざるを得ない……と言っているのだととらえました。

☆人間の生き方としての理想と現実……現状としてどのような行動や状態を見るにつけ、荘子は悲しいこと、哀れなことだと感じたのでしょうか。

〔真君に従って〕《一》になることを受け入れて、その形を成すならば、

――求心力をもっている真の主君の号令に従って、常に宇宙（自然）と《一》となる方向性を保つように、その声を受け入れて、それに見合った「形」を作り上げていくことに専念するならば……と言っているのかもしれません。

見失うことなく、〔形が自然と〕尽きていくのをじっと待つばかりだ。

――自らの《わたし》を見失うことがなく、それぞれの《わたし》がやれるだけのことをして誕生した「形」は、同じ状態に留まることがなく、何らかのその役割を果たしたその後は、衰退（崩壊）の途をたどるかもしれませんが、完全燃焼するかのように、その「形」が尽きることをもてなすような気持ちでじっくりと待つばかりだ……と言っているようです。そうすることが理想だと言っているのかもしれませんね。

〔ところが〕物とのかみ合わせで、傷つけあったり、すりへらしあったりしていれば、

――ところが現実は、人は物質的なところで互いに、危害を加えたあったり、神経をすりへらしあったりしていることが多いようです。なぜかというと、「言葉」というのが物質的武器になることがあるからです。「言葉」と「言葉」のかみ合わせによって、互いにその存在を否定して非難したり罵倒したりしあって、肉体ばかりでなく心を傷つけあうことがよくあります。

そんな行いが尽きるのは、早馬が駆け抜けるかのようにあっという間だ。

――人間のもっている時間の感覚というのは不思議なところがあります。過去を振り返ってみた時、宇宙や自然の法則に則った経験からくる思い出は、自分の内で長く感じるものです。ところが傷つけあったり、すりへらしあったりするような行いが尽きていくのは、あっという間に感じるようです。無駄に時間を費やして、そこに何の充実感もないからかもしれません。

しかし、これを止《や》めることができないでいる。

――ところが、そういったことを互いに相手のせいにしたりして、自分ではどうすることもできないのだとその行いを止めることができないでいることが常のようです。

なんとまた悲しいことではないか。

――そういった現状を見るにつけ、荘子は、見過ごすことはできないでいるようです。それは人々を軽んじて、見下している立場にいるからではないのです。同じ人間として生きていく上で感じるのは、「悲しみ」という、心の中の痛みなのかもしれません。

終身、〔意識から遠いところで〕あくせくと働き、

――意識の遠いところ……とはどんなところなのでしょうか。それは真君の指令から遠いところ……と言えるかもしれません。いろいろなことをして働いている時、ある感覚が、ふとした瞬間によぎることはないでしょうか。こんなこととして一体どんな意味があるのだろう、とか、この徒労感、空虚感はなんだろうといった感覚です。それらはどこからやってくるのでしょうか。《わたし》でありながら、どこか《わたし》ではない感じからでしょうか。自分がありたいと思っている《わたし》から「遠く離れている《わたし》」という感覚からでしょうか。どれだけの人が、真君を主とした《わたし》の意識や意志の「さなか」や「近く」で働いていると言えるでしょうか。その身が終わるまで自分の意識から遠い《わたし》があくせく働いているかもしれません。

しかも、その実りの功績を見ることはない。

――「成功」とは、社会で価値を認められるサクセス・ストーリーの結末でしょうか。「外」で為した「結果」は、地位、名誉、お金などによって量られるものでしょうか。それは、一握りの「勝者」だけが手にすることのできる勲章のようなものでしょうか。

荘子のいう「成功」とは、どうやらそういうことではなさそうです。それは、自分の身の「内」で起きる「実りの功績、成果」のことのようです。為してきた「結果」が過ぎ去った後にも、どこかで感じる充実感とでも言えばいいでしょうか。「being」のバイブレーションとも言えるかもしれません。問題は、「外」の「結果」にあるのではなく、自分の身の「内（心や魂）」に「孕むもの」があるか否かのようです。

くたびれた（実入りのない）草さながらに、〔意識の遠くでの〕苦役に疲れ果て、

――人は誰しも、働けば、それだけの疲労感は味わってしまうものです。どれだけの人が、充実感をともなった疲労感だと言えるでしょうか。多くの人のその疲れ方は、「くたびれた草のようだ」「実入りのない草のようだ」と喩えているようです。

しかも、その回帰すべきところもわからなくなってしまっている。

――「回帰すべきところ」……？　それはどこ？　そんなところはあるのだろうかと疑問が点滅しはじめるかもしれません。

「回帰するところ」、それは、自分の「内」に「実を孕むこと」かもしれません。でも、人間が、草のように「実入りすること」なんてあるのだろうかと疑問をいだいたままかもしれません。「実を孕む」というのは「子供ができること」とはまったく別の次元の話です。魂レベルの充実だと言えるかもしれません。

これを哀れまずにいられようか。

――死を迎える予感がしはじめる頃、もし振り返ったなら何を感じるのでしょう。《わたし》が《わたし》らしかった日々を思い出すのでしょうか。《わたし》が《わたし》でなかったような日々を悔いるのでしょうか。「なぜ生まれたのだろう?」「なぜ働きつづけたのだろう?」「そこで何を実らせたのだろう?」……そんなことを考えても、答えを見出せないでいるかもしれません。

荘子は、人々のそんな様子をみて、思わず「これを哀れまずにいられようか」と漏らしたのでしょう。

人は「だが死んではいないのだから……」と言うが、それが何の役に立つだろうか。

――多くの人々はまどろむ意識の中で、「不老不死」に憧れ続けているかもしれません。「不老不死」とまでいかなくても、少しでも「長生きすること」を望んでいるようです。たとえ、疲れを感じていようとも、虚しさが押し寄せてこようとも、「そうさ、まだ死んでいるわけではない。それだけでいいじゃないか。」と、そう口々に唱え、後は自らに発破をかけ、鞭打って、働き続けているかもしれません。

「死んではいない。まだ生きている」……これが頼りどころの言葉となるでしょうか。どうやらそうではなさそうです。荘子はきっぱりと言っています。「それだけでは、何の役にたつだろうか」と。

このような形の変化に伴い、その心も同様になってしまうものだ。

――「形」は、常に変化しているものです。そうして必ず老化してゆくのです。疲れにぐったりとしてしまうものなのです。死によって終止符を打つというのが定めなのです。それは「形」の運命なのですが、問題は「心」までもその「形」に同化して、その変化に左右されてしまうことのようです。

「形」は、「帰るところ」を知らないのかもしれません。死んだらそれで終わりなのです。それを知ることができるのは「心」なのかもしれません。何度も言うように内に実をつければ、「形」が死んでも「心」は生まれ変われるのかもしれません。けれども多くの人は「心」が「形」を先導することを知らないままなのかもしれません。

これこそ、大きな哀れと言わないで何と言えるだろうか。

——意識から遠い物質界で働き、疲労しても帰るところを知らないでいることに、哀れを感じるものの、何と言っても、物質界の「形」の変化に同化するように「心」まで同様になっていることに対して、最大級の哀れを感じると、荘子は人々の現状に心を痛めているようです。

▼人之生也　固若是芒乎

【人の生や、固《もと》より是《か》くのごとく芒《ぼう》なるか。】

人の生とは、もともと、こんなにも芒《くら》い状態のものだろうか。

＊【生】は、「若芽の形＋土」で、「地上に若芽のはえたさま」を示しています。

＊【芒】は、「艸＋亡（みえにくい）」で、「のぎ（イネ科の植物の小穂を構成する鱗片の先端にある棘状の突起）」「穂先」「ほこさき」などの他に、「ひかり・光線の先端」「ぼんやりとくらいさま」などの意があります。

△【芒】も植物に関係する漢字です。ただ「暗い」という意味で用いるなら他の字でもよさそうなところです。あえてこの字を用いているのは、「実」が入っていない「のぎ（穂先）」だけの状態を示しているのではないかと推察しました。

◆通説では、【芒】を「愚か」と意訳しています。

【人の生や、固《もと》より是《か》くのごとく芒《くら》きか。】は〔人の生涯というものは、もともとこのように愚かなものか。〕としています。

●新解釈では【芒】は「くらい」としておきましたが、「のぎだけの穂」のイメージが埋め込まれているかもしれません。荘子は「愚」を否定的に使うことはありませんので、「愚か」とは訳しません。

▼ 其我獨芒　而人亦有不芒者乎

【其の我独り芒にして、而も人また芒ならざる者ありや。】

〔いや、そうではなく、〕それはただ《我（自意識をもったわたし）》が芒いだけで、〔一人の〕人の中にはまた、決して芒くはない者も存在するのではないだろうか。

◆通説では、【我】と【人】を比べていますが、「自分」と「他人」の意と解釈しています。よって【其の我れ独《ひと》り芒くして人亦《ある》いは芒からざる者あるか。】は、〔それとも自分だけが愚かで、他人には愚かでない者もいるのだろうか。〔もちろんすぐれた者がいる。しかしそれは成見にとらわれた者のことではないのだ。〕〕としています。

●新解釈では、一個人という《わたし》の中に、《我（自意識をもったわたし）》だけが「芒いまま」であり、その同じ一人の人間である《わたし》の中には【亦《また》】「芒くないような、そんな者」も存在するのではないだろうか……と言っているのだとみなしました。

▼ 夫随其成心而師之

【夫れ其の心の成るに随いて、これを師とす。】

そもそも、その心の成す（まとめあげる）がままにまかせるなら、これが師となるのだ。

＊【隨（随）】は、（前にも説明しましたが）「辶（すすむ）＋隋（盛り土がくずれおちる）」で、「惰性で土が上から下へ落ちる」という意味を含んでいます。「なるままにまかせる・他についていく」「したがう」などの意です。

＊【師】は、「𠂤（積み重ね・集団）＋帀（あまねし）」で「あまねく人々を集めた大集団のこと」の意。転じて、「人々を集めて教える人」の意となったものです。

◆通説では、【成心】は、文字どおりの解釈としては「できあがった心」の意である。良い意味にとる説もあるが、後文三から考えて、是非善悪の議論が出てくる根拠としての悪い意味にとるのがよい。一定の固まった心。成見の意。……と説明しています。

【夫れ其の成心に随いてこれを師とすれば、】は、［いったい一定の成見に従ってその心を師としていくなら、］としています。

●新解釈では、【成心】を名詞化して特定の「出来上がった心」として見るというよりは、「心が成す（まとめあげる）がまま」（良い意味）という動詞的なとらえ方をしました。これまで展開してきたように無意識の中の【心】の顕われは、ばらばらのように思えるようなものでした。無意識ですから「くらい」のです。しかし、【心】の本来の動きは【成（まとめあげる）】方向性をもっているものだ……と言っているようです。

そこに意識的な光を当てたならば、そのすじ道の上にいる《わたし》は「くらく」ないのです。つまり、無意識ではなく意識的に【随（その動きにまかせてみる）】ことが、道を明るく照らす【師】になるのだ……と言っているのです。そうしたならば、たくさんの《わたし》が一貫性をもっていたものだと教えてくれる【師】に従がえるのです。

▼誰獨且無師乎

【誰も独りにして且つ師なからん。】

誰もが「独り（独自な存在）」であるのに、他にさらなる師はいない。

＊【且】は、「物を積み重ねたかたち」を描いた象形文字。「重ねること」→「かさねて」「その上に」の意です。

◆通説では、【獨（独）】の解釈はあいまいです。【且】は「はた」と読んで、特に訳さずにいます。【無】の意味がまったく無視されています。

【誰か独り且《は》た師なからん。】は［だれもがそれぞれに師をもつことになるだろう。］としています。

●新解釈では、それぞれの字義から意味を推しはかってみます。

【誰独】……人は誰もが独り（個別的で独自な・ユニークな存在）である

【且】……（その上に加えるような）他にさらなる

【無師】……（《わたし》を）導く師はいない

……となるのではないでしょうか。

▼ 奚必知代

【奚《なん》ぞ必ずしも代を知らんや。】

どうして、代わりになるような者を知る必要があるだろうか。〔そんな必要はない。〕

＊【奚】は「どうして」「なにごと」「どういうこと」の意。
＊【必】は「何（奚）必……」で反語となり、「どうしてそうだとかぎろうか」の意。
＊【代】は、「人＋弋（くい）」で、「人が互いに違いに入れかわること」。

◆通説では、【奚《なん》ぞ必ずしも代を知りて】は、［何も、ものの評価がさまざまに変わることをわきまえて］としています。

●【代】は、「（自分にとっての）代わりの師」ということでしょう。ここの【奚】は疑問の反問ではなく、反語（否定）だとみなしました。

▼ 而心自取者有之

【而して心の自ら取る者はこれ有らん。】

そして心が自ずと促すものを選択する者には、これ（師）がいることになる。

＊【取】には「手に入れる」「自分のものにする」「選びとる」などの意があります。
◆通説では、【心に自ら取る者のみこれ有らん。】は「自分の心で選びとる賢者だけが師をもつ、ということにはなるまい。」と否定形にしています。
●【心自取者（者）】は、「心」が「それ自身自然に」「内発的に」方向性を示し、その声に従って、次の一歩を「選びとることができる者」には……という意味で、【有之】は、これ（師）が存在する、つまり、自らを自分の内部から導く「心の成るまま」を選択して生きるなら、外ではなく、他ならぬ自らの内に「師が存在する」ことになる……ということでしょう。

▼愚者與有焉

【愚なる者と与《とも》にこれ有り。】

愚なる（心を鏡のようにしている）者とともに、これ（師）は存在する。

＊【愚】は「心＋禺（物まねしかできない猿）」で、「おろかで鈍い心のこと」。
△「禺」は前にキーポイントの字だと言ったように、「そっくりなもの（物まね猿）」という意味をもっており、【愚】で「そっくりな心」として、否定的な意味ではなく、もともとは肯定的な意味をもっていた（あるいは、荘子はそういった意味で用いていた）のではないかと推察しています。「そっくりな心」というのは、「自分を忠実に再現させているような心」とでもいうか、謙虚に白紙になって「心静かに水鏡のように自分の心をそっくりに映し出す」ような、そんなイメージを本来はもっていたのではないかと想像すると

ころです。
◆通説では、【愚者も与《とも》にこれ有り。】は〔愚か者でも師をもつのである。〔善し悪しの評価はこうしていくらでも起こってくる。〕〕としています。
●新解釈では、【愚なる者と与にこれ有り。】は【與（与）】（ともに）という字も含まれていることですし、原義のままに「愚なる者とともに、これ（師）は存在する。」と言った方がいいと思います。「愚なる者」とは、「心の状態を水鏡に映すかのようにそっくりそのまま見て取ることができる者」と解釈しました。

▼ 未成乎心而有是非

【未だ心を成さずして、是非有り。】

ただ、未だに心を成して〔まとめあげて〕いないところに、是非が起きる。

＊【未】は、「まだ十分に伸びきらない木、若い枝」を描いた象形文字です。
△ここでも、植物の喩えでその状況が見えてきそうです。
◆通説では、【未だに心に成さずして是非あるは、】を〔心に成見を持たなくても善し悪しの分別が起きるなどというのは、〕と訳しています。
●〔未だに心を成して〔まとめあげて〕いないところに、是非が起きる〕とは、愚なる者のように徹底して心を鏡のようにして待つことができずに、まだ心の枝が伸びきってないのに、〔又はジグソーパズルがまだ完成する以前のような状態なのに、〕憶測で誤解や曲解をしたまま、全体を知らずして、部分をとりあげて是非（善し悪し・肯定と否定）の判断が湧き起こる……と言っているようです。その例を次に示しているようです。

▼ 是今日適越而昔至也

【是れ「今日、越に適《てき》し、昔、至れり」なり。】

これが「今日、越に適し、昔、至っていた。」というようなことだ。

＊【適（適）】は「辶＋商（「啇」の変形：一つにまとめる）」で、「一つにまとめるようにまっすぐに向かう」ことを意味します。

＊【越】は、「走（あるく）＋戉（まさかり→ひっかける）」で、「ぐっと足をひっかけ、のりこえる」「わくをこえる」などの意味がありますが、春秋時代の「国名」でもあります。

◆通説では、【越《えつ》】は国名としています。

【是れ今日越《えつ》に適《ゆ》きて昔《きのう》至るなり】は、「今日南の越《えつ》の国に旅立って昨日到着したという〔詭弁〕のようなもので、」としています。

●これは、是非論の一例として挙げたのでしょうが、新解釈では、二重仕掛けの意味があるものとして解釈しました。一方で、心が未だ成していない者は、【越】を国名、【適】をただ「ゆく」と解釈したままで判断しているようです。もう一方で、心を成している者は、【越】とは国名でなく、「様々な自意識のわくをこえる」意と解釈し、【適】も本義に従ってただ「ゆく」のではなく、「ひとつにまとめながら向かう」という意を加味して解釈し、今まで述べてきた「師」とも関連ある「道」を説いた言葉だと理解できるものだと言えそうです。

▼ 是以無有爲有

【是れ、無し有りを以て有りと為す。】

これは「無し」か「有り」か〈の議論〉でもって、〈恵施は〉「有り」としたものだ。

◆通説では、【是れ有ること無きを以て有りと為す。】は〔これはありえないことをありえるとすることである。〕としています。

●【無有】は、その一節を「ありえないこと」と断定しているのではなく、【無】と【有】の議論で、判断した……と解釈しました。つまり「是非論」でものごとを判断する例を示したのだと受け止めました。この一節は理解をもって受け止める内容のものなのに、恵施は有無の議論でもって矛盾を孕んだまま理解を伴わず「有り」としたもののようです。

▼ 無有爲有

【無し有りで有りと為さば、】

「無し」か「有り」か〈の議論〉で「有り」とするのでは、

◆通説では、【有ること無きを有りと為さば、】は「ありえないことをありえるとするのでは、」としています。

●現実に「実在しない」のか「実在する」のかという論争の中で、もともとは比喩や喩え、神話や伝説上の存在が、実は、事実上「実在した（有）」という結論に至ったというのでは……ということではないでしょうか。

▼雖有神禹
且不能知

【神禹《う》有りと雖《いえど》も】
【且つ知ることあたわず。】

たとえ目に見えない心の働きの禹（師）が「有り」としたところで、さらなるそれ以上のことを知る（理解する）ことは到底できないだろう。

＊【神（神）】は「示（祭壇）＋申（いなずま）」で、「稲妻などの不可知な自然の力」→「不思議な力や、目に見えない心の働き」を意味しています。

＊【禹】は、「大とかげ」を描いた象形文字で、もと、「大とかげの姿をした黄河の水の精や竜神のこと」。『書経』（中国最古の歴史の記録）の中に登場する伝説上の聖王。後に、それが墨子や儒家によって人間の聖王に転化されることになった存在です。

■ちなみに、「禹」のことについては、道教の宇宙論ともいうべき『万神統譜』によれば、堯・舜に並び、神話（伝説）上の聖王で、太極宮（第三級）にいるとされ、彼らを「師」という概念でとらえているようです。

◆通説では、ここでも【且《かつ》】としての意味を変更しています。

【神禹《しんう》ありと雖《いえど》も且《な》（猶）お知ること能《あた》わず。】は、［たとい聖知を持った禹王《うおう》があらわれたとしても、とてもそれを理解することはできない。］としています。

●ここは、【且】に意味が込められているところだと思います。

【雖有神禹】……たとえ目に見えない心の働きの禹が存在すると言ったところで、

【且】……（「未成心の者」には）さらなるそれ以上のこと（深い意味）を、

【不能知】……知る（理解する）ことは不可能だろう。

……ということで、「禹が理解不能だろう」と言っているのではなく、「未成心の者は、目に見えない心の働きの禹の存在のさらなる深い意味を知ることはできないだろう」……と言っているようです。

▼ 吾獨且奈何哉

【吾独りにして且つ奈何《いかん》せん。】

さて、《吾《わたし》》は「独り」だが、これ以上にどうする必要があるだろうか。

＊【奈何】は、疑問や反問を表すことばです。「なぜ」「どうして」。また手段や方法を尋ねる時も使います。「どうすればいいか」など。

◆通説では、【獨（独）】の意味は無視しています。【吾れ独り且た奈《は》何《いかん》せん。】は、「まして、この自分がいったいそれをどうしようぞ。」としています。

●この【且】【独】にこそ、深い意味が隠されているのではないでしょうか。

【吾独】……《吾》は独立独歩している存在であって、（「師」が自らの中にあるのだから、）

【且奈何哉】……「さらにこれ以上」どうする（師を外に求める）必要があるだろうか。

……ということになるのではないでしょうか。

☆さて、荘子の「師」の概念は、普通の人とはまったく違うようです。普通の人は、《わたし》を導いてくれるような「師」を外の人に求めるようですが、本当の《わたし》の「師」は、自分の内に見出すものだ……と言っているようです。

人の生とは、もともと、こんなにも芒《くら》い状態のものだろうか。

――「人が生きている」現場は、もともと、指針の光となるもののない「くらい」状態なのでしょうか。それは、単に《我》の意識の光が十分に届かないような遠くで「生きている」からでしょうか。

先に説明したように、荘子は「芒」という字を使って、その「くらさ」は、植物の喩えを使って、「のぎ・穂先だけ」＝「実入りしていないもの」という含みをもたせて、「回帰するところを知らないでいる」という、その「くらさ」を示していたのではないでしょうか。

荘子は、今まで見てきたような悲しみや哀れを思わず誘うような人々のその「生き方」では、「芒い」としか言えないようだが、「人の生とは、もともとそうなのだろうか」という問題提起をしているようです。

〔いや、そうではなく、〕それはただ《我（自意識をもったわたし）》が芒いだけで、〔一人の〕人の中にはまた、決して芒くはない者も存在するのではないだろうか。

――それに対しての荘子の答えは、「いや、そうではないだろう」というもののようです。人間の本来そなわっているその構造は、そんな単純なものではない……と言っているように思えます。

この箇所は非常に誤解を招くような表現かもしれませんが、よく読むと理解できると思います。人々の現状を見るにつけ、心を痛めるような境地に立っている人（荘子）が、「自分ひとりが芒くて、他人には芒くない者もいる」などという矛盾したことを言ったりはしないでしょう。

あくまでも、自分の中の《わたし》の中の一つの《我》という存在だけが、「芒い」のであって、人というものの《わたし》の中には同時にまた、《芒くない者》も存在するのだ……と言っているのだととらえました。

そもそも、その心の成す（まとめあげる）がままにまかせるなら、これが師となるのだ。

――その心の成す（まとめあげる）がままにまかせる……とはどうすることでしょうか。純粋に、溢れる「喜び」や「悲しみ」に、成るがままに任せてみたとしたらどうなるでしょうか。純粋に、噴出する「怒り」に、成るがままに任せてみたとしたらどうなるでしょうか。その「先」に、その「奥」に、何が控えているのか、何があるのか、何か変わるのか、その訪れるがままに任せてみたとしたなら、どうなるのか見届けた人はいるでしょうか。

「そんなことをしたら、とんでもないことになるだけだ！」とさえぎるようなそんな声さえ無視して、「心が成るがまま」に身を明け渡したことはあるでしょうか。ただし、無意識にではなく、きわめて意識的に……です。

「心の成るがまま、作り上げていくまま、まとめていくままに随ってみること」を、自分の中に許したなら、それを自ずと先導してくれるまぎれもない「師」が、自分の中にいることになるのだ……と言っているようです。これが自分の中における《芒くない者》なのです。

誰もが「独り（独自な存在）」であるのに、他にさらなる師はいない。

——誰もが同じパターンにはまるわけではありません。それもそのはず、皆、どんな人も、「無二なるユニークな存在」なのです。その人の、その時の、その場の出来事は、予想できない展開をみせることになるでしょう。

人々は、自分の「道」を照らしてくれるような「師」を、外《よそ》の人に求めているようです。けれども、それぞれの人には、それぞれの「道」があるのみです。「師」とは、その人の踏み出す一歩だけを確実に照らしていくことを瞬間瞬間つないでいく者です。自分の内以外のさらなる他に「師」はいないのだ……と断言しているようです。

どうして、代わりになるような者を知る必要があるだろうか。〔そんな必要はない。〕

——多くの人々は、実際「自分」というものを知らないままでいるようです。様々な障害や問題から生じる自分の苦悩から脱却できないが故に、「師」を求めはじめます。そうして、外の誰か、頼りになるような「師」を必要として探しはじめるものです。

有名な言葉に、「汝自身を知れ（そうすればすべてを知るだろう）。」というものがあります。自分のことを知るのに、自分を導くのに、自らの中に「師」を認めるならば、自分を導くことを代行してくれるような誰か外の者を知る必要などなくなるのです。

そして、心が自ずと促すものを選択する者には、これ（師）がいることになる。

——本当に「知る必要のあるもの」は、「自分自身」「自分の心」だ……と言っているようです。「他」からではなく、「自」から発する心の声をつかまえ選択することができる者の内部には、意識的にその場を明るく照らしてくれる「師」がいることになる……と言っているのです。

愚なる（心を鏡のようにしている）者とともに、これ（師）は存在する。

——ただ、「自分の内に師がいる」というだけでも、にわかに信じられない人もいるでしょうが、ましてや、「愚なる者とともに、それは存在する」と言われても驚くだけかもしれません。どういうことかというと、「師」が存在するためには「弟子」となる資質が必要なのです。無意識ではないきわめて意識的な「愚者」となって、はじめて「弟子」になることができるのです。「愚者」は、心に反映する様々に変化するどの姿も曲解することもなく、否定することもなく、執着することもなく、同化することもなく、はっきりと見定め、そして見送ることができる者なのです。そっくりそのままの心の姿を映しとることができる者なのです。だから、このように心の中を鏡のようにできる「愚者」とともに「師」は存在する……と言っているのではないでしょうか。

ただ、未だに心を成して〔まとめあげて〕いないところに、是非が起きる。

——「未だに心を成して〔まとめあげて〕」いないところには、「愚なる（鏡のように心を意識的にそっくりそのままを映しとる）者」がいないのです。そこには「利口者」を自負する者がいるのです。一連の心の現れのことを腑に落ちるように理解して知る以前に、少しばかりの知をかじったところで、善し悪しの判断を下す「小賢しい者」が顔をのぞかせるのです。そうして他人を納得させようと是非論を起こすのです。

これが「今日、越に適し、昔、至っていた」というようなことだ。

――そもそも、「今日、越に適し、昔、至っていた」という言葉は、恵施が作ったものではなく、もともとは、「道」を説いている言葉とされた一節だったものの、誰も「理解」できずに、世間一般ではこれは「不可能だ」とされていたものだったのではないかと推測します。

「今日、越に適し、昔、至っていた」という言葉の一般的解釈は、「今日、越の国に旅立って昨日到着した。」というものです。まったくもってナンセンスな話です。それなのに、「利口者」をアピールしたい恵施は、まことしやかな理屈を考え出し、「可能だ」としたのでしょう。これでは「詭弁だ」と言われても仕方のないことです。これが心が未成熟な者の是非論というわけです。

一方、それなのになぜ、「道」を説いている言葉なのだと推測できるかと言いますと、【適】という言葉にその秘密が隠されているように思うからです。それは「《一》へと〔心をまとめあげるようにと〕向かう」という意味をもっていますが、すでに述べてきたように、これが「師」の役目だからです。この言葉の真相は、「【今日】〔決心して〕、《わたし》をばらばらにしていた自意識の枠を【越える】ようにして、《一》へと、心がまとめあげるようにと向かうように【適】したところ、実は、それは【昔】〔最初〕から、そういうもの〔師〕として【至っている】ものだった。」……と解釈できるかもしれないのです。

これは「無し」か「有り」か〔の議論〕でもって、〔恵施は〕「有り」としたものだ。

――人々は「理解」できないことに出会ったら「愚なる者」に徹すればいいことなのに、それができないがために落としどころを早く決めたがるもののようです。そこに是非論が起こるのです。先の一節も「非」「否定」「無し」か「是」「肯定」「有り」かの議論が巻き起こっていたのでしょう。世間の大半の人は「無し」としていたのに対して、恵施一人、「理解」していなかったにも関わらず、「有り」としたということのようです。

「無し」か「有り」か〔の議論〕で「有り」とするのでは、

――例えば、寓話、神話などの登場人物などはすべて「架空の存在」であり、現実問題の「是非論」で言えば、本来その存在は「無い」ものでもあるわけです。例えば、堯《ぎょう》、舜《しゅん》の話はもともとすべて神話だったのです。ところが特に孔子などが実在した聖人としてまつりあげたのです。このように現実に実在している人だったとすれば、それは「有り」ということになるのです。それが「有り（事実）」というのであれば、本来の意味の理解には至れなくなることでしょう。

　先の例の一節と同様に、物理的現実問題としての是非、つまり、「無い」という否定か、「有る」という肯定かで、「有る」と肯定するというのでは、その言葉の奥にある深い意味を理解して知ることができないだろう……と言っているようです。

たとえ目に見えない心の働きの禹（師）が「有り」としたところで、

さらなるそれ以上のことを知る（理解する）ことは到底できないだろう。

――「禹」の実在が「有るか無しか」の論争で「有る」としたとしたところで、心の中の「師」の話をしている時に、何の意味もなさないものになってしまいます。ですから、さらなるそれ以上の意味や深みを知る（理解する）ことは到底できないだろう……ということになってしまいます。

ところが、自分にとって意味あるもの、さらに深い意味をもったものになる場合もあるのです。同じように「有る」としても、「有る」「無し」の議論においてではなく、それは自分の内に「的を射る何か」が「有る」場合のみです。つまり、自分の内的体験を通してシンクロするものが「有り」と言える時だけではないでしょうか。

なぜ荘子は「聖禹」ではなく【神禹】と表現したかです。さらなる意味、深みがあるかどうかが問題です。【神】は、「不思議な力や、目に見えない心の働き」を指し示しています。荘子は、実在の「聖王」ではなく、神話の「竜神」を指していたからではないでしょうか。ですから、「治水」の話とも大いに関係があるのではないかと推測できます。

ウィキペディアには次のように書かれています。

帝堯の時代に、禹は治水事業に失敗した父の後を継ぎ、舜に推挙される形で、黄河の治水にあたった。父の鯀《こん》は堤防を固定し、高地を削って低地を埋める「湮《いん》」と呼ばれる方法を用いた。しかし、鯀は九年経っても成果を上げることができなかった。子の禹は放水路を作って排水を行う「導」と「疏《そ》」と呼ばれる方法を用いて黄河の治水に成功したという。

＊「湮《いん》」は「しずむ・しずめる」「ふさぐ・ふさがる」。
＊「導」は「みちびく」。
＊「疏《そ》」は「とおす・とおる・通じる」。

類推するに、もともと「河」は「心・感情の流れ」の象徴であったかもしれないと取れます。「河の氾濫」は「心・感情の乱れ」を表し、「治水」は「心を治める」ことを寓意していたのではないでしょうか。というのも、「心・感情の乱れ」を治めるためにも、ただ「しずめたりふさいだり」してもだめで、放出路に正しく「導き」「とおす」ことによってはじめて達成できるものだからです。そういう意味で、「禹」は「心や感情を治める師」としての役目を果たしたと言えるのではないかと想像するところです。

そうとらえるならば、「禹」の話が出てきたのは、突飛なことではなく、必然的な流れに沿って出てきた話として、解釈できるのではないでしょうか。ところが、実在した人物としたならば、「河」が「感情」に結びつくというこんな話は到底理解できないでしょう。

さて、《吾《わたし》》は「独り」だが、これ以上にどうする必要があるだろうか。

――荘子は《吾《わたし》》は「独り」だと言っています。皆「独り」なのです。その「独り」である人は、それぞれに自分の内に「師」を持つならば、一歩先は「明るい（芒《くら》くない）道」を歩むことになるのでしょう。《吾《わたし》》は、自らの内側に「師」をもつ独立独歩できる者だとすれば、そんな《吾《わたし》》が、これ以上どうする必要があるだろうか、外側の世界の、さらなる他の「師」をどうして必要とするだろうか……と言っているのです。

三-一、道の枢《とぼそ》（一）道はどこに

夫言非吹也
言者有言
其所言者
特未定也
果有言邪
其未嘗有言邪
其以爲異於鷇音
亦有辯乎
其無辯乎
道悪乎隱而有眞僞
言悪乎隱而有是非
道悪乎往而不存
言悪乎存而不可

夫れ、言うは吹くにあらざるなり。
言う者、言《ことば》あり。
其の言う所のものが、
特に未だ定まらざるや、
果たして言うことありや。
其れ未だ嘗《かつ》て言うことあらざるや。
其れ鷇《こう》音に異なりを為すを以て
また弁ありや、
其れ弁なきや。
道はいずくにか隠れて真偽ある。
言はいずくにか隠れて是非ある。
道はいずくにか往きて存《たも》たざる。
言はいずくにか存《たも》ちて可ならざる。

道隠於小成
言隠於榮華
故有儒墨之是非
以是其所非而非其所是
欲是其所非而非其所是
則莫若以明

道は小成に隠され、
言は栄華に隠される。
故に儒墨の是非あり。
其の非とする所を是《ぜ》とし、其の是とする所を非とするを以てす。
其の非とする所を是とし、其の是とする所を非とせんと欲するなら、
則《すなわ》ち明を以てするに若《し》くなし。

そもそも、「言う」ということは「吹く」ということではない。
「言う」ということは「言葉」が含まれる。
その「言う」ところの意味が、
特にこうだと、未だに定まらないものだとすると、
果たして「言う」ということになりえるのだろうか。
それとも、未だかつて「言う」ことにはなっていなかったのだろうか。
それは、ヒナ鳥の声とは異なっているということによって、
これもまた、何事かを「弁じる」ことになるのだろうか。
それとも、何事も「弁じる」ことにはならないのだろうか。
道はどうして隠れてしまい、そうして真偽が生まれたのだろうか。
言葉はどうして隠れてしまい、そうして是非が生まれたのだろうか。

道はどうしてどんどん進行して、じっととどまっていられないのだろうか。
言葉はどうしてじっととどまっているのに、これでよしと認められないのだろうか。
道は小さなまとまりに隠され、言葉は華《はな》のようなはなやかさに隠されるのだ。
それ故、儒家と墨家との間での是非論争といったことが生まれたのだ。
〔それは〕相手の非とするところを是《ぜ》としたり、
是とするところを非としたりする手法を用い〔て対立し〕た。
〔けれども〕相手の非とするところを是としたり、
是とするところを非としたりする時の不足感をうめたいと欲するなら、
つまるところ、明かりを用いることに、及ぶものはないだろう。

▼ 夫言非吹也
言者有言

【夫れ、言うは吹くにあらざるなり。】
【言う者、言《ことば》あり。】

そもそも、「言う」ということは「吹く」ということではない。
「言う」ということは「言葉」が含まれる。

＊【言】は、「辛（切れ目をつける刃物）＋口」で、「はっきりかどめをつけて発音すること」「いう」「ことば」。

＊【吹】は、「口＋欠（からだをかがめた人、又は口を大きく開けたさま）」で、「体を曲げて口から息を押し出すこと」。

◆通説では、【夫《そ》れ言《ものい》うことは吹《すい》には非ざるなり。言う者には言《ことば》あり。】は「そもそも、ものを言うのは、音を吹き出すことではない。ものを言ったばあいには言葉の意味がある。」としています。

●【言】だけで、動詞、名詞の両方意味しますので、流れの中でそれを読み取る必要があります。ここでは「言葉の意味」以前の「言葉」が含まれる……と言っていると解釈しました。

▼其所言者　特未定也

【其の言う所のものが、特に未だ定まらざるや、】

その「言う」ところの意味が、
特にこうだと、未だに定まらないものだとすると、

＊【定】は「宀（やね）＋正」で、「足をまっすぐ家の中にたてて止まるさま」→「ひと所に落ち着いて動かない」こと。

◆通説では、【特】を「猶お」と解釈しています。
【其の言う所の者、特《な》（猶）お未だ定まらず、】は、「言葉の意味が、まだ確定しないまま、あいまいならば、」と、定義に関するようなものとしているようです。

●新解釈では【特に未だ定まらざるや】とは、定まっていない（あいまいな）定義の問題ではなく、普通

の日常会話などとは違って、道や神話や伝説などや形而上のことなど、その意味が「特定でききれないもの」といったニュアンスだと解釈しました。

▼ 果有言邪
其未嘗有言邪

【果たして言うことありや。】
【其れ未だ嘗《かつ》て言うことあらざるや。】

果たして「言う」ということになりえるのだろうか。
それとも、未だかつて「言う」ことにはなっていなかったのだろうか。

＊【果】は、「木の上のまるい実」を描いた象形文字。「実り」「結果」の意。
＊【嘗】は、「旨（うまいあじ）＋尚（のせる）」で、「味をみること」。↓「ためしてみる」↓「やってみた経験が以前にある」（副詞）の意に転。
◆通説では、【果たして言あるか、其れ未だ嘗《かつ》て言あらざるか。】は反語とみなしているようで、［はたしてものを言ったことになるのか、それとも言わないのと同じなのか。〔もちろん言わないのと同じだ。〕］としています。
●新解釈では、ある特別な役割を担っている「言《ことば》」が、その成果が実って「言う」ことになるのか、それとも、未だかつて「言」を（あたかも食べて味わうことなどないがごとく）、「言う」ことにはなっていなかったのか……それを問題にしていて、反語ではなく、両方の可能性を問うているものだとみなしました。

▼其以爲異於鷇音
　亦有辯乎　其無辯乎

【其れ鷇《こう》音に異なりを為すを以て】
【また弁ありや、其れ弁なきや。】

それは、ヒナ鳥の声とは異なっているということによって、
これもまた、何事かを「弁じる」ことになるのだろうか。
それとも、何事も「弁じる」ことにはならないのだろうか。

＊【鷇】は、「鳥＋殻の原字」で、親から口移しに養われる鳥（雀など）の「ヒナ」のこととされています。自分で餌をついばむ幼鳥（鶏など）は「雛」で表します。
＊【辯（弁）】は「辛（刃物）二つ＋言」で、「言葉を切り分けること」です。「理屈めいた議論をする」。
◆通説では、【其れ以て鷇《こう》の音《ね》に異なりと為《な》すも、亦た弁《べん》（別）あるか、其れ弁なきか、】は「雛《ひな》鳥の鳴き声と違うと言っても、そこに区別があるだろうか、それとも区別がないのか。（結局、区別がない。そして俗人の言葉にはこういうのが多い。）」としています。
●【鷇】と「雛」の鳴き声は違います。よって、新解釈では「雛」の字を使わず、「ヒナ」としました。そして【弁】も「区別する」意ではなく、「弁じる（弁舌をふるう）」意だと解釈しました。ここも反語だとはみなしません。

☆【言】について、単純な表現をとっていますが、複雑な意味を展開しています。

そもそも、「言う」ということは「吹く」ということではない。
「言う」ということは「言葉」が含まれる。

――「言う」と「吹く」は違うというのは、誰もが容易にうなずくところでしょう。では、何が違うのでしょうか。「言う」ということには「言葉」が必ず付随するという点でしょう。

その「言う」ところの意味が、
特にこうだと、未だに定まらないものだとすると、
果たして「言う」ということになりえるのだろうか。
それとも、未だかつて「言う」ことにはなっていなかったのだろうか。

――ここでは、一般的には、簡単に言うと、「言葉の定義がなされていなければ、何も言わないに等しいだろう」……といったふうに解釈されているようです。確かに、そういうこともあるかもしれません。しかし、荘子は、単純にそんなありきたりなことを問題にしたのでしょうか。どうやらそうではなさそうです。

前話の「今日適越而昔至」や「禹」という「言」などのように、「道」についての言及における、言い伝え、逸話、寓話、伝説、神話などのような話や形而上の話の中に展開される「言葉」の意味が、特に「こうだ」と言って、定められないような場合、その語られた「言葉」は、「もの言うこと」に果たしてなるのかどうかを問題視している……ということのようです。

それは受け取り手の問題でもあるかもしれません。ある時には、相手に何かが伝わって、その「言葉」の目的が果たされて「言う」ことになりえるかもしれません。またある時には、様々な「言葉」はずっとその

まま相手に理解されず、「言う」ことになりえなかったかもしれません。

それは、ヒナ鳥の声とは異なっているということによって、これもまた、何事かを「弁じる」ことになるのだろうか。それとも、何事も「弁じる」ことにはならないのだろうか。

――イスラエルの動物行動学者のザハヴィは言っています。ヒナ鳥が大きな口を開けてピィピィ鳴いています。親鳥はそれに応えるように、せっせと餌を運んできます。普通、それを見ている人は、「ピィピィ」に言葉を当てて、その行動の理由や意味を読み取るのかもしれません。「かあちゃん、お腹すいたよ。早くごはん、ごはん！」と。その声に本能的に刺激された親が、一生懸命餌を運ぶ……なんて、「親子の愛情」として受け止める人が多いでしょう、と。

ところが、ザハヴィにはヒナ鳥の声がこのように聞こえたと言っています。「キツネさん、キツネさん、ごはんはここだよ。早く食べにおいで！」と。そのため、あせった親がそのヒナを黙らせようと、必死に餌を運んでくるという説です。

ザハヴィのうがった見方か、ひねくれた見方かわかりませんが、ヒナ鳥の声はそこまで不確定要素をもっているということになります。人間の場合も言葉を介していても、受け取り手次第で解釈がまったく違っていることもあるのです。その事によって、何事かを「弁じる」ことができるか否かどうなのでしょう。

▼ 道悪乎隱而有眞僞

【道はいずくにか隠れて真偽ある。】

道はどうして隠れてしまい、そうして真偽が生まれたのだろうか。

＊【悪（悪）】は、副詞「どこに」「どうして」などの意味をもちます。

＊【道（道）】は「辶（足の動作）＋首（あたま）」で、「首（あたま）を向けている方に進んでいくみち」を示しています。（英語で「tao（タオ）」とも言われ、「道路」の意味から一線を画しています。）

※中国では「みち」にはいろいろな字を用いて区別して用いているようです。

「路」……「石を敷いたみち・横の連絡のみち」
「途」……「ながく伸びるみち」
「塗」……「土をおしのばしたみち」
「行」……「十字に交差したみち」
「径」……「両地点をまっすぐつないだ近みち」
「逕」……「目的地にまっすぐいく近みち」
「迪」……「一点から出て伸びていくひとすじのみち」
「陌」……「町の中のみち」
「閧」……「村の中のみち」
「疇」……「田の間のあぜみち」

「畛」……「びっしり作物を植えた田畑の間に残ったあぜみち」等々

このように「みち」という概念は、中国においては、多様な使い分けをしているようです。他のものはすべて、「外界」にある「みち」の形容をしているのに対して、【道】だけは、もともと「人（首）」そのものに関与した言葉であったようです。「道」……それは、人、つまり《わたし》が介在しない限り存在しないということになりそうです。

＊【眞（真）】は「匕（さじ）＋鼎《かなえ》（三足で、安定してすわる器）」で、匙《さじ》で容器に物をみたすさまを示しています。充填の填（欠けめなくいっぱいつめる）の原字。

＊【僞（偽）】は「人＋爲（「手＋象の形」：象をてなずけるさま）」で、「作為を加えて本来の性質や姿をためなおす」ことを表します。↓「姿をかえる」「正体を隠してうわべをつくろう」などの意を含みます。

◆通説では【隱（隠）】を「よりて」と読んで、訳は曖昧です。

【道は悪《なに》に隠《よ》りて真偽ある、】は〔道は（ただ一つの真実であるはずなのに）いったいどうして真実と虚偽とがあらわれたのか。〕としています。

●新解釈では、【隠】は本来の「かくれる」という意味を残しました。「かくれる」というからには、何らかの「かくす」ものがあるということになりますが、それは後から述べています。道はどうして隠れてしまって真偽が生まれたのだろうか……と疑問を投げかけています。

▼　言悪乎隠而有是非

【言はいずくにか隠れて是非ある。】

言葉はどうして隠れてしまい、そうして是非が生まれたのだろうか。

◆通説ではここも【隠（隠）】を「よりて」としています。

【言は悪《なに》に隠《よ》りて是非ある。】は［言葉は（もともとは素朴であるはずなのに）いったいどうして善し悪しの判断があらわれたのか。］としています。

●新解釈では、ここでも「隠《かく》れる」という意味を残しておきました。本来の言葉はどうして隠れてしまって善し悪しの是非論が生まれることになったのだろうか……と疑問を投げかけているようです。

▼　道悪乎往而不存

【道はいずくにか往きて存《たも》たざる。】

道はどうしてどんどん進行して、じっととどめられないのだろうか。

＊【往】の原字は「彳（いく）＋［人の足＋王（大きく広がる）］」で、「勢いよく広がるようにどんどんと前進すること」の意。

＊【存】は「才（川の流れを止めるせき）＋子」で、「子をいたわり落ち着ける」→のちに「大切に留めおく」意となったもの。「ある（存在する）」「たもつ（じっととどめておく）」。

◆通説では、【道は悪《いず》くに往くとして存せざらん、】は［真実の道はどこにでも存在しているし、」としていますが、【不存】の【不】の意味を盛り込んでいないようです。

●【往く】は「どんどん進行する」という意味に、【存《たも》たざる】は「じっととどめられない」という意味に解釈しました。

▼ 言悪乎存而不可

【言はいずくにか存《たも》ちて可ならざる。】

言葉はどうしてじっととどまっているのに、これでよしと認められないのだろうか。

＊【可】は「屈曲したかぎ型＋口」（会意）で、「のどを屈曲させ声をかすらせること」「屈曲を経てやっと声を出す」意。→さまざまの曲折を経て「どうにか認める」意や「よしと認める」意に用います。

◆通説では、【言は悪《いず》くに存すとして可《よ》からざらん。】は［素朴な言葉はどんなばあいにも肯《う》けがわれる。」と意訳していて、やはり【不可】の【不】の意味を盛り込んでいないようです。

●【言】はただの「言葉」としました。「素朴」という意はもっていないと判断しました。【不可】は、「これでよしと認められない」としました。

▼道隠於小成　言隠於榮華

【道は小成に隠され、言は栄華に隠される。】

道は小さなまとまりに隠され、言葉は華《はな》のようなはなやかさに隠されるのだ。

＊【榮（栄）】は「木＋𤇾（かがり火でとりまく）」で、「木全体をとりまいて咲いた花」↓「はでな」という意味になります。

＊【華】は、「艸＋垂（たれる）＋于（—線が＝線につかえて曲がったさま）」で、「くぼんでまるく曲る」の意を含み、「はな」「はなやか」「かざり」も示します。

◆通説では、【道は小成に隠《よ》り、言は栄華に隠《よ》る。】は〔道は小さいでき上がりにとらわれることから〔真偽を生み〕、言葉ははなやかな修飾にとらわれることから〔善し悪しを生んだ〕。〕としています。

●【道（道）】も【言】も全体に至る以前の「部分的な小さなまとまり」や「部分的な華のはなやかさ」によって、本当の「全体」によって成り立つ意義が「隠される」……と言っているようです。

▼故有儒墨之是非

【故に儒墨の是非あり。】

それ故、儒家と墨家との間での是非論争といったことが生まれたのだ。

■【儒家】は、孔子を祖とする儒教を中心とする学派。仁義（血縁の愛）・道徳・教養・礼を重んじ、自己をおさめ、一家を整え、社会・国家に尽くすことによって世界の平和をはかると説いています。

■【墨（墨）家】は、墨子の考え方や言行を中心とする学派。血縁や身分差を無視した博愛主義。君主の贅沢、重厚な葬礼の簡素化など。その他、論理学・幾何学・光学・力学や防衛戦術などで展開しています。

◆通説では、【故に儒墨の是非ありて、】は〔こうして儒家と墨家との善し悪しの論が起こり、〕としています。

●儒家と墨家は互いに違う「こうあるべき」とするスローガンを掲げており、相手の主張するモットーに対して「ああすべきではない」と批判して、真っ向から対立した「是非論争」が起きたようです。

▼以是其所非而非其所是

【其の非とする所を是《ぜ》とし、其の是とする所を非とするを以てす。】

〔それは〕相手の非とするところを是《ぜ》としたり、是とするところを非としたりする手法を用い〔て対立し〕た。

＊【以】は、「〔手又は人〕＋〔すきの原字〕」で、「手で道具を用いて仕事をする」意を示します。「何かを用いて工作をやる」意も含みます。

◆金谷氏は、【以て其の非とする所を是《ぜ》として其の是とする所を非とす。】は〔相手の悪しとすることを善しとし、相手の善しとすることを悪しとしている。〕として、【以て】を最初に読んで、その意味が直接反映されていないようです。

◆藤堂氏は読み下し文は金谷氏と同じですが、【以って】は［自学派の是非でもって］とし、【其の非とする所を是として、】を［他学派の非とするものを是として］としています。【その是とする所を非とす。】はそのままです。

◆池田氏は［彼らは自学派の是非で他学派の是非を非難しあい、］と訳しています。

●続く文との違いは、【以】なのか、【欲】なのかなので、【以】は文末に読み、その手段の意としました。対立、論争が起こるというのは、それはお互い相手側に「欠陥、不足感、不満」を感じているからこそ、生じるものでしょう。そして相手は間違っていると非難（悪しと）し、自分の方が正しいとしてそれを主張（善しと）するという手段を「用いる」ものです。それが是非論を「以てする」ということではないでしょうか。

▼欲是其所非而非其所是

【其の非とする所を是とし、其の是とする所を非とせんと欲するなら、】

〔けれども〕相手の非とするところを是としたり、是とするところを非としたりする時の不足感をうめたいと欲するなら、

＊【欲】は、「欠（体をかがめたさま）＋谷［ハ型に流れ出る形＋口（あな）］」で「心中に不足を感じる穴があり、腹がへって体がかがむこと」を示しています。→「空虚な不満があり、それをうめたい気持ちのこと」の意。

◆金谷氏は前文を繰り返しているものとみなし、【以】と【欲】との違いには注目していません。【其の非とする所を是として其の是とする所を非とせんと欲するは、】は、〔相手の悪しとすることを善しとし、相手の善しとすることを悪しと〔して、論争に勝とうと〕することを望むのは、〕としています。
◆藤堂氏は、【その非とする所を是として、】は〔かれらの非とするものをひっくりかえして是とし、〕と続いて【其の是とするところを非とせんと欲すれば、】と読んでいます。
◆池田氏は意訳して、〔非難しあってやむことがない。〕としています。
●【欲】の意味が重要なカギを握っているように思えるのです。【欲する】というのは、相手の「欠陥、不足感、不満」を「うめたい」「満足するものにしたい」「真なるものにしたい」と思う気持ちのことを表していると言えるのではないでしょうか。つまり、「相手の非（悪し）とするところを是（善し）としたり、相手の是（善し）とするところを非（悪し）としたりしする中で、その不足、欠けているもののようなものをうめて満たしたいという気持ちで望むなら」……と是非論から脱却して解決するための方策を次に述べているのだと解釈しました。

▼ 則莫若以明

【則《すなわ》ち明を以てするに若《し》くなし。】

つまるところ、明かりを用いることに、及ぶものはないだろう。

＊【莫若】は、比較形（時に、最上級）で、「～に及ぶ（匹敵する）ものはない」「～にこしたことはな

い」「〜が一番」などという意味。

＊【明】は、もと「冏（まど）＋月」（「日＋月」ではない）で、「あかり取りの窓から、月光が差しこんで物が見えること」を示しています。→「明るいこと」。

■【明】について、『荘子・外物篇』には、次のような話があります。

目徹爲明「目の徹するを明となす。」（＊「徹」は「つらぬきとおす」）
耳徹爲聡「耳の徹するを聡となす。」
鼻徹爲羶「鼻の徹するを羶《せん》となす。」（＊「羶」は「鼻がよくきくこと」）
口徹爲甘「口の徹するを甘となす。」（＊「甘」は「よく吟味できること」）
心徹爲知「心の徹するを知となす。」
知徹爲徳「知の徹するを徳となす。」

◆金谷氏は、【明】は、斉物の認識に達するための絶対知。人間的な相対性を超え、是非の分別を去った立場のこと……と説明しています。

金谷氏は、【則（乃）ち明を以《もち》うるに若《し》くなし。】は、［真の明智を用いる立場には及びもつかない。」としています。

◆藤堂氏は【則《すなわ》ち明《めい》を以ってするに若《し》く莫《な》し。】は、［則ち、明晰な知をもちいて行なうのに及ぶものはない。」としています。

◆池田氏は完璧に意訳して、［（この事実を確認して私はついに）彼らの是非の全てを、明知《めいち》を用いるという最上の方法で否定し排除せよと主張したい。］としています。

●新解釈では、【明】とは「真の明智」や「明晰な知」や「明知」、また「知の限界を超えた真の知」（岸氏の説）などといった「特別な知（境地）」ではなく、あくまでも自らの意識的な目を「徹頭徹尾」当てる時に、必然的におこる「明かり」「明るさ」を用いることによって「自らの目で見て確かめられる状態になること」を示唆しているとものととらえています。よって「明かり」を用いることに匹敵するものはない……と言っているとみなしました。

池田氏の訳のような「否定し排除せよと主張したい」などという意識状態自体が「是非を用いること」という典型的な例であり、「明を用いることのない」見解だと言わざるを得ない矛盾に陥っているようです。

☆「道」や「言」の実態を言葉で表現するのは簡単ですが、根本的概念を実感を伴って理解するのは難しいところのようです。

道はどうして隠れてしまい、そうして真偽が生まれたのだろうか。

——真実の「道」……それを確かめようとしても、ふつうの人々にとっては雲をつかむような状態で、その存在は隠れてしまうのはどうしてなのでしょうか。道に暗いからでしょうか。道は《一》なるものであるはずなのに、「こっちの道が真実だ。」「あっちの道は偽りだ。」といった見解の違いが生じてしまうのはなぜなのでしょう。

言葉はどうして隠れてしまい、そうして是非が生まれたのだろうか。

――真実の「言」……それを正しく伝えようとしても、ふつうの人々にとってはけむに巻かれたような状態で、その存在は隠れてしまうのはどうしてなのでしょうか。言葉に疎《うと》いからでしょうか。真なる言葉はどうして隠れていまい、「こっちの言い分が正しい。」「あっちの言い分は間違いだ。」といった意見の違いが生じてしまうのはなぜなのでしょう。

道はどうしてどんどん進行して、じっととどまっていられないのだろうか。

――ふつうのいろいろな「みち」は、状況こそ違えど、一定の外的「空間」にじっととどまっているものです。ところが「道」だけは外的「空間」に存在するものではないようです。それは、なぜだか「どんどん進行する」という、いわば「時間」的感覚では、その存在は「ある」ような気がしても、「これだ」という特定のじっととどまっている「空間」的感覚では、その存在は「ない」ように感じてしまうようなものかもしれません。どうしてでしょうか。

言葉はどうしてじっととどまっているのに、これでよしと認められないのだろうか。

――ふつうのいろいろな「言葉」は、一定の意味にとどまっていて、「こうだと認める」ことができることもあります。しかし、ここで荘子が指している「言」とは、物理世界を指し示す「言葉」のことではなく、「道」や形而上の真実の「言葉」を指し示しているのだと思います。

真実の「言葉」は、「これだ」としてじっととどまっているのに、どうして「これでよし」と認めることができないのでしょうか。

道は小さなまとまりに隠され、

――真実の「道」が隠れてしまっているのには、隠すものがあるからです。それは「小成」「小さなまとまり」、喩えていうなら、ジグソーパズルの一部分が当てはまり、そこの絵がちょっとだけ浮き彫りになったことで、部分だということを忘れ、そこがゴール（言われていることの全体）だと思い違いしてしまうことのようだと言えるかもしれません。全体像は知られることなく、隠されているままでいるのです。

言葉は華《はな》のようなはなやかさに隠されるのだ。

――真実の「言葉」が隠されてしまっているのには、やっぱり隠すものがあるからです。それは「栄華」「華のようなはなやかさ」、植物に喩えるなら、成長した花が咲いたなら、そこを切りとり愛でるようなもので、部分だというのを忘れ、そこがすべてだと思い違いしてしまうことのようだと言えるかもしれません。切りとられた花は枯れ、実をつけることを知ることもなく、その全体像は隠されているままでいるのです。

通説のように、【栄華】を「はなやかな修飾」の意味にとったりすると、その反対は「素朴」ということにでもなりそうですが、では、荘子は「素朴な言葉なら隠されるものはない」と単純に考えていたのでしょうか。どうやらそういうニュアンスではないのではないでしょうか。

というのも、荘子は「言葉」を「素朴」に収めるどころか、様々な漢字を豊かに用いていて雄弁に語っているからです。他と比べてみたらそのことがよくわかります。孔子の弟子たちがまとめあげた『論語』は約一三七〇〇語・文字種は一三五五字であるのに対して、確かに『老子』は約五〇〇〇語・文字種は八〇四字と控えめですが、『荘子』においては（全部が荘子自身の言葉ではない可能性はあるものの）約六五〇〇〇語に及ぶ大著で、文字種は三一八五字も用いているということだからです。とても素朴な言葉だとは言えないようです。

それ故、儒家と墨家との間での是非論争といったことが生まれたのだ。

——儒家と墨家の間では、相当の論争が繰り広げられたようです。例えば、墨家では兼愛（ひろく愛すること）を説き、万人を公平に隔たり無く愛せよという教えをもとにして、儒家で説かれる「愛」は家族や長たる者のみを強調する「偏愛」であるとしてその是非を闘わせたようです。また、儒家は「祭礼」重視の考えをもっていましたが、墨家はその「祭礼」を簡素にし、それにかかる浪費を防ぐこととして対立したようです。あるいはまた、儒家は「楽」を重視していましたが、墨家は労働から遠ざけ、人々を悦楽にふけらせるような「舞楽」は否定すべきであると真っ向から対立したようです。

儒家も墨家も、「道」を「小さなまとまり」にしてしまい、「言葉」の「花」の部分にとらわれてしまったが故に、相手の考えを否定しながら自分の考えを肯定するような是非論争が生まれてきてしまった……といったことを言っているように思います。

〔それは〕相手の非とするところを是《ぜ》としたり、是とするところを非としたりする手法を用い〔て対立し〕た。

——墨家の儒家批判もさることながら、儒家も墨家に対立して、家族や君主といった自分に近い関係の人間を大切にするのが人間の自然な情であって、墨家の説く「兼愛」は、禽獣の振る舞いに等しいと批判したのです。

是非論という手段をとるということは、互いに持論に「正当性がある」として、物事をどんどん言葉にすることによって、その「栄華」に振り回されていると言えるのかもしれません。それは、自己主張のために、他者批判という手段をとって、成り立っているようです。

〔けれども〕相手の非とするところを是としたり、

是とするところを非としたりする時の不足感をうめたいと欲するなら、

――「欲する」というのは、相手が「否定」しているものを、自分なら「肯定」するとしたり、反対に、相手が「肯定」しているものを、自分なら「否定」するとしたりする時、互いに、その何かどこかに、不足、欠陥を感じるところから、それを「うめるための必要なものを欲する」という意味になるようです。

「欲する」は英語にしたら普通「want」になるでしょう。おもしろいことに、この「want」も「欠けているか、必要と思われる物を望む（欲する）」という同じ語源を持つ言葉なのです。

その「不満感」や「不足感」をただ非難し、自分の主張をぶつける「手法をもってする」代表的な例が儒墨の是非論争となるわけですが、「不満感」や「不足感」をなんとか「うめたい」「満たされるものにしたい」と心底「欲する」のでは、その手段となる方法が違ってくるようです。

つまるところ、明かりを用いることに、及ぶものはないだろう。

――その手段というのが「明かりを用いる」ことで、それに及ぶものはないのだ……と言っているようです。

「明」は「真の明智を用いる」というような特別の意味ではなく、もっと自然にして、理にかなった「明かりを用いる」という意味を示しているように思います。自分自身のことに「目をつぶる」、つまり「無意識な状態」でいるのは「芒《くら》い」のに対して、自分自身のことに「目をあけることに徹する」、つまり「意識的な状態」でいることこそが「明かりを用いる」ということになるのではないでしょうか。

是非論に明け暮れするのに終止符を打つためには、相手の批判や自分の主張を止め、その是非としていることの部分的なところにだけにスポットライトを当てるようなことを止め、隠れている暗い部分、不足感、不満感をもたらす部分にもまんべんなく全体に「明かり」をもたらす意識的な状態が必要だ……と言っているようです。それに勝るものはないということでしょう。

三 - 二、道の枢《とぼそ》（二）天より照らす

物無非彼
物無非是
自彼則不見
自知則知之
故曰　彼出於是
是亦因彼
彼是方生之説也
雖然方生方死
方死方生
方可方不可
方不可方可
因是因非
因非因是

物は彼に非ざるは無く、
物は是《これ》に非ざるは無し。
自ずと彼は、則ち見ず、
自ずと知は、則ち之《これ》を知る。
故に曰く。「彼は是《これ》より出で、
是《これ》はまた彼に因《よ》る。」と。
彼是方生の説なり。
然りといえども、方生は方死でもあり、
方死は方生でもある。
方可は方不可であり、
方不可は方可でもある。
是《ぜ》に因るは非に因り、
非に因るは是《ぜ》に因る。

是以聖人不由而照之于天
亦因是也
是亦彼也
彼亦是也
彼亦一是非
此亦一是非
果且有彼是乎哉
果且無彼是乎哉
彼是莫得其偶
謂之道樞
樞始得其環中
以應無窮
是亦一無窮
非亦一無窮
故曰莫若以明

是を以て、聖人は由《よ》らずして天より照らしゆく。
また是に因るなり。
是また彼なり。
彼また是なり。
彼また一是非、
此れまた一是非。
果たしてかつ彼是ありや、
果たしてかつ彼是なしや。
彼是其の偶《ぐう》を得るなし。
これを道の枢《とぼそ》と謂う。
枢にして始めてその環の中を得る。
以て無と窮に応ず。
是また一無窮、
非また一無窮。
故に曰く、「明を以てするに若《し》くはなし。」

物は彼《あれ》でないものはなく、
物は是《これ》でないものはない。

自ら彼《あれ》とするものは、すなわち見ないということになり、
自ら知っているものは、すなわち之《これ》として知っているということになる。
だから、こういうふうに言われているのだ。
「彼《あれ》とは、是《これ》から生まれ出たもので、
是《これ》とは、また彼《あれ》に因るものだ。」と。
「彼《あれ》と是《これ》は〔直線的対比の関係が〕相対的に同時に生まれる」という説だ。
そうだとしても、相対的に同時に生まれるということは、相対的に同時に死ぬということになり、
相対的に同時に死ぬということは、相対的に同時に生まれるということになる。
相対的に同時に認めるということは、相対的に同時に認めないということになり、
相対的に同時に認めないということは、相対的に同時に認めるということになる。
是《ぜ》（善し）に因るということは、非（悪し）に因ることになり、
非（悪し）に因るということは、是《ぜ》（善し）に因ることになる。
〔ところが〕聖人は是《これ》〔という概念〕を用いても、
〔そういった直線的かつ相対的概念の〕出どころ（てだて）に由《よ》るのではなく、
天より〔円を描くようにまんべんなく〕照らし合わせてゆくのだ。
また、是《ぜ》に因るにしても同じだ。
是《これ》はまた彼《あれ》でもあり、
彼《あれ》はまた是《これ》でもある。

彼《あれ》とするものにも、また是《ぜ》（善し）と非（悪し）が一つになってあり、
此《これ》とするものにも、また是《ぜ》（善し）と非（悪し）が一つになってある。
果たして、さらに彼《あれ》と是《これ》〔の区別〕があるだろうか。
彼《あれ》と是《これ》〔の区別〕などないのだろうか。
彼《あれ》と是《これ》はその偶《ぐう》（対をなすもうひとつのもの）を得ることがなくなる。
このことを道の枢《とぼそ》（回転の軸を得た状態）と言う。
枢となってはじめてその環の中心を得る。
それでもって、無の世界と窮（有限）の世界とに応じることができる。
是《ぜ》（善し）にもまた無の世界と窮（有限）の世界が一つになってあり、
非（悪し）にもまた無の世界と窮（有限）の世界が一つになってある。
故に、「明かりを用いるに匹敵するものはない」というのだ。

▼物無非彼　物無非是
自彼則不見
自知則知之

【物は彼に非ざるは無く、物は是《これ》に非ざるは無し。】
【自ずと彼は、則ち見ず、】
【自ずと知は、則ち之《これ》を知る。】

物は彼《あれ》でないものはなく、物は是《これ》でないものはない。
自ら彼《あれ》とするものは、すなわち見ないということになり、

自ら知っているものは、すなわち之《これ》として知っているということになる。

＊【彼】は「彳（いく）＋皮（離れる、向こうに押しやる）」で、もとは、「こちらから向こうに押しやること」「別れ去る」の意でしたが、転じて、「向こう、あちら」の意となり、遠称代名詞となったものです。

＊【是】は、「まっすぐなさじ＋止（あし）」で匙《さじ》の原字。「これ・この（近いものを指す指示詞）」「正しい・ずぼしにあたっている・正しいこと」。

◆通説では、【物は彼に非ざるは無く、物は是《これ》に非ざるは無し。自ら彼とすることは則（乃）ち見えず、自ら知ることは則（乃）ちこれを知る。】は「物は彼《あれ》でないものはないし、また物は此《これ》でないものもない。〔此方からすればすべてが彼《あれ》、彼方からすればすべてが此《これ》である。〕自分で自分を彼《あれ》とすることは分からないが、自分で自分を此《これ》としてわきまえることは分るものである。」としています。

●物の世界の存在としては、すべてのものは彼《あれ》でないものはなく、是《これ》でないものはない……と言っているようです。ところが、人間が物の世界に関与すると、【彼】とするものは向こうに押しやるので自然と「見えないもの」になり、自然と「知っていること」は【之《これ》】として「知っていること」になる……と言っているようです。

▼故曰　彼出於是　是亦因彼

【故に曰く。「彼は是《これ》より出で、是《これ》はまた彼に因《よ》る。」と。】

だから、こういうふうに言われているのだ。

「彼《あれ》とは、是《これ》から生まれ出たもので、是《これ》とは、また彼《あれ》に因るものだ。」と。

＊【因】は「囗（ふとん）＋∧印（乗せた物）又は大（ひと）」で、「下地をふまえて、その上に乗ること」を示しています。「よる（ふまえる。下になにかをふまえて、その上に乗る）」。

◆通説では、【故に曰く、彼は是れより出で、是れはまた彼に因《よ》ると。】は「だから「彼《あれ》は此《これ》から出るし、此《これ》もまた彼《あれ》によってあらわれる、」という。」としています。

●彼《あれ》も是《これ》も単独に存在することはないという一般的な理論のようです。彼是は相互に依存関係にあると言われている……と言っているようです。

▼彼是方生之説也

【彼是方生の説なり。】

「彼《あれ》と是《これ》は（直線的対比の関係が）相対的に同時に生まれる」という説だ。

＊【方】は、「左右に柄の張り出たすき」を描いた象形文字。「⇔」のように左右に直線状に伸びる意を含みます。

◆通説では恵施の説としています。『荘子・天下篇』に「日は方《まさ》に中すれば（真上にくれば）方に睨《かたむ》く（西に傾く）。物は方に生ずれば方に死す。」とあるからです。【方】を「まさに」と読んで「ちょうど（一しょに）」と訳しています。

【彼と是れと方《まさ》に生ずるの説なり。】は〔彼《あれ》と此《これ》とは〔あの恵施の説く〕方生《ほうせい》の説（――ちょうど一しょに生まれるという説）である。〕としています。

●【方】はイメージでは「⇔」の関係として把握しやすいのですが、言葉にすると少し長くなります。新解釈では、「相対的に同時に」と訳しておきましたが、後からでてくる聖人の概念との違いがイメージで明らかにされるように〔直線的対比の関係が〕と補足しておきました。『荘子・天下篇』での説は恵施の説というより、恵施が取り立てて問題にした、ちまたでうわさになっている説だとみなしています。

▼雖然
方生方死　方死方生
方可方不可　方不可方可

【然りといえども、】
【方生は方死でもあり、方死は方生でもある。】
【方可は方不可であり、方不可は方可でもある。】

そうだとしても、相対的に同時に生まれるということは、相対的に同時に死ぬということになり、相対的に同時に死ぬということは、相対的に同時に生まれるということになる。
相対的に同時に認めるということは、相対的に同時に認めないということになり、相対的に同時に認めないということは、相対的に同時に認めるということになる。

◆通説では、それはどんなことでも言えるとして、ただ並列的にとらえています。
【然《しか》りと雖《いえど》も方に生ずれば方に死し、方に死すれば方に生ず。方に可なれば方に不可、方に不可なれば方に可なり。】は、〔けれども、〔恵施も説くように〕ちょうど生まれることはちょうど死ぬことであり、死ぬことはまたそのまま生まれることである。〔判断についても同じことで、〕可《よ》しとすることはそのまま可くないとすることであり、可くないとすることはまたそのまま可しとすることである。〕としています。

●新解釈では、並列的な表現ではなく、もう少し踏み込んで、順を追ってその相対性を説いているとみなしました。

▼ 因是因非　因非因是

【是《ぜ》に因るは非に因り、非に因るは是《ぜ》に因る。】

是《ぜ》（善し）に因るということは、非（悪し）に因ることになり、
非（悪し）に因るということは、是《ぜ》（善し）に因ることになる。

◆通説では、【是《ぜ》に因りて非《ひ》に因り、非に因りて是に因る】は〔善しとしたことに身をまかせて悪しとしたことにまかせたことになり、悪しとしたことに身をまかせて善しとしたことにまかせたことになる。〔善し悪しの区別も相対的なものだから。〕〕としています。

●何かを「善しとすること」に因る（まかせる）と、それは「悪しとすること」に因ったことになり、逆にまた何かを「悪しとすること」に因ると、それは「善しとすること」に因ったことになる……と言っているのでしょう。

☆なぜ、ふつう論議に決着がつかないのか、そのなりたちの構造について説明しているようです。

物は彼《あれ》でないものはなく、物は是《これ》でないものはない。

――「物」そのものは、「彼《あれ》」と言ったならばすべてのものが「彼《あれ》」ということになるものです。「彼《あれ》」以外のなにものでもないものになるのです。また、「物」そのものは、「是《これ》」と言ったならばすべての物が「是」ということになります。「是」以外のなにものでもないものになるのです。「物」そのものには、「彼《あれ》」と「是《これ》」という区別・排斥・対立は存在しない……と言っているようです。

自ら彼《あれ》とするものは、すなわち見ないということになり、

自ら知っているものは、すなわち之《これ》として知っているということになる。

――ところが、「自（わたし）の世界」の中で「彼《あれ》」とするものは、自分の中から排除しよう、拒否しようとしているものになり、その「彼《あれ》」は暗闇に放り出され、意識の光を当てることなく、知る由もなく「見なくなってしまう」ものだ……と言っているようです。

一方、自分の世界の中で「知っているもの」は、「之《これ》」として「彼《あれ》」とは別物として「知っている」ものだ……と言っているようです。

つまり、「彼・是」は、「物の世界」にあるのではなく、「自分」から「物の世界」を意識する時、自ずと同時に二分割したものとして認識することになるのかもしれませんね。

だから、こういうふうに言われているのだ。

「彼《あれ》とは、是《これ》から生まれ出たもので、是《これ》とは、また彼《あれ》に因るものだ。」と。

――だから、世間ではこんなふうに言われているようです。「彼《あれ》」は独立して存在しているのではなく、必ず対極側に「是《これ》」が存在しているものだ……と言っているようです。どちらかが先ということはないのです。同時に二極が存在するのです。「彼」の認識は「是」の認識から生まれ出たもので、「是」という概念は、「彼」という概念に因るのだ……と言っています。

「彼《あれ》と是《これ》は〈直線的対比の関係が〉相対的に同時に生まれる」という説だ。

――以上のような把握の仕方を、「彼是方生の説」ということができるようです。「彼と是は相対的に同時に生まれる」ということですが、地上の視点である空間を仕切るため「直線的対比の関係が生まれる」ということでもあるのです。

そうだとしても、

相対的に同時に生まれるということは、相対的に同時に死ぬということになり、

相対的に同時に死ぬということは、相対的に同時に生まれるということになる。

相対的に同時に認めるということは、相対的に同時に認めないということになり、

相対的に同時に認めないということは、相対的に同時に認めるということになる。

――地の視点からすると、何かを認識して知ろうとすると、直線的対比の関係がどんどん派生して成立することになる……と言っているようです。

ここまで言っていることを、その関係性を簡単な図式で表すなら、次のような構図になるのではないかと思います。

「方」という概念を日本語に置きかえて掌握するのは難しいようですが、このように図式で考えるなら、言っていることを把握しやすくなるのではないでしょうか。

是《ぜ》（善し）に因るということは、非（悪し）に因ることになり、
非（悪し）に因るということは、是《ぜ》（善し）に因ることになる。

――**「善し」**と**「悪し」**もやはり同じような関係性がある……と言っているようです。どこまでいっても、終わりのない世界の中で、私たちの認識作用は、確定しているようでいて、実際何をもって「知」と言えるのかわかりません。

　儒墨の是非論が展開されるその構造は、互いに善しとするものは、悪しとするものの上に乗っかり、悪しとするものは、善しとするものの上に乗っかり成立するものだ……と言っているようです。

▼是以聖人不由而照之于天

【是を以て、聖人は由《よ》らずして天より照らしゆく。】

〔ところが〕聖人は是《これ》〔という概念〕を用いても、

〔そういった直線的かつ相対的概念の〕出どころ（てだて）に由《よ》るのではなく、天より〔円を描くようにまんべんなく〕照らし合わせてゆくのだ。

＊【照】の「昭」は、「日＋召（半円を描いて、右から左へと光がなでること）」。【照】は「火＋昭（あきらか）」で、「すみからすみまで光がなでるさま」。

＊【于】は前にも説明しましたが、「息がのどにつかえてわあ、ああと漏れ出るさま」を示します。「直進せずに曲がる」意を含みます。感嘆詞（ああ）、助詞（間拍子など）、前置詞（～に対して、～より）として使われますが、動詞「ゆく、いく」の意味もあります。

＊【天】は、「（大の字に立つ）人＋一印」の指示文字。「人間の頭の上部の高く平らな部分」。

◆通説では【是】は、彼是の「これ」でも、是非の「ぜ」でもなく、「ここ」と読んで前文を受ける言葉「そこで」としています。

【是《ここ》を以て聖人は由《よ》らずしてこれを天に照す。】は、「そこで、聖人はそんな方法にはよらないで、それを自然の照明にゆだねる。」としています。

●新解釈では、ここの【是】は文全体を示しているのではなく、あくまでも（聖人であっても）「これ」という（概念の）表現方法を用いるのではあるが……と解釈しました。なぜなら、（聖人であろうと）人である以上、《我（わたし）》を通して知覚認識していくしかないからです。その「道具」としては【是】を「用いる（以）」のだが、それは通常の使い方ではないということを次に説明しているのだと思います。【之】は「これ」という意味ではなく、動詞の「……してゆく」意として使っていると解釈しました。【照之】で、「照らしてゆく」として、時間経過とともにその曲線的な動きが見て取れそうだからです。それは、前述の「直線的な対比概念」とは全く違うものです。【照】ばかりでなく、【于】にも「直進せずに曲がる」意を含んでいますが、一応ここでは、【于】は前置詞（〜より）として解釈した方がいいと判断して、【照之于天】を「天より〈円を描くようにまんべんなく〉照らし合わせてゆく」と訳しましたが、そこには【方】の「直線的対比」ではなく、「曲線的とらえ方」というニュアンスが隠されているようです。

▼亦因是也　【また是に因るなり。】

また、是《ぜ》に因るにしても同じだ。

◆通説では、【亦】は「惟」とし、「ひたすら」の意としています。
【亦《た》（惟）だ是れに因るのみ。】として、〔ひたすらそこに身をまかせていく。〕と訳しています。
●この【亦】は、【是以《これ》】＝【亦】＝【因是《ぜ》】ではないでしょうか。「善し」の概念も、「悪し」の概念はなく、つまり排斥したり、否定したりするものという認識を持ちあわせていない状態と言えるでしょう。

▼是亦彼也　彼亦是也　【是また彼なり。彼また是なり。】

是《これ》はまた彼《あれ》でもあり、彼《あれ》はまた是《これ》でもある。

◆通説では、【是また彼なり。彼また是なり。】は〔〔そこでは〕此《これ》もまた彼《あれ》であり、彼もまた此である。〕としています。

●「是《これ》」と「彼《あれ》」は相対的に対比するものではなくなり、区別のつかないものになる……と言っているようです。

▼ 彼亦一是非　此亦一是非

【彼また一是非、此れまた一是非。】

彼《あれ》とするものにも、また是《ぜ》（善し）と非（悪し）が一つになってあり、此《これ》とするものにも、また是《ぜ》（善し）と非（悪し）が一つになってある。

◆通説では、【彼また一是非、此れまた一是非。】は〔彼《あれ》にも善し悪しの判断があり、此《これ》にも善し悪しの判断がある。〕となっていて、【一】の意味は解釈されていません。

●【彼是】とする【是《これ》】が、ここでは【此】という字を用いているのは、おそらく【是非】の【是《ぜ》】（善し）の意味と区別するためにそうしたのでしょう。【一】の意味がここでは重要になってくるのではないかと考えます。通説では「善し悪しの《判断がある》」としているようですが、ここの大意は「彼」であれ「此」であれ「善し（肯定）悪し（否定）の《判断がなくなる（区別がなくなる）》」境地に至るということを意味しているからこそ【一】となる……と言っているのではないでしょうか。

▼ 果且有彼是乎哉
果且無彼是乎哉

【果たしてかつ彼是ありや、】
【果たしてかつ彼是なしや。】

果たして、さらに彼《あれ》と是《これ》〔の区別〕があるだろうか。
果たして、さらに彼《あれ》と是《これ》〔の区別〕などないのだろうか。

◆通説では【且】は強意の助詞で、意味をもたないとされています。
【果たして彼と是れと有るか、果して彼と是れと無きか。】は［果たして彼《あれ》と此《これ》とが有ることになるのか。果たして彼《あれ》と此《これ》とが無いことになるのか。］としています。
●本当に【且】に意味はないのでしょうか？【彼】とするものも【是（此）】とするものにも、【是】と【非】が対立することなく【二】なるものとしてあるということを「さらに突きつめて考えてみたら」ということになるのではないでしょうか。

▼ 彼是莫得其偶

【彼是其の偶《ぐう》を得るなし。】

彼《あれ》と是《これ》はその偶《ぐう》（対をなすもうひとつのもの）を得ることがなくなる。

＊【偶】は「人＋禺（人まね猿）」で、「人に似た姿」から「人形」の意。↓「本物と並んで対をなすこ

と」「ペアをなしているさま」。

◆通説では、【彼と是れと其の偶《ぐう》（対）を得るなき、】は「彼と此とがその対立をなくしてしまった。」としています。

●【偶】は「対をなすもうひとつのもの」ということですが、この字は「偶然」「偶発」などという熟語を作れます。つまり、単に「彼是の対立」にわずらわされなくなることを意味しているばかりでなく、こうしたすべてのことを「天より照らした明かりにより全体の流れをして観る」ことによって、相対するものを得ることがなくなると言っていると同時に、自分の中で「偶然」「偶発」に起きていた、様々な諸相の「どうしようもない」ことから脱却する（要するに「必然」だと納得するようになる）……といったことをも示唆しているようです。

▼謂之道樞

【これを道の枢《とぼそ》と謂う。】

このことを道の枢《とぼそ》（回転の軸を得た状態）と言う。

＊【樞（枢）】は「木＋區（囲いと三つのもの→細々と入り組んださま）」で、「細工をして穴にはめこんだとびらの回転軸」を表しています。「穴にはめこむ」「とびらの回転軸」→「中心となる重要なもの」の意となります。

◆通説では【道枢《どうすう》】として、「道の要諦」、「絶対的立場」といった、いわば特別な「さとりのような境地」

……といったニュアンスでとらえているようです。

【これを道枢《どうすう》と謂う。】は、［（もちろん彼と此の対立はないことになる。このように、）彼と此とがその対立をなくしてしまった（——対立を超えた絶対の）境地、それを道枢《どうすう》——道の枢《とぼそ》——という。］としています。

●「偶（対をなすもうひとつのもの）」がなくなるというのはどういうことかといえば、地球で喩えるなら、地の視点からすれば、必ず東に対して西が存在しますが、天の視点からすれば、突然東も西もなくなってしまうようなことです。これは地球の「回転の軸」を知ればこそです。「道」においても次元が変われば、様々な角度から対立するものがなくなる境地に至ることを「道の枢《とぼそ》（回転の軸を得た状態）」と言う……と言っているようです。

▼ 樞始得其環中

【枢にして始めて其の環の中を得る。】

枢となってはじめてその環の中心を得る。

……………………………………

＊【環】は、「玉＋［目＋袁（目をぐるりとまわす）］」で、「まるくとりまいた形の玉」を表しています。「わ」「ぐるとりまわる・めぐらす」「もとにもどる」などの意。

◆通説では、【枢にして始めて其の環中を得て、】は［枢（対立を超えた絶対の境地）であってこそ、環の中心にいて］としています。

●縦横無尽に「枢（回転の軸を得た状態）」になってはじめて「環（球）の中心を得る」ことになる……と言っているようです。

以應無窮

【以て無と窮に応ず。】

それでもって、無の世界と窮（有限）の世界とに応じることができる。

＊【應（応）】は「心＋［疒（おおい）＋人＋隹（とり）］」で、「人が胸に鳥を受け止めたさま」→「心でしっかりと受け止めること」「先方から来るものを受け止める」意を含んでいます。

＊【無】の原字は「亡（ない）＋舞の略体（両手に飾りを持って舞うさま）」です。

＊【窮】は「穴（あな）＋躬（かがむ・曲げる）」で、「曲がりくねって先がつかえた穴」のことです。

◆通説では【無窮】は「窮まることのない変転」として、一単語としています。【以て無窮に応ず。】は［窮まりない変転に対処できる。］としています。

●「環」の表面の【窮】を生みだすのは、不動の「中心」、「無の世界」にあります。その両方に意識が届くことができるようになると、「無（因の世界）」と「窮（結果の世界）」の両方に応じることができるようになる……と言っているのではないでしょうか。【窮】の字を使っての「有限世界」を表現しているのは、【環】の周辺の「曲がっている」イメージを保つためかもしれませんね。

▼ 是亦一無窮　非亦一無窮

【是また一無窮、非また一無窮。】

是《ぜ》（善し）にもまた無の世界と窮（有限）の世界が一つになってあり、非（悪し）にもまた無の世界と窮（有限）の世界が一つになってある。

◆通説では、【是れも亦た一無窮、非も亦た一無窮なり。】は［善しとすることも一つの窮まりない変転であり、悪しとすることも一つの窮まりない変転である。］としています。

●【一無窮】はここでも「無窮」というひとかたまりの言葉ではなく、「無の世界と窮（有限）の世界が一つになってある」と解釈しました。

▼ 故曰莫若以明

【故に曰く、「明を以てするに若《し》くはなし。」】

故に、「明かりを用いるに匹敵するものはない」というのだ。

◆通説では、【故に曰わく、明を以うるに若《し》くはなし。】は［だから、（善し悪しを立てるのは）「明智を用いる立場には及ばない」といったのだ。］としています。

●「相対性」でしかとらえられない地の視点しかなかったところに、「偶（対）」とするものがなくなる天の視点から照らすようにしていけば、無意識では見えない「中心」、つまり「因（無）の世界」にまで意識が届き、話が「見えるように理解できる」ものとなります。つまりは、これこそ「明かり」を用いていることだとして、それに匹敵するものはない……と言っているのでしょう。

☆一般的な【方（相対性）】の概念によらず、聖人の知覚とはいったいどんなものか、天から照らすと何が違ってくるのか、その違いを感じながらのアプローチとなりそうです。

〔ところが〕聖人は是《これ》〔という概念〕を用いても、

――凡人であろうと、聖人であろうと、「是《これ》」という知覚作用は、同じだと思います。何をか知りゆくためには、誰であろうと「是を用いる」ということ以外には方法はないのです。ただ凡人が想定している「是」の概念と、聖人のその概念とはまったく違うもののようです。

〔そういった直線的かつ相対的概念の〕出どころ（てだて）に由《よ》るのではなく、

――聖人の用いる「是」の概念は、排斥する「彼」や否定する「非」という、相容れない直線的対比する概念に由来するものではないのです。

では、いったいどのように「是を以てしている」のか、次の言葉にヒントがありそうです。

天より〔円を描くようにまんべんなく〕照らし合わせてゆくのだ。

――これを地図に喩えるならば、聖人は直線的な平面の地図ではなく、視点の意識が地上から離れた位置の天に移ることになり、曲線的な（球体の）地球儀と照らし合わせていくかのようなものと言えるかもしれません。聖人の意識は地上にいながらにして、もう一つの意識が常に天から眺めている……と言えるかもしれません。

また、是《ぜ》に因るにしても同じだ。

——聖人は、「是《これ》を以てする」のと同じく「是《ぜ》に因る」……と言っています。空間的にある特定のものを指し示す時に「是以」とし、時間的にある特定のことを指し示す時に「因是」としている……といったふうにとればいいのではないでしょうか。

つまり、聖人は、空間的にある特定のものを指し示すのに「是《これ》」を使っても、言葉（概念）の定義に基づいてではなく、天の視点から照らされているところのままに把握するにすぎないのです。それと同様に「また」、時間的にある特定のこととして「是《ぜ》」に因っても、概念的な理由付けに基づいてではなく、その時の現象として照らされ、明るみに出た事にただ身を任しているにすぎない……といった感じでしょうか。

是《これ》はまた彼《あれ》でもあり、彼《あれ》はまた是《これ》でもある。

——地上で起る対比対立するものがなくなって、天の視点から照らされたものは、どんなものもメビウスの輪のようになって、「是」と「彼」が連続してつながって、「是」もまた「彼」であり、「彼」もまた「是」である……という境地に至るのでしょう。

彼《あれ》とするものにも、また是《ぜ》（善し）と非（悪し）が一つになってあり、
此《これ》とするものにも、また是《ぜ》（善し）と非（悪し）が一つになってある。

——「一是非」（善しと悪しが一つになってある）とはどういった感覚なのか、少しイメージを膨らませてみます。今まで敬遠してきた「彼（毒草）」にも「薬」と「毒」の効果が一つになってあり、身近な「此（穀物）」にも「栄養」になるプラス要因と「肥満」を招くマイナス要因とが一つになってあるようなものだというようなことから類推できる概念かもしれません。

果たして、さらに彼《あれ》と是《これ》〔の区別〕があるだろうか。

果たして、さらに彼《あれ》と是《これ》〔の区別〕などないのだろうか。

――地の視点では、自分のいる位置が「是《こちら》」になり、自動的にそこから離れた位置が「彼《あちら》」という区別がありますｓ。しかし、天の視点からすると、自分のいる位置は「是《こちら》」とも「彼《あちら》」とも言えなくなりはしないでしょうか。天の視点を知ったなら、そこからさらに「彼」と「是」に区別があるのでしょうか、ないのでしょうか。

彼《あれ》と是《これ》はその偶《ぐう》（対をなすもうひとつのもの）を得ることがなくなる。

――地の視点から、分断された「部分」を取りあげたなら、「彼是」の違いがあるような認識しかできないことでも、天の視点から、連続した「全体」を掌握し、「彼是」は「一」だと知ったならば、「偶」を得ることがなくなります。

このことを道の枢《とぼそ》（回転の軸を得た状態）と言う。

――「道の枢」……この言葉は重要なキーワードですね。論理を述べながらも、視覚的なイメージで補足しながらの「道」の片鱗をほのめかしているようです。「彼」と「是」とが直線的な対比を示すのではなく、輪を描くように回転している《一》となることを、「道の枢（回転の軸を得た状態）」と言うことができる……ということでしょう。どういうことかと言えば、喩えの中で言えば、物理世界の地球は南北の「軸」が固定されて回転するため、東西という「対」がなくなると言えるのです。地の視点からでは認識できない天の視点から照らし出される境地と言えるでしょう。

枢となってはじめてその環の中心を得る。

――「道」の世界は「対」になることに応じて「軸」の角度も自由自在に変えられるものと言えるものでしょう。どの「対」に対しても回転することによって「軸」を見出せば「対」ではなくなるのです。そんな「枢（回転の軸）」が〈地球のように固定されているものではなく〉どの角度でも自在にできるようになってはじめて、すべての重心となる「環（球）の中心を得る」こともできるようになるのだ……ということのようです。

それでもって、無の世界と窮（有限）の世界とに応じることができる。

――喩えで言うならば、北風になったり、南風になったりするのは、実は「二つ」の対立する現象ではない、「一つ」の台風の周辺部に於いて起こることだと理解するのは、無風の中心部を知っている時です。つまり、周辺部の《わたし》を感じつつ、同時に「不動の中心」にいる《わたし》を得るということ、それは周辺部の「結果」に対して、無意識だった一つの「因」にたどり着いて、因果関係をとらえることができるということにもなるのかもしれません。

そうしてはじめて「中心」を得た「意識」は、《わたし》の行為はランダムに発生するのではなく、意志をもった軌道を描くものだと知るでしょう。つまり、そうした「中心」を得た意識は、「無（尽きないもの）」にも「窮（尽きるもの・有限の世界）」にも応じることができるようになる……と言っているのではないでしょうか。

音楽に喩えれば、無意識に単発的でランダムに発生する音は「有限」で何も残さず「尽きて」しまうものです。でもそこに「中心」となる意志が働くとしたらどうでしょう。同じく音は「有限」で、現われては消えて「尽きて」いきますが、意志（意図）があるとしたら旋律が生まれます。「無の世界」の旋律に応じることができるのは、「有限の世界」の音に同時に応じることができるからだ……と言っているようです。

是《ぜ》（善し）にもまた無の世界と窮（有限）の世界が一つになってあり、
非（悪し）にもまた無の世界と窮（有限）の世界が一つになってある。

――これは「言葉（話）」にしても同じでしょう。「中心（軸）」になる（天からの）意志が働く時、はじめてその「無限」の意志と「有限」の言葉に応じることができるのかもしれませんね。聖人の意識の中では、「是《ぜ》」も「非」も分離対立する概念ではないのです。ある時には「善し」とする表現をとることがあるかもしれません。またある時には「悪し」の表現をとることもあるかもしれません。図式で表すと次のようなことを語っているのではないでしょうか。

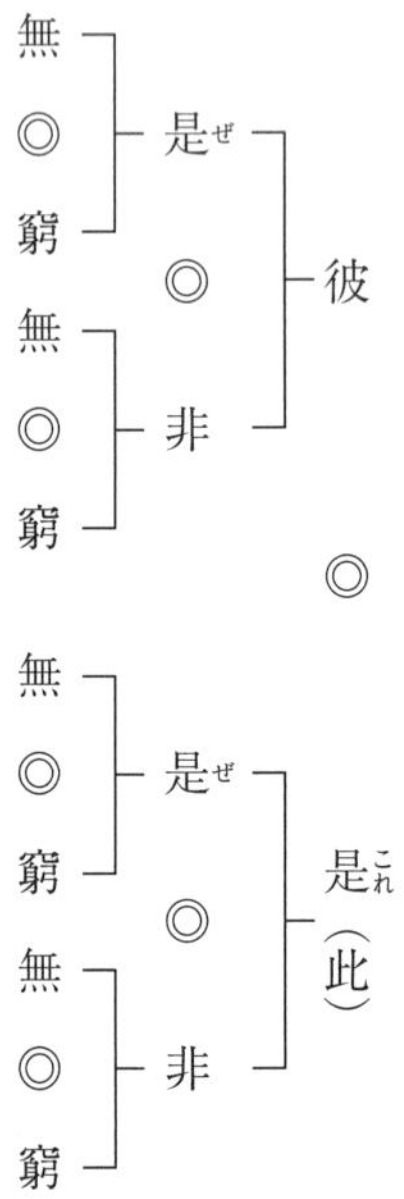

天から照らして物事をとらえられる道の枢を得た境地からすると、無限と有限に応じられるのです。それというのも、「是（善しとしていること）」が無限で尽きることがなくなるのは、実は有限で尽きてしまうも

のと、《一》なるものとして存在していると見て取れるからだ……ということで、同様に、「非（悪しとしていること）」も無限と有限が《一》なるものとして存在していると見て取れるからだ……ということになりそうです。

故に、「明かりを用いるに匹敵するものはない」というのだ。

――「明」……それは、「真の明智」などといった特殊な境地を表しているのではなく、意識の中の暗闇に天の視点から「明かり」をもってすれば、対極のものも《一》に通じるものだという、自ら物事の「道理」を貫き通して観る「意識的な目」を持つことだということを示唆していて、だからこそ、「それに匹敵するものがない」と言えるのだ……ということになるのではないでしょうか。

ただし、「明」は特別な概念ではないものの、実践的な面においては、実は非常に難しいことなのかもしれません。どこか「外」から得る指標によって、暗闇のままに、それを信じて自分の進むべき「道」を決めるのではなく、自分の「内」に意識の光を当てた「明かり」によって、確実な「道」の一歩を踏むことだからです。

「明」……すなわち自分の「内」に光を当てることというのは、自分で自身を〈天の立場から〉観照できるような「意識の覚醒」、つまり周辺部で起こる「有限」の結果の世界の断片を、その中心の原因とを結びつけていくような、そんな「見えない糸」を「意識の目」で以て自ら照らしていくこと……といった感じでしょうか。

四 - 一、寓言（一）喩《たと》えの例え

以指喩指之非指
不若以非指喩指之非指也
以馬喩馬之非馬
不若以非馬喩馬之非馬也
天地一指也
萬物一馬也
可乎可
不可乎不可

指を以て、指の指にあらざるを喩《たと》えるは、
指にあらざるを以て、指の指にあらざるを喩えるにしかざるなり。
馬を以て、馬の馬にあらざるを喩えるは、
馬にあらざるを以て、馬の馬にあらざるを喩えるにしかざるなり。
天地は一指なり。
万物は一馬なり。
可を可とし、
不可を不可とす。

指をもってして、「指であって指ではないこと」を喩えることがあるが、それは、指ではないことをもってして、「指であって指ではないこと」を喩えていることには匹敵しないものだ。
馬をもってして、「馬であって馬ではないこと」を喩えることがあるが、

それは、馬ではないことをもってして、
「馬であって馬ではないこと」を喩えていることには匹敵しないものだ。
天地は一本の指である〔という喩えのようなものだ〕。
万物は一頭の馬である〔という喩えのようなものだ〕。
まったくそのとおりだと認めれば、それはそのとおりとして認められる。
認められないとすれば、そのとおりとしては認められないものでもある。

▼以指喩指之非指

【指を以て、指の指にあらざるを喩《たと》えるは、】

指をもってして、「指であって指ではないこと」を喩えることがあるが、

＊【指】は「手＋旨（音符）」で、「直線に物をさすゆび」→「まっすぐ進む」意を含みます。

＊【喩】は「口＋兪（中身をくりぬいた丸木舟→じゃまな部分を抜きとる）」で、「疑問やしこりを抜き去ること」の意。「さとる・さとす」「たとえる」。

◆通説では、【喩】は「さとす」と読んで「説明する」としています。
【指《ゆび》を以て指の指に非ざるを喩《さと》（諭）すは、】は、［現実の指によって、その指が真の指（概念としての指——指一般）ではないことを説明するのは、］としています。

●古くから「指であって指ではない」という言葉が取りざたされていたのかもしれません。まずは、【指】

という具体的な物を用いて取り上げたのでないかと思います。「指」と言っても一つのことを表しているのではなく、様々な指とは離れた違う概念を示していることがある……と言っているようです。新解釈では、【喩】は、「さとす（説明する）」とはせず、あくまでも「たとえる」と読んで、パラドキシカルな言葉の「疑問を抜き去ろうとしている」【喩《たと》えること】の醍醐味を満喫する展開だと受けとりました。

▼ 不若以非指
喩指之非指也

【指にあらざるを以て、
指の指にあらざるを喩えるにしかざるなり。】

それは、指ではないことをもってして、
「指であって指ではないこと」を喩えていることには匹敵しないものだ。

◆通説では、【指に非ざるものを以て指の指に非ざるを喩すには若《し》かざるなり。】は、〔現実の指ではない〔それを超えた一般〕者によってそのことを説明するには及ばない。〕としています。
●新解釈では、【指にあらざるを以て、】は、「実際の指ではないものを引き合いに用いて」といったような意味だとしました。ここで言っていることは、同じく「指であって指ではない」という言葉はどういう意味なのかを展開するに別のアプローチがあるのだということを示唆しているのだと思います。つまり、「指」には、二つの意味をもっていることが、その謎を解くカギになるでしょう。

▼ 以馬喩馬之非馬

【馬を以て、馬の馬にあらざるを喩えるは、】

馬をもってして、「馬であって馬ではないこと」を喩えることがあるが、

◆通説では、【馬を以て、馬の馬にあらざるを喩すは、】は［現実の馬によって、その馬が真の馬（概念としての馬――馬一般）でないことを説明するのは、］としています。

●「馬であって馬ではない」ということを実際の馬を以て喩えにしているものがある……ということでしょう。

▼ 不若以非馬喩馬之非馬也

【馬にあらざるを以て、馬の馬にあらざるを喩えるにしかざるなり。】

それは、馬ではないことをもってして、「馬であって馬ではないこと」を喩えていることには匹敵しないものだ。

◆通説では、【馬に非ざるものを以て馬の馬に非ざるを喩すには若かざるなり。】は、［現実の馬ではない〔それを超えた一般〕者によってそのことを説明することには及ばない。］としています。

●「馬であって馬ではない」ということを喩えるのに、「馬ではないもの」を引き合いにして、展開する

ことに及ぶものはないだろう……ということでしょう。

▼天地一指也　萬物一馬也

【天地は一指なり。万物は一馬なり。】

天地は一本の指である〔という喩えのようなものだ〕。万物は一頭の馬である〔という喩えのようなものだ〕。

◆通説では、【天地も一指なり。万物も一馬なり。】は、［〔現実の指や馬にとらわれていたのでは、現実を超えたものは明らかにできない。道枢の立場からならば〕天地も一本の指である。万物も一頭の馬である。］としています。

●ここは前文を受けて、「指でないものでもって、指であって指でないもの、馬でないものでもって、馬であって馬でないもの」を「喩えてみよう」といったアプローチの一例を挙げたものではないかと考えられます。「天地とは？　……それはこの一本の指さ！」「万物とは？　……それはあの一頭の馬さ！」……こういった感じでしょうか。つまりは「喩え」というものは、このように軽やかなものと言えるかもしれません。

▼可乎可　不可乎不可

【可を可とし、不可を不可とす。】

まったくそのとおりだと認めれば、それはそのとおりとして認められる。

認められないとすれば、そのとおりとしては認められないものでもある。

◆通説では、【可乎可　不可乎不可】の二句をここから削除し、【悪くにか可とせん、可を可とす。悪くにか不可とせん、不可を不可とす】の四句にして、後の四 - 二の途中に位置を移して読んでいます。

●新解釈では、これこそ「喩え」であるが故のコメントだとしました。「喩え」というものは、それ自体で独立して完結しているものです。受け取り手の問題で、理解が伴えば事実として認めることもあれば、話は話として事実ではないが故に、認められないとも言えることになる……ということでしょう。

■『荘子・養生主篇』の中に「指」という字が使われている文がありますので紹介します。

指窮於爲薪　　薪《まき》たるにおいて窮を指し、
火傳也不知其盡也　　火の伝わるや、其の尽くるを知らざるなり。

◇金谷氏は、難解な断章で、読み方も意味も落ち着かない。……と説明しています。【指《ゆび》は薪《まき》を為《すす》（前）むるに窮するも、火は伝わる。其の尽くるを知らざるなり。】と読んで、［指で薪をおしすすめ［て火をたくが、それをす］ることができなくなっても、火は続いていく。火がまったく無くなることは決してないものだ。］と訳しています。

◇池田氏は、【窮《きわ》まるを薪為《たきぎた》るに指《さ》すも、火の伝わるや、其の尽《つ》くるを知らざりしなり。】と読んで、［例えてみれば、薪であった時、ここまで燃えたらそれでおしまいと、分かっていたのだけど、いざ火が伝わってくると、燃えつきて一切が終わりだと得心できるほど、安らかになれなかった。」と訳しています。

〇ここの【指】は、通説のような実際の「指」ではなく、まさに「指でないものでもって、指であって指でない」一例を示しているのではないでしょうか。

☆微妙なニュアンスを感じとるために、ここはお話仕立てにしてみました。

指をもってして、「指であって指ではないこと」を喩えることがあるが、

——謙虚は、多弁に尋ねた。
謙虚「『指であって指ではない』という話を聞いたが、いったいどういうことなんだろう?」
多弁「この前も言っただろう。言葉というものは定義が確定していて、はじめて成り立つものなんだよ。ところが、誰もが共通の概念をもっているとは限らない。つまりは、そういうことだよ。」
謙虚「それが『指であって指でない』ってこと? まだよくわからないけど……。」
多弁「じゃあ、君が思い描く『指』は、どういうものだい?」
謙虚「どういうって……手足の先に五本ずつ付いているソレだろ?」
多弁「いやいや、まさにこのことだな。オレの場合は足の指はほとんど眼中にないな。指と言えば、静かにという手の人差し指一本のことだったり、良し悪しを決める親指一本を上向けたり、下向けたりだったり、ピースをする二本のことだったり、挑発を表す中指一本のことだったり、彼女のことを示す小指一本だったり、はたまた、グー、チョキ、パーだったり、いろいろな形で違う意味をもつのが指だと思っている。だから、まさにもうこの段階で、その個人が持っている主観的概念が違っている。そう、これが『指であって指ではない』ということなんだよ。」
謙虚「なるほど。『指』と言っても、みんな同じ『指』のイメージではなく、違う意味をもっているってことか。」
多弁「こういうふうに、同じ名称でも、それのもつ概念が人によって違うってことを喩えてるのだよ。共通性があるともないとも言えることになる……そんなところだな。」
謙虚は、少し何かを学んだような気がして、太公のところに行った。
謙虚「あなたも言っていた『指であって指ではない』という意味がわかりました。」
太公「ほう～。だが、わかったわりにはあまりうれしそうではないが……？」
謙虚「……えっ？　わかることとうれしいことが、何か関係があるのですか？」
太公「さあな～（笑）……で、その『指』はまだ必要かな？」
謙虚「はあ……？　必要かどうかって……？？」
それは、指ではないことをもってして、
「指であって指ではないこと」を喩えていることには匹敵しないものだ。
――太公「まあ、いい（笑）。同じ『指であって指ではない』のでも、指をもってして喩えるのと、指ではないことをもってして喩えるのでは、雲泥の差があるからな。きみが知ったりわかったりしたことで『明』はともったのだろうか？」
謙虚「いえ、……正直なところ、後者の『指でないことをもってして』という意味がよくわかっていません。あの、その……『明』というのもよくわからなくて……」
太公「ほっほ……では、その『明もこの指』である。」
謙虚「はぁ？　……あの～、からかっているのでしょうか？」
太公「からかうどころか、大真面目だよ（笑）」
馬をもってして、「馬であって馬ではないこと」を喩えることがあるが、
——太公「まあゆっくり話を進めよう。では、『馬』の方はどうだい？」
謙虚「はい、途中までならわかります。馬と言ったら白馬かもしれないし、黒馬かもしれない。サラブレッドかもしれないし、ポニーかもしれない。また、馬全般のことかもしれない。あるいは人によっては馬が駆けるさまを人生の経過に喩えたりするとか、その～、人それぞれが違うイメージをもっていて……」
太公「わかるというわりには、なんだか自信なさげだな（笑）」
謙虚「だって、まさに言っていることが共通するかどうか、確認しないと……」
太公「はは……そりゃあ、そうとも言えるな。だが、そうではないとも言える。」
それは、馬ではないことをもってして、
「馬であって馬ではないこと」を喩えていることには匹敵しないものだ。
——謙虚「えーと、実は『馬でないことをもってして』というのも、具体的にどういうことなのかが、正直なところよくわからないのですが……」
太公「それは、『喩え』の醍醐味であるわけだが、文字通り、『全く関係ないこと』のことだよ。」
謙虚「ん……？」

太公「『喩え』というのは、論議など匹敵しないほどの内容にもなりうる可能性のあるものなのだ。」
謙虚「ですから、具体的にどういうことかを知りたいです。」
天地は一本の指である〔**という喩えのようなものだ**〕。
――太公「さてと、まあいいから、ゆっくりこの指を見てごらん。」
謙虚「はい、指です。上に向けた右手の人差し指ですよね。」
太公「そのとおりだ。で、どこを指しているのだろうか。」
謙虚「指している!?　………えーと、空ですか？」
太公「もう一押し！　この指は『明』だ、と言っただろう。」
謙虚「でなければ、えーと、太陽ですか？」
太公「そうだ！　『明』をもたらす大地の枢だ。」
謙虚「そういうことですか。」
謙虚の顔が、少し明るく輝いた。
太公「こんな話を知っているだろうか。龍樹が書いた『大智度論』の中に『指月の譬』という話がある。

人の指を以て月を指し、以て惑者に示すに、惑者は指を視て、月を視ず。人、これに語りて、『われは指を以て月を指し、汝をしてこれを知らしめんとするに、汝は何んぞ指を看て、月を視ざる』と言うが如し。

という話だ。で、この『指』はまだ必要かな？」

謙虚「確かに『指』によって『月』の存在を知れば、その『指』はお役御免となるわけですね。」
太公「ほっほ〜、やっと話の本筋にたどりつけそうかな？（笑）」
謙虚「あ〜、なるほど！　そうなると確かに『天地という指でないものを上下する一本の指』で指し示せるわけですね。それも『指であって指でない』ってことか……」
万物は一頭の馬である〔**という喩えのようなものだ**〕。
――太公「では、『馬』はどうだろう？」
謙虚「えーと、さっきみたいに『指であって指ではない』の『指』を概念の個人差として『馬』にただ置き換えても、それは深みがないことだけは、今はわかるような気がしますが……」
太公「ほうっ〜（笑）……なら、あの馬のシッポは『馬』か否か……？」
謙虚「シッポ……！？　馬のものには違いないのですが……」
太公「では、蹄《ひづめ》はどうだ？」
謙虚「それも同じで……そうか……確かに『馬であって馬ではない』ですね。しかし、それが『万物』とどのような関係があるのかが……？」
太公「馬のそれぞれの部分を集めただけで、それは命ある『一頭の馬』になるだろうか？」
謙虚「ん……？」
太公「人間にとってはシッポや蹄は必要ではない。だが、『馬』にとっては、なくてはならない大事な要素ではないだろうか。『万物』は、人間には必要ないものがたくさんある。みなそれぞればらばらに存在しているように見えるが、『一頭の馬』を形成するのと同じように、《一》なるものとして存在してはじめて

『万物』が『万物』たる使命のようなものを果たせる……ということかもね。」
謙虚「『馬』一頭で『万物』を喩えることができる一例だということなのですね。なんとなく少し話が見えてきたように思います。ただ少し気になることがあるのですが……あなた自身、断言しないのはどうしてなのでしょう？　やっぱり、本当はよくわからないというところを含んでいるのでしょうか？」
まったくそのとおりだと認めれば、それはそのとおりとして認められる。
認められないとすれば、そのとおりとしては認められないものでもある。
――太公「ほほっ……いいところをついてきたな。」
謙虚「いいところ？　……ですか？」
太公「『喩え』というものは、そのとおりと認めればそのとおりになるが、認められないとすれば、そのとおりとしては認められないからな～♪」
謙虚「なるほど。断言しないのはそういうことと関係あるのですね。実はさっきから不思議なことに多弁と話しているのと違って、なんだか楽しいのです。」
太公「喩えは楽しむにかぎるね。それならば、『薪たるにおいて窮を指し、火の伝わるや、その尽くるを知らざるなり。』（指窮於為薪　火伝也不知其尽也）という文の真意にも迫れるかもしれないな。」
謙虚「喩えの中では、擬人化して薪自体に『指針』というか『指』があってもいいわけですね。」
太公「まさにそうだと認めればそうだし、違うといえば違うがな……（笑）」
謙虚「『薪』が『薪』たるには、自分の身が燃えて『尽き果てる（窮）』ことを『目指している』……こういうことですよね。『指』は目指す方向を示しているのですよね。」

太公「ほほー。で……？」

謙虚「そして、次から次へと『薪』が『窮する』こと、つまり『尽きる』ことへと『目指す』からこそ、はじめて『火』が伝わり、『尽きることを知らない』ものとなる……こういうことですよね。」

太公「人の命というものも『尽きる薪』と『尽きない火』からできていると喩えれば然り。そんなバカなといえば、そうともなるかもな～。」

謙虚「いや～、ははは……知ることがこんなにうれしいことだとは思ってもみませんでした。」

太公「そういった知を『明』と言えば然り、そうでないと言えばそうでない。」

謙虚は、はじめて太公と共調して笑っていました。

四 - 二、寓言（二）道は通じて《一》となる

道行之而成
物謂之而然
惡乎然
然於然
惡乎不然
不然於不然
物固有所然
物固有所可
無物不然
無物不可
故爲是舉莛與楹厲與西施
恢恑憰怪
道通爲一

道はこれを行きて成す。
物はこれを謂いて然り。
悪《いず》くにか然りとせん。
然りにおいて然りとす。
悪くにか然らずとせん。
然らずにおいて然らずとす。
物は固《もと》より然りとする所あり。
物は固より可とする所あり。
物に無きは然らず。
物に無きは可ならず。
故に是が為に莛《てい》と楹《えい》、厲《らい》と西施《せいし》とを挙ぐ。
恢《かい》恑《き》憰《けっ》怪《かい》なるものも、
道は通じて一たり。

其分也成也
其成也毀也
凡物無成與毀復通爲一
唯達者知通爲一
爲是不用而寓諸庸
庸也者用也
用也者通也
通也者得也
適得而幾矣
因是已
已而不知其然
謂之道

其の分かるるや、成るなり。
其の成るや、毀《こわ》るるなり。
凡《およ》そ物の無きは成ると毀るるを復し、通じて一たり。
ただ達者のみ通じて一たることを知る。
是の為に不用にして諸を庸《よう》に寓《ぐう》す。
庸なるものは用なり。
用なるものは通なり。
通なるものは得なり。
得に適《てき》して幾《ちか》し。
是に因るのみ。
のみにして其の然るを知らず。
これを道と謂う。

道は、行く（歩む）からこそ、そこに成り立つものだ。
物は、言う（名づける）からこそ、それは「そのように」あることになる。
では、いったいどこに「そのように」あるのか。
「そのように」あるところには、「そのように」ある。
では、いったいどこに「そのように」ないのか。

「そのように」ないところには、「そのように」ない。
物は、もともと「そのような」ところがあり、
物は、もともと「認められる」ところがあるものだ。
物でないものは、「そのように」あるものではなく、
物でないものは、「認められる」ものではないのだ。
よって、そうであるために、〔細いと思える〕草の茎と〔太いと思える〕柱も、
〔醜く見える〕らい病患者と〔美しく見える〕西施もその例としてとり挙げられる。
心がうつろにひろがったり、縮こまったり、
心にぽっかり穴があいたようになったり、突き出したようになったりしても、
道はつらぬき通して《一》となるのだ。
その分解は、合成でもあり、その合成は、破壊でもある。
総じて、物でないものは、
その合成と破壊の間を往復して、つらぬき通して《一》となる。
ただ通り抜けていく者だけが、つらぬき通して《一》となることを知る。
そのためには、不用のまま、諸々を庸（あるがまま）にそっくりな仮の宿として身をおくのだ。
庸（あるがまま）であると、その用（必要な外の働き）をなす。
用（必要な外の働き）をなすと、通（留まることがなく進めること）になる。
通（留まることがなく進めること）になると、得（まさにずぼしに当たること）となる。

得（まさにずぼしに当たること）となるように、《一つにまとめながら》向かうことが、
限りなく近いことだ。
それに身をまかせるだけだ。
まかせるだけで、それがどのようになるかはわからない。
これを《道》と言う。

▼ 道行之而成　物謂之而然

【道はこれを行きて成す。物はこれを謂いて然り。】

道は、行く（歩む）からこそ、そこに成り立つものだ。
物は、言う（名づける）からこそ、それは「そのように」あることになる。

◆通説では、【道（道）】は単なる「道路」のこととしています。
【道はこれを行きて成り、物はこれを謂いて然《しか》り。】は［（いったい）道路はそれを歩いてできあがるものであるし、事物はそれを名づけてそうなるのである。］としています。
●通説は「けものみち」ができるかのイメージでとらえたのでしょうか。そういう発想だと、一度通った後に人がいなくても「みち」は残るということになってしまいます。ですから、ここはけっしてそういう意味ではないでしょう。新解釈では、【道】はこの漢字が用いられている限り、普通の「道路」のことではなく、生き方としての「タオ」の意味としました。「道ができる」と言っているのではなく「道として成り立

つ」といったイメージでしょう。

▼ 悪乎然　然於然
悪乎不然　不然於不然

【悪《いず》くにか然りとせん。然りにおいて然りとす。】
【悪くにか然らずとせん。然らずにおいて然らずとす。】

では、いったいどこに「そのように」あるのか。「そのように」あるところには、「そのように」ある。
では、いったいどこに「そのように」ないのか。「そのように」ないところには、「そのように」ない。

◆通説では、【悪《いず》くにか然りとせん、然りを然りとす。悪くにか然らずとせん、然らざるを然らずとす。】は、［何をそうだとするのか。そうであるものをそうだとする。何をそうでないとするのか。そうでないものをそうでないとする。］としています。

続いて四 - 一の最後の二句をここに移し、言葉を足して四句にして【悪《いず》くにか可とせん、可を可とす。悪くにか不可とせん、不可を不可とす。】は［では何を可《よ》しとしているのか。可いものを可しとする。何を可くないとするか。可くないものを可くないものとする。］としています。

●新解釈では、ここは次の文章の前置きとして「そのようにしてある」〔物の〕世界と、「そのようにしてない」〔物ではない〕世界とがあるのだ……と言っているものとしました。

▼ 物固有所然　物固有所可

【物は固《もと》より然りとする所あり。】
【物は固より可とする所あり。】

物は、もともと「そのような」ところがあり、物は、もともと「認められる」ところがあるものだ。

◆通説では、【物は固《もと》より然る所《べ》（可）きあり、物は固より可とす所《べ》きあり。】は［〔皆それぞれの主観によっているのだが、〕事物にはもともとそうであるべきものがそなわり、また事物にはもともと可《よ》しとすべきものがそなわっていて］としています。

●ここは前文の「いったいどこに『そのように』あるのか。『そのように』あるところには、『そのように』ある。」……と言っていた文を受けて、「そのように」あると言える「物の世界」を説明していると解釈しました。

▼ 無物不然　無物不可

【物に無きは然らず。物に無きは可ならず。】

物でないものは、「そのように」あるものではなく、物でないものは、「認められる」ものではないのだ。

◆通説では、【物として然らざるはなく、物として可ならざるはなし。】は、［どんな事物でもそうではな

いものはなく、どんな事物でも可《よ》くないものはない。」としています。

●新解釈では、通説のように二重否定で前文と同じことを肯定的に説明しているのではなく、この箇所は、前の文の「では、いったいどこに『そのように』ないのか。『そのように』ないところには、『そのように』ない。」という文を受けて、「そのように」ない「物ではない」世界を否定文で説明しているものとしました。

▼ 故爲是擧莛與楹厲與西施

【故に是が為に莛《てい》と楹《えい》、厲《らい》と西施《せいし》とを挙ぐ。】

よって、そうであるために、〔細いと思える〕草の茎と〔太いと思える〕柱も、〔醜く見える〕らい病患者と〔美しく見える〕西施もその例としてとり挙げられる。

＊【擧（挙）】は「手＋與」で、「手をそろえて同時に持ちあげること」の意です。

＊【莛《てい》】は「艸＋廷（まっすぐ伸びる）」で「草の茎」「梁《はり》」の意。

＊【楹《えい》】は「木＋盈（皿＋いっぱいになってたれるさま）」で、「柱」「太い柱」の意。

＊【厲《らい》】は「厂（いし）＋萬（毒針をもったサソリ）」で、「厳しい摩擦」→「といし」「はげしい」「猛毒をもつ」→「ひどい病気」「らい病」→「らい病患者」の意となります。らい病（ハンセン病）は、末梢神経ばかりでなく皮膚を侵し、見た目がひどくなる病気です。

＊【西施】は春秋時代、越の人。呉王夫差の愛妃。昔から美女の代表とされています。

◆通説では、【故に是れが為に莛《てい》と楹《えい》、厲《らい》と西施《せいし》とを挙ぐれば、】は［そこで、それを明らかにするのに小さい木の茎と大きな柱、癩病《らいびょう》患者と美人の西施《せいし》とを対照して示すと、」としています。
●この二つずつの比較は「物」の世界からしたならば、その外面は細いとか太いとか、醜いとか美しいとか主観が働いてまったく対照的な別の存在だとみなすかもしれませんが、「物でない」内面の世界からしたならば、通ずるものがあると言えるかもしれません。

▼恢恑憰怪

【恢恑憰怪《かいきけっかい》なるも、】
心がうつろにひろがったり、縮こまったり、心にぽっかり穴があいたようになったり、突き出したようになったりしても、

＊【恢】は「心＋灰」で、もと後悔の「悔（うつろな気持ち）」と同意だったものです。「うつろにひろく空間のあいている」という意味にも用います。「ひろい・ひろめる（中がうつろにひろくあいているさま・わくをひろめる）」意。
＊【恑】は『学研漢和大字典』に載っていません。『大漢和辭典』では「はかる」「あやしむ」「くいる」「うつくしい」「そむく」などの意があるとしています。
△【恑】は形声文字ではなく、会意文字だとすると、［危］が「厂（がけ）＋上と下とに人のしゃがんださま」で、「あぶないがけにさしかかって、人がしゃがみこむこと」を表しているため、おそらく、「忄＋危」で「心が追い込まれて崖っぷちにいる感じ（→縮こまる）」というような意味になるのではないかと推

察しました。

＊【憰】も『学研漢和大字典』には載っていません。『大漢和辞典』では、「いつわる」「いつわりそむく心」のようです。

△『大漢和辞典』では、字源が示されていないので、どこから「いつわり」の意が生まれたのか不明です。新解釈では、「矞」は「まるい穴をあける」という意味なので、おそらく、「心に穴があいている空虚な感じ」というような意味になるのではないかと推察しました。

＊【怪】は「忄＋「又（て）＋土」」で、「手でまるめた土のかたまり」で、「突出した異様な感じを与える物」のこと。「あやしい」「見慣れない」「不思議である」→「化け物」などの意も含みます。

◆通説では【憰怪】を「きっかい」と読んで「奇怪」に通じるものとしたのかもしれません。【恢《かい》恑《き》憰怪《きっかい》なるも】は、前例を指しているものとして、「とても奇怪ないぶかしい対照ではあるが、「それは現象にとらわれているからのことで、」」としています。

●【憰】は『大漢和辞典』によると「けつ」「けち」と読むとしています。そこで新解釈では「けっ」と読んで、「心にぽっかり穴があいたようになる」意としました。前例とはまた別に、続く対照的な別の二例ずつを挙げているものだとしました。

▼ 道通為一　【道は通じて一たり。】

道はつらぬき通して《一》となるのだ。

＊【通（通）】は「辶+甬（人が足で地板をふみとおす）」で、「途中でつかえて止まらず、とんとんつきとおること」の意味です。「とおる・とおす（つきぬける・つらぬきとおす）」「すらすらことがはこぶ」「とおりがよい・全部をつらぬいているさま」。

◆通説では【通】に意味を持たしていないようです。

【道は通じて一たり。】は、［真実の道の立場からは〔その区別は消えて〕ひとしく一つのものである。］としています。

●【通】の「つうじる」とは、「滞りなく、全部をつらぬき通す」といった意味なのでしょう。ですから、理由なく単純に「真実の道の立場からは、その区別は消える」といったニュアンスではなく、「（物の世界では）違うと思えるものも、（物でない世界では）めぐりめぐってつながって全部をつらぬき通して、《一》となる」……と言っているのではないでしょうか。

☆「有形」の世界と「無形」の世界が、それぞれ別に存在することを説明しているようです。「物」の世界はどんなにへだたりがあっても、「物でない」の世界では、《一》に通じていると言っているようです。

道は、行く（歩む）からこそ、そこに成り立つものだ。

――「道」……それは「有形」のものでしょうか。ここの「成」を「できあがる」と訳すると、なんだか「有形」のものになるかのような錯覚を覚えますが、やっぱり「道」自体は「無形」なのだと思います。

本来の「道」というものは、誰か他人によって造られるものではなく、どんな時でも自らの「行い（歩くこと）」によってのみ成り立つものだ……と言っているように思います。「道とはこんなものだ」とか「ここにある」とか、言葉によって「歩く」前に確認できるものではないのです。「歩いた」後になってはじめて「こうしてこんなふうにたどってきたのか」という片鱗だけがうかがい知れるようなものなのかもしれません。だから他人はその「道」は通れません。

物は、言う（名づける）からこそ、それは「そのように」あることになる。

――「物」は「有形」ということになるでしょう。「有形」のものは「言い表す（名づける）」ことができます。それは一定の概念を指し示し、皆で共有するのとになるため、「そのように」あることになる……と言えるようです。

「物」としてその一定の概念を「言い表す（名づける）」ことは、「そのように」あるものとして、無意識から意識へと導かれるための一つの足がかりのようなものになるのでしょうか。

では、いったいどこに「そのように」あるのか。

「そのように」あるところには、「そのように」ある。

――「そのように」ある世界と「そのように」ない世界がある……と言っているようですが、まずはいったいどこに「そのように」あるのか、示しているようです。「そのように」ある「有形」の世界、つまり物の世界の範疇では、「そのようにして」ある……と言えるようです。

では、いったいどこに「そのように」ないのか。

「そのように」ないところには、「そのように」ない。

——次にいったいどこに「そのように」ないのか、示しているようです。「そのように」ない「無形」の世界、つまり物ではないものの範疇では、「そのように」ない……と言えるようです。

物は、もともと「そのような」ところがあり、

物は、もともと「認められる」ところがあるものだ。

——「そのように」あるところには、「そのように」ある……という前文を受けて、「物」とは、「有形」の世界で、そもそも「そのような」ところがあり、また「認められる」ところがあるものだ……と言っているようです。「物」……それは「顕現」の世界です。《わたし》をして、種々の情報を感覚、知覚器官の認識可能領域でとらえることができる単位となっているようなものなのかもしれません。

物でないものは、「そのように」あるものではなく、

物でないものは、「認められる」ものではないのだ。

——「そのように」ないところには、「そのように」ない……という前文を受けて、「物でないもの」とは、「無形」の世界のもので、「そのように」あるものでもなく、また「認められる」ものでもないのだ……と言っているのでしょう。

よって、そうであるために、

——物としては「そのようにして」あり、物でないものは「そのようにして」ない。よって、そうであるために、次のようなことを例えとすることができるのでしょう。

〔細いと思える〕草の茎と〔太いと思える〕柱も、

〔醜く見える〕らい病患者と〔美しく見える〕西施もその例としてとり挙げられる。

——草と大木から部分的に茎と幹を切り取って比較したならば、草の茎は「弱く・小さく・細く」思え、木の柱は「強く・大きく・太く」思えるものです。こうなるとこの二つの物は大きな違いがあるように思えるのです。ところが、生きている茎という物を形成するのは、物ではない草の生気です。その生気はナイーブな葉や花を形成しますが、茎はそれらを「支える」に匹敵するだけの立派な強度をもっているのです。花を「支えている」草の茎は木の幹（柱）の「支え」に引けをとらないものとしてとり挙げられる事例だと言えるかもしれませんね。草の茎と木の幹（柱）は同じ植物です。

人間を物として見る、つまり「有形」の肉体の皮膚を比較したならば、らい病患者は「醜い」と感じるのに対し、西施は「美しい」と感じるかもしれません。こうなると二者は大きな違いがあるように思えるかもしれません。ところが人間を形成しているのは物だけではなく、物でないもので成り立っているのです。外からは見えないらい病患者の「無形」の内心の美しさは、西施の美しさに勝るとも劣らないものであるかもしれない可能性をもった事例としてとり挙げることができるのかもしれません。らい病患者と西施は同じ人間です。

心がうつろにひろがったり、縮こまったり、

心にぽっかり穴があいたようになったり、突き出したようになったりしても、

道はつらぬき通して《一》となるのだ。

――例えば……空間的に広々とした安全が確保されるところでは「退屈感」を、崖っぷちの危険を察知できるようなところでは「緊迫感」を感じるかもしれません。人より劣っているものに気づいて凹《へこ》んで「劣等感」を、人より秀でているものを見つけて凸《つばく》んで「優越感」を感じるのかもしれません。一人でいることを余儀なくされる時は、心に穴があいたような「さびしさ」「孤独感」を、世間の中でもまれている時は、心が突起したような「うっとおしさ」を感じるのかもしれません。

このように外的な原因の違いによって、心の状態は対照的な心理状態になるものなのかもしれません。どんなに対極をなすように思えるようなものでも、かけ離れているように感じるようなものでも、その都度必要な感覚のようなものとして《わたし》をいざなう「道」によって、そのどこにも固執することなく流れのままにつらぬき通すならば、「退屈感」や「緊迫感」、「劣等感」や「優越感」、「さびしさ」や「うっとおしさ」なども、全き《一》そのものであることとの融合感へと導かれるようになる……と言っているのかもしれませんね。

▼ 其分也成也　其成也毀也

【其の分かるるや、成るなり。其の成るや、毀《こわ》るるなり。】

その分解は、合成でもあり、その合成は、破壊でもある。

＊【毀】は、「土＋［毀：土↓米］の略体（米をつぶす）」で、「たたきつぶす」「穴をあけてこわす」ことです。

◆通説では、【其の分かるるや、成るなり。其の成るや、毀《こわ》るるなり。】は「一方での分散は他方では完成であり、一方での完成は他方では破壊である。」としています。
●ここは対比した見方ができるというのではなく、時間経過によって、状態を変える……と言っているのではないでしょうか。

▼凡物無成與毀復通爲一

【凡《およ》そ物の無きは成ると毀るるを復し、通じて一たり。】

総じて、物でないものは、
その合成と破壊の間を往復して、つらぬき通して《一》となる。

＊【凡】は、広い面積をもって全体をおおう板（布）を描いた象形文字。「あたりまえのさま」「全体をおおっているさま」「総じて」「全部で」などの意。
＊【復】は「同じコースを往復すること」です。
◆通説では、【無】は後の言葉を否定し、【復】も【通（通）】もその意味を無視しています。
【凡《およ》そ物は成ると毀《こわ》るるとなく復《ま》た通じて一たり。】は、「すべての事柄は、完成といわず破壊といわず、なみひとしく一つのものである。」としています。
●新解釈では、【無】は前の【物】を否定し、【復】は【成】と【毀】の間を「往復している」とし、【通】は「つらぬき通す」と解釈しました。

▼唯達者知通爲一

【ただ達者のみ通じて一たることを知る。】

ただ通り抜けていく者だけが、つらぬき通して《一》となることを知る。

＊【達（達）】は「辶（進む）＋［羊＋大］（とおす）」で、「とおりぬける」→「とどく」「いたる」「およぶ」などの意を表します。

◆通説では、【唯達者（者）】は「特別な者」として「道に達した者のみ」ととらえているようです。【唯だ達者《たっしゃ》のみ通じて一たることを知る。】は［ただ道に達した者だけが、皆ひとしく一つであることをわきまえて、］としています。

●確かに【達者】は稀有な存在であることは違いはないでしょうが、「特別な者」とは微妙にニュアンスが違うように思います。ここの場合、【達】は「至った」「達した」といった完了形的な意味合いではなく、誰にでも可能な「止まることなく通り抜け、歩み続ける」といった進行形的な含みをもっているのだと解釈しました。そしてここのポイントは、達者（通り抜けていく者）はつらぬき通して「《一》となる」と言っているのではなく、「《一》となることを《知る》」……と言っているところです。

▼爲是不用而寓諸庸

【是の為に不用にして諸を庸《よう》に寓《ぐう》す。】

そのためには、不用のまま、諸々を庸（あるがまま）にそっくりな仮の宿として身をおくのだ。

＊【用】は「長方形の板＋卜印（棒）」で、「板に棒で穴をあけ通すこと」→「つらぬき通すはたらき」のことです。→「力や道具の働きを他の面にまで通し使うこと」の意も含みます。（本質を「体」というのに対して、「外にあらわれた働き」のこと。）

＊【庸】は「庚（Y型に立てたしん棒）＋用」で、「棒を手にもって突き通すこと」。「通用する」「普通の」などの意を含んでいます。

△【用】は「中心」より「外のはたらき」に意識がある状態であるのに対して、【庸】は「外のはたらき」と「内なる中心」が一緒の「ありのまま」でいられる状態であるといった違いがあるようなイメージがあります。

＊【寓】は「宀（いえ）＋禺（人に似た猿）」で、「本宅ではない仮住まい」→「やどす」「仮に身を寄せる」「仮に足場を置く」などの意味を含みます。

△ここでも「禺」は「そっくりなもの」を意味しており、【寓】は「そっくりな家にやどす」「そっくりな仮の宿として身をおく」といった、決定的なものではなく暫定的なものというイメージがあります。

◆通説では、【是れが為に用いずして諸《こ》れを庸《よう》に寓《ぐう》す。】は、「そのために自分の判断を働かせないで平常（ありきたりの自然）にまかせていく。」としています。

●【爲（為）是】は「そのために」ということですが、「つらぬき通して《一》となることを《知る》ために」という意味でしょう。どのようにつらぬき通すのか、その過程を説明しているようです。まず、【不用】の（外にあらわれる働きがあるかどうかにとらわれない）まま、諸々を【庸】（しん棒＝本質がそろっているあるがまま）に【寓す】（そっくりな仮の宿として身をおく）と解釈しました。

▼庸也者用也

【庸なるものは用なり。】

庸（あるがまま）であると、その用（必要な外の働き）をなす。

◆通説では【庸なる者は用なり。】は、「平常ということは働きのあることであり、」としています。

●一見、前文と矛盾するかのような展開ですが、最初から個人の思考（主観）で【用】をなすと考えることと、後から個人にとって実際（客観的）に【用】をなしたということとは違うと言いたいのではないでしょうか。《一》になるための次の過程で【庸】の状態に一旦【寓する】ことにより、（主観では）【不用】だと思っていたものが、（客観的には）【用】をなす……と言っているようです。

▼用也者通也

【用なるものは通なり。】

用（必要な外の働き）をなすと、通（留まることがなく進めること）になる。

＊再度載せますが、【通（通）】は「辶＋甬（人が足で地板をふみとおす）」で、「途中でつかえて止まらず、つきとおること」の意味です。

◆通説では、【用なる者は通なり。】は「働くということは広くゆきわたることであり、」としています。

●新解釈では、さらに次の段階で、自然の法則に即した外側で客観的な立場での【用】をなすと、【諸】（もろもろ）がばらばらに働いているのではなく、飛び石のような一貫性を帯びた「仮の足場に次々に身をおく」こととなり、諸々の顕現は【通】（留まることがなく進めること）になる……と言っているものととらえました。

▼ 通也者得也

【通なるものは得なり。】

通（留まることがなく進めること）になると、得（まさにずぼしに当たること）となる。

＊【得】は「彳（いく）＋右側の字「貝（かい）＋寸（て）」」で、「歩んでいって、物を手に入れること」を示しています。また、「横にそれれず、まっすぐずぼしに当たる」意を含んでいます。

◆通説では、【通なるものは得なり。】は「ゆきわたるということは自得（すなわち自己の本文をとげて生を楽しむこと）である。」としています。

●【不用】からスタートが起これば、諸々の顕現が進展するがままに止めることなく【通】（進めること）を通過しながら時を経て、【得】つまり「まさにずぼしに当たること」という一つのゴール地点に達し、一段落する……と言っているようです。

▼ 適得而幾矣

【得に適《てき》して幾《ちか》し。】

得（まさにずぼしに当たること）となるように、《一つにまとめながら》向かうことが、限りなく近いことだ。

＊【適（適）】の字源は前にも書きましたが、「辶（足の動作）＋啇の変形（一つにまとめる、まっすぐ一本になった）」で、「まっすぐひとすじにまともに向かうこと」の意です。

◆通説では、【適得《てきとく》にして幾《つ》（尽）くす。】は「ぴしゃりと自得したならば、〔窮極の立場に〕ゆきついたことになる。」としています。

●新解釈では、ここで重要なのは【適】のとらえ方だとし、完了形的な見方ではなく、進行形的な「《一つにまとめながら》向かっていくこと」としました。また【幾】は、「限りなく近いことだ」としましたが、問題は「何に近いか」ということです。「窮極の立場にゆきついた」というのではなく、「《一》となることを知る」とはどういうことか、言葉で言える限界ぎりぎりの「極めて近い」表現となる……と言っているものだと解釈しました。

▼ 因是已　已而不知其然

【是に因るのみ。のみにして其の然るを知らず。】

それに身をまかせるだけだ。

まかせるだけで、それがどのようになるかはわからない。

◆通説では、【是れに因る已。已にして其の然るを知らず、】は「そこに身をまかせてゆくばかり、まかせてゆくばかりでそのことを意識しない。」としています。

●【因是已】の【是】はその前の一文だけを受けているのではなく、《一》を知るようになる方法があるとしたら、「《不用→庸→用→通→得》＝適」という過程に「身をまかせるだけだ」ということだと解釈しました。「そのことを意識しない」のではなく、反対に「《一》になることを知る」ということは、極めて「意識的になること」ではないでしょうか。【然るを知らず】とは、その都度の過程で具体的にどのような顕現の仕方が現れるのかは「わからない」が《一》になることを信頼して身をまかせるだけだ……と言っているものと解釈しました。

▼ 謂之道

【これを道と謂う。】

これを《道》と言う。

◆通説では、【これを道と謂う。】は「これを道の境地というのである。」としています。

●具体的にどのように顕れるかわからないままに、このルート、つまり「《不用→庸→用→通→得》＝適」を意識的に知っていくことを「道」と言う……と言っているのでしょう。

☆つらぬき通して《一》となることを知るためには、諸々のものがめぐる時間とともに変化するものに暫定的に「寓する」ことによって、一連の流れに因るのが秘訣なのかもしれません。

その分解は、合成でもあり、その合成は、破壊でもある。

――活動を続ける「物」の世界は、草を例えにとってみましょう。合成して枝葉を伸ばし成長するためには、必ず分解したものを吸収していかなければ成り立ちません。そうした合成によってさらには花が咲き、実をつけた後、その枝葉も花もみな破壊され、枯れていくものです。生命は「生（合成）」と「死（分離・分解）」とで成り立っているのです。

総じて、物でないものは、
その合成と破壊の間を往復して、つらぬき通して《一》となる。

――生きている物は「物」の世界で合成と破壊の間で姿を変えているのです。あたりまえのことですが、生命は「物」だけでは生きていると言えないのです。生きているものは必ず、「物でないもの」で成り立っているのです。「生気」には形がありません。「物ではない」からです。「生気」は生物の合成と破壊を往復して命を保っているのです。「生気」はつらぬき通して《一》へといざなうものなのです。合成にも破壊にも留まることがないのです。《一》になるようにと、自然とバランスをとっている……と言えるかもしれませんね。

ただ通り抜けていく者だけが、つらぬき通して《一》となることを知る。

――「ただ通り抜けていく者」……それは、何にもどこにも固執することなく通り抜けていく者で、内なる鏡を持つ者と言えるかもしれません。つまり、一歩離れた位置からの「意識」が眠ることなく、通り抜けて変化するそれぞれの《わたし》を映し出し、「主観」を「主観」と知りつつ、流れのままにまかせ続けるならば、そこには物事を「客観的」に見ている姿勢ができあがるかもしれません。その時はじめて、つらぬき通して《一》となるのです。しかも鏡的な存在があることによって、そのことを《知る》ことができるのです。《一》になるだけでは十分ではないのです。無意識に本能に従って《一》になってもそれは動物以下のできごとなのです。目覚めた意識で《一》になることを《知る》ことが重要なのだ……と言っているようです。

そのためには、不用のままに、諸々の庸（あるがまま）をそっくりな仮の宿として身をおくのだ。

――「そのために」……つまり、つらぬき通して《一》となることを《知る》ために、どうすればいいのか。それは事の始まりからどんなふうな（外での）働きがあるか判断を下さず、意味があるかどうか、価値があるかどうか、必要性があるかどうかなどにとらわれることなく、不用のままに自分を受け入れることがまずは大事なことのようです。

けっして、《わたし》は「楽しい人」「有用な人」「役に立つ人」「価値を認められる人」「尊敬される人」「誠実な人」「冷静沈着な人」等々とポジティブな《わたし》だけにとらわれることなく、たとえ、「役立たずの人」「不満を訴える人」「不安におびえる人」「怒る人」「悲しむ人」などネガティブな《わたし》だと思える時があったとしても、その諸々の顕現のその時その場の《わたし》のまま展開するのです。ただし、それに自己同化して一定の判断の枠におさまる《わたし》ではなく、鏡の中に映しだされる《わたし》のように、そっくりな仮の宿として身をおくのです。

庸（あるがまま）であると、その用（必要な外の働き）をなす。

――あくまでも、「庸」という自然体のままに、全身全霊をこめて自分を解放することを許してみたらどうなるでしょう。「憤りを感じる」時には、「怒って」みるにまかせ、「悲しい」時には、「泣いて」みるにまかせ、「情けない」時に「嘆いて」みるにまかせてみたらどうなるでしょう。「嬉しい」時にはあるがまま「喜び」にまかせて、「愉快な」時にはとことん「楽しんで」みるとどうなるでしょう。「試してみたい」ことがあったら、「試して」みるとどうなるでしょう。

そんな事すれば、「大人げない」とか、わがままで勝手気ままな幼児化現象を引き起こすだけだ、などと敬遠することなく、「あるがまま」を鏡の中を観るように自然にまかせてみたら、今まで知らなかった「怒る」「泣く」「嘆く」ということに必要な、何かの意味があるのを知れるかもしれません。「喜ぶ」「楽しむ」ということに大切な、何かの作用があるのかを知り、重要な手がかり（用）があるのかを知れるかもしれません。「試す」ということに貴重な、何かの価値（用）があるのかを知れるかもしれません。

用（必要な外の働き）をなすと、通（留まることがなく進めること）になる。

――十全に「怒る」「泣く」「嘆く」「喜ぶ」「楽しむ」「試す」などのことで、何かの「用」が果たされていくならばどうなるのでしょう。諸々の《わたし》が、「今」「ここ」で、最も自然である流れに従ったならば、「ねばならない」と矯正することはなく、自然に「こうしたい」の声に身をまかせたなら、《わたし》はどの瞬間にも留まることとなく、次の《わたし》に「通じていく」ことになる……と言うのです。

「怒る」「泣く」「嘆く」「喜ぶ」「楽しむ」「試す」ことなどによって、必要な何かを満たし、何かに役立っていくならば、足を止めるような後悔、未練、鬱積、欲求不満などといったことも生じず、引っかかりも、立ち止まることなく、その次の一歩を進めることになるのかもしれません。それぞれはその姿を変え、新たな違う何かになっているかもしれないのです。それは様々な《わたし》を「通過」していることになるのかもしれません。

通（留まることがなく進めること）になると、得（まさにずぼしに当たること）となる。

——「寓する」限りにおいては、自分の状態を飛び石の足場にて歩を進めるかのようにして、よくよく観察してみれば、徐々にその状態が変化しても一つのものとしての落としどころに至るようです。例えば、「怒り」の役目が本当に果たされたら、ひょっとしたら「笑い」というずぼしに当たるかもしれません。「悲しみ」に静かに沈んだなら、その底の次には「慈しみ」というずぼしに当たるかもしれません。「嘆き」にうめき疲れたなら、「希望」というずぼしに当たるかもしれません。「喜び」に浸ったら、その結果「悲哀」というずぼしに当たるかもしれません。「楽しみ」を満喫すれば、「冷静沈着」というずぼしに当たるかもしれません。

そう、それらは留まることなく進めることになると、その顕現は変化してゆくのです。それは、あたかも空腹で飢えにさいなまれていても必要な物を食べて満腹すれば、食事のことは忘れてしまうかのような時点に至ることもあるのです。川を渡れば、舟は必要でなくなるかのように、身軽になる時点に至ることもあるのです。

得（まさにずぼしに当たること）となるように、《一つにまとめながら》向かうことが、限りなく近いことだ。

――ずばしに当たるという一段落に至るようになるように、そのルートを鏡を眺めるように見守り続けることが大事かもしれません。途中、諸々は様々な顕現となって変化していっても、起こるがままに任せるなら、ばらばらの出来事ではなく、《一つへとまとめながら》一段落へと向かうことになる……と言っているのです。この一連の流れで《一》へと向かうというのが言葉で言えるかぎりにおいて、極めて真実に近い表現となる……と言っているようです。

例えるならば、《諸々のわたし》の「単音」は、単独には違っているがために、分裂する雑音のようなものになってしまうかもしれませんが、現在の「音」を取りこぼしなく一筋につないでいくことによってテーマが生まれ、はじめてそこに「旋律」という《一つのわたし》の「詩《うた》」が見えてくるようになるのかもしれません。

それに身をまかせるだけだ。

――「それ」とは最終段階の「特別な境地」のことではなく、《「不用」↓「庸」↓「用」↓「通」↓「得」》＝「適」という、一連の流れのことを指していて、極意は「適」という「一つにまとめようとする」流れに「身をまかせるのみ」……と言っているのでしょう。

それは本当にシンプルなことです。ただし、これを「無意識的」にしていたなら問題を引き起こすだけかもしれません。だから、普通はネガティブな《わたし》の顕現に対しては、セーブすべきだと作為で蓋をしかねません。でも、蓋をせず、身をまかせるのです。その時の秘訣が「無意識的」にではなく、瞬間毎の「現在」に「意識的」になる、つまり観照者たる「鏡」の《わたし》が同時に存在することなのかもしれません。

まかせるだけで、それがどのようになるかはわからない。

――《一》なるものへと向かおうとすることに身をまかせるだけで、次の瞬間どのようになるかはわからないのです。でも、知っているのです、自然にまかせるなら《一》へと向かおうとすることだけは……。

その顕現は、「現在」に「意識的」にまかせてみるだけで、「過去」に囚われることも「未来」に悩まされることもなくなるのです。毎瞬それがどのようになるかは出たとこ勝負のようなもので、「わからない」のです。でもそのことに身をまかせられるのは、《一》なるものへと向かうことを「知っている」からかもしれません。そのことを信頼しているため、わからないものにまかせられるのです。

これを《道》と言う。

――瞬間瞬間、どんな顕現、どんな音が生まれるのかは、やってみないとわからないのです。でもばらばらな単音とは違い、そこには一つのテーマがあり、自ずと旋律が生まれ、詩となることが起こるのです。これを《道》と言うのかもしれませんね。

四 - 三、寓言（三）朝三（天のろくろに休む）

勞神明爲一而不知其同也
謂之朝三
何謂朝三
曰　狙公賦芧
曰　朝三而莫四
衆狙皆怒
曰　然則朝四而莫三
衆狙皆悅
名實未虧而喜怒爲用
亦因是也
是以聖人和之以是非
而休乎天鈞
是之謂兩行

神明を労して一を為すも、其の同を知らず。
これを朝三と謂う。
何をか朝三と謂う。
曰く、狙公《そこう》の芧《とち》を賦《ふ》するに、
曰く、「朝に三にして莫《くれ》に四。」
衆狙《しゅうそ》皆怒る。
曰く、「然らば則ち朝に四にして莫に三。」
衆狙皆悦ぶ。
名実未だ虧《か》けずして喜怒用を為す。
また是に因るのみ。
是を以て聖人是非を以てしてもこれを和し、
天鈞《てんきん》に休す。
是を両行《りょうこう》と謂う。

精神的な明かりとなるものを燃焼し尽してはじめて《一》となるのだが、
それが、〔つらぬき通して〕同じとなることを知らないことがある。
それを「朝三」と言う。
「朝三」とはどういうことか。
こういうことだ。猿使いのベテランがトチの実を分け与えるのに、
「朝（日が昇ったら）三つにして、日が落ちたら四つにしよう」と言うと、
猿たちは皆いっせいに怒り出した。
「それならば、朝（日が昇ったら）四つにして、日が落ちたら三つにしよう」と言うと、
猿たちは皆いっせいに悦んだ、ということだ。
名称も実質も何ら損なわれていないのに、喜びや怒りが表立って働くものだ。
〔猿使いのベテランともなると〕また、こんなことにも身をまかせるのだ。
こういったことによって、聖人は肯定否定を用いながらもまるくおさめ、
天の鈞《ろくろ》（平均のとれた回転盤）に〔のって〕ゆったり休んでいるのだ。
これを両行（周辺の動くみちと交差の中心の静止したみちの両立する境地）と言う。

▼ 勞神明爲一而不知其同也

【神明を労して一を為すも、其の同を知らず。】

精神的な明かりとなるものを燃焼し尽してはじめて《一》となるのだが、それが、〔つらぬき通して〕同じとなることを知らないことがある。

…………

＊【勞（労）】は、「𤇾（火を周囲に激しく燃やすこと）＋力」で、「火を燃やし尽くすように、力を出し尽くすこと」です。また「激しくエネルギーを消耗する仕事」→「そのつかれ」の意に転じたものです。

＊【神（神）】は「示（祭壇）＋申（いなずまの伸びる姿）」で、「いなずまのように、不可知な自然の力」「不思議な力」のことです。→「目に見えぬ心の働き」「精神」の意も含みます。

＊【同】は「四角い板＋口（あな）」で、「板に穴をあけて突き通すこと」の意。「突き抜けて通じれば一つになってある」→「同一・共同・共通」の意となります。

◆通説では【労】を「疲れさせる」と解釈して、【明】も【一】の意味も無視して意訳しています。【神明を労して一を為《な》しながら、其の同じを知らず、】は「あれこれと精神をつかれさせて同じことをくりかえしながら、それが同じことだということを知らないでいる。」としています。

●新解釈では、【神明】は「精神的な明かりとなるもの」、【労】は原義の「燃焼し尽くす」と解釈しました。そうすることによって、【一を為す】と表現しているのだと思います。【同】は「突き抜けて通じれば一つになってある」という意で、四 - 二までの展開を受けて、ここの話は続いているものとみなしました。

▼謂之朝三　何謂朝三

【これを朝三と謂う。何をか朝三と謂う。】

それを「朝三」と言う。「朝三」とはどういうことか。

＊【朝（朝）】は、もと「くさ＋日＋水」で「草間から太陽が昇り、潮が満ちてくる時」→のち「幹（はたが上がるように日がのぼる）＋舟」となり、「東方から太陽の抜け出るあさ」を意味するようになったものです。

◆通説では、【これを朝三《ちょうさん》と謂《い》う。何をか朝三と謂う、】は「それを朝三《ちょうさん》とよぶ。朝三とはどういうことかというと、こうである。」としています。

●通説と大差ないです。

▼曰　狙公賦芧
曰　朝三而莫四
衆狙皆怒
曰　然則朝四而莫三
衆狙皆悦

【曰く、狙公《そこう》の芧《とち》を賦《ふ》するに、】
【曰く、「朝に三にして莫《くれ》に四。」】
【衆狙《しゅうそ》皆怒る。】
【曰く、「然らば則ち朝に四にして莫に三。」】
【衆狙皆悦ぶ。】

こういうことだ。猿使いのベテランがトチの実を分け与えるのに、

「朝（日が昇ったら）三つにして、日が落ちたら四つにしよう」と言うと、猿たちは皆いっせいに怒り出した。
「それならば、朝（日が昇ったら）四つにして、日が落ちたら三つにしよう」と言うと、猿たちは皆いっせいに悦んだ、ということだ。

＊【狙】は「さる（手長猿）」ですが、「ずる賢い者」のたとえに用いることがあります。
＊【公】は「八印（開く）＋口」で、「入り口を開いて公開すること」の意です。「個別に細分して隠さずおおっぴらに筒抜けにして見せる」意を含みます。また、長老、相手を丁寧に呼ぶ時、第三者を尊敬していうのにも使います。（「公」は、「私《し》」の反対語。）
＊【賦】は「貝＋武「止（あし）＋戈（ほこ、武器）」（又はくわだてる）」で、「財貨を探り求めること」→「とりたてる」「貢ぐ」「挑発して使役する」「わかつ・割り当てる」「述べる」などの意をもちます。
＊【芧】は「艸＋予（のびる）」で、「みくり（かやつりぐさ）」「からむし（麻の一種）」ですが、「杼」に通用させて「トチの実・どんぐり」の意もあります。
＊【莫】は「草原のくさむらに日が隠れるさま」を示しています。暮の原字。「隠れて見えない」「ない」の意です。
＊【衆】は「日（太陽）（→のち誤って「血」）＋人が三人（おおくの人）」で、「太陽のもとで多くの人が集団労働をしているさま」を表しています。もとは「多くの臣下・庶民」を指していました。
◆通説では、【朝（朝）】と【莫】は単純に時間的な違いのある「朝」と「夕方」ととらえています。

【曰《い》わく、狙公《そこう》、芧《とち》を賦《わか》ちて朝に三にして莫《くれ》は四つにせんと曰うに、衆狙みな怒れり。然らば則ち朝に四にして莫に三にせんと曰うに、衆狙みな悦べり。】は［猿飼いの親方が芧《とち》の実を分け与えるのに、「朝三つにして夕方四つにしよう」といったところ、猿どもはみな怒った。「それでは朝四つにして夕方三つにしよう」といったところ、猿どもはみな悦んだという。］としています。

●新解釈では、【朝】と【莫】の二つの漢字の字源に基づいて考え、目で確認できる「太陽の明かり」が有るか無いかの違いがあるところが、この話のミソとなりそうです。【莫】は単純に「夕方」とは違うのです。「日が落ちて暗い（なにも見えなくなる）夜」ということになります。「見える時間」と「見えない時間」という違いがあるのです。

【狙】の私利私欲をもった「猿＝ずる賢い者」に対して、【公】は「おおやけごとのできる者」という意をもっているとみなして、あえて「猿使い」に「ベテラン」という言葉を補足して訳しました。【衆狙】は、訳自体には反映していませんが、字源に基づきもっと正確な形容をするならば、「太陽（明るい時）のもとでのみ活動をしているずる賢い猿たち」という含みを感じます。

【賦】はひょっとすると、猿使いが「餌（トチの実）でつって、〔うまく〕挑発して使役する」という意味が隠れているかもしれないとも思いますが、今回の話の中での翻訳上は、「分け与える（割り当てる）」としました。

■「朝三暮四」の出典に関しては、『列子・黄帝篇』と、『荘子』のこの文だとされています。世間では、ひとくくりに「朝三暮四」だとして解釈しているようです。しかし。荘子は「朝三」だけで表現していることに意味がありそうです。

一般的にその意味には二種類あって、①猿サイドの状態を形容して、「目先の違いにとらわれ、結果が同じになることに気が付かないこと」と、②猿使いの状態を形容して、「言葉巧みに人をだますこと」という意味に使われています。

①においては、『列子』と『荘子』は【暮】と【莫】の違いがあるため、話の深みは違いがありますが概ね大差ありません。しかし、②に関しては、相容れないまったく違う意味を展開しています。『列子』の「朝三暮四」は次のような前後の話がついてます。

宋の国に猿まわしがいた。猿を可愛がり、群れをなすほどこれを養っていた。猿の気持ちを理解することができ、猿も同様に主人の心をつかんでいた。自分の家族の食べ物を減らしてまで、猿の食欲を満たしていた。ところが急に貧しくなったので、猿に与える餌を減らすことにした。猿たちが自分になつかなくなってしまうのではないかと心配したので、まず先にこれを誑《たぶら》かして言った。「お前たちにトチの実をやるのに、朝は三つで暮は四つにする。足りるか」と。すると猿たちは皆起ち上がって怒りだした。そこで猿まわしは急に言い変えて、「それじゃ、朝は四つで暮は三つにしよう。足りるか」と言うと、猿たちは皆ひれ伏して喜んだ。

物事における賢い者が愚かな者を丸め込んでいるのは、皆、ちょうどこの話のようなものだ。聖人は知恵で多くの愚かな者を丸め込む。ちょうど猿まわしが知恵で猿たちを丸め込んでいるのと同じだ。表現と実質が変わらないのに、それを喜ばせたり怒らせたりしていることよ。

●「朝三暮四」の言葉の由来は列子の説の方が有力だと思いますが、話の含みの奥深さでは、「朝三（而莫四）」とする荘子にかなわないと思っています。

新解釈では、なぜ「猿使い」に「ベテラン」をつけたかというと、後から出てくる「聖人のあり方」とダブらせるような寓話だと思っているからです。そして「猿たち」というのは、「ずる賢い者」という意味があったように、「計算できないおバカさん」ではなく、反対に「目先のことの損得勘定に忙しく、常に計算している者」の象徴のように思えるのです。ただし、「明るく見えるところにおいてのみ」に「小賢しい者」であって、「暗くて見えないところ」には「意識が及ばない者」、つまりはどこかの誰かさんのことではなく、私たちほとんどの者を指しているかのようです。

☆キーワードは「明かり」……自分の内部の精神の太陽が照らしている部分と、照らしていない部分がつながってはじめて、両面を意識できる時、《一》なることを知ることができるのだが、多くの者は闇の中に意識を当てることができないでいるようだ……と言っているようです。

精神的な明かりとなるものを燃焼し尽してはじめて《一》となるのだが、

――「神明」……それはどんな「明かり」なのでしょう。精神的な明かりとなるものを燃焼し尽くすとはどういうことでしょうか。内なる精神的な闇の中でも、何が起きているのか燃焼し尽くすまで見ることができる「明鏡」をもっている意識だけが、《一》となることを知ることができるのかもしれません。

それが、〔つらぬき通して〕同じとなることを知らないことがある。

――けれども、なかなかそういった境地に至らないようです。それが、つらぬき通して《一》となるような「同じこと」だと知らないでいる……と言っています。

「無意識的」な自己同化（身をまかすこと）を「無為自然」だと思っている人もいるかと思いますが、それとは違うことを荘子は指し示していると思っています。なぜなら、「意識的」に、あるがままをつらぬき通していながらも、それを観照している目がなければ、「同じである」ということを「知る」という知覚作用は起きないからです。《一》だと「知る」境地に立てるのは、「明」という「意識的な観照の目」があってこそです。その境地になかなか至らないがために、「同じ《一》」だとわからないということなのだと思います。

それを「朝三」と言う。「朝三」とはどういうことか。

――前に述べたように、「朝三暮四」ということわざは、おそらく『列子』の話からできたのでしょう。同じような内容を指し示していますが、荘子は「朝三」という言葉で表現するにとどめています。「同じ」となることを知らない意識は、常に明るい「朝」のことにのみに集中する……と言わんばかりです。

こういうことだ。猿飼いのベテランがトチの実を分け与えるのに、「朝（日が昇ったら）三つにして、日が落ちたら四つにしよう」と言うと、猿たちは皆いっせいに怒り出した。「それならば、朝（日が昇ったら）四つにして、日が落ちたら三つにしよう」と言うと、猿たちは皆いっせいに悦んだ、ということだ。

――「猿たち」は、いつも自分の思いのまま、感じるままに動く、目先の損得勘定をしている者のようです。

損が「明るみ」に出たならば怒り、得が「明るみ」に出たら喜ぶような、感情を交えてキャッキャッと騒ぎたてている者なのかもしれません。

彼らの「明るみ（朝）」での意識は「計算にうとい」のではなく、逆に「損得勘定にさとい」のです。ところが必ず訪れる「闇になる夜（莫）」には意識を向けることがないのです。彼らの計算は、明るい時に「三」で、暗くて確認の取れない時に「四」と言われたなら、「マイナス一」とはじき出すのです。反対に明るい時に「四」で、暗く見えなくなってから「三」ならば、「プラス一」とはじき出すのです。

「猿たち」と「猿使いのベテラン」との取引に、言葉が使われていることからしても、これは単純な「猿」の話ではないようです。世間にいるような「ずる賢い者の大衆」というよりも、自己内部にいる「ずる賢い存在」を類推します。損得によって無意識に喜怒の感情をむきだしにするのです。「明るい」間の「得になるもの」「幸せになるもの」に意識が集中して、「暗い」間の事には無頓着なのです。

一方「狙公（猿使いのベテラン）」は、そんな多くの「猿たち」を使いこなせる者なのかもしれません。しかも、うるさい多くの「猿たち」に振り回されることなく、全体を見渡し、統率するばかりではなく、それらの能力も熟知して、その技の芸当を発揮させることができるほどに、彼らを使いこなすことができる「猿使い・猿まわし」ともなる者と言えるかもしれません。

「狙公（猿使いのベテラン）」は「猿たち」が怒ってもその是非を力で矯正しようなどとはしません。なぜ怒るのか知っているからです。そこが「ベテラン」たる所以です。それと同時にどうすれば悦ぶのかも知っているからです。

《わたし》の中で、「命令を下す思考」は、「猿使いのベテラン」とは言えない「ボス猿」的な「猿使い」

だったとしたら、喜怒が表立って働く「感情」を操れるでしょうか。おそらくできないでしょう。自分の提案（言い分）を「猿たち」に合わせて即時撤回するような柔軟さはないでしょう。「朝三莫四」も「朝四莫三」も一日をめぐれば「同じ」だと知っている者だけができる技です。けっして「たぶらかしている」のではないのです。

▼名實未虧而喜怒爲用

【名実未だ虧《か》けずして喜怒用を為す。】

名称も実質も何ら損なわれていないのに、喜びや怒りが表立って働くものだ。

＊【名】は「夕（三日月）＋口」で、「薄闇の中で自分の存在を声で告げること」→「よくわからないものをわからせる」意を含みます。

＊【實（実）】は「宀（やね）＋周（いっぱい）＋貝（たから）」で、「家の中に財宝をいっぱい満たす」→「中身がいっぱいで欠け目がないこと」。

＊【虧】は「まがりくぼむ印＋雇（うつぶせてかかえこむ）の変形」で、「まるくかこんだ形の物の一部がかけてくぼむこと」です。

◆通説では【名実未だ虧《か》けずして喜怒用を為す。】は、［表現も実質も変わりはないのに、それでいて喜びや怒りの感情が働くことになった。〔とらわれているからである。〕］としています。

●訳には反映させませんが、【虧】は「まるくかこんだ形の物の一部がかけてくぼむ」という意味が含まれているところが後から出てくる【鈞《ろくろ》】（平均のとれた回転盤）と関連して、視覚的なイメージでの理解の手助けになっていると思われます。猿たちは、日の出と日の入りがめぐりゆく回転によって《一》となる意識を掌握しておらず、明るい時だけ意識して、暗くなる時に意識を当てることが欠落しているのだと言っているのだと思います。

「朝三」の話のうちここは「猿たち」サイドの説明をし、後続の文で「猿使いのベテラン（聖人）」サイドの説明するという、セットになった文だと解釈しました。それというのも、《わたし》の中には両方の存在を類推することができるからです。

▼　亦因是也

【また是に因るのみ。】

〔猿使いのベテランともなると〕また、こんなことにも身をまかせるのだ。

◆通説では、【亦】とはいったい何が「また」なのか、【是】が何を指しているのかはっきりしません。【また是に因るのみ。】は、［ただひたすらに自然に身をまかせていくばかりだ。］としています。おそらく「猿ども」のようにならないようにどのような態度をとればいいのかに言及したものだと思われます。

●【また是に因るのみ。】は《わたし》の中に「猿」だけではなく「猿使いのベテラン」もいて、【亦】（同時に）【是】（こんなこと＝喜怒が用をなすこと）にも引っかかったりこだわったりして立ち止まることなく、「身をまかせるのだ」……と言っているのだと解釈しました。

▼是以聖人和之以是非

【是を以て聖人是非を以てしてもこれを和し、】

こういったことによって、聖人は肯定否定を用いながらもまるくおさめ、

＊【和】は、「口（まるい穴）＋禾（穂のまるくしなやかにたれたさま）」で、「かどだたない」意を含んでいます。「やわらぐ」「まるくおさまる」「なごやか」「あわせる」。

◆通説では、【是を以て聖人これを和するに是非を以てして、】は〔そこで聖人は善し悪しの分別を調和させて、〕としています。

●新解釈では、【是非】を「善し悪し」ではなく、「肯定否定」としました。猿たちの「怒り」に対して、それを「否定」していても対立することはなく、肯定的な「悦び」に誘導してまるくおさめる……と言っているものだとしました。

▼而休乎天鈞

【天鈞《てんきん》に休す。】

天の鈞《ろくろ》（平均のとれた回転盤）に〔のって〕ゆったり休んでいるのだ。

＊【鈞】の「匀」は「手をひと回りさせた姿＋＝印（そろえる）」で、「全部に平均して行き渡らせること」です。【鈞】は「金＋匀」で「ろくろ」「平均のとれた回転盤」の意。

◆通説では、【天鈞《てんきん》に休す。】は［自然の平衡《バランス》〔つまり万物斉同の道理〕に休息する。］としています。

●先に触れたように、【鈞】は単なる「バランス」ではなく、「ろくろ」「平均のとれた回転盤」というイメージを展開していることがキーポイントとなりそうです。「朝」と「夜（莫）」は太陽からの「明かり」と、地球という円形（球形）のものの自転によって起こる現象です。「夜（莫）」だからといって、何一つ虧《か》けるものはないのです。「朝」と「夜（莫）」が必ず一巡することが可能なのは、そこに回転の軸、中心、重心が存在するからです。

精神的な顕現も周辺部のように動的に移り変わるものと、その中心の静的な不動点が存在するのです。聖人の意識は表立って明るみに出ることと暗闇に潜んでいるもののバランスをとっている中心（重心）にあり、そこでゆっくりと休んでいる……と言っているようです。

▼ 是之謂兩行

【是を両行《りょうこう》と謂う。】

これを両行（周辺の動くみちと交差の中心の静止したみちの両立する境地）と言う。

＊【兩（両）】は、左右両方が対をなして平均したはかりを描いた象形文字。
＊【行】は、十字路を描いた象形文字。
◆通説では、【是れを両行と謂う。】は［そうした境地を両行（——すなわち対立したもののいずれもがスムーズに流れる立場）というのだ。］としています。

●【両】も【行】も象形文字だということからして、ここでも、視覚的アプローチの説明をしていると見ることができるように思います。【両】が釣り合っている天秤だとするならば、どこかに支点があって、両方の重さのバランスがとれているということになります。

【行】の、交差するその「中心」「重心（支点）」となる「静のみち」を維持していくならば、周辺が、どのような回転運動をする「動のみち」だとしても両立する、全体として揺るぎがないバランスを保てる状態になる……というようなイメージが浮かび上がってきます。

回転盤の周辺（結果の世界）で対極のものに徐々に変化し続けるみちと同時に、中心軸（原因の世界）の不動のみちの「両方に意識の光を当てる境地」に至ることを【両行】と言う……と受け取りました。

☆「猿使いのベテラン」の施策に「聖人」のあり方を重ねているようです。

名称も実質も何ら損なわれていないのに、喜びや怒りが表立って働くものだ。

――「見える時（朝）」と「見えない時（莫）」に分割される《一（日）》。その両方を意識に届かすようにするためには、「神明を労する」のが秘訣かもしれません。「猿使いのベテラン」が使ったのは、「朝」「莫」「三」「四」という同じ「名称」ですが、その組み合わせが違うだけです。よって、「実質」は、一日において「同じ」になって、何ら損なわれることがありませんが、「暗くて見えない時（莫）」には不確定要素を感じるせいか、「猿たち」の焦点は「明るく見える時（朝）」のみの「損得勘定」によって、感情が動いてしまうようです。

人間の心の中にも、意識が向けられて「見えているところ」と、無意識のまま「見えていないところ」が存在するのではないでしょうか。私たちも「怒り」や「喜び」をあらわにしますが、実は案外同じような仕組みのもとで、そうなっているのかもしれません。もしそうだとしたら「猿たち」を他人事にして、ばかにできないかもしれません。

〔猿使いのベテランともなると〕また、こんなことにも身をまかせるのだ。

――「猿使いのベテラン」は、全体を通して見ることができる者なのです。定説になっている「口先でうまくごまかす者」のことを言っているのではないのです。《一》を知る者にして、その行いは「融通自在な者」のことなのです。それ故、淡々と「だったら、猿たちが喜んで賛同できるものにしよう」と、猿たちを尊重しながらも、何も損なわずして、そうした事態にも対応できるのです。ただただ全体の流れに身をまかせ、従っているだけだ……と言っているのです。

こういったことによって、聖人は肯定否定を用いながらもまるくおさめ、

――「聖人」……それは「俗人」とどこが違うのでしょうか。感情の是非を超越した冷静沈着な者なのでしょうか。いやいや、どうやらそうではなさそうです。「聖人」も「俗人」も、それぞれの《わたし》の中に、「喜怒」を表す、同様の「猿たち」を有しているようです。けれども、何が違うのか……「猿たち」の否定的な感情をバカにすることなく、肯定的な感情に導くことができる「猿飼いのベテラン」がいるか、いないかの差ではないでしょうか。「聖人」の内には、「猿たち」の特徴を熟知し、また、それとのかけ引きしながら、その能力を最大限に生かすという、まさに、その術に長けた「猿使いのベテラン」の存在がいるというふうに類推できます。「自分」の中の「猿たち」もうまく操れるが故に、同じような性質をもっている他人の「猿たち」の「喜怒哀楽」をも、うまく「使いこなす」ことができるのではないでしょうか。そんな「猿使いのベテラン」を内にもつ「聖人」は、「猿たち」の是非の動向にも振り回されることなくうまく用いながら和していくことができるということなのでしょう。

天の鈞《ろくろ》（平均のとれた回転盤）に〔のって〕ゆったり休んでいるのだ。

——そうして、「天の鈞《ろくろ》」……「天から与えられている平均のとれた回転盤」で休んでいるというのは、回転する周辺の「体験（動）」と、それを見守り続ける「観察眼（静）」を有するものかもしれません。

肯定的なものであろうと、否定的なものであろうと、それに固執することなく、常に暫定的なままに流れにのり、そこで「用を為す」ものを、「手綱（トチの実）」によってつなぎとめながら、全体を「つらぬき通す」そんな目をもっていること……そこにこそ、生まれるのが「明かり」なのでしょう。それ故、聖人は、「見えるところ」と「見えないところ」に、「是」と「非」をどう配置しようと、《一》なるものとして、そのバランスを見計らうことができるのです。「喜怒」が「用を為す」のを、うまく扱いながら、来ては去っていく「回転」に身をまかせつつも、それに動じることなく、軽やかに、安らいでいるのかもしれませんね。

これを両行（周辺の動くみちと交差の中心の静止したみちの両立する境地）と言う。

——【両】という秤を用いて両方のバランスをとるようにできることは、天秤棒のような場合は、支点（重心）を融通自在に保つことが秘訣なのかもしれません。

実は、運動することが、バランスをとって静止することに一役買うということがあります。皿回しやコマ回しは、周辺の「動」によって得られる重心が定まるという「静」が浮き彫りになるいい例です。

自然の理に叶った「動」と「静」の関係は、物理世界のことだけではなく、実は心や感情といった精神的なことに通じるものだと類推できるように思います。「猿たち」の騒ぎという「動」があって、はじめて「猿使いのベテラン」の「静」が浮き彫りになります。「聖人」はそんな「動」と「静」の両方を持ち合わせている……と言っているようです。

まさにこういったことを「両行」だと名付けてもいいのではないかと思います。

四-四、寓言（四）人の知

古之人其知有所至矣
惡乎至
有以爲未始有物者
至矣　盡矣
不可以加矣
其次以爲有物矣
而未始有封也
其次以爲有封焉
而未始有是非也
是非之彰也
道之所以虧也
道之所以虧
愛之所以成

古《いにしえ》の人、其の知至る所あり。
悪《いず》くにか至る。
以て未だ始めより物あらずと為すものあり。
至れり、尽くせり、
以て加うべからず。
其の次は以て物ありと為し、
而も未だ始めより封あらざるなり。
其の次は以て封ありと為し、
而も未だ始めより是非あらざるなり。
是非の彰《あら》われるや、
道の虧《か》くるゆえんなり。
道の虧くるゆえんは、
愛の成るゆえんなり。

果且有成與虧乎哉
果且無成與虧乎哉
有成與虧
故昭氏之鼓琴也
無成與虧
故昭氏之不鼓琴也
昭文之鼓琴也
師曠之枝策也
惠子之據梧也
三子之知幾乎
皆其盛者也
故載之末年
唯其好之也
以異於彼
其好之也
欲以明之彼
非所明而明之
故以堅白之昧終

果たしてかつ成ると虧くるとは有りや。
果たしてかつ成ると虧くるとは無しや。
成ると虧くるの有らば
故に昭氏の琴を鼓するなり。
成ると虧くるの無くば、
故に昭氏の琴を鼓せざるなり。
昭文の琴を鼓するや、
師曠《しこう》の策に枝するや、
惠子の梧《ご》に拠るや、
三子の知は幾《ちか》し。
皆其れ、盛《も》る者や、
故にこれを末年に載《さい》した。
ただ其れ、これを好むなり。
彼において異なるを以て、
其れ、これを好むなり。
以て彼にこれを明らかにせんと欲す。
明らかにするところにあらざるに、而もこれを明らかにす。
故に堅白《けんぱく》の昧《まい》を以て終わる。

而其子又以文之綸終
終身無成
若是而可謂成乎
雖我亦成也
若是而不可謂成乎
物與我無成也
是故滑疑之耀
聖人之所圖也
爲是不用而寓諸庸
此之謂以明

而して其の子《し》はまた文《あや》の綸《りん》を以て終わり、
終身成ること無し。
かくのごとくして成ると謂うべきや、
《我》といえどもまた成るなり。
かくのごとくして成ると謂うべからざるや、
物と《我》と成ること無きなり。
この故に滑疑《こつぎ》の耀《かがや》きは、
聖人の図《はか》る所なり。
これが為に不用にして諸《もろ》を庸に寓す。
此《ここ》にこれを明を以《もち》うと謂う。

古《いにしえ》の人は、その「知」の目ざす限り至るところがあった。
いったいどこに至ったというのだろうか。
未だ始めから物などないという境地にだった。
至れり尽くせりのこの上ない状態で、
だから、いっさい何も加えるべきようなものはなかった。
その次には、物はあると思えても、
未だ始めから封じられるような区分などないという境地にだった。

その次には、封じられるような区分はあると思えても、
未だ始めから是非の判断などないという境地にだった。
〔ところが、〕是非の判断意識があらわれるやいなや、それが「道の欠落」の原因となった。
その「道の欠落」の原因は、「愛の形成」の原因にもなった。
果たしてさらに、「愛の形成」とともに「道の欠落」といったことがあったのだろうか。
果たしてさらに、「愛の形成」とともに「道の欠落」といったことはなかったのだろうか。
「愛の形成」とともに「道の欠落」といったことがあったならば、
それ故に、昭氏は琴を奏でただろう。
「愛の形成」とともに「道の欠落」といったことがなかったならば、
それ故に、昭氏は琴を奏でなかっただろう。
昭文の「琴を奏でたこと」と、
師曠《しこう》の「音律を調えたこと」と、
恵子《けいし》の「机上の論を拠り所にしたこと」と、
その三人の「知」は、近い状態であった。
皆、それは、かまえた器に〔知（自己表現）を〕山積みするような者で、
それ故に、晩年に、それが崩れないようにと固定化していった。
ただ彼らは、これ（自己表現）を愛好するばかりにだった。
他とは異なるということをもってして、彼らは、これ（自己表現）を愛好した。

よって他人に、これを明らかにすることを欲した。
明らかにしようがないところで、これを明らかにしようとしたのだ。
それ故に、堅白（詭弁）のような蒙昧さ（暗さ）でもって、終ることになったのだ。
そして、その三子はまた、「表層の飾り模様の紐のようなもの」で終わり、
終身、「成熟する（内的に実を結ぶ）」ことはなかった。
〔仮に、〕このようなことで、「成熟する（内的に実を結ぶ）」と言うことができるなら、
《我》でさえ、また「成熟する（内的に実を結ぶ）」ことになるが、
〔実際〕このようなことでは、「成熟する（内的に実を結ぶ）」と言うことはできないので、
物と《我》では、共に「成熟する（内的に実を結ぶ）」ことはないのだ。
こういったことの故に、円滑（自由自在）でふと人が振り返るかのような燿《かがや》きこそ、
聖人の意図して描くところだ。
その為に、不用にして諸々を「庸（あるがまま）」の状態で〔暫定的に〕そっくりな仮の宿とするのだ。
こういうことを「明かりを用いる」と言うのだ。

▼ 古之人其知有所至矣
悪乎至

【古《いにしえ》の人、其の知至る所あり。】
【悪《いず》くにか至る。】

古《いにしえ》の人は、その「知」の目ざす限り至るところがあった。

いったいどこに至ったというのだろうか。

＊【知】は「矢＋口」です。「矢のようにまっすぐに物事の本質をいい当てること」とされています。

＊【至】は、「矢が進むさま＋一印（目ざす線）」で、「矢が目標線までとどくさま」を示しています。

◆通説では、【古《いにしえ》の人、其の知至る所あり。悪《いず》くにか至る。】は［昔の人は、その英知に最高のゆきついた境地があった。そのゆきついたところはどこか。」としています。

●字源を見た時、【知】にも【至】にも、「矢」が含まれているところが面白いですね。その「矢」は「方向性をもつもの」つまり人間が「意識を向けること」と関連づけられていたのではないかと推察できます。荘子の言う「知」は、単なる「知識」「知恵」だけのことではないでしょう。「意識を向けることによって、その本質を体感するもの」とでも言えばいいでしょうか、その奥はもっと深いものだと思われます。思考による「知」ではなく、あるバイブレーションを全身全霊で共感するような「知」と言えるでしょう。古の人間は、自分のもっている可能性の限界までその「知」を「至らせた」が、それは「どういったところ（境地）だろう」……と言っています。

▼有以爲未始有物者

【以て未だ始めより物あらずと為すものあり。】

未だ始めから物などないという境地にだった。

＊【以爲（為）】は、「思うことには・考えてみると」の意。普通は「おもえらく」と読みますが、「以て～と為す」と返り読みする場合もあるようです。（ここではそう読みました。）

◆通説では、【以て未だ始めより物のあらずと為すもの有り。】は［もともと物などないと考えられる（無の）立場である。］としています。

●この「至った」とする「知」の境地は、「物の世界」では考えられない「物などない本質の体感」とでもいうようなものだと想像します。

▼ 至矣　盡矣　不可以加矣

【至れり、尽くせり、以て加うべからず。】

至れり尽くせりのこの上ない状態で、だから、いっさい何も加えるべきようなものはなかった。

＊【加】は「力＋口」で、「手に口を添えて勢いを助ける」の意。

◆通説では、【至れり尽せり、加うべからず】は［至高であり完全であってそれ以上のことはない。］としています。

●【至れり尽くせり】というのは、ここの言葉に由来しているものであるため、そのままにしました。現在使われている意味のニュアンスとはちょっと違うかもしれません。よって「この上ない状態」と補足しました。【以て加うべからず。】は直訳して「だから、いっさい何も加えるべきようなものはなかった。」としました。完全無欠の「知」と言えそうです。

▼ 其次以爲有物矣
而未始有封也

【其の次は以て物ありと為し、】
【而も未だ始めより封あらざるなり。】

その次には、物はあると思えても、未だ始めから封じられるような区分などないという境地にだった。

＊【封】は、もとは「左側（穂先のように、△型に上部の合さったもの）＋土」で、のち、「土二つ＋寸（て）」と書き、「△型に土を集め盛った祭壇やつか」を示します。「四方から△型によせ集めて、頂点であわせる」意を含みます。

◆通説では、【その次は以て物ありと為す、而も未だ始めより封《ほう》（界）あらざるなり。】は［その次の境地は、物があるとは考えるが、そこに境界を設けない〔物我一如の〕立場である。］としています。

●「知」として《吾》が意識できる最高の境地の二番目は、「物があるのではない」という境地から「物がある」という境地へと移行していきますが、まだ「個別な物」としては認識できない、「まだ封じられるような区分がない」という境地だ……ということのようです。

▼ 其次以爲有封焉
而未始有是非也

【其の次は以て封ありと為し、】
【而も未だ始めより是非あらざるなり。】

その次には、封じられるような区分はあると思えても、未だ始めから是非の判断などないという境地にだった。

◆通説では、【その次はもって封ありと為す。而も未だ始めより是非あらざるなり。】は〔その次の境地は、境界があるとは考えるが、そこに善し悪しの判断を設けない〔等価価値の〕立場である。〔以上の三つの立場が、ていどの差はありながら、万物斉同の真の道にかなったものである。〕〕としています。

●「知」として《吾》が意識できる最高の境地の三番目は、【封】による「区分」は意識しているが、「是非」の判断は生じていない境地だ……ということのようです。違いを識別できるような意識状態でも、区別をしたものに善悪のラベル張りをして、善は肯定するもの、悪は否定するものとして、分断された一部分を意識から排斥しようとする作為は一切ない状態でしょう。

ここまでは、意識が分離するものがなく、常に一体感を感じる境地に至っていたと言えるようです。

☆「道」にかなった目ざす「知」とは、《一》を保ったままの認識のようです。

古《いにしえ》の人は、その「知」の目ざす限り至るところがあった。

いったいどこに至ったというのだろうか。

——「知」とは何か、その漢字の示すところは、自ら放った「矢」が、どこかに当る……というイメージとしてとらえていたようです。その「矢」とは、いったいいかなるものでしょうか。人間には「意識」というものがありますが、それは自らが内に発する「光の矢」と喩えることができるかもしれません。

それがその方向を決めて至ったところを「照らし出す」時、はじめてそこにあるものを「認識」して「体得」する……といったことが「知」なのかもしれません。古の人の中には、その能力の限界に至るところまでそれを活用し、そしてゆきついた境地というものがあった……と言っているようです。それはいったいどこにまで至ったと言うのでしょうか。

未だ始めから物などないという境地にだった。

――「物があるのではない」と思えるような境地……それは、「無」？「空」？「虚」？……それとも喩えるなら、「光」とも言える状態に包まれるような境地なのでしょうか。ただし、それを「知識」として「知った」というのではなく、すべてを波動（振動）として感じられる自らの体感を通して、体得した「知」だったと言えるのかもしれないと想像します。

至れり尽くせりのこの上ない状態で、

だから、いっさい何も加えるべきようなものはなかった。

――その「知」の「物ではない」という境地は、言い換えれば《一》となる境地なのでしょう。まさに《我》という既存枠が完全に消え去り、それは至高のバイブレーションに包まれている状態であって、すべては満たされ、だからこそ、「これ以上のものはなく、いっさい何も加えるものはない」と感じられる境地なのかもしれませんね。

その次には、物はあると思えても、

未だ始めから封じられるような区分などないという境地にだった。

――ここでイメージできる喩えとしては……《吾》の中ではそれぞれが「物として存在する一滴の水」であ

りつつ、全体としては「海」に匹敵するような世界が存在していて、その一体感（融合）からすると、一切の「区分がない」という感じの境地にゆきついたのでしょうか。

その次には、封じられるような区分はあると思えても、未だ始めから是非の判断などないという境地にだった。

――これはまた光に喩えるならば、紫・藍・青・緑・黄・橙・赤に分かれるような、そんな状態を感じる境地といえるでしょうか。区分するものとして認識していても、そのどれにも是非（善し悪し）の判断など下せないままの意識状態と言えるのかもしれません。

別のイメージで言えば、水と土によってできる泥玉となって区分ができても、そこにはいつでも《一》へと融合する水が存在しているのを忘れていない意識状態といった感じでしょうか。

もっと具体的に言えば、「大きい・小さい」「高い・低い」「冷たい・温かい」「きれい・きたない」「楽しい・悲しい」「おもしろい・つまらない」といった、そこには必ず、「違い」や「差」が生まれてくるけれども、それらの個別の差異を認めながら「区分」はしていても、「肯定して取り入れようとするもの（是）」と、「否定して排斥、排除しようとするもの（非）」という、善悪判断をいっさいしない意識状態と言えるかもしれません。ただ「大きいね」「小さいね」、「速いね」「遅いね」、「楽しいね」「悲しいね」、「うれしいね」「寂しいね」などといった具合に、あるものをあるがままに受け容れる境地と言えるでしょうか。

▼ 是非之彰也　道之所以虧也

【是非の彰《あら》われるや、道の虧《か》くるゆえんなり。】

〔ところが、〕是非の判断意識があらわれるやいなや、それが「道の欠落」の原因となった。

＊【彰】は「彡（模様）＋章（楽曲や表現の切れめ↓目だたせる）」で、「区切りをつけてあきらかに目だたせる」意を含みます。「あきらかにする（表面にはっきりとあらわす）」。

＊【虧】は前にも出てきましたが「まがる、くぼむ印＋雇（うつぶせてかかえこむ）の変形」で、「まるくかこんだ形の物の一部がかけてくぼむこと」。

◆通説では、【是非の彰《あきら》かになるや、道の虧《か》くる所以なり。】は「善し悪しの判断がはっきりするのは、真実の道が破壊される原因であり、」としています。

●それまでの三様の境地はいずれも、全体を《一》という連続体として感じている状態であったものが、この「是非」という判断による、あきらかなる区切りをつける「知」の見地となってしまった途端に、それは、本来あるべき《一》へと溶け込むことができない「道の欠落」を招く原因となった……ということでしょう。

▼道之所以虧　愛之所以成

【道の虧くるゆえんは、愛の成るゆえんなり。】

その「道の欠落」の原因は、「愛の形成」の原因にもなった。

＊【愛】は、もとは「旡（胸を詰まらせてのけぞったさま）＋心」で、それに夊（足をひきずる）又は

（あるく）を加えたものです。「心がせつなく詰まって、足もそぞろに進まないさま」を示しています。のちに「人に物を贈る・めぐむ」→転じて「あいする」意となったものです。

◆通説では、【愛】は「愛憎」としています。

【道の虧くるゆえんは、愛の成るゆえんなり。】は［道が破壊される原因は、また愛憎のできあがる原因である。］としています。

●新解釈では、【愛】は「愛憎」ではなく「愛」だと解釈しました。荘子の中では、「愛を強調したり、形式化したりする」のは、本来あるべき「道」ではないという意識があります。本来のあるべき状態は、「愛」より「仁」だと位置づけているのかもしれません。「愛の形成」などというのは、「道の欠落」の穴埋めのような形で顕れたといったニュアンスのことを言っているのでしょう。

▼　果且有成與虧乎哉　【果たしてかつ成ると虧くるとは有りや。】
　　果且無成與虧乎哉　【果たしてかつ成ると虧くるとは無しや。】

果たしてさらに、「愛の形成」とともに「道の欠落」といったことがあったのだろうか。
果たしてさらに、「愛の形成」とともに「道の欠落」といったことはなかったのだろうか。

◆【成與（与）虧】は、通説では一般論的な「完成と破壊」としているようです。【且】の意味は無視しているようです。

【果たして成と虧くると有るか　果たして成と虧くると無きか。】は、「〔しかし、ここで破壊といい、できあがると言ったが、〕はたして完成と破壊とがあるのか、はたして完成と破壊とはないのか。」としています。

●【且】が、「さらにその上に」という意味をなしているとするなら、その前文とは切り離していないのではないかと思い、【成】を「愛の形成」、【虧】を「道の欠落」と言葉を補足しました。

▼有成與虧　故昭氏之鼓琴也
無成與虧　故昭氏之不鼓琴也

【成ると虧くるの有らば、故に昭氏の琴を鼓するなり。】
【成ると虧くるの無くば、故に昭氏の琴を鼓せざるなり。】

「愛の形成」とともに「道の欠落」といったことがあったならば、それ故に、昭氏は琴を奏でただろう。
「愛の形成」とともに「道の欠落」といったことがなかったならば、それ故に、昭氏は琴を奏でなかっただろう。

＊【昭氏】は、次に出てくる【昭文】と同じ人物を指しています。琴の名手として有名だった者の名前です。

＊【鼓】は、「上にひも飾り、下に台があるたいこの形＋攴（棒でたたく）」で、「つづみ・たいこ」「打つ・ならす」→「奮い立たせる」「勢いをつける」の意。

◆通説では、ここの【故】を「則」と同義とみなし、「すなわち」と読んで解釈しています。

【成るると虧くると有るは、故《すなわ》（則）ち昭氏の琴を鼓するなり。成ると虧くると無きは、故（則）ち昭氏の琴を鼓せざるなり。】は〔完成と破壊とがあるのは、昭氏が琴をひいたばあいであるし、完成と破壊とのないのは、昭氏が琴をひかないばあいである。〔昭氏のような名手でも、琴をひくとそこに分別が生まれる。〕〕としています。

●【琴】を演奏するのになぜ【鼓】という字を用いたのでしょうか。訳は「奏」の字を用いましたが、「鼓舞する」という意味が含まれていたのかもしれません。【故】は、そのまま普通の「それ故に」という意味として解釈しました。「愛の形成」と「道の欠落」があると仮定するならば、それ故に昭氏は琴を奏でることになり、「愛の形成」と「道の欠落」がないと仮定するならば、それ故に昭氏は琴を奏でることはないことになる……と言っているようです。

☆「是非の判断」をするか否かで、「道の欠落」になるかどうかの分岐点になるようです。

〔ところが、〕**是非の判断意識があらわれるやいなや、それが「道の欠落」の原因となった。**

――単なる「区分け」だったものが一種の「差別」のようなものとなり、「是非（善悪による肯定と否定）」に振り分け始めるという事態に陥った途端に、それが「道の欠落」の原因となったようです。是と非に分裂した意識は、《二》であるという「道」に沿った「知」からは離れていくことになるでしょう。

連想するに、まさにこの時点で、アダムとイヴが「善悪を知る木の実」を食べてしまって、エデンの園から追放されたという聖書の寓話を彷彿させるような、大きな分岐点を示していると感じたりもします。

自分はそんな聖書の話には縁がなく、また「是非論」など闘わせたことがないので関係ないと思っている人もいるかもしれません。ところが違うのです。ほとんど皆がこの「善悪判断」の罠にはまっているのです。知らないあいだ、無意識のまま、自分に対しても他人に対しても《我》が台頭して「善し悪しに振り分け、裁いている」のです。「善し」は「肯定」、「悪し」は「否定」すべきだと「裁いている」のです。その結果、自分の中は明らかに分裂しているのです。他人に対しては上下関係でもって見ており、貴んだり蔑んだりしているのです。また、「道」の話をかじって「知っている」つもりになって、他人に対して上から目線で語ったりしているのです。

そうなると、自分を《一》だと思えなくなるのです。ましてや他人とも《一》だとは思えないのです。さらに万物と《一》だなど到底考えられないことになっているのです。知らず知らず大きな「道の欠落」を招いているのです。

その「道の欠落」の原因は、「愛の形成」の原因にもなった。

――《一》であることの充足感を味わえなくなると、自分を包んでくれる大きな円や球のイメージの「道」が欠けてしまって凹になってまう感覚に襲われることによって、それを埋め合わせる凸になるものの必要を感じ、「愛の形成」となる原因になったのだ……と言えるかもしれません。

果たしてさらに、「愛の形成」とともに「道の欠落」といったことがあったのだろうか。

果たしてさらに、「愛の形成」とともに「道の欠落」といったことはなかったのだろうか。

――「是非の判断」がもとになって、「道の欠落」と「愛の形成」といった事態が引き起こされるなら、その先はさらにもっと「愛の形成」と「道の欠落」が決定的なものになるかどうかが問われているようです。

「愛の形成」とともに「道の欠落」といったことがあったならば、それ故に、昭氏は琴を奏でただろう。

「愛の形成」とともに「道の欠落」といったことがなかったならば、それ故に、昭氏は琴を奏でなかっただろう。

――昭氏にとって、琴の演奏はどれだけの意味と価値があったのでしょうか。《わたし》という者の自己表現は、「愛の形成」があってこその意味をもっていたのかもしれません。それ故に、琴を奏でたのでしょうが、それは《我》を鼓舞するかのようなもので、「道の欠落」を引き起こすことになったのでしょう。もし、「愛の形成」とともに「道の欠落」がなかったのなら、それ故に、琴による演奏で、自らを鼓舞するようなことはしなかったでしょうが、現実には、琴を奏でる選択をしたことによって、「愛の形成」とともに「道の欠落」があったことになるでしょう。

話は変わりますが、現在も活躍を続けている、中国のチェリストのヨーヨー・マの話を思い出します。

彼は幼少の頃から、抜群の技術力を身につけた天才的な子供だったようです。けれども、ある時期、壁にぶつかり、スランプに陥ったらしいのです。限界を感じたのか、意欲を失ってしまったのか、原因がはっきりとはわかりませんでした。そんな彼が、ある師と出会いました。師は言いました。「チェロを捨てよ。音楽を忘れよ。そして、思いっきり遊ぶがいい」と。それに従うと、彼の中から演奏する者が完全に消え去っていったのでした。もう彼は「天才的音楽家」ではなく、「ただの人」になっていたのです。

そうして時が経ちました。自由に遊ぶ「ただの人」は、いつの間にか風とともに、音楽そのものになっていたかのようだったそうです。気付いた時には、彼は再びチェロを手に取っていたのです。ただただ、そうしたくてたまらなくなったからという理由からだったようです。

ヨーヨー・マがチェロを奏でたり奏でなかったりしたことは、その知の意識状態がどうであったかはわかりませんが、ふとどこか共通点があるような気がしました。

▼ 昭文之鼓琴也　師曠之枝策也
恵子之據梧也　三子之知幾乎

【昭文の琴を鼓するや、師曠《しこう》の策に枝するや、】
【恵子の梧《ご》に拠るや、三子の知は幾《ちか》し。】

昭文の「琴を奏でたこと」と、師曠《しこう》の「音律を調えたこと」と、恵子《けいし》の「机上の論を拠り所にしたこと」と、その三人の「知」は、近い状態であった。

＊【師曠】は、晋（春秋時代）の音楽家。著に『禽経《きんけい》』があります。よく音を聞き分け、吉凶を占った。音律を調える名手。

＊【枝】は「支（竹の枝一本）＋手」で、「えだを手にもつさま」のことです。また幹から伸びた「えだ」のことです。

＊【策】は「竹＋朿（とげ）」で、「ぎざぎざととがっていて刺激するむち。「ふだ」「ふみ」「はかりごと」

などを意味します。

＊【梧】は「木＋吾（〔口＋五（交差する）〕→かみあう）」で、「棒をかみこませ、ささえること」。一般的には「あおぎり（木の名）」で、それで作った「机」や「琴」を指します。

＊【據（拠）】は「手＋處（しりを落ち着ける）の略体」で、「よりどころ」「たよりにするところ」の意。

＊【幾】は「幺×2（細かくかすかな糸）＋戈（ほこ）＋人」で「人の首にもうわずかで、戈の刃が届くさま」を示しています。「もうすこし・ちかい」などの意を含みます。

◆通説では、【昭文の琴を鼓するや、師曠の策を枝《た》（樹）つるや、恵子の梧《ご》（几）に拠《よ》るや、三子の知は幾《っ》（尽）くすか〕】は、〔昭文が琴をひくのと、師曠が琴柱を立て〔て音律を整え〕るのと、恵子《けいし》が小机にもたれ〔て弁舌をまくしたて〕るのと、三人の英知は極致であろうか。〕と疑問形にしています。

●【昭氏】と【昭文】とは同一人物であるにもかかわらず、あえて【文】の名に変えているところにちょっとした意図を感じたりもします。昭文は結局琴を奏でる方を選択したようです。【師曠】の【枝策】の意味はちょっと具体的にどうであったのか推し量るのは難しいところですが、「音律を調える」としました。【恵（恵）子】の場合は「机上の論を拠り所にしている」ということでしょう。

新解釈では【幾】は三者の「知」のあり方が「似かよっている」という意味で「近い」……と言っているのではないかと解釈しました。そうしてどのように近いのかを続く言葉によって説明しているととらえました。

▼皆其盛者也　故載之末年

【皆其れ、盛《も》る者や、故にこれを末年に載《さい》した。】

皆、それは、かまえた器に〔知（自己表現）を〕山積みするような者で、それ故に、晩年に、それが崩れないようにと固定化していった。

＊【盛】は「皿（さら）＋成〔戊（ほこ）＋丁（たたく）〕」で、「器の中に山もりにもりあげること」。

＊【末年】は「一生の終わりのころ・晩年」「末の世・後世のこと」「その年号の時代の終わりのころのこと」。

＊【載】は「車＋〔戈（ほこ）＋才（川の流れをたち切る堰／セキの形）〕」で、「車の荷がずるずると落ちないように、わくや縄でとめること」。

◆通説では、【盛】を「りっぱな」、【末年】は「後の世」、【載】は「書き伝える」と解釈しています。【皆其の盛んなる者なり。故にこれを末年に載せ、】は〔皆それぞれにりっぱなものである。そこで、それを後の世までも書き伝え、〕としています。

●新解釈では、ここは三者の「知」の状態の共通点を説明しているのだととらえました。【盛】の字源が、「成」を「皿」の上に山積みすることとは、言わんとしていることが映像化されてわかりやすくなるため、あえて原義をとって、「さかん」ではなく「もる」と読んで、【盛者】は「かまえた器に〔知（自己表現）を〕山積みする者」と訳しました。また、【末年】は「後世」ではなく「晩年」の意ととらえました。漢字のイメージから、年々【盛る】（山積みしていく）が【故に】、【末年】（晩年）に【載《さい》する】（それが荷崩れしないようにと、枠や縄でしばるかのごとく）、表現方法を「固定化していった」ととらえました。

▼唯其好之也
以異於彼　其好之也

【ただ其れ、これを好むなり。】
【彼において異なるを以て、其れ、これを好むなり。】

ただ彼らは、これ（自己表現）を愛好するばかりにだった。
他とは異なるということをもってして、彼らは、これ（自己表現）を愛好した。

＊【好】は「女＋子」で、「（女性が子どもを）大切にかばってかわいがるさま」を示しています。
＊【異】は「大きなざる、または頭＋両手を出したからだ」で、「一本だけではなく、別のもう一本の手をそえて物を持つさま」→「同一ではなく、別にもう一つ」の意。

◆通説では、【唯だ其のこれを好みては、以て彼に異なり、其のこれを好みては、】は「ひたすらにそれを愛好する結果は他人に異を立てて、その愛好のあまりに（～）」としています。

●【唯其好之也】は前の文を受けて、自己表現、つまり《我》が成し遂げた業績を積み重ね固定化するようになったのは、「ただ彼らは、自分の業績（自己表現）を愛好するばかりにだった」と理由を述べていると解釈しました。そしてどのように「好んだ（愛好した）」のか、「《我》によってできあがったものを大切に守り通した」のかというと、「《彼（他人）》のものとは一線を画して区別し、異なるものとした」と補足説明をしているのだと解釈しました。

▼欲以明之彼
非所明而明之

【以て彼にこれを明らかにせんと欲す。】
【明らかにする所にあらざるに、而もこれを明らかにす。】

よって他人に、これを明らかにすることを欲した。
明らかにしようがないところで、これを明らかにしようとしたのだ。

◆通説では、「人に示す」と言いつつも、【彼】は前の文の中で「彼（他人）」とは解釈せず、後の文の中で「彼ら」と解釈しているようです。そして【所】を「可《べ》き」と読んで「できるもの」としています。【以てこれを明らかにせんと欲す。彼、明らかにす所《べ》（可）きに非ざるに、而もこれを明らかにせんとす、】は、「それをはっきり人に示したいと考えるようになった。しかし、彼らは、はっきりできるものではないのにそれをはっきり示そうとしたのであるから、」としています。

●新解釈では、通説のように【彼】（彼ら）は前述の三者を受けているのではなく、「他人」の意ととらえました。今までも出てきた【明】を以うというのは自分の「内」を照らすものであり、「他人」という「外」の世界に示すもののことではないのです。よって、「明らかにしようがないところ」とは「他人との差異のあるところ」で、《我》の主張（自己表現）を明らかにしようとした……と言っているのだと解釈しました。

▼故以堅白之昧終

【故に堅白《けんぱく》の昧《まい》を以て終わる。】

それ故に、堅白（詭弁）のような蒙昧さ（暗さ）でもって、終ることになったのだ。

＊【堅白】は【堅白同異之弁】のことで、中国の戦国時代、趙の公孫竜がとなえた論理。一種の詭弁。目で石を見る時、石の白さはわかるが、堅さはわからない。手で石に触れると、石の堅さはわかるが、白さはわからない。故に、堅くて白い石は同時に成立しない概念である。……という論法。（堅白石は一つの石ではなく、二つの石だと説いたもの。）

＊【昧】は「日＋未（小さくて見えにくいこずえ）」で、「くらい」「光がかすかで、よく見えない」ということ。

◆通説では、【昧】を「愚かさ」と訳しています。

【故に堅白の昧《くら》きを以て終う。】は［（恵子のばあいは）結局、「堅白論《けんぱく》」のような詭弁の愚かさで終り、］としています。

●ここの【昧】は、【明】の意味とは対照的に、「くらい」と言っているところがミソだと思います。そして新解釈ではこの文は恵子一人のことを指しているのではなく、三者に共通する状態を示しているのだととらえました。「外」の「明るみ」に出すが故に、自分の「内」が「くらく」になってしまうという皮肉な結果となったという話のようです。

▼而其子又以文之綸終
終身無成

【而して其の子《し》はまた文《あや》の綸《りん》を以て終わり、】
【終身成ること無し。】

そして、その三子はまた、「表層の飾り模様の紐のようなもの」で終わり、
終身、「成熟する（内的に実を結ぶ）」ことはなかった。

*【文】は「飾りの縄模様」「表面の飾り」「外面の美しさ」など。
*【綸】は「糸＋侖（きちんとそろう）」で「いと」「よりあわせた紐」。
*【終（終）】は前にも説明しましたが、「まき糸の収穫期（冬）」。
*【身】は前にも説明しましたが、「女性が腹に赤子を孕んださま」を描いた象形文字。

◆通説では、【其子】は「（昭文の）子供」と解釈されています。【綸】は「弦（糸）を引き継いだこと」→「伝えをうけた」と解釈しています。
【而して其の子もまた文の綸《りん》（緒）を以て終え、身を終うるまで成るなし。】は［（昭文のばあいは）その子がまた父の伝えをうけただけで幕が降りて、生涯なんの完成もなかった。］としています。
●【文】は「昭文」のことではなく「表面の飾りの縄模様」と解釈できるため、【其子】は「昭文の子ども」のことではなく、最初に「三子」と呼んでいたその「三人」のことだと解釈しました。【終身】は前にも出てきた時説明しましたが、【身】は外的（肉体的）には子供を身ごもることを含んでいますが、荘子の用い方からするなら、【終】という収穫期に内的（魂的）に何をか実を結ぶことを示しているものだと解釈

しました。よって【成】というのは「外的な完成」などという意味ではなく、人として「成熟する（つまり、内的に実を結ぶ）」という意味が含まれているものだととらえました。

☆古の人の至った「知」と、善悪を判断する「知」の違いを具体的に説明しているようです。

昭文の「琴を奏でたこと」と、

――「昭文」……それは名前が物語るように「文《あや》（飾り模様）」の表現者と言えるのかもしれません。生まれ出ずるその音は、一瞬のものにしておくには、あまりに美しすぎるほどのものにして、消し去るには惜しいようなものだったに違いありません。そのため、なんとかそれを留めておく手立てはないものだろうかと楽譜を残し、琴を奏でて鼓舞し続けたのかもしれません。

師曠《しこう》の「音律を調えたこと」と、

――師曠《しこう》は、皆が「調《ととの》っている」と言った鐘の音を、「調っていない」と判断できたほど、音の清濁を聞き分ける能力があったとされています。ですから、「音律を調える」のに長けていたようです。正直なところ「策を枝する」というのがどういうことか、「字源」から推理できませんでした。『禽経《きんけい》』を著したことか、「枝する」ということから、よく音を聞き分け、吉凶占いを最大限に細分化していったことか……。あるいは琴を弾くと南より鶴がやってきて集まり、風曲を弾けば風が吹き荒れ、雨曲を弾けば雨が降り出したという逸話を持つことから、そのことか……。ここでは「音律を調えたこと」としました。

恵子《けいし》の「机上の論を拠り所にしたこと」と、

――恵子は、《吾》とはいかなる者かを知りたかったのかもしれません。多くの文献から、その道しるべとなる「言葉」を探し、掘り出してきたようです。ここで、ちょっと試みに字源的な想像を膨らませてみます。彼は「悟《さとり》（心＋吾）」を得たいと望んでいたのかもしれません。ところが皮肉にも、頼りにしたのは「梧《あおぎり》（木＋吾）」だったのです。つまり、すべては「心」の上に構築していくものではなく、「木（机）の上の論」を拠り所にしたにすぎなかったと言えるのかもしれませんね。

その三人の「知」は、近い状態であった。

――彼らは皆、最高峰の知に近かったと言っているのでしょうか。確かに太古の人の至ったという「知」にまでゆきたいと願っていた者たちだったのかもしれません。しかし、残念ながらそこに至る「道」を歩むのではなく、自分が「知り得たこと」をアピールする形で、《我のもの》だと思えるものを築いていったようです。三者は《我》を主張するその手段は三様でしたが、彼らの「知」が、互いに極めて近い状態にあったと言えるようです。

皆、それは、かまえた器に〔知（自己表現）を〕山積みするような者で、
それ故に、晩年に、それが崩れないようにと固定化していった。

――では、どこにその共通点があったというのでしょうか。三者は皆「かまえた器」……昭氏（文）なら「演奏（楽譜）」、師曠なら「音律（吉凶の結果?）」、恵子なら「知識（詭弁）」などと言えるものの上に成り立つ実績（自己表現）を残した者達だと言えるでしょう。それはまさに、《我》をしての「器」の上に「成立するもの」を積み重ねてきた「知」だったのかもしれません。「これは自分にしか表現できない貴重なものだ。このすばらしさを一瞬のものに終らせたくはないし、また自ら費やした労力をも無駄にしたくない」

などというふうに考えたのかもしれません。そのため、時間の経過によって、崩れたり壊れたりしないようにと、それぞれの「器」に、しっかりと表現形態を「固定化すること」になったのでしょう。

ただ彼らは、これ（自己表現）を愛好するばかりにだった。

――自ら生みだした自己表現（業績）は、ある意味、手塩にかけた我が子も同然のような感覚をいだいたのでしょう。それを好んで大切に守り抜きたいと思うばかりに、ただただ愛好するようになってしまったのでしょう。

他とは異なるということをもってして、彼らは、これ（自己表現）を愛好した。

――業績が表に示され肯定されると、類似したものや模倣したものも出回るというのは、世の常ですが、《我》という独自性が生み出し、形成したものは、「他のものとは、まったく違う（異なる）のだ！」と、叫びたくもなるのかもしれませんね。それほどまでに、自己表現に力を注いだ努力の賜物である形ある業績を愛好していたのでしょう。

よって他人に、これを明らかにすることを欲した。

――「《我》のもの」という意識が高まると、それを他人に「明らかにしたい」と欲するようになるものです。つまり自己顕示欲が湧いて出てくるようになるのです。それがユニークで、新奇な表現をともなうものであればあるほど、他人は興味をもち好奇の目で見てくれます。そうなると、益々他人にアピールする形を取ることをよしとするようになるのかもしれません。

明らかにしようがないところで、これを明らかにしようとしたのだ。

――そのように自己顕示欲に心を奪られている人は、他人に「明らかにしたい」という欲求をもつこと自体で、「道」から外れている罠にはまっていることになります。というのも他人という「外部」に対しては そもそも「知」というのは「明らか」にできる次元のものではないのです。それなのにそこで「明らかにしたい」と欲してしまったのです。「道」において「明」は尊重されます。しかし、「明らかにするべきところ（内部）」と「明らかにしようがないところ（外部）」があるのです。

それ故に、堅白（詭弁）のような蒙昧さ（暗さ）でもって、終ることになったのだ。

――明らかにしようがないところで、これを明らかにしようとしたが故に、「堅くて白いものは同一のものとして存在しない」などという論が生まれたりします。それを裏付ける論を、まことしやかに他人相手に「明らか」にすればするほど、自然の「実態」からはかけ離れた「闇」に迷い込んだままに終わることになります。世界が、多次元的な複合物として存在するなら、それを一つの次元で「明示した」表現をしようとするなら、美しい形態をもつものでも、グロテスクになったりしているかもしれません。ことの真実や真相に対して、「明るく」なっていくどころか、反対に「蒙昧さ（暗さ）」を露呈することになってしまうのかもしれませんね。

そして、その三子はまた、「表層の飾り模様の紐のようなもの」で終わり、終身、「成熟する（内的に実を結ぶ）」ことはなかった。

――人は何故自己表現をしようとするのでしょうか。荘子は自己表現すること自体が「道」から外れることになると言っているのでしょうか。いや、どうやらそういうわけではなさそうです。自己内部である時あるところに意識が通じ、「明」によってものごとがクリアに把握できるようになると、新しい自己発見に喜びの火が灯ります。するとそんな時は自ずと外の他人とシェアしたい衝動に突き動かされるのです。その時の自己表現は「他人」に対して「違い」をもって自己アピールすることではないのです。《一》として融合したいと望むだけなのです。たとえもし他人の共感（賛同）が得られなかったとしても自分には何の問題も生じません。そんな時は黙してまたいつか分かち合えるチャンスがくるまで、内部で見守っているものなのです。それなのでけっしてそれ以上は「他人」に「明らか」にしようとはしないのです。

自己表現が「道」から外れるのは、内部に「明」がないにも関わらず、様々なところから採取した情報から、《我》のものと言える「独自の表現」を編み出し、そうして出来上がる自己表現が外から見て「明らか」になるように装飾を施し自己満足したならば、「他人」にアピールすることばかりに意識が集中するのではないでしょうか。それで仮に他人から賞賛を得たとしても、自分の手の中に残るのは、外部の表層を飾るための紐のようなものだけで、他人とは「違うもの」があるということを「明らかに」することに力点が置かれます。外部で自分が特別な人とみなされることに優越感に浸るかもしれませんが、内部においては「明るくなる」ことがないまま、いかなる「種」も身ごもることはないのです。それ故、終身、「成熟する（内部に実を結ぶ）」ことがない……と断言しているのでしょう。

▼若是而可謂成乎
雖我亦成也
若是而不可謂成乎
物與我無成也

【かくのごとくして成ると謂うべきや、】
【《我》といえどもまた成るなり、】
【かくのごとくして成ると謂うべからざるや、】
【物と《我》と成ること無きなり。】

〔仮に、〕このようなことで、「成熟する（内的に実を結ぶ）」と言うことができるなら、《我》でさえ、また「成熟する（内的に実を結ぶ）」ことになるが、〔実際〕このようなことでは、「成熟する（内的に実を結ぶ）」と言うことはできないので、物と《我》とは共に、「成熟する（内的に実を結ぶ）」ことはないのだ。

◆【我】は、通説では、「自分」としています。そうして、【成】は「完成」とみなしています。【是《か》くの若《ごと》くにして成ると謂うべきか、我と雖も亦た成るなり。是くの若くにしては成ると謂うべからざるか。物と我れと与に成るなし。】は［このようなありさまでいて何かを完成したといえるのなら、この自分でさえやはり完成していることになるが、このようなありさまでは何も完成したといえないということなら、自分にも自分以外のすべての物にもともに完成はないことになる。］としています。

●新解釈では、ここの【成】は、外から評価できる「成功」「完成」などと言うよりも、内から評価できる「成熟（内的結実）」とみなしました。また【我】をどうとらえるかがポイントになりそうなところです。以前に多くの《わたし》の中の一つとしての《我》の位置づけを説明しました。ですので、《吾》とは違う、「自我、自意識」といった《我》の意味として訳しました。《我》と物はいずれもこの世限りのもので、内部に永遠の命の可能性をもった〔魂の〕種を身ごもる（「being」を生み出す）ことはできない……と言っているようです。

▼是故滑疑之耀
聖人之所圖也

【この故に滑疑《こつぎ》の耀《かがや》きは、】
【聖人の図《はか》る所なり。】

こういったことの故に、円滑（自由自在）でふと人が振り返るかのような耀《かがや》きこそ、聖人の意図して描くところだ。

＊【滑】は「水＋骨（関節）」で、「水気があってなめらかに自由にすべること」。↓転じて、「乱れる」意に用いられることもあります。

＊【疑】は「子＋止（足をとめる）＋矣（人がふり返って立ち止まるさま）」で、「愛児に心引かれて立ち止まり、進みかねるさま」を表しています。

＊【耀（耀）】は「光＋翟（高く上がる）」で、「かがやく」の意。「光が高くて照りかがやく」「照りかがやかす」。

△【耀】は「翟」が同じことから「曜（曜）」（かがやく・ひかり）と同義とみなされていますが、「曜」には光る天体の意味で「七曜」の意味があります。喩えるなら「輝」が白光だとするならば、【耀】は「七色の変化として感じるような光」だと推察できないでしょうか。

＊【圖（図）】は「啚（ヒ）の一部（領地）＋囗（かこい）」で、「囗印の紙面のわく内に書きこんだ地図」を表しています。

◆通説では、【滑疑之耀】は、【滑】を「乱」、【疑】を「疑惑」の意とした上で、【耀】を「（偽りの）かがやき」と解釈して否定的にとらえ、「人を眩惑するような輝き」と訳して、善い意味で肯定的にとらえる説は誤り。……と説明しています。

【是の故に滑疑《こつぎ》の耀《かがや》きは、聖人の図《はか》る所なり。】は〔こういうわけで、〈むりに人にはっきり示して〉人を眩惑するような輝きは、聖人の取り除こうとするものである。〕と意訳しています。

●新解釈では、通説と反対に、【滑疑之耀】は聖人の放つ「かがやき」として肯定的な意味ととらえました。【滑】とは「自由自在に滑らか」であり、【疑】とは「ふと人が振り返りたくなる」ようなそんな「かがやき」なのではないでしょうか。あるいは、七色に変化するような「かがやき」かもしれません。【図】に「取り除く」意があるとは思えません。字源に基づいてそのイメージは「聖人の描く地図」ととらえるなら納得いくと思います。

▼ 爲是不用而寓諸庸
此之謂以明

【これが為に不用にして諸《もろ》を庸に寓す。】
【此《ここ》にこれを明を以《もち》うと謂う。】

その為に、不用にして諸々を「庸（あるがまま）」の状態で〈暫定的に〉そっくりな仮の宿とするのだ。こういうことを「明かりを用いる」と言うのだ。

＊【諸】は「言＋者（薪をいっぱいつめこんで火気を充満させているさま）」で、「ひと所に多くのものが集まること」→「多くの・さまざまな」。

◆通説では、【寓諸庸】は【これを庸《よう》に寓《ぐう》す】と読んで、【諸】は「これ」と訳しています。
【是れが為めに用いずしてこれを庸《よう》に寓《ぐう》す。此れを明を以うと謂う。】は［そのために自分の判断を働かせないで平常（ありきたりの自然さ）にまかせていくのであって、そういうのを真の明智を用いることというのだ。］としています。
●自分の内に感じる【用】あるもの、すなわち「大切なもの、重要なもの、貴重なもの、都合のいいもの」だけを認めようとする断片的な意識ではなく、【不用】だと思えるかもしれないけれども自然に生じる【諸】、つまり連続的な多くの全ての「諸々」に意識の光を当てて、【庸】（あるがままの状態）として、【寓】つまり「そっくりなものとして仮の宿として身をおく」ことによって、内部が「耀《かがや》く」ことであり、それこそが今までも説いていた「明かりを用いる」ということができるのだ……と言っているのではないでしょうか。

☆どういったことが「成」と言えるのか、聖人の描く地図はどのような耀きなのか、どうすれば「明」となるかが語られているようです。

〈仮に、〉このようなことで、「成熟する（内的に実を結ぶ）」と言うことができるなら、
《我》でさえ、また「成熟する（内的に実を結ぶ）」ことになるが、
――「成」という語から、どんな言葉を思い浮かべるでしょうか。「形成」「完成」「成功」「成就」「成績」「成立」などでしょうか？　新解釈ではここは「成果」「成熟」などといった、「自分の内部に実りを成すこ

と」の意ととりました。
三子の実績（自己表現）として「盛ること」や「固定化すること（載）」をもってして「成熟する（成）」と言うことができるなら、（《吾》ではない）この世かぎりと思われる《我（自我、自意識）》も死を超えて持ち越すことができるような実りを孕むことができることになるのかもしれませんが、実際はどうなのでしょうか。

〔実際〕**このようなことでは、「成熟する（内的に実を結ぶ）」と言うことはできないので、物と《我》とは共に、「成熟する（内的に実を結ぶ）」ことはないのだ。**

——残念なことに、三子の行為は「自己顕示」にとどまったようです。天のはからいである「自己表現」を通して次の世があるとしたらそこに持ち越しのできるような「成熟していく内部の心に実りを成す」ようなことは、「物や《我（自我、自意識）》」には本来不可能だ……と言っているようです。

こういったことの故に、円滑（自由自在）でふと人が振り返るかのような耀《かがや》きこそ、聖人の意図して描くところだ。

——「滑疑《こつぎ》の耀《かがや》き」とは、どういうことでしょう。自由自在に展開される「潤滑」「円滑」時に「滑稽」であって、しかも「あれ？」「なに？」「まてよ？」と立ち止まって、ふと振り返りたくなるような疑問符つきの視点の質を孕んだ「かがやき」でしょうか。また、もしそこで内なる次元の違う何かの出会いがあったなら、内から湧き出す「喜び」「笑み」が起こるようなそんな「かがやき」でしょうか。

聖人は、他人に何もかにも「明るみ」に出す《我》の自己表現、自己主張、自己肯定、自己顕示とはまったく違って、「明るみ」に出して（肯定して）いたかと思ったら、突然それを取り消して（否定して）しまうこともある、そんな七変化する内なる「かがやき」を意図して描く……と言っているのではないでしょうか。

聖人の「滑疑《こつぎ》の耀《かがや》き」で「描かれる表現（地図）」はきわめて軽やかなものなのかもしれません。

その為に、不用にして諸々を「庸（あるがまま）」の状態で〔暫定的に〕そっくりな仮の宿とするのだ。

――では、そんな「滑疑の耀きを図る（描く）為に」にどうすればいいのでしょうか。まず最初に自らの主観で「用をなす」かどうか、「役に立つ」かどうかの判断をせず、「不用」のままでいいというのです。それは「不必要」かも「無意味」かも「無価値」かもしれません。でもそれでいいのです。それが「庸（あるがまま）」表現されることが大事だからのようです。諸々をありのまま、「寓する（そっくりの仮の宿とする）」のが秘訣のようです。全面的な肯定といえばいいのでしょうか。自分の中にすべてを許し受容し変化にも応じるのです。それが不思議なことに客観的なところにおいて「用」をなすことになる……と前に言っていました。

こういうことを「明かりを用いる」と言うのだ。

――他人に対して違いをアピールするために〔断定的に〕「明言する」のは、「明を用いる」ことではないのです。これぞ「役に立つもの」「必要なもの」「意味があるもの」「価値があるもの」と固定化した概念を、他に示すために外側に意識の焦点を合わせている者は内側に疎く、無意識で「暗い」のです。それというのも、内側に意識を合わせている者は、「用をなすもの」つまり、「価値」や「意味」などは意識の視点を変えれば流動的に変化するもので、決して固定できるものではないことを知っているからです。だから聖人は、「滑疑の耀《かがや》き」で七変化しながら自己表現となる地図を描くのです。諸々のことを「不用」にして「あるがまま」に、その時に起きるままに任せて「寓意」「寓言」「寓話」するようにして、そっくりな仮の宿、仮の足置き場に身を置くのです。今歩いている一歩一歩の暫定的な足置き場に意識の焦点を合わせるのです。こういったことを、「明を用いる」と言うことができることだ……と言っているようです。

五、類比（時間と空間の認識）

今且有言於此　今かつ此《ここ》に言あり。
不知其與是類乎　「其《それ》」と「是」は類するか、
其與是不類乎　「其《それ》」と「是」は類せざるかは、知らず。
類與不類相與爲類　「類する」と「類せざる」は相ともに類を為さば、
則與彼無以異矣　則ち「彼」とも、以て異なる無し。
雖然　然りと雖《いえど》も、
請　嘗言之　請う、嘗《こころ》みにこれを言わん。
有始也者　始めなるものあり。
有未始有始也者　未だ始めより始めあらざるものあり。
有未始有夫未始有始也者　未だ始めより夫《か》の未だ始めより始めあらざるにあるがあらざるものあり。
有有也者　有なるものあり。
有無也者　無なるものあり。
有未始有無也者　未だ始めより有無ならざるものあり。

有未始有夫未始有無也者
俄而有無矣
而未知有無之果孰有孰無也
今　我則已有謂矣
而未知吾所謂之其果有謂乎
其果無謂乎
天下　莫大於秋豪之末
而大山爲小
莫壽乎殤子
而彭祖爲夭
天地與我並生
而萬物與我爲一
既已爲一矣
且得有言乎
既已謂之一矣
且得無言乎
一與言爲二
二與一爲三

未だ始めより夫《か》の未だ始めより有無ならざるにあるがあらざるものあり。
俄かにして有無や、
而も未だ、有無の果たして孰《いずれ》か有にして、孰か無なるやを知らず。
今、我則ちすでに謂うに有り。
而も未だ、吾が謂う所の其の果たして謂う有りや、
其の果たして謂う無きやを知らず
天下、秋豪《ごう》（毫）の末より大なるは莫《な》く、
而して大山《たいざん》を小と為す。
殤子《しょうし》より寿なるは莫く、
而して彭祖《ほうそ》を夭《よう》と為す。
天地と我と並び生じ、
而して万物と我と一たり。
既已《すで》に一たり。
かつ言あるを得んや。
既已にこれを一と謂う。
かつ言なきを得んや。
一と言とで二たり。
二と一とで三たり。

自此以往巧歴不能得　此れより以往《いおう》は巧歴も得ること能《あた》わず。
而況其凡乎　而るを況《いわ》んや其の凡《はん》をや。
故自無適有　故に無より有に適《ゆ》くすら、
以至於三　以て三に至るに、
而況自有適有乎　而るを況んや有より有に適くをや。
無適焉　適くこと無し。
因是已　是に因るのみ。

今、ここに、さらに重なりゆく言葉がある。
「其《それ》（中称）」と「是《これ》（近称）」は類する〔と言える〕か、
「其（中称）」と「是（近称）」は類さない〔と言える〕かはわからない。
だが、「類する」と「類しない」ということが、対語という類語となるならば、
結局は、「彼《あれ》（遠称）」とも、異なるものとは言えなくなる。
とはいうものの、試しにこれを言おう（願わくは言い進めながら吟味してみたい）。
〔宇宙の時間において、〕「始まり」というものが「ある」。
「始まりがあることがまだ始まっていないもの（未然形）」として「ある」ことだ。
その「始まりがあることがまだ始まっていないもの（未然形）としてある」ことだが、
それさえ「まだ始まっていないもの（未然形）」として「ある」のだ。

〔宇宙の空間において、〕「有」というもの〔の世界〕が「ある」。
「無」というもの〔の世界〕が「ある」。
「有と無〔の世界〕がまだ始まっていないもの（未然形）」として「ある」ことだ。
その「有と無〔の世界〕がまだ始まっていないもの（未然形）としてある」ことだが、
それさえ「まだ始まっていないもの（未然形）」として「ある」のだ。
突然にして、「有」とも「無」ともなるが、
その「有」と「無」とは、果たしてどちらが「有」で、
どちらが「無」か、いまだに知らないことだ。
今、《我》は結局、すでに「謂う」に「あった」が、
《吾》が「謂ったところ」は、果たしてそれは「謂ったこと」に「ある」のか、
それとも、それは「謂ったこと」に「ない」のか、いまだに知らないことだ。
この〔空間の〕世界で、秋の獣の毛先より大きいものはない〔とも言え〕、
そして、大山は小さなものだ〔とも言える〕。
〔時間の世界で〕若死にした人より長生きした人はない〔とも言え〕、
そして、彭祖（伝説上の長寿者）は若死にした人だ〔とも言える〕。
〔時間を同じくして〕天地と《我》とは並び生じた〔とも言え〕、
そして、〔空間を同じくして〕万物と《我》とは《一》を為している〔とも言える〕。
〔だが、〕すでに〔全存在が〕《一》であるというのに、

なおかつそこに〔そうであるという〕言葉が存在し得るだろうか。

〔ところが、〕すでにこれを《一》と謂ったからには、
なおかつそこにそれ以上の言葉はないで済ませ得るだろうか。

《一》と「それを〔《一》だと〕言ったこと」とで「二」を為す。

その「二」とそれを〔「二」だと〕説明した「一」とで「三」を為す。

ここから進めるその先は、順に巧妙に数えても、何も得ることはできない。

ましてや、「おしなべてすべてのこと」となるとなおさらだ。

つまり、「無」から「有」へと向かうだけで、もうすでに「三」に至っているのだから、
ましてや、「有」から「有」へと向かおうとするならなおさらだ。

〔時空を理解するのに言葉で〕向うことはないのだ。

「是〔時間なら《今》、空間なら《ここ》〕」に身をまかせるだけだ。

▼ 今且有言於此　【今かつ此《ここ》に言あり。】

今、ここに、さらに重なりゆく言葉がある。

＊【此】は、もとは、「止（あし）＋比（ならぶ）の略体」で、「足を並べてもうまくそろわず、ちぐはぐになること」を意味しています。↓普通には、「近いものをさす指示語」に借用し、本義は忘れられてし

まっています。
◆通説では【且】は本来の意とは関係なく「夫」(それ)の借字とみなし、【此】も単なる「ここ」として、前文の意味を受けていると解釈をしているようです。
【今且《そ》(夫)れ此《ここ》に言あり。】は、[今やそもそもここで言葉が述べられている。]としています。
●ここは前文の意味を受けているのではなく、これから展開する後文の前置きの文とみなしました。話をまったく切り替えて、少々厄介な言語によって指示しているものと実態との関係を述べているものと解釈しました。

▼不知其與是類乎
其與是不類乎

【「其《それ》」と「是」は類するか、】
【「其《それ》」と「是」は類せざるかは、知らず。】
「其《それ》(中称)」と「是《これ》(近称)」は類する〔と言える〕か、
「其(中称)」と「是(近称)」は類さない〔と言える〕かはわからない。

＊【其】は「穀物を載せる四角い箕《み》の形を描いたもの」(↓「箕」の原字)↓その音を借りて、「やや遠い所の物をさす指示詞」に用いられます。
＊【是】はその音(シ)を借りて、「近称の指示詞」をあらわします。
＊【類】は「米(色々な植物の代表)+犬(多種の動物の代表)+頁(あたま)」で、「多くの物の頭数を

そろえて、区（種類）分けすること」を表しています。

◆通説では、【與（与）】を「と」とはせず、「の」と読ませています。前文（四の最後）に展開された「以明」「因是」の意を受けていると解釈しています。

【其の是れと類するや其の是れと類せざるやを知らず。】は、「その言葉が、今述べている明智の立場と似合ったものであるか、それとも似合わないものであるのか、それは分からない。」としています。

●ここは前の話とは区切って、時空においての、純粋に言語体系の話だと思います。【其】は「やや遠い中称」を、【是】は「近称」を指していると思えます。その言葉が類するか類さないかを問題にしているようです。【類】は、言語学的に「類語」と言えるかどうかを問題にしているのだと思います。つまりどこまで仲間なのか、区切れるものか問題提起しているようです。

▼類與不類相與爲類
則與彼無以異矣

【「類する」と「類せざる」は相ともに類を為さば、】
【則ち「彼」とも、以て異なる無し。】

だが、「類する」と「類しない」ということが、対語という類語となるならば、結局は、「彼《あれ》（遠称）」とも、異なるものとは言えなくなる。

＊【相】は「木＋目」で、「木を対象に目でみること」→「AとBとが向きあう関係」をあらわします。
＊【彼】は「向こう、あちら」の意となる「遠称」に用います。

◆通説では、【類與（与）不類】は「類して（似合って）いようと、いまいと」と解釈しています。【彼】は、「あの世俗の立場」と解釈しています。

【類すると類せざると、相《あ》い与《とも》に類を為《な》さば、則ち彼と異なること無し。】は〔似合ったにせよ似合わないにせよ、いずれにしても〔言葉を立てて〕似せるようにしているのは、あの〔善し悪しの判断を下す〕世俗の立場と違いがないわけだ。〔言葉というものには要するに限界がある。〕〕としています。

●【与】と、次に【相】という言葉があることなどから、「類」と「不類」という語そのものが、対語という相向き合う「類語」となる……と取れるように思えます。この【彼】も何かを受けての代名詞ではなく、一つの指示詞（遠称）にすぎないのだと思います。

つまり【其《それ》】—【是】が類語なら、【其《それ》】—【彼】も同様の関係になり、【是】と【彼】という対立するだけの関係にあると思われている概念も、実は「異なるものではなくなる」……と言っているのではないでしょうか。結局は【是（これ）】—【其（それ）】—【彼（あれ）】の関係を見るなら、世間での白黒、区別や対立する言葉の定義さえ、連続していて不確かなものではないか……という問題提起ではないでしょうか。

☆言葉が実態にどれだけ迫れるか、試みているようです。

今、ここに、さらに重なりゆく言葉がある。

——「此《ここ》」とはどんなところを指しているのでしょうか。通説のように、前文（四‐四）を受け継いだ上での「ここ」ではなく、これから述べようとしている後文（五）の展開の前置き的な役割を果たす「ここ」なのではないかととらえました。それも単純に指示詞というだけではなく、「此」の原義である二つのものを比べてそろえようとしてもうまくそろってはくれない微妙な立場の「類比の場」にしようとしているかのようです。

そして、「重なりゆく言葉」とはどういったことでしょうか。宇宙（時空の存在する世界）をとらえるために言葉を駆使しようとするならば、確定的、断定的なものでなく、暫定的な意味を示す言葉が次々に重なりゆく状態を招くものだ……と言っているのではないでしょうか。

「其《それ》（中称）」と「是《これ》（近称）」は類する〔と言える〕か、

「其（中称）」と「是（近称）」は類さない〔と言える〕かはわからない。

――例えば、英語では、近称と遠称はありますが、その中間（中称）の言葉は存在しないようです。しかし、中国語だけでなく、この「其」に匹敵する「（中称の）中間的」発想による言語概念は、日本語にもあります。中称の「其」と近称の「是」は類することになるか否かを問題にしているようです。

だが、「類する」と「類しない」ということが、対語という類語となるならば、

結局は、「彼《あれ》（遠称）」とも、異なるものとは言えなくなる。

――文法的な見地からすれば、「これ」「それ」「あれ」は、「指示詞」というまとまりの中では、「類語」と言うことができます。「それ」という言葉は、「これ」「あれ」にできてしまった隙間や溝にするりと入り込み、「重なり」としてそれを埋め、連続感をも生み出すような言葉です。「其」は「是」に、もし「類する」と言うことができれば、「其」は「彼」とも「類する」と言うことができることになります。つまりは、そうなれば「是」から切り離したはずの「彼」でさえ、「異なるものではなくなる」というわけです。

▼雖然
請　嘗言之

【然りと雖《いえど》も、】
【請う、嘗《こころ》みにこれを言わん。】

とはいうものの、試しにこれを言おう（願わくは言い進めながら吟味してみたい）。

＊【請（請）】は、「言＋青（生＋井／青く澄んでいること）」で、「澄んだ目をまともに向けて、応対すること」の意。「まともに目を向けて相手にお願いする」「心から頼む」「頼みごと」などの意。（文のはじめにつき）「どうか……させてほしい」の意をあらわすことば。

◆通説では、【然りと雖《いえど》も、請う、嘗《こころ》みにこれを言わん。】は「しかしそうは言っても、一応はためしに述べてみようと思う。」としています。

●単純に表面的に訳すると通説と大差はありませんが、一字ずつの漢字を掘り下げて解釈すると、もう少し深みを感じます。【請】の「どうか……させてほしい」と言う言葉の裏に「心からの願い」がうかがえます。原義を踏まえると「澄んだ目をまともに向けて、応対したい」……と言っているようです。訳としては「願わくは……してみたい」と付け足しました。【嘗】は「試しに」ということでしょうが、漢字の原義からすると、「舌の上に乗せて味をみること」ということなので、今一度「吟味してみたい」と補足して訳しました。（言葉を「食べる」という概念でとらえることは重要なことなのです。）

▼有始也者
有未始有始也者
有未始有夫未始有始也者

【始めなるものあり。】
【未だ始めより始めあらざるものあり。】
【未だ始めより夫《か》の未だ始めより始めあらざるにあるがあらざるものあり。】

〔宇宙の時間において、〕「始まり」というものが「ある」。
「始まりがあることがまだ始まっていないもの〔未然形〕」として「ある」ことだ。
その「始まりがあることがまだ始まっていないもの〔未然形〕としてある」ことだが、
それさえ「まだ始まっていないもの〔未然形〕」として「ある」のだ。

＊【始】は「女＋〔ム〔農具すき〕＋口〔言う〕〕」で、「女性としての行為のおこり〔＝「胎」〕」→「物事のはじめ」。
＊【未】は「木のまだのびきらない部分」の象形文字で、「まだ……していない」の意。

◆通説では、「A」を認識すれば、当然「Aダッシュ」という否定・対立する概念が生まれるとしています。「Aダッシュ」を認識すれば、次には「『Aダッシュ』ダッシュ」という二重否定〔＝肯定〕が生まれるとして【未】を「未然形」として扱わず、「否定形」としての「ない」として解釈しています。
【始めなる者あり。未だ始めより始め有らざる者あり。未だ始めより夫《か》の未だ始めより始め有らざるもの有らざる者あり。】は、［始めということが有る。また始めということでさえもともと無いということが有る。

また始めということでさえもともと無いということ、それさえもともと無いということが有る。」としています。

●ここでのポイントは、その前の「彼」「是」の中間に当たる「其」という言葉が存在することによって、「彼」「是」の言葉の差異はあやしくなってくることを述べていましたが、ここでは【有】と「無」の中間に当たる「未然形」の【未】という言葉が使われていることで、時間の存在の【有】と「無」の区別があやしくなってくるという点だと思います。この【未】は、潜在的に【有】でも、顕在的には「無」と言える、非常にきわどい意味をもっているものです。単純な「否定形」でないところがミソだと思います。

ただ言葉の文としての成立を説いているのではなく、「入れ子式のパラドックス？」のような展開で、まずは宇宙における「時間」という概念について、試み的に言及しているものだとして、訳を展開してみました。文章はすべて「あり」とする肯定形です。ところが内容は否定形を含む未然形が使われていることによって、肯定と否定の意味が同時に存在する……と言っているようです。

▼　有有也者　有無也者

【有なるもの有り。無なるもの有り。】

〔宇宙の空間において、〕「有」というもの〔の世界〕が「ある」。

「無」というもの〔の世界〕が「ある」。

＊【有】は「肉＋又（手でわくを構えたさま）」で「わくを構えた手に肉をかかえこむさま。一定の形を

画することから、事物が形をなしてあることや、わくの中にかかえこむこと」を意味します。
＊【無】の原字は「亡（ない）＋舞の略体（両手に飾りを持って舞うさま）」で、「ない」の意。
◆通説では、【無】は「無いということ」と解釈して、【有なる者あり。無なる者あり。】は、「有るということが有る。無いということが有る。」としています。
●西洋的感覚では【無】は【有】の反対語で「存在しない」と否定する意でのみ用いられます。一方、東洋では【無】という「形なく存在するもの」という肯定的な概念もあります。しかし、字源からうかがえる原初の【無】の概念は、単純な「零（ゼロ）」の意味ではなく、「舞う」ものの存在があるが、それが見えない状態であることを表していると言えるようです。
ここでは、宇宙の「空間」において、【有】という「形をもって存在するものの世界」もあれば、【無】という「形なく存在するものの世界」もある……と言っていると解釈しました。

▼ 有未始有無也者
有未始有夫未始有無也者

【未だ始めより有無ならざるものあり。】
【未だ始めより夫《か》の未だ始めより有無にならざるにあるがあらざるものあり。】

「有と無〔の世界〕」がまだ始まっていないもの（未然形）」として「ある」ことだ。
その「有と無〔の世界〕」がまだ始まっていないもの（未然形）としてある」ことだが、
それさえ「まだ始まっていないもの（未然形）」として「ある」のだ。

◆通説では、ここも【未始】を未然形として解釈せず否定形として解釈しています。
【未だ始めより無あらざる者あり。未だ始めより夫《か》の未だ始めより無あらざるもの有らざる者あり。】は［無いということさえ、もともと無いということさえもともと無いということ、それさえもともと無いということが有る。］としています。

●【有未始有無也者（者）】は、宇宙空間において、一見はっきり「『有』と『無』の区別できるような世界がある」という前提で述べていますが、実は未然形として「『有と無の空間がまだ始まっていないもの』としてある」こと、つまり「有」の世界と「無」の世界は顕在の世界では区別があるが、潜在の世界では、未だそんな区別は始まっていない……と言っているのです。ここも全て肯定文です。なのに否定の意味も含有しているのです。しかも、そう発言した内容でさえ、「まだ始まっていないものとしてある」……と言っているのです。

▼
俄而有無矣
而未知有無之果
孰有孰無也

【俄かにして有無や、】
【而も未だ、有無の果たして】
【孰《いずれ》か有にして、孰か無なるやを知らず。】

突然にして、「有」とも「無」ともなるが、
その「有」と「無」とは、果たしてどちらが「有」で、

どちらが「無」か、いまだに知らないことだ。

＊【俄】は「厂（折れ曲がり）＋我（ぎざぎざの刃のついた武器）」「急に」。

◆通説では【俄《にわ》かにして有無あり、而も未だ有無の果して孰《いず》れか有にして孰れか無なるやを知らず。】は、［（事物の始源をたずねれば、果てしもないのだが、現実世界では）にわかに有無の対立が生まれることになる。そしてその有無の対立は（要するに相対的なものだから）どちらが有でどちらが無だか分からない。］としています。

●ここは【有無】の「対立が生まれる」ではなく、「錯綜する」といったようなニュアンスに近いものだと解釈しました。むしろ「未然」という形で「共存」しているのではないでしょうか。「時間」と同様に、「空間」の認識における世界観も「突然にして、【有】とも【無】ともなる（きっちり区別できない）もの」なのだ……と言っているのではないでしょうか。

「空間」（宇）と「時間」（宙）はその概念を認識しようとしても、【有】と【無】が逆転したり、曖昧になってしまったりするわけですが、その「共存」のための両者の間に想定されている「溝」を埋める役割を果たしたのが、【未】という概念の導入です。言葉上は類比できる【有】と【無】とも言えるものでも、実際はパラドキシカルに【有】が【無】の意味になったり、【無】が【有】になったりして、どちらが本当の意味で【有】で、どちらが【無】になるのかは、いまだに知らないことだ……と言っているようです。

この【未知】は、ただ「わからない」と言っているのではなく、ここも「未然形」で潜在的には「わかる」かもしれないが、顕在的には「わからない」となる……と言っているのではないでしょうか。

▼今　我則已有謂矣
而未知吾所謂之其果
有謂乎其果無謂乎

【今、我則ちすでに謂う有り。】
【而も未だ、吾が謂う所の其の果たして】
【謂う有りや、其の果たして謂う無きやを知らず。】

今、《我》は結局、すでに「謂う」に「あった」が、《吾》が「謂ったところ」は、果たしてそれは「謂ったこと」に「ある」のか、それとも、それは「謂ったこと」に「ない」のか、いまだに知らないことだ。

＊【已】は「古代人がすき（農具）に使った曲がった木」を描いた象形文字。「やめる」「すでに」「はなはだ」「のみ」などの意。

＊【謂】は「言＋胃（まるい胃袋の中に食べたものが点々と入っているさま＋肉）」で、「何かをめぐって、ものをいうこと」。

◆通説では、【我】は【吾】と同じとみなし「自分は」とし、【謂】は「言」と同じとみなし「言葉を述べた」としています。また【已】は訳に反映されていません。

【今、我れ則ち已《すで》に謂う有り、而も未だ吾が謂う所の其の果して謂う有りや其の果して謂う無きやを知らず。】は、［いま自分はまたここで言葉を述べたが、自分の述べたことで、本当にものを言ったことになるのかそれとももものを言ったことにはならないのか、それも分からない。］としています。

●【我】は、一人の人間の一部分の自意識をもった私見を述べる《わたし》とみなし、《我》のままにしました。【謂】も日本語の「言」との違いが表現しづらいので「謂う」のままにしましたが、単に言葉の定義に因る反転を述べたのではなく、宇宙の時空における真実をめぐって、ものを言ったと解釈しました。《我》は間違いなく物理的なところで【已】（すでに）「謂う」という事実は「あった」と言えるでしょう。ところが総括的な《吾》からすると、その語ったという事実によって、言いたいことが伝わるように「謂ったこと」に「ある（なる）」のか「ない」のか、これまた未だに知らない、つまりそれを「知ること」が「ある」のか「ない」のかあなた（読者）次第だ……と言っているようです。

☆「有」と「無」の決着は未然形に秘密がありそうです。

とはいうものの、試しにこれを言おう（願わくは言い進めながら吟味してみたい）。

――言葉というものは、こう言おうがああ言おうが結局のところ差異がなくなってしまうものにすぎないと言える、とはいうものの、そうだとわかっている上で、今一度〔宇宙の真実を〕言葉でどのように追求できるものか、試しに順をおって言及しながら、それを吟味してみたい……と言っているかのようです。

私たち「言葉崇拝者」とも言えるような者にとって、次の話は「無駄で、無益なあがき」のようにも見える「言葉遊び」的な展開に終わるのか、それともそうでないのか、十分に吟味したいところです。

〔宇宙の時間において、〕「始まり」というものが「ある」。

――「全宇宙における活動・運動」の「時間経緯」を尺度とする時の「第一の起点」となる「始め・始まり」というものが「ある」かと言えば「ある」……ということができるようです。

現在科学においては、ビッグバンが宇宙の始まりと言われています。果してそうでしょうか。

「始まりがあることがまだ始まっていないもの（未然形）」として「ある」ことだ。

――ところが、その「始まり」は単純に「ある」と言える決定的な瞬間ではなく、未然の状態の「まだ始まっていないもの」としてなら「ある」……と言えるもののようです。内部の秘密裏で進行しているものとしてなら「ある」と言えるかもしれないが、実際のところ「この時」と言えるような外部において認識できるものではない……ということのようです。

その「始まりがあることがまだ始まっていないもの（未然形）としてある」ことだが、それさえ「まだ始まっていないもの（未然形）」として「ある」のだ。

――さて、これは単純な「言葉の定義の逆転劇」にすぎないようなものでしょうか。それとも、もっと奥の深いものを示唆しているのでしょうか。

「始まり」＝「まだ始まっていないという始まり」が「ある」と言えるが、そもそもそんな「始まりはまだないもの」としてなら「ある」というパラドキシカルな言及のようです。

それは「宇宙」における「時間」の問題のようです。それを「意識」できるのは、人間だけです。数学の世界では人類が初めて自分たちの頭の中で作り上げた「零（ゼロ）」の概念を発明して導入することにより、飛躍的な発展を遂げたと言われていますが、これはすなわち「起点」という意味で「始まり」と同じ意味でしょうか。西洋では「零（ゼロ）」＝「無」ということになりますが、「始まり」という概念はそんな単純なものではないということをここでは説いているようです。

禅の世界など東洋では、「無」は「○（円）」によって象徴されることもありますよね。そして「さ～て、この『〇』に『始まり』は『ある』のか『ない』のか？」と問われたら、どう答えればいいのでしょうね。

「ある」と言えば「ある」し、「ない」と言えば「ない」と言うことになってしまいそうです。

「始」という概念は、「有」でも「無」でも「ある」ような「ない」ようなこの中間的な「未」を用いることによって、何とも不思議な感覚の認識ができるものなのですね。

（宇宙の空間において、）「有」というもの（の世界）が「ある」。

「無」というもの（の世界）が「ある」。

――今度は「空間」を認識するために順を追ってとらえる概念としては、「有」と言えるものの世界と「無」と言えるものの世界があると想定できる……と言っています。「有」の世界はあらためて説明する必要はないと思いますが、「無」の世界観をどうとらえるかが問題になるのかもしれません。

私たち東洋人は「無」の世界の概念を受け入れられても、西洋人は普通「空」や「空っぽ」として「零（ゼロ）」と関連付けてしまうかもしれません。しかし数の概念と関連してとらえるとするならば、荘子は「空間」の始まりも《一》とみなしているようです。現代数学では「一」は「有」の世界に入れられてしまいそうですが、「道」における《一》の概念と同じく、どちらかと言えば「無」に近い感覚だったのではないかと想像します。

「無」の字源からすると、見えないにしろ「舞」が絡んでいるあたりは、おもしろいじゃないですか。普通、「無」を想定しても、活動が「静止状態」か「停止状態」を想定するか、「混沌」といったランダムな「乱」を想像したりもしてしまいそうですが、「見えない（隠されている）舞」とは、もっと違う概念のように思います。「ゼロ」の「無」は暗闇を想定しそうですが、《一》の「無」はむしろ光（の波動）を想定してしまいます。

現代科学でいわれているビッグバンは、決して「無」を想定していません。宇宙の初期には全ての物質とエネルギーが一カ所に集まる高温度・高密度状態にあったことになるという説です。この状態よりさらに以前については、一般相対性理論によれば重力的特異点になるそうですが、物理学者たちの間でこの時点の宇宙に何が起きたかについては広く合意されているモデルはないとのことで、結局はよくわかっていないのに等しいのです。

「有と無〔の世界〕がまだ始まっていないもの（未然形）」として「ある」ことだ。

――ここでも未然形が使われています。「有」と「無」は実は類比しがたい関係にあるのだ……と言っているようです。つまり「有」の世界と「無」の世界は別々に存在しているのではなく、もともと追及できるところまで行き着くと、その区別はいまだ始まっていないものと言うしかないもの……ということになりそうです。

その「有と無〔の世界〕がまだ始まっていないもの（未然形）としてある」ことだが、
それさえ「まだ始まっていないもの（未然形）」として「ある」のだ。

――この世界の「空間」は、未然形のまま「有」と「無」が交錯してどちらともいえない状態が、今もって「まだ始まっていないもの」として「ある（始まっている）」としか言えないのかもしれませんね。

突然にして、「有」とも「無」ともなるが、
その「有」と「無」とは、果たしてどちらが「有」で、
どちらが「無」か、いまだに知らないことだ。

――「有（ある）」とも「無（ない）」ともなる……これはある意味、不思議な「謎解き」のような言葉になりそうです。「矛盾」しているのではなく、多次元におよぶ宇宙は実は「パラドックス」に満ちた世界なのだと、言っているに他ならないのかもしれません。「有」と「無」とが共存する「パラレルワールド」だ……と言っているのです。これは「思考」では答えを出すことはできなくても、「意識」ではその「謎」を「体感」するということでもって、これを看破することはできるのだと言っているようにも受け取れます。

今、《我》は結局、すでに「謂う」に「あった」が、
《吾》が「謂ったところ」は、果たしてそれは「謂ったこと」に「ある」のか、
それとも、それは「謂ったこと」に「ない」のか、いまだに知らないことだ。

――「時空」に対する「知」を「言葉」を用いて試みとして表現したのでしょうが、それを受け取り側がどうとらえるかで、単なる「言葉遊び的なもの」に終わるのか、「深い言及」として受けとめられるかが変わってくることでしょう。それ故に、「謂う」という行為は《我》はしたことは確かであるが、それでいて、《吾》が「謂う」ことの真相や意義や意図が伝わらなければ、「謂わない」ことに等しくなるわけで、それが実際にどうであるのかはいまだに知ることはできない……と言っているのかもしれません。

▼ 天下　莫大於秋豪之末
而大山爲小

【天下、秋豪《ごう》（毫）の末より大なるは莫《な》く、】
【而して大山《たいざん》を小と為す。】

この〔空間の〕世界で、秋の獣の毛先より大きいものはない〔とも言え〕、そして、大山は小さなものだ〔とも言える〕。

＊【豪】は「豕（いのしし）＋高（たかく目だつ）の略体」で、「やまあらしの背の高く目だったこわい毛」のことです。転じて↓「すぐれる・強い」「すぐれた人」の意をもちます。【豪】は【毫】（獣の毛）と通用しているようです。【秋毫】は特に、「秋になって生えかわった細い毛」。

◆通説では、【天下、秋豪《ごう》（毫）の末より大なるは莫《な》く、而も大《たい》（泰）山《ざん》を小と為す。】は「この世界で最も大きいものは秋の動物の毛先であって、（世間の人が巨大だと考えている）泰山は小さいものである。」としています。

●ここは、【秋豪之末（細い毛先）】と【大山】との「空間」を占める「大きさ」を比べてみた時に常識とは真逆のことが言える……ということを言っているのではないと思っています。二つのものを比較したのではなく、それぞれの焦点をいわば顕微鏡レベルに合わせるか、望遠鏡レベルに合わせるかによって、《大小》の判断は違ってくると言えるでしょう。器具のない時代にもかかわらず、意識で焦点を絞っていたのでしょう。

▼莫壽乎殤子
而彭祖爲夭

【殤子《しょうし》より寿なるは莫《な》く、】
【而して彭祖《ほうそ》を夭《よう》と為す。】

〔時間の世界で〕若死にした人より長生きした人はない〔とも言え〕、

そして、彭祖〔伝説上の長寿者〕は若死にした人だ〔とも言える〕。

＊【壽（寿）】は、下部の〔長く曲がって続く田畑の中のあぜみち（うね）〕に、〔士＋ノ〕（老を意味する印）を加えたもので、「老人の長命」を意味します。

＊【殤】は「歹（死ぬ）＋傷（きずつく）の略」で「若くして死んだ人」を表します。普通「十九歳以下で死んだ者」のようですが、「その霊魂」を指すこともあるようです。

＊【彭祖（祖）】は、「八百歳くらいまで生きたとされる伝説上の長寿者」です。

＊【夭】は「人間のしなやかな姿」又は「（巫女が）踊り祈るような姿」の象形文字。普通は「若くして死ぬ」意として用いられています。

◆通説では、【殤子《しょうし》より寿《じゅ》なるは莫く、而して彭祖《ほうそ》を夭と為す。】は、【殤子】と【彭祖】と比較して〔最も寿命が長いものは若死にした子供であって、〔世間の人が長寿だと考えている〕彭祖は短命な人である。〕としています。

●（生きている時間において）【殤子】と【彭祖】との比較をしているのではないと思います。それぞれのことを語っているものとして、「若死にした人より長生きした人はない〔とも言え〕、そして、彭祖〔伝説上の長寿者〕は若死にした人だ〔とも言える〕」としました。

先に説明した「空間」においての価値観の逆転が起きたのと同様に、意識する視点を変えたならば、「時間」においての価値観も変わるものだと説いているものだと思います。

▼ 天地與我並生
而萬物與我爲一

【天地と我と並び生じ、】
【而して万物と我と一たり。】

〔時間を同じくして〕天地と《我》とは並び生じた〔とも言え〕、そして、〔空間を同じくして〕万物と《我》とは《一》を為している〔とも言える〕。

＊【並】は「左右に人が立っている姿」で、「ならぶさま」を示します。

◆通説では、【天地も我れと並び生じ、而して万物も我れと一たり。】は〔「相対にとらわれないこうした立場からすると、〕天地の長久もわが生命とともにあり、万物の多様もわが存在と一体である」として、特に「時空」を意識した訳にはなっていません。

●新解釈では、ここでも「時間」と「空間」が《我》とどのような関係にあるかが説かれているととらえました。《我》は天地と時間を共にしており、また《我》は万物と空間を共有している〔とも言える〕……と解釈しました。

☆突然話が転調したように感じるかもしれませんが、宇宙における時間と空間の説明として話は続いているのです。

この〔空間の〕世界で、秋の獣の毛先より大きいものはない〔とも言え〕、

そして、大山は小さなものだ〔とも言える〕。

――「ん？……突然これはどういうこと？」と思った人は少なくないのではないでしょうか。恵子の詭弁的展開とどこが違うのだろう……などと思いながら、なんだか、狐につままれたような感覚のままに、通説のように「道を得た人」の価値尺度からすると、私たち凡人の判断では測れないものだから……と、そのまま流してしまってもいいのでしょうか。どうやら、もう少し吟味してみた方がいいようです。

『荘子・秋水篇』の中にこんな下りがあります。

河伯は言った。「それならば、わたしは天地を《大》とし、細い毛先を《小》と心得ておけば、それでよろしいでしょうか。」

北海若は言った。「いやだめだ。そもそも物のその量は窮まりなく、時は止まらず、分かれ目は常にあるものではなく、終始は固定することがないのだ。これが故に、大知（大いなる知に至った人）は遠近両方に於いて観るのだ。故に、《小》でも《寡（すくない）》とは思わず、《大》でも《多（たっぷり）》とは思わない。

空間を占める「大きさ」をはかる《大・小》の判定以外に、その存在の「大きさ」の価値をはかる「はかり」となれば、様々あるだろうというのに、私たちは、知らず知らずお決まりの「はかり」だけを使っているのかもしれません。

北海若は「大いなる知に至った人は、遠くから観たり、近くから観たりするものだ」と言っています。それは、「裸眼」で見るばかりでなく、意識で「顕微鏡的な眼」や「望遠鏡的な眼」を持つことになると、世界はまるで違って見えてくるというものだ……ということを述べているのかもしれません。

空間に於ける《大・小》の区別をしている認識と、それぞれの存在の「足るを知ること」という認識とでは、まったく別の価値観が生じることになるようで、常識的《大・小》の判定を覆すことになるかもしれませんね。

〔時間の世界で〕若死にした人より長生きした人はない〔とも言え〕、そして、彭祖（伝説上の長寿者）は若死にした人だ〔とも言える〕。

――「空間」と同じように「時間」においても常識的固定判断を覆す見方があるようです。

『荘子』ではありませんが、『老子』の第三三章には、次のような話があります。

人を知る者は、智があり、自らを知る者は、明がある。人に勝つ者には、力があり、自らに勝つ者には、強さがある。足るを知る者は、富んでいて、力強く行く者は、志をもっている。その居場所を失わない者は、久遠である。死んでも、しかし、亡くならない者は長寿である。

前に荘子の死生観に中に、「人間の生命は今世限りではない」という考えを匂わせる展開がありましたが、老子の「死んでも、しかし、亡くならない者は長寿である」という死生観と共通するものがあるのかもしれないと思います。

『荘子・逍遥遊《しょうようゆう》篇』には、次のような話があります。（要約）

北冥に、巨大な魚の鯤《こん》がいた。それが化けて、巨大な鳥の鵬《ほう》となって、南冥（天の池）に移行するために大空を九万里飛翔する……という話があった。

そんな話を聞いた、小枝間を飛び交って生を営むセミやコバトたちは、「九万里も上って南で何を為すというのだろうか」などと言ったりするものだ。小知は、大知のことは考えも及ばないし、小年は、大年に及びようがない。大昔、大椿《だいちん》は八千年を春とし、また八千年を秋としていた。衆人は今や、彭祖《ほうそ》くらいの歳を特別のように引き合いに出すが、なんとも悲しいことではないか。

セミやコバトのような私たちには、なかなか視点を変えてものごとを既成の枠から飛び出て認識していくことは、難しいのかもしれませんが、生きているにしても死んでいるにしても、その存在の寿命（時間）は違う価値観の上に成り立っているとも言えるかもしれません。

〔時間を同じくして〕天地と《我》とは並び生じた〔とも言え〕、

そして、〔空間を同じくして〕万物と《我》とは《一》を為している〔とも言える〕。

——荘子の壮大な宇宙観を感じますね。宇宙の時空と《我》とが、どのように成り立っていて、どのような関係にあるかに言及しているようです。

天地が生まれるその始まりの原理と同様なかたちで《我》が生まれたならば、それは、時を同じくして「天地と《我》は並んで生じた」……と言えるのかもしれません。

空間に存在する「万物は《一》を為している」と言えるなら、「《我》も《一》を為している」……と言えるのかもしれません。
宇宙の元素が出現したならば、その元素でできている《我》も同時に生まれたとも言え、また同じ《一》をなしているとも言えるようです。

▼ 既已爲一矣　且得有言乎

【既已《すで》に一たり。かつ言あるを得んや。】

〔だが、〕すでに〔全存在が〕《一》であるというのに、
なおかつそこに〔そうであるという〕言葉が存在し得るだろうか。

◆通説では、【既已《すで》に一たり、且《はた》言あるを得んや。】は［しかしすでにそれを一体だといったからには、さらにほかに言葉というものがありえようか。］としています。
●「一体」と言うのと《一》と言うのでは、微妙にニュアンスが違うかもしれません。「無」に限りなく近い《一》という押さえ方をしているのではないかと思っています。

▼ 既已謂之一矣　且得無言乎

【既已にこれを一と謂う。かつ言なきを得んや。】

〔ところが、〕すでにこれを《一》と謂ったからには、
なおかつそこにそれ以上の言葉はないで済ませ得るだろうか。

◆通説では、【既已にこれを一と謂う。且言《はた》なきを得んや。】は［しかしそれを一体だといったからには、言葉がないとして済まされようか。］としています。
●ここも「一体」ではなく、《一》だと表現したということでしょう。

▼ 一與言爲二　二與一爲三

【一と言とで二たり。二と一とで三たり。】

《一》と「それを〔《一》だと〕言ったこと」とで「二」を為す。
その「二」とそれを〔「二」だと〕説明した「一」とで「三」を為す。

◆通説では、【一與（与）言爲（為）二】の【一】も【二与一為三】の【一】も、「もとの未分の一」（＝《一》）と解釈しています。
【一と言とは二たり。二と一とは三たり。】は［対象としての一とそれを表現した言葉で二となり、その二ともとの未分の一とで三となる。］としています。
●新解釈では【一与言為二】の【一】は《一》ですが、【二与一為三】の【一】は、《一》のことではなく、前文の「二」になる説明をした言を「一」だとして勘定すれば「三」になる……と言っているのだとみなしました。

▼自此以往巧歴不能得

【此れより以往《いおう》は巧歴も得ること能《あた》わず。】

ここから進めるその先は、順に巧妙に数えても、何も得ることはできない。

＊【以往】（いおう）は、「これより前」又は「これからのち」「今後」の意。
＊【巧】は「工＋丂（コウ：曲線が上につかえる、細かく曲折する）」で「手のこんだわざ」「たくみにうわべを飾る」などの意。
＊【歴】は「厂（やね）＋禾（いね）二つ」＋止（あし）」で、「順序よく次々と足で歩いて通る、へること」「次々と並んでいるさま」「区別されているさま」。
＊【巧歴】で、普通「天文や暦法にくわしい人」「数学にくわしい人」と訳されます。
◆通説では、【此れより以往《いおう》は巧歴も得ること能《あた》わず。】は「それから先（の数のふえ方）は計算の名人でもとらえられず、」としています。
●しかし、新解釈では【巧歴】は「人」のことではなく「行為」のことで、「順序よく次々とたくみに数を数えること」ではないかとみなしました。【不能得】は「とらえきれない」ということではなく「何も得ることはできない」ということだと解釈しました。というのも、この計算は普通の人でもできるただ順に「一」を足していくことにすぎないと思えるからです。つまり、これ以降の説明（計算）は「不可能」と言っているのではなく「無意味」だ……と言っているにすぎないのではないでしょうか。

▼而況其凡乎

【而るを況《いわ》んや其の凡《はん》をや。】

ましてや、「おしなべてすべてのこと」となるとなおさらだ。

＊【凡】は「広い面積をもって全体をおおう板、または布」の象形文字。「あたりまえのさま・一般的である」「全体をおおっているさま・おしなべるさま」「全体をおしなべて・総じて」「全体を通じて・全部で」。

◆【凡】は「凡人」（「計算にすぐれていない者」）というとらえ方が一般的なようです。

通説では、【而るを況《いわ》んや其の凡《はん》をや。】は［（計算名人でも捕らえきれず、）まして凡人では及びもつかない。］としています。

●新解釈では、やはり【凡】も、「人」のことではなく、数える「対象」だととらえました。「言葉」というものを介入することになると、《一》という表現でさえにわかに「三」になるのだから、「おしなべてすべてのこと」を「言葉」で表現するとなると、とんでもないことになるだろう……と解釈しました。

▼故自無適有 以至於三
而況自有適有乎

【故に無より有に適《ゆ》くすら、以て三に至るに、】
【而るを況んや有より有に適くをや。】

つまり、「無」から「有」へと向かうだけで、もうすでに「三」に至っているのだから、ましてや、「有」から「有」へと向かおうとするならなおさらだ。

◆通説では、【故に無より有に適《ゆ》くすら以て三に至る、而るを況んや有より有に適くをや。】は「そこで、無から有へと進むばあい（——すなわち絶対的な混一を言葉にのせて表現するばあい）でも三になるのであって、まして有から有へと進むばあい（——すなわち相対の世界でそれぞれの立場を論証するばあい）では無限で果てしもない。」としています。

●先に予測したように、ここは前の文章を受けて、【無】＝《一》という概念をもとにしていることがうかがえます。それ故「【無】から【有】に向かうだけで、三に至っている」と念を押しています。【有】とは「言葉で説明して具体的に表現されたものになること」でしょうか。最初の【有】はその前の文章の【凡】と同じような意味で使っているのだと思います。「全体に至るまでのそれぞれのもの」ということでしょうか。

▼ 無適焉　因是已

【適くこと無し。是に因るのみ。】

〔時空を理解するのに言葉で〕向うことはないのだ。

「是（時間なら《今》、空間なら《ここ》）」に身をまかせるだけだ。

＊【因】はすでに説明しましたが、「口（ふとん）＋∧印（乗せた物）又は大（ひと）」で、「ふとんを下に敷いて、その上に大の字に乗ること」を示しています。

◆通説では、【適くなくして是れに因るのみ。】は〔進むことはやめて、ひたすら自然のままに身をまかせてゆくばかりだ。〕としています。

●ここでは、時間と空間を認識（理解）するためには「言葉での説明に頼る方向には行くことはないのだ」……と言っているものとみなしました。

この場合の【是】は、時間においては「今」を、空間においては「ここ」を指し示しているのではないでしょうか。【因】の字源のイメージから、「すっかり身をまかせる」様子がうかがえます。時空の認識（理解）は「ただ《今ここ》の自分を頼りに身をまかせるだけだ」といった趣旨でしょう。

☆時間と空間をどのように認識（理解）すればいいのか、順を追って説明しているようです。

〔だが、〕すでに〔全存在が〕《一》であるというのに、
なおかつそこに〔そうであるという〕言葉が存在し得るだろうか。

――言葉を使って、時空の認識における究極の状態の《一》を表現をしようとしていますが、その時に言葉の陥る罠も同時に展開しているようです。前述の言葉によって《一》という表現をしたものの、本来の《一》には「言」の介入する余地がないとも言っています。（つまりは《一》であるということを認識することの難しさを物語っているかのようです。）

〔ところが、〕すでにこれを《一》と謂ったからには、
なおかつそこにそれ以上の言葉はないで済ませ得るだろうか。

——時空の存在の理解のためにと、言葉で説明するとなると、どうしても最低限《一》と謂うことになってしまうのです。しかし、厳密に語ろうとするなら、そこで言葉を終わらせることができないことになると言っているようです。

《一》と「それを〔《一》だと〕言ったこと」とで「二」を為す。

その「二」とそれを〔「二」だと〕説明した「一」とで「三」を為す。

——「全存在が《一》をなす」という体感でしか理解しようのないことを、他人の意識に届けようとする時、どうしても「言葉」を介入させざるをえないわけですが、その時には《一》という、いわば仮の概念を使ってしまうことになり、矛盾するかのようになりますが、《一》と「一（《一》という表現）」で「二」となってしまうことになると説明しています。

そして、その計算方式で表現するならば、「二」となるという説明が、更なる「一（言）」となり、あっという間に「二（《一》＋一）」＋「一（二になる説明）」＝「三」になる……と言っているようです。

ここから進めるその先は、順に巧妙に数えても、何も得ることはできない。

——認識を深めるために、《一》という表現を取り上げてみただけで、すぐさま「三」の概念でとらえていることになるというのです。この時空の世界を厳密に表現しようとすればするほど、本来の《一》から遠ざかることになってしまうという始末なのですから……これは一種のジレンマですね。これ以降の認識表現のフォローを巧妙に進めても、何の意味も得ることができないままだというのも、納得いくところです。

ましてや、「おしなべてすべてのこと」となるとなおさらだ。

——そこから類推するならば、他の「すべてのこと」も、「言葉」が介入すると、その実態と表現との間でなおさらの大きな違いが出てくる……と言っているようですね。

つまり、「無」から「有」へと向かうだけで、もうすでに「三」に至っているのだから、ましてや、「有」から「有」へと向かおうとするならなおさらだ。

――話の流れの中で、補足的に表現しているようですが、一般的な感覚の「無」を「ゼロ」だという概念ではとらえていないということがはっきり見て取れます。つまり、ここでのポイントとなる概念は、「無」は《一》とも言えるのだという感覚でとらえていることです。

もっとも、ここで言わんとしていることは、概念を言葉によって認識してつかみとろうとすることの無意味さを説いているので、「無」も《一》も仮の言葉として使っていることを忘れてはならないところです。「無」や《一》でさえ、言葉の罠にはまりかねないのですから、ましてや「有」なるものを表現された言葉で認識しようとすると大きな落とし穴にはまりかねない……と言っているようです。

〔時空を理解するのに言葉で〕向うことはないのだ。

「是〔時間なら《今》、空間なら《ここ》〕」に身をまかせるだけだ。

――時間や空間を認識するのに、言葉で説明し続ける方向へとは行くことはない……と言っているようです。この一連の流れの話は、本当の意味で時空において知り、認識し、理解するためには、最大限に効果的な言葉として言えることは、「〔時間なら〕《今》、〔空間なら〕《ここ》に身をまかせるのみだ」ということだ……と言っているようです。

六、人におけるあぜみち

夫道未始有封
言未始有常
爲是而有畛也
請言其畛
有左有右
有倫有義
有分有辯
有競有爭
此之謂八德
六合之外聖人存而不論
六合之內聖人論而不議
春秋經世先王之志
聖人議而不辯

それ道は未だ始めより封《ふう》あらず。
言は未だ始めより常あらず。
是を為して畛《しん》あり。
請う、其の畛を言わん。
左にあり右にあり、
倫にあり義にあり、
分にあり弁にあり、
競にあり争にあり。
此《ここ》に之《これ》を八徳と謂う。
六合《りくごう》の外にて聖人存するも論ぜず。
六合の内にて聖人論ずるも議せず。
春秋に経世する先王の志に、
聖人は議するも弁ぜず。

故分也者有不分也
辯也者有不辯也
曰　何也
聖人懷之
衆人辯之以相示也
故曰　辯也者有不見也

故に分かつものは分かたざるあり。
弁ずるものは弁ぜざるあり。
曰く、何ぞや。
聖人はこれを懐《ふところ》にし、
衆人はこれを弁じるを以て相示す。
故に曰く、「弁ずるものは見ざるあり」と。

そもそも道は、未だ始めから封鎖されたことはない。

言葉は、未だ始めから長く不変のものとしてあることはない。

これに人の作為が加わると、「〔道でなく、他人も通れる〕あぜみち」ができあがる。

どうか、その「あぜみち」について言及させてほしい。

〔「あぜみち」は〕左にできれば、右にできる。

倫理にできれば、義理にできる。

分別にできれば、弁舌にできる。

競《せ》り合いにできれば、争いにできる。

ここにこれを、〔人の行為による〕「八徳〔両分の性向〕」と言おう。

六合《りくごう》〔三次元世界〕の外にて、聖人は「〔あるがままに〕存在すること」があっても、「論じる〔言葉で整理して並べる〕こと」はしない。

六合の内にて、聖人は「論じる（言葉で整理して並べる）こと」はあっても、

「議する（他人に主張をする）こと」はしない。

『春秋』（歴史書）にあるように、世の中を治める古代の王のその志において、
聖人は「議する（他人に主張をする）こと」はあっても、

「分割する言葉によって弁じること」はしない。

それ故、（たとえ）「分割している」ようでも、そこには「分割していないもの」があるのだ。

「弁じている」ようでも、そこには「弁じていないもの」があるのだ。

どういうことかというと、こういうことだ。

聖人は言葉を（不可分の感覚と共に）「懐《ふところ》にしている」が、
普通の人は言葉を（分割して）「弁じること」によって相手に示そうとするのだ。

だからこう言われている。「（聖人の）弁じることには、見えないものがある」と。

▼ 夫道未始有封

【それ道は未だ始めより封《ふう》あらず。】

そもそも道は、未だ始めから封鎖されたことはない。

* 【封】の原字は（前に説明しましたが）「土＋［シュウ（音符）］（△型に上部のあわさったもの）」で、四方から△型に寄せ集めて、頂点であわせる意味をもちます。のち、「土（二つ）＋寸（て）」と書き、盛り

土をした「祭壇・つか」を示します。「あわせてとじて、中が見えないようにする」という意もあります。
◆通説では、【封】は「境界分別」と訳しています。
【夫れ道は未だ始めより封《ほう》あらず。】は［いったい、道とはもともと〔無限定で〕境界分別を持たないものであり、］としています。
●【封】を日本語に置き換えると長くなりそうです。字源に則り「手（人為）によって平らな土が△型に封じこまれ、中が見えなくなる」といったようなイメージでとらえることができるかもしれません。

▼ 言未始有常

【言は未だ始めより常あらず。】

言葉は、未だ始めから長く不変のものとしてあることはない。

＊【常】は「巾（ぬの）＋尚」で、もとは「裳」と同じで「長いスカート」の意。↓「時間が長い・いつまでも続く」「同じ姿のまま長く続く」の意となります。
◆通説では【常】は、「一定した意味内容」と訳しています。
【言は未だ始めより常あらず。】は［言葉とはもともと一定した意味内容を持たないものである。］としています。
●【常】は、「同じ姿のまま長く続く」という意から、「長く不変のものとしてある」と訳しました。道についで語る【言】は、時間の経過に従い、同じ姿（イメージ・意味）がずっと続くものではない……ということでしょう。

▼ 爲是而有畛也
請言其畛

【是を為して畛《しん》あり。】
【請う、其の畛を言わん。】

これに人の作為が加わると、「〈道でなく、他人も通れる〉あぜみち」ができあがる。どうか、その「あぜみち」について言及させてほしい。

＊【爲（為）】の原字は「手＋象」で、「象を手なずけ、調教するさま」→「人手を加えてうまくしあげる」→「作為を加える→する」→「何かになる」。

＊【畛】は、「田＋㐱（びっしりつめる）」で、「びっしり作物を植えた田畑の間に残ったあぜみち」を意味しています。

◆【為是】は通説では、「これが為《ため》に」と読んで、「こういうことからして」と、前文を軽く受け流したかたちで訳しているようです。【畛】を「対立差別」と意訳しています。
【是れが為めにして畛《しん》（域）あり。請う其の畛を言わん。】は〔こういうことからして〈道を言葉によってあらわすとなると〉対立差別が生まれることになる。その対立差別について述べよう。〕としています。

●【為是】は「是を為《な》して」と読んで、「作為・人為が加わる」という意味を含んでいると取ることが重要なポイントになってくると思います。「首を向けている方に進んでいくみち」という意をもつ【道《タオ》】に対して、「人の作為（封じていく行為）」が加わった時に必然的にできあがる【畛《しん》】（あぜみち）とは、「みち」は「みち」でもまるで違うものだということが感じ取れます。そこにははかりきれない【道】ではない、踏み固められて皆が通る【畛《しん》】（あぜみち）ができるのだ……という説明をしようと試みているようです。

※「みち」の説明は三 - 一でしましたが、日本語では、「あぜ道」は同じ「道」を用いますが、「道」とは違うということを意識づけるために、ここでは「あぜみち」と平仮名表記にしました。

▼ 有左有右　【左にあり右にあり、】

〔「あぜみち」は〕左にできれば、右にできる。

◆通説では、【左あり右あり、】は〔左があって右があり、〕としています。

●【有】は「ある」に違いないのですが、「左」と「右」という概念はもともと「ある」というより、人為的概念が加わって「できる」に近いニュアンスだとして解釈しました。

▼ 有倫有義　【倫にあり義にあり、】

倫理にできれば、義理にできる。

＊【倫】は「人＋侖」で、「きちんと並んだ人間の間がら」の意。「侖」は「あつめ、まとめる印＋冊（短冊の竹札）」の意。（「倫理」は、「人として行うべきすじみち」。）

＊【義】は「羊（形のよいひつじ）＋我（かどばったほこ）」で、「きちんとしてかっこうがよい、美しいと認められるやり方」「神意にかなう」→「ただしい」「よい・美しい」などの意。（「義理」は、「正しいとするすじみち」。）

◆通説では、【倫】は「論」、【義】は「議」と通用した字とみなして解釈をしています。

【倫（論）あり義（議）あり、】は〔論があって議が起こり、〕としています。

●新解釈ではあくまでも源字に沿った解釈をしたいと思います。一方で、自分の内側に作り上げる「人として行うべきすじみち」つまり「倫理」という「〔他人も通れる〕あぜみち」ができあがると、もう一方では、他人に対する外側に作り上げる「正しいとするすじみち」つまり「義理」という「〔他人も通れる〕あぜみち」ができあがる……と言っているのだと解釈しました。

▼ 有分有辯　【分にあり弁にあり、】

分別にできれば、弁舌にできる。

＊【分】は、「八印（左右にわける）＋刀」で、「二つに切りわける」意。

＊【辯（弁）】は「辛（刃）二つ＋言」で、「刃物で切り分けるように言葉を切ること」→「理屈を分けの

べた議論」。
◆通説では、【分】は「分類」、【弁】は「区別」としています。
【分あり弁（別）あり、】は［分類があって区別があり、］としています。
●【分】は「二つに切り分ける」ということで、「分別」としました。【弁】は「言葉を用いての区別」ということで「弁舌」としました。自分の内側に作り上げる概念の「分別」という「〔他人も通れる〕あぜみち」ができると、自分の外側（他人に示すため）に作り上げる言葉の「弁舌」という「〔他人も通れる〕あぜみち」ができる……と言っているようです。

▼ 有競有争　【競にあり争にあり。】

競《せ》り合いにできれば、争いにできる。

＊【競】は「言＋言＋人＋人」で、「二人が言い合い、勝負をやりあうこと」。
＊【争（争）】は「爪（手）＋一印＋手」で、「ある物を両者が手で引っぱりあうさま」↓「反対の方向に引っぱりあう」意を含みます。

◆通説では、【競あり争あり。】は［競りあいがあって争いがあるということがそれで、］としています。
●普通「競争」という熟語をよく使うので、【競】と【争】の違いがはっきりしませんが、ここでのイメージとしては、相手と「押し合うこと」になる「競り合い」という「〔他人も通れる〕あぜみち」ができると、相手と「引っぱり合うこと」になる「争い」という「〈他人も通れる〉あぜみち」ができる……と言っているものとみなしました。

▼ 此之謂八徳

【此《ここ》に之《これ》を八徳と謂う。】

ここにこれを、〈人の行為による〉「八徳〈両分の性向〉」と言おう。

＊【八】は「左右二つにわける」↓両分する数え方によって、数の「8」を表します。

＊【徳〈德〉】の原字は【悳】「心＋直」で、「本性のままの心」の意。のちに「彳（いく）」を加え、「本性〈良心〉に基づく行い」を示したもの。

◆通説では、【此れをこれ八徳と謂う。】は「これを八つの徳（——すなわち道を離れて得られたもの）と名づける。」としています。

注釈に、『老子』三八章——道を失いて徳あり。徳は得と発音が同じで意味も通用する。分別のない混沌である道を離れて、相対的な分別の結果として得られるものという意味で使われている。「自得」の得と対照する。……とあります。

■『老子』三八章は次のようなものです。

上徳不徳　「上徳」は、「徳」とは意識しない。

是以有徳　　　　　　これを以て、「徳」が有るのだ。
下徳不失徳　　　　「下徳」は、「徳」だという意識を失わない。
是以無徳　　　　　これを以て、「徳」が無いのだ。
上徳無爲而無以爲　「上徳」は無為にして、以て何かの為ではない。
下徳爲之而有以爲　「下徳」はこれを為して、以て何かの為である。
……（略）……
故失道而後徳　　　故に、道が失われてしかる後に「徳」がある。

●しいて言うなら、ここの【八徳】の【徳】は、老子の言う「下徳」に当たるものでしょう。

確かに、八つの項目がそれ以前に述べられていますが、その前に「あぜみち」について言及しようと言っていたことを考慮に入れるべきだと思うので、字源に沿って考えると【八】はもともとの「左右二つにわける」意を含んでいるものと思われるため、「両分する」という意味がこめられているのではないかと推理しました。【徳】はこの場合、「人の性質の傾向」と解釈し、「性向」と補足しました。

☆本来の「道」を見失い、その代わりに「あぜみち」ができあがる様子がうかがえます。

そもそも道は、未だ始めから封鎖されたことはない。

――「道」……それは「首（あたま）を向けている方に進んでいくみち」です。誰にとってもそれは開かれているものです。「封鎖されたこと」は未だ始めからないというのです。人が誕生したその時から、その人なりのその足場は準備されていると言えるかもしれません。一生かけて、歩むにピッタリしたところが……。

言葉は、未だ始めから長く不変のものとしてあることはない。

——私たちは「言葉」なら時間が経過してもいつまでも同じままに保たれているものだと信じきっているかもしれません。ずっと同じイメージ・意味をもっているものだと思い込んでいることが多いようです。

ところが、長いスパンで見てみると、漢字もそもそもの太古の元の意味から現代の意味に至るまで変遷してきているという事実があります。短いスパンで見てみても、時間の経過によって、また個別的な解釈の違いによって変わってくるのです。このように、「言葉」は絶対的なものではないのです。

これに人の作為が加わると、「〔道でなく、他人も通れる〕あぜみち」ができあがる。

——「封じるもの」を作ることなく歩んでいくのが「道（タオ）」ならば、人為によって「封じるもの」を作りながら歩んでいく時にできるものが「畛（あぜみち）」だと言えるかもしれません。「ずっと同じ意味のままではなく変化してしまうもの」「暫定的なもの」と心に留めて使うのが、本来の「言」ならば、「同じ意味として変わらないもの」として固定概念で他人と共有して使う時にできるのが「あぜみち」だと言えるかもしれません。「道」はきわめて個人的なもので、他人と共有することはできないものなのです。ところが「あぜみち」ともなると、他人とも共通項を認めてそこを踏み固め、皆が通ることができるものになってしまうのです。同じ「みち」でもまったく違うものになってしまうのです。

どうか、その「あぜみち」について言及させてほしい。

——では、実際に人における「あぜみち」とはどのようにできあがり、どのようなものか、もう少し踏み込んで説明させてほしい……と言っています。

〔「あぜみち」は〕左にできれば、右にできる。

――もともと《一》なる「道」に「左右」の違いはありえません。ところが、はかりしれない「道」を把握しようとして「こんなものだろうか」という人為で一定の概念を作れば、それは作物を育てる「畝《うね》」を作るようなもので、自ずと「左」に「〔自分も他人も通れる〕あぜみち」ができることによって、「右」にも「〔自分も他人も通れる〕あぜみち」ができることになるのです。概念（言葉）の振り分けが人為的に行われるようになり、《一》なる「道」が失われ、「二」なる「あぜみち」ができることになるのです。

倫理にできれば、義理にできる。

――「二」なる振り分けをすることにより、次にそこに「善悪判断」が生まれます。心の内側では、清く「正しく」いようとする「倫」という概念が生まれ、「倫理」というすじみちが「あぜみち」としてできあがります。一方、行動の外側では、「正しい」行いをしようとする「義」という概念が生まれ、「義理」というすじみちが「あぜみち」としてできあがります。それらは「正しい」とすることを共通項とする者が現れれば、誰でも足並みそろえて通る「あぜみち」となるのです。「こうあるべき・こうあらねばならない」という作為に満ちた「あぜみち」は、「こうありたい」といった自然に生まれる「道」とは大きく違っているものです。

分別にできれば、弁舌にできる。

――そのうち「善悪判断」にも「自他の違い」を意識するようになると、いつしか「自分のもの」と「他人のもの」とは一線を画することになります。すると自分の内側では「分別」という「あぜみち」ができあがります。一方そのことを外側の他人に明らかにしたいと思うようになれば、言葉で区別をつける「弁舌」が誕生することになりますが、そこにも「〈自分も他人も通れる〉あぜみち」ができあがるのです。

競《せ》り合いにできれば、争いにできる。

――ここは「言」においての話だとみなし、「言葉の応酬」から発展するできごとと受け取りました。「自他の区別」をするようになると、次には相手と「価値観をぶつけ合う」ようになります。自分こそ優れているという自論の「押し付け合い」による「競い合い」という「あぜみち」ができあがります。一方、一つのことの優劣に決着をつけようと、自論に「引っぱりこもう」として「争い」が勃発することによる「あぜみち」ができあがってしまうことになります。このように「道（タオ）」の概念から大きく逸れた「あぜみち」は、皆も通れる「すじみち」となるのです。

ここにこれを、〈人の行為による〉「八徳（両分の性向）」と言おう。

――《一》だとしか言いようがない「道」が失われて、代わりにできる「あぜみち」のことを「八徳」と言い換えることができる……と言っているようです。「八」という数字を使っていますが、「両分する」という意味をもっているところがミソのようです。ここの「徳」は「人の性向」とみなしました。

▼ 六合之外聖人存而不論

【六合《りくごう》の外にて聖人存するも論ぜず。】

六合《りくごう》（三次元世界）の外にて、聖人は「〈あるがままに〉存在すること」があっても、「論じる（言葉で整理して並べる）こと」はしない。

＊【六合】は「東・西・南・北・上（天）・下（地）の六つの方角」「天下」「世界」の意。
＊【存】は「才（せきとめる）＋子（子孫や孤児をいたわり落ち着ける）」ことから、「大切に留めおく」の意。
＊【論】は「言＋侖（集めまとめる印＋冊）」で「言葉で整理して並べること」。

◆通説では、【六合之外】は「宇宙の外のことについて」と訳しています。
【六合の外は聖人は存《あ》りとするも論ぜず。】は［〔そこで〕この宇宙の外のことについては聖人はその存在を否定しないが、それについて論を立てることはしない。］としています。

●荘子の語る「宇宙」は《一》なるものとして存在するもので、そこに「外」があるとは思えません。
【六合之外】は、「三次元の法則に則って存在する物質的世界以外」ととらえるべきではないでしょうか。よって、ここではそのことに「ついて」ではなく、そこに「おいて（にて）」と言っているのだと解釈しました。【存】は、「存在を否定しない」と言っているのではなく、英語で表現するならば、「being」のような「〔ありのままに〕存在すること」といったニュアンスだと思います。そんな境地においては、一切の言葉などは介入できる状態ではなく、【不論】つまり「言葉を並べて論じることなど一切ない」……と言っているのではないでしょうか。

▼ 六合之内聖人論而不議

【六合の内にて聖人論ずるも議せず。】

六合の内にて、聖人は「論じる（言葉で整理して並べる）こと」はあっても、「議する（他人に主張をする）こと」はしない。

＊【議】の「義」は「羊（形のよいひつじ）＋我（かどばったほこ）」からなり、「言＋義」で「かどばって形よく折り目のある話のこと」「よしとする主張」。

◆通説では、【六合之内】は「宇宙の中のことについて」と訳しています。

【六合の内は聖人は論ずるも議せず、】は［また宇宙の中のことについては、聖人は論を立てても細かい議論はしない。］としています。

●【六合之内】とは、「宇宙の中のことについて」ではなく、「三次元の法則下にある物質的世界の以内においては」ということでしょう。【六合之外】が「無形無限世界」とするなら、【六合之内】は「有形有限世界」ということになるでしょうか。【論】の「論じる」、つまり自分の中で「言葉で整理して並べること」があっても、【不議】の「議することはない」、つまり「他人に主張することはしない」……と言っているのではないでしょうか。

> ▼春秋經世先王之志
> 聖人議而不辯

【春秋に経世する先王の志に、】

【聖人は議するも弁ぜず。】

『春秋』（歴史書）にあるように、世の中を治める古代の王のその志において、聖人は「議する（他人に主張をする）こと」はあっても、「分割する言葉によって弁じること」はしない。

……………………………………

＊【春秋】は、「春と秋」「年月」「歴史書」の意。

＊【經（経）世】は、「世の中を治める」の意。

＊【先王】は、「昔の聖天子（堯・舜・禹など）」「先代の王」の意。

＊【志】は、「心＋士（進み行く足の形が変形したもの）」で「心が目標を目ざして進み行くこと」。

◆通説では【志】を「シ」と読んで「記」と解釈しています。「諸国の年代記にみえる治策」＋「古代の王たちの記録」に「ついては」としています。

【春秋の経世《けいせい》・先王の志《し》（記）は、聖人は議するも弁（別）ぜず。】は、「諸国の年代記にみえる治策や古代の王たちの記録については、聖人は議論はしても〔善し悪しの〕分別はたてない。」としています。

●新解釈では【志】の本来の意味を反映して、【志】とは「世の中を治める」ために必要な「心の目標」にしていることで、それに対して聖人の対応を述べているのだととらえました。【辯（弁）】は、「〔言葉を使って〕弁舌すること」で、【不弁】なので、つまり「分割する言葉によって弁じることはしない」……と言っているのだと解釈しました。

▼ 故分也者有不分也
辯也者有不辯也

【故に分かつものは分かたざるあり。】
【弁ずるものは弁ぜざるあり。】

それ故、〔たとえ〕「分割している」ようでも、そこには「分割していないもの」があるのだ。
「弁じている」ようでも、そこには「弁じていないもの」があるのだ。

◆通説では、【故】は「それ」と読んで「夫」と通用するものとして「そもそも」と訳しています。
【故（夫）れ分かつとは分かたざる有り、弁ずるとは弁ぜざる有り。】は「そもそも分類するということは分類しないものを残すことであり、区別するということは区別しないものを残すことである。」としています。

●【故】を直訳すると流れが読めなくなるので、通説では「そもそも」としたのでしょうが、あえて「それ故」と直訳しておきます。その理由は八（章）の時にします。
微妙なニュアンスの違いになりますが、【分】は「分類」というよりは「分割」、【辯（弁）】は「区別」というよりは「〔言葉で〕弁じること」ととらえました。聖人は一見矛盾しているような、パラドキシカルな表現に思えるかもしれない【分】（分割）しても【不分】（分割していないもの）が、【弁】（弁舌）しても【不弁】（弁じてないもの）が心の内で「共存していること」を忘れていない人なのかもしれません。

▼曰　何也
聖人懷之
衆人辯之以相示也

【曰く、何ぞや。】
【聖人はこれを懐《ふところ》にし、】
【衆人はこれを弁じるを以て相示す。】

どういうことかというと、こういうことだ。
聖人は言葉を〔不可分の感覚と共に〕「懐《ふところ》にしている」が、
普通の人は言葉を〔分割して〕「弁じること」によって相手に示そうとするのだ。

＊【懐（懷）】は「心＋褱（目からたれる涙＋衣）」で、「胸中やふところに入れて囲む」「中に囲んで大切に温める気持ち」。

◆通説では、【之《これ》】は両方「道」だと解釈しています。
【曰く、何ぞや。聖人はこれを懐にし、衆人はこれを弁じて以て相示す。】は［それはどういうことか。聖人は道をそのままわが胸に収めるのであるが、一般の人々は道に区別を立ててそれを他人に示すのである。］としています。
●新解釈では、【之《これ》】は「言葉」を受けているものとしました。聖人は言葉を発しながらも、不可分のまま懐にしているため、これが「道」になるのだが、普通の人は分割された言葉をただ相手に弁舌して示そうとしているため、これが「あぜみち」になるのだ……と言っているのではないでしょうか。

▼故曰　辯也者有不見也

【故に曰く、「弁ずるものは見ざるあり」と。】

だからこう言われている。「〔聖人の〕弁じることには、見えないものがある」と。

◆【故に曰く、弁ずるとは見ざる有りと。】は、通説では〔そこで、区別するということは〔道について〕見えないところを残している、というものである。〕としています。

●さて、ここの受け取り方が微妙です。新解釈でも聖人が行うような本来の【辯（弁）】について語っているのだと解釈しました。つまり、前のパラドキシカルな説明……「弁じている」ようでも、そこには「弁じていないもの」があるのだ……と言った説明を既に言われている言葉の角度から補足したのだと受け止めました。つまり、外に向っては分割した言葉を用いて「弁じて」も、それが全てではないと心得ていて、胸の内、懐の中には「見えないもの」が不可分のものとしてあるのだと言われている……ととらえました。

☆聖人の弁とはいかなるものでしょうか。

六合《りくごう》（三次元世界）の外にて、聖人は「〔あるがままに〕存在すること」があっても、
「論じる（言葉で整理して並べる）こと」はしない。

――「三次元世界の法則に支配されない六合以外の世界」に、聖人はある種のバイブレーションに満たされたような状態で「存在すること（being）」はあっても、その振動を確かに感じながら、それにさざ波の干渉さえ与えないように、言葉がまったく介入しない状態を保ち、「論じること（doing）」はありえない状態だ……と言っているのでしょう。

六合の内にて、聖人は「論じる（言葉で整理して並べる）こと」はあっても、「議する（他人に主張をする）こと」はしない。

――聖人と言えども一人の人間である以上は、「三次元世界の法則に支配されているそれ以内」の境界線をもった存在であるわけです。それ故、聖人も言葉を用います。聖人の話す内容は「六合の内外」での体験、体感をできるだけ保てる「六合の内」での言葉を探し出し、「論じる（言葉を整理して並べる）こと」はしても、「議する（他人に主張する）こと」はしない……と言っているのでしょう。

『春秋』（歴史書）にあるように、世の中を治める古代の王のその志において、聖人は「議する（他人に主張をする）こと」はあっても、「分割する言葉によって弁じること」はしない。

――『春秋』（歴史書）の中にあるように、古代の王に対して、聖人は王に進言することもあるようです。その時は、普通の人と同じように「言葉」を使って説明し、必要に応じて「議する（他人に主張する）こと」もあるようです。ただし、相手と共感できるところを残しつつ繋がった状態で、けっして「分割する言葉によって弁じること」はしない……と言っているようです。

同じ言葉を用いるにしても、聖人と普通の人とでは、何がどのように違うのでしょうね。どうやら、その説明をするのに、古代の聖王、堯《ぎょう》や舜《しゅん》の話の中にその秘訣が隠れているようですが、ここでは具体的な説明はしていません。そのことについては八（章）で改めてしまいます。

それ故、〔たとえ〕「分割している」ようでも、そこには「分割していないもの」があるのだ。「弁じている」ようでも、そこには「弁じていないもの」があるのだ。

――「それ故」……話の続き具合が少し不自然な感じがしますね。今はしっくりこなくても、そのまま残して流しておきます。

「言葉」となった時点で、それは「分割」しているものになっています。でも、その「言葉」には常に「気」のようなものが含まれていたらどうでしょうか。「気」は全体と《一》を成すものです。それを喩えるなら「海」といつでも一体化する「一滴の雫（水）」のようなものなのかもしれません。前にも喩えましたが、「水」が「土」と一緒になって「泥玉」という分離した存在になって、もはや「水」がどこに存在するのか見えなくなっても、聖人は全体といつでも一体化することのできる分割していない「水」の存在を忘れていない状態にあると言えるかもしれません。「気」も同様に分割した言葉の中に隠れているものの、その実態は全体と融合しているものだと言えるでしょう。「弁舌」は、他人とは違う意見を述べるようになってしまうこともあるでしょうが、（聖人は）その中の、「言葉」では表現しきれない「気のようなもの」を感じ取り、その親和性が故に、「弁じていないもの」の意識をはっきりと持っていると言えるのではないでしょうか。

どういうことかというと、こういうことだ。

――「分割しているようでも分割してないものがある」とか、「弁じているようでも弁じていないものがある」という相反する二面的な表現はどういうことなのか、もう少し説明しようとしているようです。

聖人は言葉を、〔不可分の感覚と共に〕「懐《ふところ》にしている」が、

――聖人は「外」に対しては「言葉」として「分割」しているものを用いても、それは「仮の姿」ということを忘れずにいるため、その「内」にある「分割できないもの」という意識を、言葉を用いることなく「懐」で温めながら大切にもち続けている者だと言えるようです。他人に対して「言葉」を用いるコミュニケーションをとりつつ、「言葉」を用いない「合一」、コミュニオンの状態で接しようとしている者だと言えそうです。

普通の人は言葉を〔分割して〕「弁じること」によって相手に示そうとするのだ。

――ところが、普通の人は、「言葉」を形成する「分割することのないもの」のことを見失い、いつしか忘れてしまっているような者と言えるかもしれません。自分と他人の接点は「言葉」を用いるコミュニケーションにあると思っているに違いありません。「言葉」というものはそれ自体「分割」されたものです。必ずや他人との違いが生じます。相手との違いを是正しようと「弁舌すること」に終始するのです。そのため聖人のように無言の「懐にする」コミュニオンに至らず、「外」へ「外」へと「言葉」を重ね、相手に指し示すことだけのコミュニケーション、つまり分割して「弁じること」に忙しくなっている……と言っているようです。

だからこう言われている。「〔本来の〕弁じることには、見えないものがある」と。

――先に述べた、「弁じることはあっても、そこには弁じていないものがあるのだ。」ということは、矛盾した話ではなく、「外」へと「弁じる」ことがあっても、「内」には「弁じてない」ものがある……ということで、「内」とは「懐」、つまり胸中にあるものは「見えないもの」なのだ……と言っているようです。

七、大いなる道は称《はか》れない

夫大道不稱
大辯不言
大仁不仁
大廉不嗛
大勇不忮
道昭而不道
言辯而不及
仁常而不成
廉清而不信
勇忮而不成
五者园而幾向方矣
故知止其所不知　至矣
孰知不言辯不道之道

それ大道は称《はか》れず。
大弁は言わず。
大仁は仁ならず。
大廉《れん》は嗛《けん》ならず。
大勇は忮《し》ならず。
道は昭《あきら》かなれば道ならず。
言は弁ずれば及ばず。
仁は常なれば成らず。
廉《れん》は清らかなれば信ならず。
勇は忮《し》なれば成らず。
五者は园《がん》なれども而も方《ほう》に向かうに幾《ちか》し。
故に其の知らざる所に止まるを知らば、至れり。
孰《た》れか不言の弁、不道の道を知らん。

若有能知
此之謂天府
注焉而不滿
酌焉而不竭
而不知其所由来
此之謂葆光

若《も》し能《よ》く知ることあらば、
此《ここ》にこれを天府《てんぷ》と謂う。
注げども満たず、
酌《く》めども竭《つ》きず、
而も其の由りて来たる所を知らず。
此《ここ》にこれを葆光《ほこう》と謂う。

そもそも、大いなる「道」は、「(人のものさしで)はかれるようなもの」ではない。

大いなる「弁」は、「言葉で言うこと」ではない。

大いなる「仁」は、「仁(規範化されるような愛)のこと」ではない。

大いなる「廉《いさぎよさ》」は、「清廉潔白さを表明すること」ではない。

大いなる「勇《いさましさ》」は、「心の支えを振りかざすこと」ではない。

「道」は、あきらかにすると、「道」ではなくなる。

「言」は、弁じる(分割して言い表す)と、手が届かないものになる。

「仁」は、同じ形に留めると、成熟しきれないものになる。

「廉《いさぎよさ》」は、透かし見えるきれいごとになると、信用できないものになる。

「勇《いさましさ》」は、心の支えを振りかざすと、成長しきれないものになる。

この五つは「〔人が始めからもっている〕元来のまるいもの」をとり囲こもうとしているのだが、

ところが「方（四角なもの）」へと向かってしまうということにきわめて近いことだ。
故に、その「知らない」ところに足を止めることを「知る」ならば、至るのだが、
いったい誰が、「不言の弁」や「不道の道」を知るというのだろうか。
もし、それをうまく知ることができるようになれば、
その知を「天府（天を過不足なくピッタリ収めるくら）」と言えるだろう。
注ぎ込んでも、いっぱいになることはなく、
くみ出しても、尽きて無くなることはない。
しかし、それがどこから来るのかはわからない。
そこで、その知は「葆光《ほこう》（内側に隠れて表面にはあらわれない光）」と言えるだろう。

▼ 夫大道不稱

【それ大道は称《はか》れず。】

そもそも、大いなる「道」は、「（人のものさしで）はかれるようなもの」ではない。

＊【稱（称）】は「禾（作物）＋爯（爪＋左右平均に垂れた物）」で、作物をぶらさげて重さをはかること」「持ちあげる、はかる」意。↓のちに、「偁」の「公に掲揚する」意との通用により、「いう」「となえる」といった意味に用いられるようになったものです。

◆通説では、【不称】は「名称ではあらわせず」としています。

【夫れ大道は称《しょう》せず、】は［そもそも真の道は名称であらわせず、］としています。
●新解釈では、【称】は、原義の「はかる」意ととらえました。よって【不称】は「しょうせず」とは読まずに、「はかれず」と読みました。

▼大辯不言

【大弁は言わず。】

大いなる「弁」は、「言葉で言うこと」ではない。

◆通説では、【辯（弁）】は、「弁舌」「弁論」の意味で、六（章）で展開した「有分有弁」の「弁」（区別）とは違っており、同時の続いた著作ではないことが知られる……と補足説明しています。
【大弁は言わず、】は［真の弁舌は言葉にはよらず、］としています。
●字源的解釈から、六（章）の【弁】も、ここの【弁】も同じ「（言葉を区別しながら）弁じること」の意味ととらえることができることから、通説の解釈とは違い、六（章）から続いた話の可能性もあると思っています。【不言】は「言葉で言うことではない」としました。

▼大仁不仁

【大仁は仁ならず。】

大いなる「仁」は、「仁（規範化されるような愛）のこと」ではない。

＊【仁】は「人＋二」で「二人が対等に相親しむこと」を示すとされています。しかし本来の意味を理解しないまま、儒墨などによって「最高の徳」として提唱した道徳観念で、「親愛」「兼愛」「博愛」などの意として用いられるようになった言葉です。

■植物における【仁】は、「種子から種皮を取り去ったなかみ（子葉となるための胚と、胚の栄養分である胚乳とからなります）」。

△【仁】は、「亻（にんべん）」が使われているところからして、もともとは人の中の何かを指し示すものだったことには違いないと思います。ただ、なぜ人のことであろうこの字が、古くから植物の「種子のなかみ」のことを同時に示していたのか不思議です。単なる偶然なのでしょうか。新解釈では、イメージとして何らかの関係があってのことのことだとみなしました。

◆通説では、【大仁は仁ならず、】は「真の仁愛は仁としてはあらわれず」としています。

●「大いなる仁」は、「かくあるべき」と規範化されたような「仁」のことではないと解釈しました。

▼大廉不嗛　【大廉《れん》は嗛《けん》ならず。】

大いなる「廉《いさぎよさ》」は、「清廉潔白さを表明すること」ではない。

＊【廉（廉）】の「兼（兼）」は「二本の禾（いね）＋手」。【廉】は、「广（いえ）＋兼（別々のものを束

ね、かねまとめてもつ)」で、「家の中に寄せ集めたものを一つ一つ整理する」意です。↓「けじめをつける」↓「いさぎよい」などの意。

＊【嗛】の字義は形声文字で、「口」も「兼」も意味を持たないとされています。「(口の中に)ふくむ」「歉」に当てた用法で「不足する。不満をいだく」意。また「謙」に当てた用法で、「謙遜」「謙譲」などといった熟語を作るように「へりくだる」意もあります。

△【廉】も【嗛】も共通する「兼」が含まれています。これは単なる偶然ではないと思います。よって、【嗛】も形声文字ではなく会意文字で両者の違いを述べているのではないかと推察します。つまり、同じ「寄せ集めたものにけじめをつけていくいさぎよさ」でも、【廉】は「自分」という「一つ屋根の下」の内部に留めてそれが身についているのに対し、【嗛】は外部に向かってアピールするように「口」で公表することが主眼になっていくことを表しているのではないかと推察しました。

◆通説では、【大廉《れん》は嗛《けん》(謙)ならず、】は「真の清廉は謙譲の形をとらず、」としています。

●新解釈では、△で推察したように、ここでの【嗛】は「へりくだる」意味はもっていないとみなしました。そこで【不嗛】は、「清廉潔白さを表明することではない」としました。

▼大勇不忮

【大勇は忮《し》ならず。】

大いなる「勇《いさましさ》」は、「心の支えを振りかざすこと」ではない。

＊【勇】は「力＋甬（「人＋用」足踏み）」で、「力があふれ足踏みして奮いたつ」の意。（「甬」は「踊」の源字となるもので、巫女などの神の通過する媒介を通しての跳躍を表します。）

＊【忮】は、「心＋支（枝を手にもつ姿で、分かれた枝、つかえるなどの意を含む）」で、「心中につっかかる気持ちを生じてじゃまをすること」の意。「心にひっかかる」「もとる・反する」「さからう」「そこなう」。

△【忮】の「支」（えだ）の意味するところは三通りあります。①「枝分れ（例：支流）」、②「ささえ（例：支持）」、③「つかえる（例：支障）」の意。藤堂氏の説は、【忮】の「支」は③からの派生としてみなしているようで、【忮】は「恨んで意地の悪いことをする」「心にひっかかる」「さからう」などの意となったのでしょう。新解釈では、【忮】の「支」は、②から派生する意味と解釈しました。そこで【忮】は「心のささえを振りかざすこと」とみなしました。

◆通説では、【大勇は忮《さから》わず、】は「真の勇気は逆らい争うことをしない。」としています。

●【忮】は「心の支えを頼りにして振りかざすこと」とみなしました。

☆大いなるものとはいったいどんなものか、いや、どんなものではないのか語っているようです。ここはお話仕立てにして話を展開してみることにします。

そもそも、大いなる「道」は、「（人のものさしで）はかれるようなもの」ではない。

――ある時、「考葦《こうい》」が「木精《ぼくせい》」にあれこれ尋ねました。

考葦「《道》について、どう考えてもつかみきれません。何を基準にして《道である》とか《道ではない》とか、判断できるのでしょうか?」

木精「はて……私にどんな応えを期待して質問しているのだろうか。もし、今私が仮に《道》について知っていたとしても、その方向や場所を示せるわけでもなし、大きさや長さをはかれるわけでもなし、形容できる基準があるわけでもない。そもそも、どんな尺度でもっても《はかれない》ようなもの、それを《道》と言う……と言うことならできるかもしれないが、そんなことは言ったところで、言わないに等しいことになるだろう。

《道》について知りたいと願って、とことん《考える》ということだけの《はかり》にだけ頼っているなら、どんなに努力しても、《道》について知ることはできないだろうとだけは言える。」

考葦「はかりようがないというのなら、考えようがない、知りようがないということで、あなたと《道》について何を話しても意味がないということになるのでしょうか。」

大いなる「弁」は、「言葉で言うこと」ではない。

——木精「大いなる《道》もしかり、大いなる《弁》もしかりで、考えうる限りを尽くしたどんな《はかり》や《雄弁さ》をもってしても、けっして表現することができないものが存在するということを心しておくべきだね。」

考葦「そもそも《はかり》や《言葉》を捨ててしまって、《考えるな》《言うな》と言いたいのでしょうか?」

木精「《考える》ということをやめよ、とも言っているわけではないのだよ。ある時は、《考える》ことを手段として《はかれる》ところもあれば、それだけでは《はかれない》ところもあるということだよ。故に《道》は個人の生き方の問題で、それは《はかれない》としか言いようがないということになるかもな。

また、そういったことを言うか言わないかは、ただの手段としての道具のようなもので、焦点は《ピッタリとしたそのまま》が伝わるかどうかではないだろうか。そのために、暫定的に時には弁ずることもあれば、時には黙することもある。だから、大いなる《弁》ともなると、《言うこと》をけっして否定しているのではなく、肯定しつつもそれを超えたところで《言葉では言えないもの》だという含みをもって心して語ることになるかもしれないな。」

大いなる「仁」は、「仁（規範化されるような愛）のこと」ではない。

――考葦「ん……わかるような、わからないような……話を聞いているうちに、老子の《道》についての『大道廃れて仁義あり』と言っていた言葉を思い出しました。」

木精「大いなる《仁》を知る者はほとんどいない。老子のその言葉の《仁》は一般的に流布している意味のものだ。きみたちの間で、立派な人間として成長するためには、《最高の徳》を自ら行うことにあると、《仁》の実践を掲げる者もいるだろう。孔子が唱えるような、親への愛や年長者・兄への愛、墨子が唱えるような無償の愛、また、利他的愛、すべてに寛容な愛など声高らかに規範化されるようなものはすべて、その実際は変質してしまって、純粋なものではなくなるのだ。おそらく、もともとの大いなる《仁》とは口に出しようがないようなもっとナイーブなものだったのではないだろうか。

これは空想話だが、ナイーブな《仁》といえば、植物の種子の殻（皮）に守られて眠っている胚と胚乳のことを《仁》と呼ぶのだが、ちょうどいい喩えになるかもしれないと思っているのだよ。大いなる《仁》は、互いに独自の中にある天の青写真をもっている胚とその成長のための胚乳に相当する滋養物に喩えることができるかもしれないな。つまり、天からの伝令を最初に聴くパイプラインとも言えるかもしれないとも思ったりもするのだが……」

考葦「人間における《仁》に《種子のなかみ》の意味が絡んでいるかどうかはわかりませんが、もしそうだとするなら、《仁》のニュアンスがつかめそうな気がしてきて、おもしろい喩えですね。」

大いなる「廉《いさぎよさ》」は、「清廉潔白さを表明すること」ではない。

——木精「あくまでも木精と名乗る私なりに把握しやすくするための想像にすぎないのだが……。そこで、また植物で喩えるなら、天の青写真を、自らの身や態度で、現実世界に焼き出そうと成長し、天の高貴さとは《清廉さ》だと、そのことを口に出してアピールするならば、その時、それは《切り取られた美しい花》のようなものになってしまうと言うことができるかもしれないな。本来の《廉（いさぎよさ）》とは、一部の美しいものを、その全てであるかのように示す《清廉潔白さの表明》ではないと言えるだろう。」

大いなる「勇《いさましさ》」は、「心の支えを振りかざすこと」ではない。

——考葦「《勇ましさ》にも、大いなるものとそうでないものがあるのでしょうか。」

木精「頑《かたく》なな正義や主義や信条、またある種の思想や信心といった《心の支え》をもって、その勢いを得る《勇ましさ》は、植物に喩えるなら、背丈や枝が他のものより勝ったとしても、それは《添え木を外すことのできない茎》のようなものと言えるかもしれないな。主義や正義や信条といった《心の支え》を武器のように手に取って、奮い立って他人と争うともなると、ますます本来の《勇》からかけ離れていくことになるだろう。大いなる《勇ましさ》は、天から与えられた流れの媒介となって、自然に踊りだしたくなるような奮い立つ力のようなものであり、ただ外にわかるように強さの誇示をすることではないのだと言えるのではないだろうか。」

▼ 道昭而不道

【道は昭《あきら》かなれば道ならず。】

「道」は、あきらかにすると、「道」ではなくなる。

＊【昭】は「日＋召［刀（曲線状のかたな）又は人（降下する姿）＋口］」で、「日（光）を口で招き寄せること」→「あきらか」「あらわす」→「てらす」の意。

◆通説では、【道は昭《あきら》かなれば而《すなわ》（則）ち道ならず、】は［道ははっきりあらわれるのでは真の道ではなく、］としています。

●最初の五文では、本来の大いなるものとは「～ではない」と説明していますが、ここからの五文では、列挙した五つのものが、どういう条件下に置かれると、本来のものから逸脱したものになるかという変質ぶりを説明していると思われます。よって【而】は普通の接続詞として「～すると（すれば）」としました。

▼ 言辯而不及

【言は弁ずれば及ばず。】

「言」は、弁じる（分割して言い表す）と、手が届かないものになる。

＊【及】は「人＋手」で、「逃げる人の背に追う人の手が届いたさま」。
◆通説では、【言辯（弁）而不及】は上下の文から考えると、【言弁】の二字は「弁言」の誤りではないかと疑われるが、今は原文のままに従う。……としています。
【言は弁ずれば而ち及ばず、】は［言葉はあれこれと弁じたてるのでは十分ではなく、］としています。
●【言は弁ずれば及ばず。】は「言は、弁じる（分割して言い表す）と、手が届かないものになる」と変質する状態の説明だと受け取りました。

▼ 仁常而不成　【仁は常なれば成らず。】

「仁」は、同じ形に留めると、成熟しきれないものになる。

＊【常】は前に説明したように形声文字。「いつまでも同じ姿で長く続くこと」。
◆通説では、ここの【不成】を「不周」に、江南古蔵本に従って改めたとしています。
【仁は常なれば而ち周《あまね》からず、】は［仁愛はいつもきまった形では広くゆきわたらず、］としています。
●【仁】は、儒家的なものであろうと墨家的なものであろうといずれにしても、【常】なるものとして、「同じ形に留める」と、「成熟しきれないものになる」……と言っているのだと解釈しました。

▼ 廉清而不信

【廉《れん》は清らかなれば信ならず。】

「廉《いさぎよさ》」は、透かし見えるきれいごとになると、信用できないものになる。

＊【清（清）】は「水＋青［生（植物の若芽）＋井戸の中に清水のある姿］」で、「きよらかにすんだ水のこと」。

◆通説では、【廉は清なれば而ち信ならず、】は［清廉は潔癖ばかりでは実意がなく、］としています。

●【廉《いさぎよさ》（廉）】は、【清】つまり「透かし見えるきれいごと」になると、【不信】つまり「信用できないものになる」……と解釈しました。

▼ 勇忮而不成

【勇は忮《し》なれば成らず。】

「勇《いさましさ》」は、心の支えを振りかざすと、成長しきれないものになる。

◆通説では、【勇は忮《さから》えば而ち成らず。】は［勇気は逆らい争っているのでは真の勇気とはならない。］と訳しています。

●【勇《いさましさ》】は、【忮《し》】つまり、正義や主義や信条といった「心の支えを振りかざして他人と争うことになる」と、心の底から自然に次々に湧き出る奮い立つ力のようには、【不成】つまり「成長しきれなくなる」……

と言っているのだと解釈しました。

▼五者园而幾向方矣

【五者は园《がん》なれども而も方《ほう》に向かうに幾《ちか》し。】

この五つは「〔人が始めからもっている〕元来のまるいもの」をとり囲こもうとしているのだが、ところが「方（四角なもの）」へと向かってしまうということにきわめて近いことだ。

＊【园】は、『漢和大字典』には記載されていませんので字源はわかりません。『大漢和辭典』によると、「まるくけずる」「團」に同じで「まるい」「あつまる・あつまり」「かたまり」など。「圓」に通じて「たま」「まる」「まわり」「まるい」「まるくする」「天」などの意とあります。

△【园】は「囗＋元」からできているものと推察できます。形声文字のようですが、会意文字でもあるとすると、それぞれの意味は【元】は「兀（人体）の上にまるい（・）印（あたま）」を描いたもので、「人間のまるい頭」→転じて、先端の意より、「はじめ」の意となったものです。【囗】は「周囲をぐるりと囲んださま」を指示し、圍（＝囲）の原字です。つまり【园】は「元来のまるいものをとり囲むこと」という意味ではないかと推察できます。

＊【方】は（前にも説明しましたが）「左右に柄の張り出たすき」を描いたもので、「⇔のように左右に直線状に伸びる」意ですが、「四角」の意味にも使われます。

◆通説では、【园】は「円いもの（すなわちそのままで円通自在なもの）」、【方】は「角だった（動きのとれない〕もの」と解釈しています。

【五者は园《がん》（円）なるに而《しか》も方《ほう》に向かうに幾《ちか》し。】は〔この〔道と言と仁と廉と勇との〕五つは、円いもの〔すなわちそのままでは円通自在なもの〕であるが、しかもともすれば角《かど》だった〔動きのとれない〕ものになりがちである。〕としています。

●新解釈では、【园】は「（人としてはじめからある）元来のまるいもの」という意味と同時に、それを「とり囲もう（とらえよう）とすること」という人為がうかがえる意味もあるものだととらえました。ところがそうすると【方】つまり「四角」になってしまうということで、わかりやすい喩えでそのイメージを表現しているようです。

☆以上、五つのものがなぜ大いなるものでなくなっていくのか、その条件と結果に対して言及しているようです。

「道」は、あきらかにすると、「道」ではなくなる。

――考葦「《道》の概念をイメージとしてつかむのは難しいと思いますが、もう少しあきらかにすることはできないでしょうか。」

木精「《道》とは、あきらかにすると、それはもう《道》ではなくなるのだ。《道》は常に変化して動いているものなのだ。それをあきらかにするということは、その流れを止めることになるのだ。その時それはもう《道》ではなくなるのだ。」

「言」は、弁じる（分割して言い表す）と、手が届かないものになる。

――考葦「《知る》ことに対する願望は尽きないかもしれませんね。人間が人間として動物などと決定的に違うのは《言葉》での《コミュニケーション》ができることだと思いますが、それを駆使することで何らかのものを伝えることができるのではないでしょうか。」

木精「本当に通じ合い、伝えるためには《言葉》でないところで魂の《コミュニオン》が必要なのだ。それは《言葉》でできる《コミュニケーション》とはまったく違う次元のものだ。《言葉》によって《知》に至ることには限界があるのだよ。《言葉》の陥りやすいのが、部分部分の知識として弁じる（分割して言い表す）と、全貌のリアリティには手が届かないものになるおそれがある。知識としてそれを隅から隅まで知りたがる者は、一つの生きものを入念に切り刻んで調べ、あれこれ《言葉》のラベル張りはできるかもしれない。でも《言葉》の対象も生きもののようなものだ。そこで、何かが明かされ、何かが語られた時、すでにそれは屍然となっていると心していないと、もともとの全体像の生きているというイメージは、伝わることがほとんどない。だから弁じる（分割して言い表す）と、伝えたいことの生き生きとした核心部が届かないものになるのだ。」

「仁」は、同じ形に留めると、成熟しきれないものになる。

――考葦「では《コミュニオン》に必要なことはどんなことでしょうか。」

木精「二人の間に《仁》を働かせることだ。魂は《仁》を通してはじめて《コミュニオン》を達成できるのかもしれないな。植物に喩えれば、互いのまだ眠っている胚と胚乳の目覚めを促すように感じる出会いだと言えるかもしれない。それは大きな変化を促すのだ。《常》なる形を保っているのは休眠中の種にすぎない。種はいつかはその《常》なる形を捨てなければ、生きている意味がなくなるのだ。そこには天の青写真に沿った変化が必要になる。《仁》が目覚め、命あるものとして成就するためには、胚芽も胚乳もひと時も同じ形や状態ではいられないのと同様に、人における《仁》も《常》なるもののままでは成熟しきれないものになるのだ。

だが、この《仁》という概念をつかもうとすると、落とし穴が待っているのかもしれないな。その例として、儒家が提唱した、二人の関係性（君主と臣、親と子、師と弟子）の中でお互いを愛することこそが《仁》だとしたことも、それに対抗した墨家が提唱した（自分を含む）一切の人間を無差別に愛する《兼愛》こそが《仁》だとしたことも、その形は違えども、いずれも《かくあるべきもの》として、一定の同じ形に留まる（《常》なる）ことを理想的な状態として認識したがために、逆に本来あるべき《仁》を見失う原因になったと言えるかもしれないね。」

考葦「つまり、《仁》は《かくあるべきもの》と固定されてしまうと、そこから成長して成熟することができなくなるという落とし穴があるわけですね。」

「廉《いさぎよさ》」は、透かし見えるきれいごとになると、信用できないものになる。

――木精「そのとおりだ。落とし穴は《廉《いさぎよさ》》においてもあるのだよ。喩えて言うなら、自分の中で咲く花を惜しげもなく潔くばっさり切り取って、これ見よがしにその美しさを人に印象付けるように強調して見せるような意識状態だったならば、そこに落とし穴ができあがってしまうのだ。《廉《いさぎよさ》》とはそんな生の営みから切り離された一部分のきれいごとの表明ではないのだ。言うなれば、人に知られようが知られまいが、自分の自然体の中で刻々と変化する姿に任せて、美しく咲く花も、それが枯れていく醜い姿も全面的に認めることが、《廉《いさぎよさ》》と言えるかもしれない。
また、植物にとって《信用できるもの》とは、実を結ぶことによって、天の永遠の糸をつなぎとめ、変化し続ける生命の営みが約束されているもののことだ。ところが、切り取られた花はけっして実を結ぶことはできない。だから《信用できないものになる》のだ。人間の心にとっても同様のことが言えるかもしれないな。」

考葦「つまり、《廉《いさぎよさ》》は、きれいごとになると、信用できないものになるというわけですね。」

木精「そういうことだ。」

「勇《いさましさ》」は、心の支えを振りかざすと、成長しきれないものになる。

——考葦「では、《勇《いさましさ》》の場合、どんな落とし穴があるのでしょうか?」

木精「《勇《いさましさ》》は、生物の持っている命の底力ともいうようなもので、困難なことが訪れたとしても、それに負けない押し出す力であり、また先のわからない未知の世界に踏み出すのに、天から誘われて思わず踊りだしたくなるようなみなぎる力の噴出のようなものだ。
ところが人間は弱いものだ。何か強みをもっていないと次に踏み出す《勇気》がもてなくなる傾向にあるのだ。そこで主義、主張やある種の思想、信心といった《心の支え》を持つようになるのだ。それを振りかざすことによってのみ《勇気》を振り絞っていることが多いかもしれない。だが、その強みでいくら勢力を伸ばしていても、もしその《心の支え》がなくなったら、添え木をとられた植物のように、途端にヤワになってしまう。だからそこでくじけてしまうことが多いのだ。それでは、本当の《勇》は十分に育たないのだよ。」

考葦「つまり、《勇》というものは、《心の支え》に頼っているかぎり、成長しきれないものになるというわけですね。」

この五つは「〔人が始めからもっている〕元来のまるいもの」をとり囲こもうとしているのだが、ところが「方（四角なもの）」へと向かってしまうということにきわめて近いことだ。

――木精「そういうことだ。何度も喩えてきたように、三次元のまるい地球をとり囲もうとした結果は、二次元の四角の地図の書き込みを続けることにきわめて近いことだ。まるいといっても円だけなら二次元の世界でも描けるが、球は不可能だ。次元が違うのだ。そこから類推して、私たちは三次元の世界はとらえられるが、四次元の世界は把握できないのだ。《五者（道・言・仁・廉・勇）》とは人間にもともと備わっているものだが、三次元の世界に収まらない次元の違う世界のものなのだ。それを仮に四次元の世界のことというならば、少しは話の内容を垣間見ることができないだろうか。」

考葦「少しだけ、イメージだけは伝わってきたように思います。違和感が生まれるのは、丸か四角かの違いだけではなく、次元の違いだからですか。」

木精「地の視点と天の視点とが必要なのだよ。人は地の視点からのみの感覚で適切な概念をつかもうと真剣に願ったから、地の利を紙の上に詳細に書きこもうとしてしまうのだよ。そうして四角四面な人間になってしまうのだ。天の視点がないと地球は球（まるいもの）だという次元のジャンプは起こらない。五者を地の視点だけでとらえて真実に近づこうとしても、真実を知ることは不可能なのだよ。地から離れた天の視点がいるのだ。」

▼故知止其所不知　至矣

【故に其の知らざる所に止まるを知らば、至れり。】

故に、その「知らない」ところに足を止めることを「知る」ならば、至るのだが、

＊【止】は足の形を描いた象形文字。「足がじっとひと所にとどまること」を示します。

◆【故に、知は其の知らざる所に止《とど》まれば、至れり。】は、通説では「そこで、知識については分からないところでそのまま止まっているのが、最高の知識である。〔分からないところを強いて分かろうとし、また分かったとするのは、真の知識ではない。〕」としています。

●単なる「思考」で「知ろう」とするのは「既知」のもので囲もうとする傾向があるがために、その【知】に止まることを【知る】という「不知の知」の発想は生まれてこないのかもしれません。もし、「不知」なるところに白紙の意識状態で足を止めることを「知る」ならば至る……と言っているようです。

▼孰知不言辯不道之道

【孰《た》れか不言の弁、不道の道を知らん。】

いったい誰が、「不言の弁」や「不道の道」を知るというのだろうか。

◆通説では、【孰《た》れか不言の弁、不道の道を知らん。】は「言葉としてあらわれない弁舌、道としてあらわれない道のことを、誰が知ろうか。」としています。

●新解釈ではそのまま「不言の弁」や「不道の道」といった表現に留めました。というのも、対極の両立を浮き彫りにするためにです。このパラドックスを含む「道」や「言」のことを、いったい誰が「知る」のでしょうか。

▼若有能知　此之謂天府

【若《も》し能《よ》く知ることあらば、此《ここ》にこれを天府《てんぷ》と謂う。】

もし、それをうまく知ることができるようになれば、その知を「天府（天を過不足なくピッタリ収めるくら）」と言えるだろう。

＊【能】は「肉＋かめの足＋ム（力を出して働くこと）」で「かめやくまのようにねばり強い力を備えて働くこと」を示します。「よく（物事をなしうる力や体力があってできる）」。

＊【府】は「广（いえ）＋付（人の背に手をぴたりとひっつけるさま）」で、「物をびっしりとひっつけて入れるくら」の意。

◆通説では、【若し能く知ること有らば、此れをこれ天府と謂わん。】を［もしそれを知るものがあれば、これこそ天府《てんぷ》（――すなわち自然の宝庫）といえよう。］と訳しています。

●【能《よ》く知ること有らば】は、「知ることができるようになれば」「知ることが可能になれば」……と言っているのです。そこがミソなのです。「不言の弁」や「不道の道」を知るような特別な（聖人のような）者があれば……と言っているのではなく、誰であれ、それを《知る》ことができれば……と言っているのです。

【天府】は、あくまでも「天を過不足なくピッタリ収めるくら」という意味だと解釈しました。「宝庫」というニュアンスとはちょっと違うのです。

▼ 注焉而不満　酌焉而不竭

【注げども満たず、酌《く》めども竭《つ》きず、】

注ぎ込んでも、いっぱいになることはなく、くみ出しても、尽きて無くなることはない。

＊【滿（満）】は「水＋㒼（毛皮を垂らしておおうさま）」で、「枠いっぱいに水をみたして、その面をおおうこと」。

＊【酌】は「酉（さけ）＋勺（水などをくむ杓子）」で、「酒をくみ出すこと」。

＊【竭】は「立＋曷（かすれる）」で、「力や水を出し尽くすこと」。

◆通説では、【注《そそ》げども満たず、酌《く》めども竭《つ》きず、】は「そこにいくら注ぎこんでも溢れることはなく、そこからいくら汲み出しても無くならない。」としています。

●ここでは、《天府（ピッタリと収まっているくら）》とはどういうものなのか、イメージをつかみやすくするための説明をしています。どうやら、《道・言・仁・廉・勇》という認識を《天府》にピッタリに収めるためのものは、「固定物」ではなく、水のような「流動物」に喩えているところがミソのようですね。どんなに注いでも、どんなに汲み出しても、いつも過不足なくピッタリという《くら》のようです。

▼ 而不知其所由来　【而も其の由りて来たる所を知らず。】

しかし、それがどこから来るのかはわからない。

◆【而もその由《よ》りて来たるところを知らず。】は、通説では［しかもそれがどうしてそうなのか、その原因は分からない。］としています。

●ここでも、《知》を流動的なイメージに喩えて、「【由来】するところを知ることはない」、つまり「それがどこから来るのかはわからない」……と言っているのでしょう。

▼ 此之謂葆光　【此《ここ》にこれを葆光《ほこう》と謂う。】

そこで、その知は「葆光《ほこう》（内側に隠れて表面にはあらわれない光）」と言えるだろう。

＊【葆】は「艸＋保（中につつみこむ、保護する）」で、「大切にする」「内側に隠れて表面にはあらわれない」という意味です。

◆通説では、【此れをこれ葆光と謂う。】は［こういう境地を葆光（――すなわち内にこもった光）というのである。］としています。

●【葆】の字に「保」が含まれているように、「内側で大切に保たれている」といった感じが込められているようです。【葆光】の訳は「内側に隠れて表面にはあらわれない光」としました。それにしても、《知》を流動的な「水」のようなものとして説明していましたが、ここで突然「光」のイメージに転調しているところが、荘子ならではの面白みですね。

☆《不知の知》《不言の弁》《不道の道》の言葉の意味するところの理解に近づくことはできるでしょうか。

故に、その「知らない」ところに足を止めることを「知る」ならば、至るのだが、

――考葦「私も地の視点しか持っていないように思います。そんな私でも、天の視点はどうすれば持てるのでしょうか?」

木精「《不知》なるところに足を止めることを《知る》ことができれば……な。《知っているもの》の尺度で計ろうとしないで、《知らない》感覚のままを自分に許すことができるようになれば、天の視点に近づくことになるかもしれないが、そこがなかなかむつかしいのだ。《不知の知》……それは、ある時は《不可思議》とも《神秘》《霊妙》とも呼ばれるようなものなのかもしれず、思考ではなく、体感のバイブレーションとして全身全霊で感じることで《知っていく》ようなことかもしれない。」

考葦「ちょっと待ってください。《神秘》や《霊妙》を持ち出してしまうと、それは過去の《混沌とした原始的未開の意識状態》の方が優れていて、その意識状態に立ち戻れと言っているようにも聞こえるのですが……」

木精「そういうふうに解釈する者も多いようだが、そこが思考の落とし穴だ。定説になっている《不知》

なるところに《足を止める》ことができれば至る……と言ったのではなく、《不知》なるところに足を止めることを《知る》ことができれば至る……と言っているのだ。この違いがわかるだろうか。前者は、きみの言うように過去にバックして本能に従う動物のように《目をつぶったまま思考停止する》という《無意識的》なものだ。ところが後者は、自発的に瞬間瞬間に体をあずけながらも《思考を止めている》が、しっかり目を見開いている》という、極めて《意識的》なものだ。天の視点の次元を体得するにはコツがいるのだよ。」

考葦「なるほど。私は前者のようなことだと早合点していたのですね。まだまだ天の視点にはほど遠いということですね。いやはや。」

いったい誰が、「不言の弁」や「不道の道」を知るというのだろうか。

――木精「そのコツとは既成の思考、言葉を一旦すべて捨てる覚悟が必要なのだ。地の視点の《知》から離れるためには必要な過程なのだよ。言葉の放棄は自分のアイデンティティを失うようで、ものすごい恐怖を感じてなかなかできることではないのだが、ここを通り抜けないと《不知の知》という天の視点は得られないのだ。一旦自分から離れた天の視点からの観察者がいることを知ったなら、そこには次元が違うということを理解した上で、もう一度地の視点にも戻ってこられる。そこで次元の違う二つの視点ができるのだよ。その時はじめて、《不言の弁》《不道の道》を矛盾ではなく、新しい事実として受け入れることができるようになるかもしれない。だが、いったい誰がそんなことができるだろうか……」

考葦「確かに自分の思考、言葉を捨てようとすると、ものすごい抵抗感があります。でもそこを超えないと《不言の弁》や《不道の道》を理解できるようにならないのですね。」

もし、それをうまく知ることができるようになれば、その知を「天府（天を過不足なくピッタリ収めるくら）」と言えるだろう。

――木精「《不言の弁》や《不道の道》を理解できる《知》は、ふつうの《知》とは違うのだ。わかりやすいイメージでいえば、地球を地の視点でどんな二次元の地図を描こうともどこかで必ず過不足がでてきてしまう。ところが天の視点で三次元の地球儀に描き込んでいくなら、地球をピッタリと収めることができるということに似ている。このようにその《知》には次元のジャンプが必要になるのだよ。

ただし、五つの《道・言・仁・廉・勇》は地球のように見えるようなものではない。喩えが理解できたとしてもそれでわかったような気分になったなら大きな思考の落とし穴に落ちてしまうだろう。

五つの《道・言・仁・廉・勇》を知るには、直にかかわり体現する主観的な自分と、そこからぐっと離れて観察する客観的な自分が存在する天の視点を作ることが必要なのだよ。言葉では言い尽くすことができない《知らないもの》を含んだ元来のありのままの《道・言・仁・廉・勇》を感じ取ることができる主観的な感性と、客観的な観察者の受け止める器のようなものができたなら、それを『天府』と呼ぶことができるだろう。つまり天を過不足なくピッタリと収めるくらという《知》を得ることができるのだ。」

考葦「その《知》は、ありのままを受け止める客観的な観察者の器のようなものですか……」

注ぎ込んでも、いっぱいになることはなく、くみ出しても、尽きて無くなることはない。

――木精「《天府》をわかりやすく喩えれば、その器は池のようなものでなく、海のようなものだと言えるかもしれないな。注ぎ込んでもいっぱいになることはなく、くみ出しても尽きて無くなることはない。

ところが、池は旱魃や洪水を引き起こす。池のような《道・言・仁・廉・勇》が《知識》で把握できるのは、有限の世界の《知》にすぎない。一度に大量の情報が《知識》に注ぎ込まれるといっぱいいっぱいの限界があり、それを超すと覚えたり理解することができずに頭脳がオーバーヒートして混乱とパニックが襲ってくるかもしれないし、逆に《知識》からくみ出すとなると、いくら豊富な情報があっても、限界があってだんだんと底をついて、尽き果ててしまうのは時間の問題となるだけだろう。そうして《不知》は《不知》のままで、《不知の知》など理解できないだろう。」

考葦「《天府》は無尽蔵だというわけですね。」

しかし、それがどこから来るのかはわからない。

――木精「無尽蔵と言うと、極端な《多》のイメージが湧くが、そうではないのだ。《天府》は不思議なことに、どんな時もピッタリとしていて、多くも少なくもない、無駄なものがいっさいないのだ。

自ずと《道》が開ける。自ずと《言《ことば》》が生まれ出る。自ずと《仁》がほとばしる。自ずと《廉》が現れる。自ずと《勇》が湧き立つのだ。想像するに、それらは風が生まれる原理に似ているのかもしれない。自分と外界（他人）とのあることにおける《知》の温度差や気圧差によって自然の法則に従い、自ずと気流が生まれるために起こる現象と言えるかもしれない。だとしても、それらすべては自分の《知》をベースにしたものではなく、その源はどこから来るのかはわからないのだ。」

考葦「だから《不知の知》と言うしかないのですね。」

そこで、その知は「葆光《ほこう》（内側に隠れて表面にはあらわれない光）」と言えるだろう。

――木精「そうだ。《不知》は暗いことだ。闇だとも言える。《知》は明るいことだ。光だとも言える。だが《不知の知》は単純にどちらでもないのだ。《天府》においては排除すべきものは何もなく、対極の二つのもの、陽極と陰極の両方が保たれているだけだ。だから暗い《不知》だともいえる。ところがそれが必要な時になれば、まるで電流が流れ光が生まれるかのように明るくなるのだ。汲み出される意識の焦点が合わされたところが《知》に及ぶのだ。だから《不知の知》は単純な《光》とは呼ばず、《葆光（内側に隠れて表面にはあらわれない光）》と言うことになるのだ。」

考葦「《葆光》か……またおもしろい概念ですね。」

八、堯《ぎょう》と舜《しゅん》

故昔者　堯問於舜曰
我欲伐宗膾胥敖
南面而不釋然
其故何也
舜曰　夫三子者
猶存乎蓬艾之間
若不釋然何哉
昔者十日並出萬物皆照
而況徳之進乎日者乎

故に昔、堯《ぎょう》は舜《しゅん》に問いて曰く、
「我は宗《そう》・膾《かい》・胥《しょ》の敖《ごう》を伐《う》たんと欲す。
南面して釈然たらず。
其の故何ぞや。」
舜曰く、「かの三子は、
猶《ゆう》に蓬艾《ほうがい》の間に存す。
若《なんじ》釈然たらざるは何ぞや。
昔、十日並び出でて万物みな照らされる。
而るをいわんや徳の日よりも進める者をや。」

故に、昔のこんな話がある。

堯《ぎょう》は舜《しゅん》に尋ねて言った。

「我《わたし》は宗《そう》・膾《かい》・胥《しょ》の勝手気ままなところを根こそぎ伐採し〔て教化し〕たいと思ってしまう。

天子の位についてから、どうにも釈然としないのだ。

これはいったいどうしたわけだろうか。」

舜は言った。「あの三者たちは、〔勝手気ままではなく〕のびのびと自由にしているだけで、〔喩えるなら、心の中の〕よもぎを伸びるにまかせているものの、〔必要なもぐさの分だけを、〕自ら刈り取っているような、そんな間《はざま》にいるだけです。

貴方が、それで釈然としないというのは、どうしたことでしょう。

以前、十個の太陽が並んで現れ、万物がみな照りつけられたこと（災難）がありましたが、ましてや、太陽よりずばぬけている徳をお持ちの方が（過剰に）そうしたらどうなるでしょう。」

▼ 故昔者　【故に、昔、】

故に、昔のこんな話がある。

◆通説では、【故】は、前の文とのつながりがないと判断して、さらりと流しています。【故れ昔者《そむかし》、】は［さて、むかし］としています。
●新解釈では、この冒頭の【故】が使われている理由があるように思っています。そのため［故に、昔のこんな話がある。］としましたが、他の文とつながりがあると思っているからです。その詳細は全文を訳した後から述べます。

▼堯問於舜曰

【堯《ぎょう》は舜《しゅん》に問いて曰く、】

堯《ぎょう》は舜《しゅん》に尋ねて言った。

＊【堯】は「背にたかく物をかついだ人の姿」↓のち「土三つ＋人のからだ」で、「背のたかい人」「崇高な巨人」の意を含んでいます。（「たかい巨人」の英雄の名。）

■【堯】は、中国古代の伝説上の帝王（君主）、聖天子と言われた者です。姓は「伊祁《いき》」、名は「放勲《ほうくん》」。別姓は「陶唐氏《とうとうし》」と称します。（＊「陶」は、「粘土をわくに入れて、まんべんなくこねること」の意をもち、＊「唐」は、「口＋庚（ぴんとはる）」で「口を張って大言すること」の意。「大きな国」の意を含んでいます。）

＊【舜】は「炎（揺れ動くほのお）＋匸印＋舛（交互に足がすばやく動く）」で、「すばやい動作」。急に咲いてはやく散る華やかな「むくげ」の意もあります。（動作が機敏な華やかな英雄の名。）

■【舜】は、五〇歳で【堯】の摂政となりました。【堯】は子に位を譲らず、人心が【舜】に帰していたので【舜】に譲ろうとしました。【舜】は辞退していましたが、ついに六一歳で帝位につきました。姓は「姚《よう》」、名は「重華《ちょうか》」。別姓は「有虞氏《ゆうぐし》」と称します。（＊「虞」は「虍（とら）＋呉」で「虎のように俊敏な動物」の意。↓「あらかじめ心を配る」「先のことへの考慮」などの意を含んでいます。）

■堯舜伝説は、春秋時代（紀元前七七一年から約三二〇年にわたる期間）末にはすでに形作られていたようです。

◆通説では、名前は問題にしていません。【堯《ぎょう》は舜《しゅん》に問いて曰く、】は〔聖天子の堯が舜に問いかけていった、〕としています。

●伝説（神話）の中の登場人物の名前には、固有名詞になる前の意味が込められているようです。【堯】は「人の中の土の性質」でもって天下を治め、国をどっしりと固めて大きくしていくニュアンスが漂ってくるようです。【舜】は「人の中の火の性質」を中心にもって天下を治め、国造りのために俊敏で華麗に立ち回るニュアンスが漂ってくるように思います。伝説（神話）と史実とでは受け止め方が違ってきます。後から出てくる「十日」の話が出てくることからしても、荘子は堯舜のことを史実ではなく意味をこめた伝説（神話）として見ていると思われます。

▼我欲伐宗膾胥敖

【「我は宗《そう》・膾《かい》・胥《しょ》の敖《ごう》を伐《う》たんと欲す。」】

「我《わたし》は宗《そう》・膾《かい》・胥《しょ》の勝手気ままなところを根こそぎ伐採し〔て教化し〕たいと思ってしまう。

＊【宗】は「宀（やね）＋示（祭壇／天から下った三本線が顕れる所）」で、「祭壇を設けたみたまや」転じて「一族の集団」の意。→「中心・主」「むね」などの他、「開祖の思想」。

＊【膾】は「肉＋會（あわせる印＋増の略体）」で、「あわせ増やす」の意ですが、一般的には「細く切り、とりあわせた（味付けした）肉」を指します。

＊【胥】は「肉＋疋（左右の足の膝より下）」で、「相並び左右対称に動く足」。「相並ぶ」→「同僚が並ん

でたむろしている下級役人」の意もあります。

＊【敖】は「出＋放」で、「解放されて思う存分に出歩くこと」を示します。↓「伸び伸びと大声を出すこと」「相手かまわず自由にふるまう」意を含みます。

＊【伐】は「人＋戈（ほこ）」で、「人が刃物で切り開くこと」です。「切り開く（伐採して開拓する）」「武器で敵を打ち破る」という意味の他、「開放して見せる」という意も含みます。

◆通説では、【宗《すう》】は「崇」、【膾《かい》】は「鄶」として「地方（国）の名」としています。また【胥】は「骨」という字に変えられています。【敖】は独立した意味をもった文字とはせず、【骨敖《こつごう》】として一国ととらえています。

【我れは宗《すう》（崇）と膾《かい》（鄶）と骨敖《こつごう》とを伐《う》たんと欲《ほっ》す。】は、「「わしは崇《すう》と鄶《かい》と骨胥《こつごう》とを討伐したいと思っているが、」としています。

●【胥敖《しょごう》】は定説になっている一塊の言葉ではなく、【胥】と【敖】に分けてとらえることができ、新解釈では、【敖】の字に、「勝手きままにしている」という意味をくみ取りました。【宗《そう》・膾《かい》・胥《しょ》】は、伝説の中でのある地方（部族）を指していることには違いありませんが、ひょっとしたら、もっと別の意味を含んでいたかもしれません。（神話や伝説の中の場所は、人間の特定のある場所を示している場合もあるからです。）【伐】は「討伐」の意味もありますが、「切り開く（伐採して開拓する）」意味や「開放して見せる」意味があるため、新解釈では地方（部族）の「勝手気まま」な部分を「根こそぎ伐採したい」、未発達な心を開拓して「教化したい」……と言っていると受け取りました。

▼ 南面而不釋然 【南面して釈然たらず。】
其故何也 【其の故何ぞや。】

天子の位についてから、どうにも釈然としないのだ。
これはいったいどうしたわけだろうか。」

＊【南面】は、座席が南向きになるところから、「天子（君主）の位につくこと」。
＊【釋（釈）】は、「釆（ばらばらにわける）＋睪［目＋幸（刑具）］」で、「しこりをばらばらにほぐし、一つずつわけて一本の線に連ねること」です。
◆通説では、【南面して釈然たらず。其の故《ゆえ》何ぞやと。】は「天子の位について政治を行いながらどうにも気分が晴れない。それはなぜなのだろうか。」としています。
●【釈然たらず】というのはただ単に「気分が晴れない」といったニュアンスではなく、【南面】して（天子の位について）から、三子に対する【伐】の衝動（欲求）が起きるという事が、自分自身でも「釈然としない（すっきりと腑に落ちない）」……と言っているのでしょう。そのため、【其の故何ぞや。】は「これはいったいどうしたわけだろうか」と、その原因を納得がいくように解きたいという疑問を投げかけたのではないでしょうか。

▼舜曰　夫三子者
猶存乎蓬艾之閒

【舜曰く、「かの三子は、
猶《ゆう》に蓬艾《ほうがい》の間に存す。」】

舜は言った。「あの三者たちは、〔勝手気ままではなく〕のびのびと自由にしているだけで、〔喩えるなら、心の中の〕よもぎを伸びるにまかせているものの、〔必要なもぐさの分だけを、〕自ら刈り取っているような、そんな間《はざま》にいるだけです。

＊【猶（猶）】は「犬＋酋（長くのびる）」で、「のっそりした動物、体をのばす動物」↓「のばす」「のんびりする」の意となり、「なお」の副詞としても使われます。
＊【蓬】は「艸＋逢（△型に出あう）」で、「穂が三角形になった草」↓「よもぎ」を表しますが、「物の乱雑な様子」や「草ぼうぼう状態」なども意味します。
＊【艾】は「艸＋乂（はさみでかりとる）」で、「よもぎ」「もぐさ」の意です。動詞としては「草や邪魔物をかりとる」↓「事がたえる・とぎれる」の他、「反乱や賊を平らげて世の中を安らかにする・おさまる」の意もあります。

◆通説では、【蓬艾之間】は「雑草の生える未開の地」と訳されています。【舜曰く、夫《か》の三子は、猶お蓬艾《ほうがい》の間に存す。】は、〔舜が答えた、「あの三国の君主たちは、もとのまま雑草の生える未開の地に住んでいます。」〕としています。
●新解釈では、【猶】は副詞や名詞ではなく、動詞の「のんびりする」という意味に受け取りました。

「（勝手気ままではなく）のびのび自由にしている」としました。

【蓬艾之間】という表現の中の【艾】という字は、おもしろい含みをもっているのではないかと想像します。【伐】の「きる」のは「（雑草のような無益なものは）根こそぎ切る」イメージがありますが、【艾】の「きる」は「よもぎをもぐさにするために、根を残して必要な分だけを切る」と言っているように受け取れます。【艾】の「反乱や賊を平らげて世の中を安らかにする・おさまる」という含みも意味深ですね。

▼若不釋然何哉

【若《なんじ》釈然たらざるは何ぞや。】

貴方が、それで釈然としないというのは、どうしたことでしょう。

………………………………

＊【釋（釈）】は「とく・とける（しめて固めたものを一つ一つときほぐす。わからない部分やしこりをときほぐす。また、とけほぐれる）」。

◆通説では、【釈】を「懌《えき》（わだかまりがなく、心の晴れること）」という字と通用するという馬叙倫の説をとって解釈しているようです。

【若《なんじ》の釈然たらざるは何ぞや。】は［貴方さまが〔そのために〕ご気分すぐれずとは、どうしたことでしょうか」としています。

●【釈然】は「気分」の問題ではなく、「釈然とする（疑念や迷いが晴れ、すっきりと腑に落ちる）」か否かの問題だと思います。

▼昔者十日並出萬物皆照

【昔、十日並び出でて万物みな照らされる。】

以前、十個の太陽が並んで現れ、万物がみな照りつけられたということ（災難）がありましたが、

■【十日並出萬（万）物皆照】は、『楚辞』『山海経』などにも残されている古代の神話のようです。おそらく関係があるだろうと思われる『中国の神話』（君島久子著　筑摩書房）より、要約すると次のような話になります。

堯が帝王の世に、突如、太陽が空に十個並んだ。平原は焼け、人々は洞穴に逃げ込んでも耐えがたいほどの熱さで、動物達もばたばたと死んでいった。堯は困り果てて、天帝に助けを求めたところ、弓矢の達人の羿《げい》が地上に遣わされた。羿が太陽めがけて矢を放つと、ねらった火の玉が音もなくくだけ、金色の羽が、火花とともに、ばらばらと散ったかと思うと、赤く輝くものがどっと落ちてきた。人々がかけよってみると、それは大きな三本足の烏だった。これが太陽の精だったのだ。ところで、腕に自信のある羿は、十個すべての太陽を射落としてしまう勢いだったため、堯は全滅させたなら世の中が闇と寒さに包まれるのではないかと心配して、十本の矢のうち一本をそっと抜いておいた。そのため九個の太陽を見事に打ち落とした羿であったが、最後の一個の太陽は見逃すことになった。太陽が一つになってあると、また地上にはみどりの草が芽を出し、人々の頭上に安らかな日々がもどってきた。

◆【昔者《むかし》十日並び出でて万物みな照さる。】は、通説では〔むかし、十個の太陽が一緒に現れて、万物がすべて残りなく照らし出されました。〕と、どちらかというと良い話と解釈しています。

●しかし、十個の太陽は良い事ではなく、非常に大事で必要なものでも、度が過ぎると大変なことになるという悪い面を注意喚起した神話なのだと思います。これは「災難」とみなすところだと思います。

▼而況徳之進乎日者乎

【而るをいわんや徳の日よりも進める者をや。】

ましてや、太陽よりずばぬけている徳をお持ちの方が〔過剰に〕そうしたらどうなるでしょう。」

＊【進〔進〕】は「辶＋隹〔とり〕」で、「鳥が飛ぶように前にすすむこと」。「すすむ」→「高い地位」「よいほうに移る」「人の前にさし出す」の意。

◆通説では、【而るを況んや徳の日よりも進《まさ》〔勝〕れる者をやと。】は〔太陽よりもすぐれた徳をお持ちの方なら、なおさらのこと〔討伐などに心を使わずとも自然に〕万物を帰属させられましょう。〕とかなり意訳しています。

●「貴方は太陽より抜きん出ている徳を持っているではないですか」と持ち上げた上で、一方では「十日」をひきあいに出して、「徳」も過剰になるとどうなるか、ご自身で類推できるのではないでしょうかといった質問返しのようにして、舜は帝王の堯に進言しているようです。

☆いきなり突飛な話のように思えますが、話の真意はどこにあるのでしょう。

故に、昔のこんな話がある。
堯《ぎょう》は舜《しゅん》に尋ねて言った。

――昔の話、古代中国の神話伝説時代には、三皇五帝といった優れた八人の帝王がいたとされています。三皇と五帝に分かれ、三皇は神、五帝は聖人としての性格を持つとされ、理想の君主とされました。諸説ある中で、堯舜が五帝の中に入るとする説が多いようです。

この話は堯が帝王の時の話のようです。ここでは、この時点で位の高い堯の方が、舜に尋ねているところから、堯の舜に対する信頼性がうかがえます。

「我《わたし》は宗《そう》・膾《かい》・胥《しょ》の勝手気ままなところを根こそぎ伐採し〔て教化し〕たいと思ってしまう。

――「天子（帝王）」という立場に立つ者は、「国を一つに取りまとめる」という「志」をもっています。熱意をもってその役に徹し、全体を統一したものにしようと図ろうとすれば、他人も、まるで自分の一部のようにして管理しようとするかもしれませんね。そんな時、心の状態が「（子供じみた）勝手きまま」に思えるような三子を目の当たりにしたならば、そこを「刈り取り、（大人びた）規律正しいと思う方向に導きたくなる」のかもしれませんね。

堯にとって「勝手気まま」というのは、言ってみれば人間の心に生える「雑草」のような存在で、人間として有益だと思える心の草木を伸ばすためには、無益だと思えるものは徹底的に「根こそぎ伐採してしまいたい」という欲求が湧き起こってしまう……と言っているようです。

よって、「（心の未開地とも言えるような）勝手気ままな状態を伐《き》りたい」とは、「教化したい」ということで、つまり三子を「徳をもって正しく善に導きたい」という欲求が起きてしまう……と言っているのではないかと思います。

天子の位についてから、どうにも釈然としないのだ。

――天子（帝）の位について、天下統一を図りながら大国を築こうとしている堯は、三子の「勝手気ままなところ」が存在していると感じると、放っておくことができない性分だったに違いありません。ところが思わず「伐《き》り倒して開拓、教化したい」という欲求が起こってしまうものの、実際には実行には至らないという葛藤があったようです。即位してから自分のなかで「どうにも釈然としない（疑念や迷いが晴れず、腑に落ちない）状態になってしまう」……と言っているようです。

これはいったいどうしたわけだろうか。」

――「三子の勝手気ままなところを伐り開きたい」とつい思ってしまうのにできないのは「どうしたわけだろうか」と、自分の中の「釈然としない」理由を判明したい……と言っているのではないでしょうか。つまり堯は「晴れない気分をどうにかしたい（まぎらわせたい）」と言っているのではなく、自分の中にある「疑念や迷いが起こる原因を解きたい」という気持ちの方が強かったがために、信頼のおける舜に「これはいったいどうしたわけだろうか」という質問を投げかけたのではないでしょうか。

舜は言った。「あの三者たちは、〔勝手気ままではなく〕のびのびと自由にしているだけで、〔喩えるなら、心の中の〕よもぎを伸びるにまかせているものの、〔必要なもぐさの分だけを、〕自ら刈り取っているような、そんな間《はざま》にいるだけです。

――同じ状態を解釈する上で、堯が「勝手気まま」と感じているところは、舜からすれば、「のんびりとのびのびと自由にしている」だけだと、見解の違いをはっきり述べています。舜は「三子の状態は他人から見たらただの雑草がはびこっているだけのように見えるものだが、実はそれはよもぎのようなもので、根を残して自然に伸びるに任せているものの、野放しにしているのではなく、もぐさにするために有益な刈り取りも必要に応じてしてしているようなもので、それで心の中を安らかに十分治めている人々なのだ」と諭しているようです。

貴方が、それで釈然としないというのは、どうしたことでしょう。

――舜は、「私から見たら釈然としないところは何もないように思えますが、貴方（堯）にとっては、釈然としないというのは、どうしたことでしょう」と問い返しています。それは「（よもぎの喩えでもってしても）まだ釈然としないでしょうか」それとも「少しは納得したでしょうか」と尋ねているかのようです。

以前、十個の太陽が並んで現れ、万物が皆照りつけられたこと（災難）がありましたが、ましてや、太陽よりずばぬけている徳をお持ちの方が（過剰に）そうしたらどうなるでしょう。」

――「十個の太陽」をひきあいに出して、「徳」も過剰に働くならば、その時それは「本来の徳」ではなく「迷惑なもの（災難）」になるといった意味も込めて、舜は次のように言っているのかもしれません。「貴方は、すでに十分な徳によって天下を統治しているのに、それ以上に、三子の上に見せつけるような過剰な徳による教化（伐ること）が必要でしょうか。しかも、太陽（烏）よりすぐれている徳の方が進んで飛び回るとしたらどうなるでしょうか」と。

舜は、このように堯とは違う見解を示しているのかもしれませんが、堯に対して否定的な（非難するような）表現を用いてはいません。「十個の太陽の災難を思い出してください。貴方は太陽よりもずばぬけている徳をもっているのだから、三子にどう対応すればいいのか、自ずと理解できるのではないでしょうか。」と質問返しをするような形で進言しています。

★ここで推理した新説です。

ここでこの話のポイントがもう一つあるようです。舜の心意気を感じる言葉の使い方です。どういうことかと言えば、その「進言の仕方」はけっしてでしゃばった「弁舌」ではなく、自分の意見をはっきりと言いながらも相手を立てて婉曲にうまく表現しているところが見事だということです。

このような「進言の仕方」は、六（章）の中にある【春秋に経世する先王の志しに、聖人は議するも弁ぜず。】といった具体例だと考えるなら、腑に落ちないでしょうか。つまり、【先王】とは【堯】のことで、【志】（統治したい）と言っていたことも当てはまるし、【聖人】とは【舜】のことを指していると考えると納得できそうではありませんか。

大胆な憶測ですが、実際につなげてみることにしましょう。

★

（六の途中より）
六合《りくごう》（三次元世界）の外にて、聖人は「〔あるがままに〕存在すること」があっても、「論じる（言葉で整理して並べる）こと」はしない。
六合の内にて、聖人は「論じる（言葉で整理して並べる）こと」はあっても、

「議する（他人に主張をする）こと」はしない。
『春秋』（歴史書）にあるように、世の中を治める古代の王のその志において、
聖人は「議する（他人に主張をする）こと」はあっても、
「分割する言葉によって弁じること」はしない。

（八）
故に、昔のこんな話がある。

堯《ぎょう》は舜《しゅん》に尋ねて言った。

「我《わたし》は宗《そう》・膾《かい》・胥《しょ》の勝手気ままなところを根こそぎ伐採し〔て教化し〕たいと思ってしまう。

天子の位についてから、どうにも釈然としないのだ。

これはいったいどうしたわけだろうか。」

舜は言った。「あの三者たちは、〔勝手気ままではなく〕のびのびと自由にしているだけで、

〔喩えるなら、心の中の〕よもぎを伸びるにまかせているものの、

〔必要なもぐさの分だけを〕自ら刈り取っているような、そんな間《はざま》にいるだけです。

貴方が、それで釈然としないというのは、どうしたことでしょう。

以前、十個の太陽が並んで現れ、万物が皆照りつけられたということ（災難）がありましたが、
ましてや、太陽よりずばぬけている徳をお持ちの方が（過剰に）そうしたらどうなるでしょう。」

（六）

それ故、〔たとえ〕「分割している」ようでも、そこには「分割していないもの」があるのだ。

「弁じている」ようでも、そこには「弁じていないもの」があるのだ。

どういうことかというと、こういうことだ。

聖人は言葉を〔不可分の感覚と共に〕「懐《ふところ》にしている」が、

普通の人は言葉を〔分割して〕「弁じること」によって相手に示そうとするのだ。

だからこう言われている。「〔聖人の〕弁じることには、見えないものがある」と。

★

★新説では八（章）はもともと六（章）の中にあったものが、意味がわからず、独立した話として切り離されてしまったのではないかと推察しています。六（章）の間にあったと考えるなら八（章）の冒頭が「故に」で始まることも、六（章）の途中に「それ故」という言葉でつながっていることも納得がいくように思います。

九 - 一、齧缺《げきけつ》と王倪《おうげい》（一）知とは

齧缺　問乎王倪曰
子知物之所同是乎
曰　吾悪乎知之
子知子之所不知邪
曰　吾悪乎知之
然則物無知邪
曰　吾悪乎知之
雖然嘗試言之
庸詎知吾所謂知之非不知邪
庸詎知吾所謂不知之非知邪
且吾嘗試問乎女
民溼寝則腰疾偏死
鰌然乎哉

齧缺《げきけつ》、王倪《おうげい》に問いて曰く。

「子《し》は物の同じく是《ぜ》とする所を知るか。」

曰く、「吾いずくんぞこれを知らんや。」

「子は子の知らざる所を知るか。」

曰く、「吾いずくんぞこれを知らんや。」

「然らば則ち物を知ること無きか。」

曰く、「吾いずくんぞこれを知らんや。

然りと雖《いえど》も嘗試《こころみ》にこれを言わん。

庸詎《なん》ぞ吾のこれを知ると謂う所、知らざるに非《あら》ざると知るや。

庸詎ぞ吾のこれを知らざると謂う所、知るに非ざると知るや。

且つ吾嘗試《こころみ》に女《なんじ》に問わん。

民は湿に寝《い》ぬれば則ち腰疾し偏死するも、
鰌《しゅう》は然らんや。

木處則惴慄恂懼
猿猴然乎哉
三者孰知正處
民食芻豢　麋鹿食薦
蝍蛆甘帶　鴟鴉耆鼠
四者孰正味
猿猵狙以爲雌
麋與鹿交　鰌與魚游
毛嬙麗姫人之所美也
魚見之深入
鳥見之高飛
麋鹿見之決驟
四者孰知天下之正色哉
自我觀之
仁義之端　是非之塗
樊然殽亂
吾悪能知其辯

木に処《お》れば則ち惴慄恂懼《ずいりつじゅんく》するも、
猿猴《えんこう》然らんや。
三者孰《いず》れか正処《せいしょ》を知らん。
民は芻豢《すうけん》を食らい、麋鹿《びろく》は薦《せん》を食らい、
蝍蛆《そくしょ》は帯を甘しとし、鴟鴉《しあ》は鼠を耆《この》む。
四者孰れか正味を知らん。
猿は猵狙《へんそ》以て雌と為し、
麋《び》は鹿と交わり、鰌《どじょう》は魚と游《あそ》ぶ。
毛嬙《もうしょう》・麗姫《りき》は、人の美とする所なれど、
魚はこれを見れば深く入り、
鳥はこれを見れば高く飛び、
麋鹿はこれを見れば決して驟《はし》る。
四者孰れか天下の正色を知らん。
我よりこれを観れば、
仁義の端《たん》、是非の塗《と》は、
樊然《はんぜん》として殽乱《こうらん》す。
吾、いずくんぞ能く其の弁を知らん。」

齧缺《げきけつ》は〔師の〕王倪《おうげい》に尋ねて言った。

「師《せんせい》は、物ごとを同等に肯定するところを《知っている》のですか。」

〔王倪は〕言った。「吾《わたし》がどうしてそれを《知れる》だろうか。」

「師は、ご自身の《知らない》というところを《知っている》のですか。」

〔王倪は〕言った。「吾《わたし》がどうしてそれを《知れる》だろうか。」

「ということはつまり、物ごとは《知りようがない》ということでしょうか。」

〔王倪は〕言った。「吾《わたし》がどうしてそれを《知れる》だろうか。

とはいうものの、〔吟味するために〕試みとしてこう言ってみよう。

どうして、吾《わたし》の《知っている》と謂うところは、〔そのことについて〕《知らないことは〔何も〕ない》ということになるかどうか《知れる》だろうか。

どうして、吾《わたし》の《知らない》と謂うところは、〔そのことについて〕《知っていることは〔何も〕ない》ということになるかどうか《知れる》だろうか。

そこで、さらに〔吟味するために〕試しに吾《わたし》からお前に問いを出してみよう。

民《ひと》は湿地で寝るなら、腰を病み、偏調をきたして死んでしまうが、鰌《どじょう》ではどうだろうか。

〔民《ひと》は〕木の上にいると、ガタガタと震えて恐れにのっとられてしまうが、猿ではどうだろうか。

いったい三者の誰が、正しい居処を《知っている》ということになるだろうか。

民《ひと》は、牛、羊や豚などを食べ、麋（一角獣）や鹿は、薦《せん》という野草を食み、
ムカデは、帯（ミミズや蛇）をじっくり長々と吟味して甘いと思い、
鴟《ふくろう》や鴉《からす》は、〔腐る寸前の〕鼠をうまいと思っている。
いったい四者の誰が、正しい味を《知っている》ということになるだろうか。
猿は猵狙（身を伏せている手長猿）を雌とみなし、
麋（一角獣）は鹿と交流し、鰌《どじょう》は魚とともに泳ぎ遊ぶ。
毛嬙《もうしょう》や麗姫《りき》は、人からすれば美しいと惹かれるところだが、
魚がこれを見れば、〔水中〕深くにもぐり込み、
鳥がこれを見れば、高みに飛び去り、
麋鹿がこれを見れば、堤を決壊して駆け逃げる。
四者の誰が、この世の正しい色ごと（魅力）を《知っている》のだろうか。
《我》からこういうふうに観察すると、
仁義の端正なけじめ付けや、是非の泥の塗りあいといったことも、
（正しさを追求するとなると）絡み合うようにして、交差してもつれているものだと思えるのだ。
《吾《わたし》》が、どうしてそれに対して区別をつける言い方を《知ること》ができるだろうか。」

【齧缺《げきけつ》、王倪《おうげい》に問いて曰く。】

▼齧缺　問乎王倪曰

齧缺《げきけつ》は〔師の〕王倪《おうげい》に尋ねて言った。

＊【齧】は「齒（歯でかむ）＋［丯（棒に傷）＋刀］」で、「かみきる」「かんで傷をつける」という意。

＊【缺】は「欠」の旧字体とされていますが、もとは別の字です。「缶（ほとぎ、土器）＋夬（くぼみに手をかけてえぐる）」で、「えぐりとる」「かけめができる」意となります。

＊【王】は「大＋一印（天）＋一印（地）」で、「手足を広げた人が、天と地の間に立つさま」で、もと「偉大な人」の意。

＊【倪】は「人＋兒（泉門がまだふさがらない頭＋足）」で、「弱く小さい」意。→「小さな子供」「細い末端」の他、「細目ですかし見る」などの意をもちます。（泉門とは、新生児の頭蓋の骨の境目で、骨化がまだ進んでいない結合組織膜の部分。成長とともに二歳前後で閉じます。）

◆通説では、【齧缺】は「齧欠」と新字体に変えて表記しています。
【齧欠《げきけつ》、王倪《おうげい》に問いて曰わく】は〔齧欠《げきけつ》が〔先生の〕王倪《おうげい》にたずねた、〕としています。

●【齧缺】は名前ですが、架空の人物であろうことからして、そこに意味が含まれていたものと想像します。【缺】は「欠」ともとは別の字のため旧字のまま解釈しました。そこで、あえてもとの意味を加味するならば、知的レベルのことを「噛みついてえぐりとることが好きな人」といったようなニュアンスになるでしょうか。

【王倪】も架空の人物で、「きわめておさない子のような状態の偉大な大人」というニュアンスをもつ名前のようです。

▼ 子知物之所同是乎
曰　吾悪乎知之

【「子《し》は物の同じく是《ぜ》とする所を知るか。」】
【曰く、「吾いずくんぞこれを知らんや。」】

「師《せんせい》は、物ごとを同等に肯定するところを《知っている》のですか。」
〔王倪は〕言った。「吾《わたし》がどうしてそれを《知れる》だろうか。」

*【悪（悪）】は「いずくんぞ」と読んで「どうして」という反語、反問の助詞になります。
◆通説では、【子《し》は物の同じく是《ぜ》とする所を知るかと。曰わく、吾れ悪《いず》くんぞこれを知らんと。】は「「先生はすべての存在がひとしく善しとして認めるような〔絶対的な価値を持つ〕ものをご存知でしょうか。」〔王倪は〕答えた、「わしに、どうしてそれが分かろう。」」としています。
●王倪が語る【知】は、微妙なニュアンスを含んでいるようです。齧缺は反語ととらえ、疑問形でありながら否定形の意味と同じ解釈をしているようですが、王倪は肯定でも否定でもない反問で応えているところがミソだと思います。師の言葉は、「《知っている》か」という問いに対して、「分かる」か否かではなく、「どうしてそれを《知れる》だろうか」と《知》という言葉にこだわった概念（《知》とはいかなるものかという問題）に意識を当てて反問しているようです。

▼　子知子之所不知邪
曰　吾悪乎知之

【「子は子の知らざるところを知るか。」】

【曰く、「吾いずくんぞこれを知らんや。」】


「師は、ご自身の《知らない》というところを《知っている》のですか。」

〔王倪は〕言った。「吾《わたし》がどうしてそれを《知れる》だろうか。」

◆通説では【子は子の知らざるところを知るか。曰わく、吾れ悪くんぞこれを知らんと。】は「「先生はご自分の分からないところをご存知でしょうか。」「わしに、どうしてそれが分かろう。」」としています。
●新解釈では、【知】とは何ぞやというテーマに沿った会話だとみなし、ここも「分かる」ではなく、あくまでも「知る」という言葉を使って翻訳しました。

▼　然則物無知邪
曰　吾悪乎知之

【「然らば則ち物を知ること無きか。」】

【曰く、「吾いずくんぞこれを知らんや。」】


「ということはつまり、物ごとは《知りようがない》ということでしょうか。」

〔王倪は〕言った。「吾《わたし》がどうしてそれを《知れる》だろうか。」

◆通説では、【然らば則ち物を知ること無きか。曰わく、吾れ悪くんぞこれを知らんと。】は「「それでは、すべての物は何も分からないのですか。」「わしに、どうしてそれが分かろう。」」としています。

●《物ごとを知る》ことに関して、齧缺は王倪の応えが反語で否定的な【不知】だと言っているのだととらえ、それは【無知】に等しいかと質問したのでしょう。王倪は決して「不知（知らない）」と答えているのではなく、一貫して「どうしてそれを《知れる》だろうか」という疑問形で答えているところがミソのようです。

▼雖然嘗試言之

【然りと雖《いえど》も嘗試《こころみ》にこれを言わん。】

とはいうものの、〔吟味するために〕試みとしてこう言ってみよう。

＊【試】は「言＋式（棒を用いて工作すること）」で、その人や物を使って仕事をやらせてみること。

◆通説では、【然りと雖《いえど》も嘗試《こころみ》にこれを言わん。】は［けれども、試《ため》しにそれについて話してみよう。］としています。

●【嘗】も【試】も「ためしてみる」意ですが、字源からすると、「吟味するために、〔言語を使って表現してみる〕試《こころ》みをしてみよう」ということになりそうです。

▼庸詎知吾所謂知之非不知邪

【庸詎《なん》ぞ吾のこれを知ると謂う所、知らざるに非《あら》ざると知るや。】

どうして、吾《わたし》の《知っている》と謂うところは、〔そのことについて〕《知らないことは〔何も〕ない》ということになるかどうか《知れる》だろうか。

……………………………………………………………………

＊【庸】も【詎】も反問をあらわすことば。【庸詎】で「どうして」「なんだって」の意。

◆【庸詎《なん》ぞ吾れの謂う所の知の不知に非ざることを知らん。】を、通説では反問とはせず、〔「わしが知っていると言ったことが実はわかっていないことであるかも知れないし、」と解釈しています。

●ここはちょっと微妙なニュアンスで成り立っている表現方法をとっているのだと解釈しました。【吾所謂知之】、つまり吾の《知っている》と謂うところは、〔そのことについて〕《知らないことは〔何も〕ない》ということとになるかどうか、それさえも【庸詎知～邪】、つまり「どうして～《知れる》だろうか」と反問〔疑問形に〕しているようです。

……………………………………………………………………

▼庸詎知吾所謂不知之非知邪

【庸詎ぞ吾のこれを知らざると謂う所、知るに非ざると知るや。】

どうして、吾《わたし》の《知らない》と謂うところは、〔そのことについて〕《知っていることは〔何も〕ない》ということになるかどうか《知れる》だろうか。

◆通説では、【庸詎《なん》ぞ吾れの謂う所の不知の知に非ざることを知らん。】は〔わしが知らないと言ったことが実は分かっていることであるかも知れない。〕としています。

●逆もまた同じく、【吾所謂不知之】、つまり、吾は《知らない》と謂うところは、〔そのことについて〕《知っていることは〔何も〕ない》ということと同義かどうか、【庸詎知～邪】、「どうして～《知れる》だろうか」とあくまでも反問（疑問形に）しているのだと解釈しました。

☆《知》とはいかなるものか、王倪は一貫して「どうして～《知れる》だろうか」と、既成概念を超えたところで返答しているようです。

齧缺《げきけつ》は〔師の〕王倪《おうげい》に尋ねて言った。

――【齧缺】の師が【王倪】です。『荘子・天地篇』によると、被衣→【王倪】→【齧缺】→許由→堯という順に師弟関係が成り立っていたとされています。しかし、これらは伝説上の人物として、実在する人物ではないために、名前に意味がこめられているようです。

【齧缺】は《知》という概念について非常に関心を持っているようです。師の《知るところ》に食い入るように「噛みつき」、次々に質問しながらあたかも「えぐりとる」かのようにして《知りたい》と思っている人物のようです。

一方【王倪】は、イメージとしては、「ナイーブなおさな子のような要素をもつ偉大な人」といったところでしょうか。一筋縄では、簡単にとらえることができない《知》の概念をもっている人物のようです。

「師《せんせい》は、物ごとを同等に肯定するところを《知っている》のですか。」

〔王倪は〕言った。**「吾《わたし》がどうしてそれを《知れる》だろうか。」**

――かじりつきえぐりとりたい性分の齧缺の知的探究心は、とても旺盛なようです。「道」について、どこかで小耳に挟んだに違いない「物ごとを同等に肯定することができる（万物斉同の）境地」を、師の王倪なら《知っている》に違いないと思い、その真相を《知りたい》と思って質問をしたのでしょう。齧缺にしてみたら、《知っている》か《知らない》か、どちらかの答えが返ってくるものだと思っていたのでしょう。

ところが王倪は、二者択一の答えではなく、ただ反応した応えで、反対に「吾がどうしてそれを《知れる》だろうか。」と疑問を投げ返しているだけです。

「師は、ご自身の《知らない》というところを《知っている》のですか。」

〔王倪は〕言った。**「吾《わたし》がどうしてそれを《知れる》だろうか。」**

――それなのに、齧缺は答えは「イエス」か「ノー」かのどちらかとしか理解しておらず、師は反問ではなく反語で《知らない》（「ノー」）と答えたものだと思いこみ、次の質問が生まれたのでしょう。これも「道」について、よくパラドックスのような形で表現されることから、「自身の《知らない》というところを《知っている》》（不知の知の境地な）のか」という質問をしたのでしょう。

ところが、やっぱり王倪は答えではなく、応えで「どうしてそれを《知れる》だろうか。」と反問を繰り返しているだけです。

「ということはつまり、物ごとは《知りようがない》ということでしょうか。」

〔王倪は〕言った。**「吾《わたし》がどうしてそれを《知れる》だろうか。**

――齧缺は二番目の質問に対しても、師は《知らない》と答えているものだと思い、「道」においては、「物ごとは《知りようがない》もの〔無知の境地〕」だろうかと、とにかく《知》の認識についての落としどころを見い出そうと、どこかで聞きかじった言葉をあてはめて把握しようとしてこの三番目の質問をしたのかもしれません。それに対しても、師は同じ反問をしているだけで、《知っている》とも《知らない》とも言っていません。

私たちは誰もが、《知っている》かどうかという疑問に対しては「イエス」か「ノー」か、はっきりさせたいものです。ところが、師の王倪の応対は、なんともシブイものです。齧缺は自分より優れた《知》を持っている者から、正しい答えを《知った》なら、自分も同等の《知》を得られるものだと簡単に考えていたのかもしれませんが、本当の《知》と言えるものは、そんな単純なものではないということが王倪の反応からうかがえます。

とはいうものの、〔吟味するために〕試みとしてこう言ってみよう。

――師の王倪は、単純に「イエス」か「ノー」では答えないかわりに、吟味するために齧缺の質問にしっかり応じた形で反問を用いているようです。それでも、齧缺は反語で「知らない」と言われているものだとしか理解が追い付いていないようなので、もう一歩踏み込んだ表現を試みようとしているようです。

どうして、吾《わたし》の《知っている》と謂うところは、〔そのことについて〕《知らないことは〔何も〕ない》ということになるかどうか《知れる》だろうか。

――齧缺は《知っている》かどうか簡単に尋ねますが、王倪は《知る》ということ自体、簡単に語れるものではなく、もっと奥の深いものだと言っているようです。定説になっている「私の知っているということが、実は知らないことであるかも知れない。」などと言っているのではなく、《知》＝《非不知》とかどうか《知れる》だろうかと、きわめて「正論」を述べて、齧缺が《知っている》ということについてもっと奥深く自分で考えられるようにと反問しているようです。

どうして、吾《わたし》の《知らない》と謂うところは、〔そのことについて〕《知っていることは〔何も〕ない》ということになるかどうか《知れる》だろうか。

――また同様にして、王倪は《不知》＝《非知》かどうか《知れる》だろうかと反問しています。

齧缺がこれなら《知っている》のかと王倪から「イエス」というお墨付きをもらいたがって質問を繰り返すのに対して、師の示す《知》とは、違うところを指しているようです。師なるものの対応は、「何も答えていない」かのようでいて、その実、相手の認識を踏まえてしっかりと「応えている」ようです。

原文では「いずくんぞこれを知らんや。」も反語と解釈すれば「知らない」となり、「不知」も「無知」も「非知」も日本語では全部「知らない」と訳されますが、ニュアンスとして微妙な違いがあるのかも知れませんね。

▼且吾嘗試問乎女

【且つ吾嘗試《こころみ》に女《なんじ》に問わん。】

そこで、さらに〔吟味するために〕試しに吾《わたし》からお前に問いを出してみよう。

◆通説では、【且】を訳していません。

【且つ吾れ嘗試《こころみ》に女《なんじ》に問わん。】は［ひとつ試しにお前にたずねてみよう。］としています。

●【且】ということで、これまでの反問だけではなく、王倪の方からの《知》とはいかなるものかという「さらなる」吟味のためのアプローチを試みようとしているようです。

> ▼ 民溼寢則腰疾偏死
> 鰌然乎哉

【民は湿に寝《い》ぬれば則ち腰疾し偏死するも、
【鰌《しゅう》は然らんや。】

民《ひと》は湿地で寝るなら、腰を病み、偏調をきたして死んでしまうが、鰌《どじょう》ではどうだろうか。

＊【民】は「目を針で刺すさま」の象形文字。↓「目を見えなくした奴隷」↓「目の見えない人ように物のわからない多くの人々」↓「大衆」となったものです。

＊【疾】は「疒＋矢」で、「矢のようにはやく進む」又は「急に進行する病気」。

＊【偏】は「人＋扁（中心から離れてかたよる）」。

＊【鰌】は「魚＋酋（しまって細い）」で「ドジョウ」。

◆通説では、【民】は普通に「人間」と訳しています。【民は湿《しつ》に寝《い》ぬれば則ち腰疾《ようしつ》し偏死《へんし》するも、鰌《しゅう》は然らんや。】は［人間は湿地で寝ていると腰の病気になって半身不随で死ぬが、鰌《どじょう》はそうではあるまい。］としています。

●ここでは「人」のことを【民】と表現しているところがクセモノですね。「目が見えない人のように物のわからない一般大衆」の意を残して、「民」のまま、ルビを「ひと」としました。【鰌《しゅう》は然らんや。】はあくまでも否定形ではなく疑問形としました。どんな小さなことでも自分で答えを導き出せと言わんばかりのようです。

▼木處則惴慄恂懼
猿猴然乎哉

【木に処《お》れば則ち惴慄恂懼《ずいりつじゅんく》するも、】
【猿猴《えんこう》然らんや。】

〔民《ひと》は〕木の上にいると、ガタガタと震えて恐れにのっとられてしまうが、猿ではどうだろうか。

＊【處（処）】は「夂（あし）＋几（だい）」で、「足を止めて台に腰をすえること」。
＊【惴】は右側の字が音をあらわす形声文字。「どきどきと動悸を打つこと」。
＊【慄】は「心＋栗（いが→刺す）」で、「ひりひりと刺激する感じ」→「震える」「おそれる」こと。
＊【恂】は「心＋旬（手を巡らす＋日）」で、「心を全ての面に行き巡らすこと」。
＊【懼】は「心＋瞿（きょろつく鳥の目）」で、「おどおどする不安な気持」。
◆通説では、【木に処《お》れば則ち惴慄恂懼《ずいりつじゅんく》するも、猿猴《えんこう》は然らんや。】は「木の上にいるとふるえ上がってこわがるが、猿はそうではあるまい。」としています。

●単に「おそれる」だけではなく、【惴慄恂懼《ずいりつじゅんく》】とはまた大げさな表現ですね。「木の上にいると、ガタガタと震えて恐れにのっとられてしまうが、」としました。ここも否定形ではなく疑問形としました。

▼三者孰知正處

【三者孰《いず》れか正処《せいしょ》を知らん。】

いったい三者の誰が、正しい居処を《知っている》ということになるだろうか。

◆通説では、【三者の孰れか正処を知る。】は「この三者のどれが本当の居所を知っていることになるのか。」としています。

●通説と大差ありませんが、【正】は「本当の」とはせず、「正しい」とそのまま訳しました。

▼民食芻豢

【民は芻豢《すうけん》を食らい、】

民《ひと》は、牛、羊や豚などを食べ、

＊【芻】は「［屮（くさ）＋勹（つつんでしばる）］×2」で、「束ねたくさ」の意。↓「草食の家畜（牛・羊）」。

＊【豢】は「家＋巻（とりまく）の略体」で、「囲いの中に豚を入れて飼うこと」。「雑食家畜（豚）」。

◆通説では、【民は芻豢を食らい、】は［人間は牛や豚などの家畜を食べ、］としています。

●【芻】は、「くさ（野菜）」かもしれないと思ったのですが、ここは「草食の家畜（牛、羊）」としてきました。

▼麋鹿食薦

【麋鹿《びろく》は薦《せん》を食らい、】

麋（一角獣）や鹿は、薦《せん》という野草を食み、

＊【麋】は「鹿＋米」で「姿のよいしか」ですが、古くは「四不像獣」を指していたようです。

■「四不像獣」とは「四つの似て非なる姿の獣」という意味です。「角は鹿に似ているが鹿でない。頸は駱駝に似ているが、駱駝でない。蹄は牛に似ているが、牛でない。尾は驢馬に似ているが、驢馬でない獣」又は「角は鹿に似て鹿でない、頭は馬に似て馬でない、体は驢馬に似て驢馬でない、蹄は牛に似て牛でない獣」その他「一角獣」などの説があります。

＊【薦】は「艸＋廌（一角獣のすがた）」で、もとは「神聖な一角獣が食うそろった草」。

■「廌」は、鹿と馬の字の一部分を兼ねた形の象形文字。「鹿に似ていて、角は一本。足は馬に似ている獣」又は「牛か羊に似た一角獣」。悪者に触れてその非を正す性質があると信じられていた聖獣で、「四不像獣」と同一の獣のようです。

◆【麋鹿《びろく》は薦《せん》を食らい、】は、通説ではここは［鹿の類は草を食い、］としていますが、後で【麋】は「と

なかい」としています。

●【虆】は、「【蘮《せん》】という野草を食み」とあるため、「一角獣」としました。

▼蝍蛆甘帯

【蝍蛆《そくしょ》は帯を甘しとし、】

ムカデは、帯（ミミズや蛇）をじっくり長々と吟味して甘いと思い、

＊【蝍蛆】は【蝍】の「虫＋卽（くっついてはなれない）」と【蛆】の「虫＋且（かさなる）」で「むかで」のことです。

＊【甘】は「口＋・印」で、「印で示した食物をじっくり長く口中で含味する」→「うまい（あまい）物」の意となったものです。

＊【帯（帶）】は「ひもで物を通した姿＋巾（たれ布）」で「身につける長いおび」。

◆通説では、【帯】は「蛇」としています。【蝍蛆《そくしょ》は帯《へび》を甘《うま》しとし、】は、［むかでは蛇をうまいと思い、］としています。

●新解釈では、ムカデはその食生活から、【帯】は「ミミズや蛇」だと解釈しました。

▼鴟鴉耆鼠

【鴟《し》鴉《あ》は鼠を耆《この》む。】

鴟《ふくろう》や鴉《からす》は、〔腐る寸前の〕鼠をうまいと思っている。

＊【鴟】は「鳥＋底（じっと止まる）の略体」で「昼間、休んでいるふくろう」のこと。

＊【鴉】（あ）は「牙（ガ）」を音符とする形声文字。鳴き声から「からす」のこと。

＊【耆】は「老の略＋旨（うまみ）」で「年を経てうまみの出た事」を表します。↓「老いた物を渋味のあるうまさと感じること」。

◆通説では、【鴟鴉《しあ》は鼠《ねずみ》を耆《この》む。】は「鳶《とび》や烏は鼠《ねずみ》を好む」としています。

●大意に影響はありませんが、【鴟】は「ふくろう」としました。【耆鼠】は「〔腐る寸前の〕鼠をうまいと思っている」としました。

▼四者孰正味

【四者孰れか正味を知らん。】

いったい四者の誰が、正しい味を《知っている》ということになるだろうか。

＊【味】は「口＋未（細いこずえ＝微）」で、「口で微細に吟味すること」。

◆通説では【四者は孰れか正味を知る。】は［この四類の中でどれが本当の味を知っていることになるか。］としています。

●通説と大差ありません。

▼猿猵狙以爲雌

【猿は猵狙《へんそ》以て雌と為し、】

猿は猵狙（身を伏せている手長猿）を雌とみなし、

＊【猵】は、「犬＋扁（うすく平ら）」で、「身を平らにして伏せる動物」。
＊【狙】は形声文字。「犬＋且（ショ）」で、「てながざる」です。
◆【猵狙】は、想像上の犬と猿のあいのこの「いぬざる」というのが定説です。
通説では、【猿《えん》は猵狙《へんそ》以て雌《し》と為《な》し、】は［猿《さる》は猵狙《いぬざる》がその雌《めす》として求め、］としています。
●【猵狙】が架空の獣だとする説はとらず、「身を伏せている（別種の）手長猿」としました。

▼麋與鹿交

【麋《び》は鹿と交わり、】

麋（一角獣）は鹿と交流し、

◆通説では、【麋は鹿と交わり、】は「麋《となかい》は鹿と交わり、」としています。
●【麋】は「なれじか」という説もありますが、先に説明したように「一角獣」としました。

▼鰌與魚游

【鰌《どじょう》は魚と游《あそ》ぶ。】

鰌《どじょう》は魚とともに泳ぎ遊ぶ。

◆【鰌は魚と游ぶ。】は、通説では「鰌《どじょう》は魚と遊ぶ。」としています。

●ここは、通説と大差ありません。

▼毛嬙麗姫人之所美也

【毛嬙《もうしょう》・麗姫《りき》は、人の美とする所なれど、】

毛嬙《もうしょう》や麗姫《りき》は、人からすれば美しいと惹かれるところだが、

＊【毛嬙《もうしょう》・麗姫《りき》】は、古代の美女の代表とされていた人です。

＊ちなみに【嬙】は「すらりとした背の高い女性」の意があります。

＊【麗】は「鹿の角がきれいに二本ならんだ姿を描いたもの」で「うるわしい」意があります。

◆通説では、【毛嬙《もうしょう》・麗姫《りき》は人の美とする所なるも、】は「毛嬙や麗姫は、人はだれもが美人だと考えるが」としています。

●生き物どうしの「交流のため身を寄せるもの」を列記しているところなので、「毛嬙や麗姫は、人からすれば美しいと惹かれるところだが、」と「惹かれる」という言葉を補いました。

▼ 魚見之深入
鳥見之高飛
麋鹿見之決驟

【魚はこれを見れば深く入り、】
【鳥はこれを見れば高く飛び、】
【麋鹿はこれを見れば決して驟《はし》る。】

魚がこれを見れば、〔水中〕深くにもぐり込み、
鳥がこれを見れば、高みに飛び去り、
麋鹿がこれを見れば、堤を決壊して駆け逃げる。

＊【決】は「水＋夬［コ印＋又（手）＋指一本］（コ型に物に引っかける）」で、「水によって堤防がコ型にえぐられること」→「がっと切る」→「決まる」意。
＊【驟】は「馬＋聚（ぐっと引きしめる、つめる）」で「さっと走る」意。

◆通説では、【魚はこれを見れば深く入り、鳥がこれを見れば高く飛び、麋鹿がこれを見れば決して驟《はし》る。】は［魚はそれを見ると水底深くもぐりこみ、鳥はそれを見ると空高く飛び上がり、鹿はそれを見ると跳びあがって逃げ出す。］としています。

●人（男）から美女を見たら惹きつけられるでしょうが、それは人間に限られた感覚にすぎないと言っているようですね。水辺（沢）にいる魚や鳥や麋鹿は惹かれるどころか一刻も早く遠ざかり逃げ急ぐというわけです。

▼四者孰知天下之正色哉

【四者孰れか天下の正色を知らん。】

四者の誰が、この世の正しい色ごと（魅力）を《知っている》のだろうか。

＊【色】は、かがんだ女性と、かがんでその上に乗った男がからだをすりよせている象形文字。「顔やすがた」「いろどり」などの意。また「すり寄せる」意を含みます。即（そばにすりよってくる）・則（くっつく）などと同系のことば。「男女間の情欲」。

◆通説では、【色】を「美」と訳しています。

【四者孰れか天下の正色を知らん。】は［この四類の中でどれが世界中の本当の美を知っていることになるのか。］としています。

●【色】は、「すり寄りたくなるような衝動」をともなう「色ごと（魅力）」の意ととりました。

▼自我観之　仁義之端
是非之塗　樊然殽亂

【我よりこれを観れば、仁義の端《たん》、】
【是非の塗《と》は、樊然《はんぜん》として殽乱《こうらん》す。】

《我》からこういうふうに観察すると、

仁義の端正なけじめ付けや、是非の泥の塗りあいといったことも、

（正しさを追求するとなると）絡み合うようにして、交差してもつれているものだと思えるのだ。

＊【端】は、「立＋耑（布のはしが一印を挟んで垂れそろうさま）」で、「左右がそろってきちんと立つこと」。

＊【塗】は「水＋土＋余（コテでおしのける）」で「泥をコテでのぬりのばす」意。

＊【樊】は、「棥（林＋交差の印で、枝を×型にからみあわせること）＋大（左右の手をそらす）」で、「枝を）型や（型にそらせてからませること」↓「まがき（木の枝をそらせ、からませてあんだ垣根）」「かご（細い枝をそらせ、からませてあんだ鳥かご）」。

＊【殽】は「殳（人の手が加わる）＋肴（交差しておいた肉）」で、「交差してまじえる」意。

＊【亂（乱）】は、「𤔔（糸を上と下から手で引っぱるさま）＋乙（押さえる）」意。「あわせてもつれた糸を両手であしらうさま」を示します。「もつれ」「もつれに手を加える」などの意を表します。

◆通説では【我れよりこれを観れば、仁義の端《たん》・是非の塗《と》（途）は、樊然として殽乱す。】は「わしの目から見ると、（世間での）仁義のあり方や善し悪しの道すじは、雑然と混乱している。」としています。

●【仁義之端】のニュアンスを日本語にするのは難しいのですが、「（こうあるべきとして形式的にきちっと型にはめられたような）仁義の端正なけじめ付け」としました。【是非之塗】は、是非論での相手を塗りつぶすようなイメージの「是非の泥の塗りあい」としました。【樊然として殽乱す】は、ただ単に「雑然としている」のではなく、むしろ「整然としている」とも言えるものの、例えで見てきたように「正しさ」を競う是非論などとなると、「交差してもつれている」としか言いようがない……と言っているようです。

▼ 吾悪能知其辯

【吾、いずくんぞ能く其の弁を知らん。」】

《吾《わたし》》が、どうしてそれに対して区別をつける言い方を《知ること》ができるだろうか。」

◆通説では、【吾れ悪くんぞ能く其の弁《べん》（別）を知らん。】は〔その区別をわきまえることが、どうしてわしにできようか。〕」としています。

●【辯（弁）】については何度も説明してきましたが、「区別をすること」というより「区別して《言う（弁舌する）こと》」という意味だととらえています。「それに対して区別する《言い方（弁舌する仕方）》をどうして《知ること》ができるだろうか」という質問形式で、さらなる《知》に対する問題提起をしているのだと解釈しました。

☆師の王倪は、齧缺の質問に「イエス」「ノー」で答える代わりに、反対に質問をするかたちで話に応じてくれているようです。

そこで、さらに〔吟味するために〕試しに吾《わたし》からお前に問いを出してみよう。

――王倪は《知》と《不知》や《非知》《無知》について直球的な言葉を使って説明（質問）を試みましたが、さらにもっと吟味するために、変化球的な質問を投げかけているようです。

民《ひと》は湿地で寝るなら、腰を病み、偏調をきたして死んでしまうが、

鰌《どじょう》ではどうだろうか。

――世間一般の人（民）は、「湿地で寝る」などという発想をもったこともないでしょうが、もしそんなことをしてしまったら、「病気になるだけでなく、死んでしまう」ことになってしまうでしょうが、「鰌ならどうだろうか？」と質問しています。小さなこだわりですが、あくまでも王倪は質問形式をとっていて、通説のように「鰌はそうではあるまい」と断定的な判断を自ら下すようなものの言い方をしていないところがミソだと思います。見えやすい喩えに齧缺自身で答えられる質問を投げかけているのだと思います。

〔民《ひと》は〕木の上にいると、ガタガタと震えて恐れにのっとられてしまうが、猿ではどうだろうか。

――世間一般の人（民）は、「木の上にいる」ことになれば、「背中はズイズイ、目はキョロキョロ……恐怖と不安に足はすくむだろう」とちょっと仰々しいほどの表現で対比させているようですが、「猿ではどうだろうか」と、ここでも質問しています。

いったい三者の誰が、正しい居処を《知っている》ということになるだろうか。

――民と鰌と猿のそれぞれは「自分の居処はどこか《知っている》か？」と尋ねられたら、「《知っている》」とそれぞれの場所を答えられるかもしれませんが、では「誰が正しい居処を《知っている》か」と尋ねられたら、答えに窮します。「正しい」という価値判断は、簡単に《知れる》概念ではないということを如実に表しているようです。

民《ひと》は、牛、羊や豚などを食べ、

――世間一般の人は、家畜の牛や羊や豚をおいしいと思って食べています。

麋（一角獣）や鹿は、薦《せん》という野草を食み、

――わざわざ架空の聖獣を引き合いに出しているのは何か意図があってでしょうか。

別の箇所にこんな話があります。

> 神人から聖獣をおくられた黄帝は、「何を食べ、どこに処るか」と尋ねると、神人は「薦を食べ、夏は水沢、冬は松柏に処る」と答えた。

ここでは、麋（一角獣）だけでなく鹿も薦を食べるとしていますが、薦とはもともとは神聖な野草だったのかもしれませんね。

ムカデは、帯（ミミズや蛇）をじっくり長々と吟味して甘いと思い、

――「ムカデ」の類は「ミミズ」を食べるようですが、「おおむかで」の類で自分の体の倍以上大きい生きた「蛇」をじわじわと食べている動画を見つけました。また、「蛇」が「ムカデ」を丸飲みしたところ、「ムカデ」が「蛇」の胃袋を内側から食いちぎって出てきて、反対にじっくりと食い尽くしたといった事例もあるようです。「帯」としていることから、長ぼそいもの、「ミミズや蛇」を食べるのだとしました。

鴟《ふくろう》や鴉《からす》は、〔腐る寸前の〕鼠をうまいと思っている。

――「耆」という字を使っているところから、新鮮な物ではなく、時間が経ったもの、つまり「腐る寸前のもの」を好むのだと受け取り、言葉を補足しました。別の箇所には「腐鼠」とあります。

『荘子・秋水篇』の中に次のような話があります。（要約）

恵子《けいし》が梁《りょう》の国の宰相であった時、荘子が訪ねていって彼に会おうとしていた。ところが、ある人が恵子に「荘子がやってくるのは、あなたに代わって宰相になろうとしているのだ」と言った。すると恵子は恐れおののいて三日三晩荘子の所在を捜し回った。

〔そのことを知った〕荘子は、恵子にいよいよ会った時、次のような話をした。

「鵷鶵《えんすう》（想像上の鳥。鳳凰の一種）という鳥が南から北へと飛んでいた。その鳥は梧桐《あおぎり》の木にだけ止まり、練（上質）の実しか食べず、甘露の泉の水しか飲まない鳥だった。しかし、【腐鼠】を捕まえていた【鴟《ふくろう》】はその鳥を見て、〔自分の獲物を取られるのではないかと心配して〕にらみつけ、カッとおどし鳴いたということだ。さて、あなたも梁国での自分の地位を奪われるのではないかと心配して、私に向かってカッとおどすつもりですか。」

わかりやすい比喩ですね。

いったい四者の誰が、正しい味を《知っている》ということになるだろうか。

——四者の違う生き物を引き合いに出して、（個別の好みの味は《知っていて》も、）誰か「正しい味」を《知りようがあるか》というわかりやすい質問をしていますが、実は、恵子と荘子の話に例えているように人間どうしに通用する話と言えそうです。

猿は猵狙（身を伏せている手長猿）を雌とみなし、

麋（一角獣）は鹿と交流し、

鰌《どじょう》は魚とともに泳ぎ遊ぶ。
――「猵狚《へんそ》」は定説になっている「いぬざる」という想像上の動物かもしれませんが、ここでは、「身を伏せた異種の猿（手長猿）」としておきました。猵狚は猿にとって色気たっぷりの雌に見えたということでしょうか。「麋《び》」の方は先に説明しましたが、想像上の聖獣である「一角獣」と解釈し、鹿と交流する……と言っているものととらえました。この二者は異種であっても、類似する仲間として惹きつけあう魅力（色）を感じているということになるでしょうか。同様に「鰌《どじょう》は魚とともに泳ぎ遊ぶ」……と言っています。

毛嬙《もうしょう》や麗姫《りき》は、人からすれば美しいと惹かれるところだが、
魚がこれを見れば、〔水中〕深くにもぐり込み、
鳥がこれを見れば、高みに飛び去り、
麋鹿がこれを見れば、堤を決壊して駆け逃げる。
――ここのシチュエーションは、三種類の生き物たちが水辺（沢）にいるところに、人を惹きつける色気のある美女が登場したらどうなるか、その情景を浮き彫りにしているようです。彼女たちの姿を見た魚は一目散に下方深くにもぐりこみ、鳥は上方高く飛び去り、麋鹿は堤を決壊して横方向に駆け逃げていくという、そういった空間のワンシーンが描かれているようです。三者たちにとっては、人の美とするところに何の魅力も感じることなく、近寄るどころか遠ざかるだけだ……と言っているのでしょう。

四者の誰が、この世の正しい色ごと（魅力）を《知っている》のだろうか。
――おのおのはその類の中での惹きつけ合う魅力的な色ごとを《知っている》のかもしれませんが、この天下における「正しい色ごと」を誰が《知っているか》と質問を投げかけています。この問いは、《知りようがない》と言っていることに等しく感じるかもしれませんが、王倪はあくまでも否定形を使わず、疑問形で終わっているところに含みが隠されているように思います。

《我》からこういうふうに観察すると、

――「質問」を投げかけている時には自分のことを《吾》としていますが、ここだけは《我》としているのは、断定的に「私見」を述べているために意図的に区別して使っているのかもしれませんね。ただし「私見」といっても、ただ「見るなら」というよりは、クリアな意識で「観察するなら」というニュアンスが強いように感じます。

仁義の端正なけじめ付けや、是非の泥の塗りあいといったことも、

（正しさを追求するとなると）絡み合うようにして、交差してもつれているものだと思えるのだ。

――儒墨の争いのように、かくあるべきとするような「仁義の端正なけじめ付け」や、肯定と否定が交錯する水掛け論の泥バージョンのような「是非の泥の塗り合い」とは、よく観察してみるなら、通説のようにただ「雑然と混乱している」というのではなく、むしろそれぞれは「端」がそろうように整然としており、その水掛け論は、我こそは正処や正味や正色を《知る》者だと言っているようなもので、それは結論を出すことができないことだというのに、それを主張しあうことによって、それが互いに絡み合い、交差してもつれあっている状態に思えるのだ……と言っているようです。

《吾《わたし》》が、どうしてそれに対して区別をつける言い方を《知ること》ができるだろうか。」

――ここの最後にも、反語的に言っているのではなく、「それに《区別をつける言い方》をどうしてわたしが《知ること》ができるだろうか」と疑問形に留めて語っているようです。ある意味「よく観て（その構造を）《知っている》」といえるのかもしれません。《知ること》ができないのは、《区別をつける言い方》にかぎってのことかもしれません。

『荘子・至楽篇』にこんな話があります。

咸池《かんち》（黄帝の楽曲）や九韶《きゅうそう》（舜の楽曲）の音楽であっても、それを洞庭（名勝とされる湖の沿岸）の野で披露すると、鳥はこれを聞いて飛び立ち、獣はこれを聞いて走り去り、魚はこれを聞いて水の下へと入りこむが、衆人はこれを聞いて、お互いつれだって集い観賞する。魚は水中におれば生きていけるが、人は水中におれば死ぬだろう。これらは必ず互いに異なっているから、その好悪のありかたも根本的に異なっているのだ。故に先の聖人はそれぞれの能力は一つのものだとはせず、それぞれの事がらは同じではないと心得ていた。

今回の話の中では、王倪の反問で終わっています。反語で否定しているとみるのが一般的ですが、この話のように聖人のもののとらえ方として、「それぞれの事がらは同じではないと心得ていた。」と肯定的に言っている場合もあるようです。王倪は否定形ではなくあくまでも疑問形のままに残しているところに、世間の《知》の《無知》性に気づかせてくれただけではなく、《知》の《未知》なる可能性を匂わせているようにも思えます。

九‐二、齧缺と王倪（二）至人

齧缺曰
子不知利害
則至人固不知利害乎
王倪曰
至人神矣
大澤焚而不能熱
河漢沍而不能寒
疾雷破山風振海而不能驚
若然者乘雲氣騎日月
而遊乎四海之外
死生无變於己
而況利害之端乎

齧缺曰く、
「子《し》は利害を知らずば、
則ち至人《しじん》はもとより利害を知らざるか。」
王倪曰く、
「至人は神《しん》なり。
大沢《だいたく》焚《や》くれども熱する能わず、
河漢沍《こお》れども寒する能わず、
疾雷、山を破り、風、海を振わすとも驚かす能わず。
然《かく》くの若《ごと》き者は雲気に乗じ日月に騎《の》りて、
四海の外に遊び、
死生も己を変えうることなし。
而るをいわんや利害の端《たん》をや。」

齧缺が言った。「師《せんせい》は利害のことは《知らぬこと》のようですが、するど、至人というのは、もともと利害なんて《知らぬこと》なのですか。」

王倪は言った。「至人は、精神的に不思議な力をもっているのだ。大きな沢が焚《や》かれても、熱がらせることはできず、黄河や漢水が凍っても、寒がらせることはできず、疾走する雷が山を裂き、風が海を揺さぶろうとも、驚かせることはできない。このような人は、雲気に乗じて、日月に騎《また》がり、四海（有限な物理世界）の外で遊び、死生によっても、《おのれ》が変わることはない。いわんや、利害の帳尻合わせなど、意に介するわけがあろうか。」

▼齧缺曰
子不知利害
則至人固不知利害乎

【齧缺曰く、】
【「子《し》は利害を知らずば、】
【則ち至人《しじん》はもとより利害を知らざるか。」】

齧缺が言った。
「師《せんせい》は利害のことは《知らぬこと》のようですが、
すると、至人というのは、もともと利害なんて《知らぬこと》なのですか。」

＊【利害（害）】は周知のとおり、普通「利益と損害」を表します。
◆通説で（金谷氏）は、九（章）と区切って十（章）としています。
【齧缺曰わく、子は利害を知らず、則ち至人は固より利害を知らざるかと。】は「齧缺が言った、「先生は利害のことをご存知ではありませんが、すると至人《しじん》すなわち理想的人格者はもちろん利害をわきまえないのでしょうか。」」としています。
◆岸氏や藤堂氏（池田氏）は一続きのもの（章）として、つなぎになる言葉を補足して解釈しています。
●新解釈では、同じ九（章）としましたが、一区切りつけた話だとして（二）としました。
齧缺の質問の【不知】というのは、利害に対して「無頓着」に近いか「あずかり知らぬこと」つまり「興味も関心も全くなく、《何も知らない》状態」といったニュアンスでしょうか。《知らぬこと》と訳しておくことにしました。

【至人】は、「理想的人格者」ではなく、道を知るに「至った人」と言えるでしょう。齧缺の質問は、その【至人】は特別な人で、【固】で「もとより（もともと）」、「生まれてことかた」、【不知利害乎】つまり、「利害に対しては《知らぬこと》なのか」ということを判明したいという点にあるのだと思います。

▼王倪曰　至人神矣　【王倪曰く。「至人は神《しん》なり。】

王倪は言った。「至人は、精神的に不思議な力をもっているのだ。

＊【神（神）】は前にも説明したように、「示［天からの顕現＋申（いなずまの伸びる姿）］」で、「雷のような不可知な自然の力」↓「不思議な力」「目に見えぬ心の働き」。

◆【王倪曰わく、至人は神《しん》なり。】は、通説では［王倪はいった、「至人は霊妙である。」］としています。

●ここでは【神】は「精神的に不思議な力をもっている」と解釈しました。

▼大澤焚而不能熱

【大沢焚《だいたくや》くれども熱する能わず、】

大きな沢が焚《や》かれても、熱がらせることはできず、

＊【澤（沢）】は「水＋睪（・―・―・の形に数珠つなぎに並べて、その中から選び出すこと）」で、「・―・―・の形に、草地と水たまりがつながる湿地」。

＊【焚】は「林＋火」で、「木々が燃えること」。

＊【熱】は、もとは「火＋埶（人がすわって植物を植え育てるさま）」で、「火が燃えてあついこと」。

◆通説では、【大沢焚《だいたくや》くれども熱《あつ》からしむる能わず、】は、［大きな沢地の草むらが燃えあがっても熱《あつ》がらすことはできず、］としています。

●ここは、通説と大差ありません。

▼河漢沍而不能寒

【河漢沍《こお》れども寒する能わず、】

黄河や漢水が凍っても、寒がらせることはできず、

＊【河】はこの一字で「黄河」のことを表すことがあります。
＊【漢】は「水＋莫（動物のあぶらを火でもやす↓かわく）」で、もとは「水のない銀河」↓また、古くから「湖北省漢水」の名ともなったものです。
（＊【河漢】で、「銀河（天の川）」を意味することもあるようです。）
＊【沍】は「水＋互（交差して閉じる）」で、「涸れる」「ふさがる」「凍る」の意。
＊【寒（寒）】は「寒（宀の下に物を積んで手で穴をふさぐ）＋冫（こおり）」で「さむいこと」。
◆【河漢沍《こお》（凍）るとも寒《さむ》からしむる能わず、】は、通説では「黄河や漢江の水が凍っても寒がらすことはできず、」としています。
●ここも、通説と大差ありません。

▼疾雷破山風振海而不能驚

【疾雷、山を破り、風、海を振わすとも驚かす能わず。】

疾走する雷が山を裂き、風が海を揺さぶろうとも、驚かせることはできない。

＊【疾】は前にも説明したように、「疒＋矢」で「矢のようにはやく進む」などの意。
＊【雷】は、もとは「雨＋田三つ（ごろごろと積み重なったさま→音の借用）」。
＊【破】は「石＋皮（音符）」の形声文字。「やぶる・わる（表面をわる・さいてわける）」。
＊【振】は「手＋辰（はまぐり貝が開いてぴらぴらとふるう舌の出たさま）」。
＊【驚】は「馬＋敬（羊の角に触れないように、はっと体をかがめたさま）」で、「敏感な馬が、はっと緊張すること」を表しています。

◆通説では、【疾雷】との対照から、【風】を「飄風」と言葉（飄）を補って解釈する説に従って訳しています。
【疾雷《しつらい》の山を破り飄風《ひょうふう》の海を振《うご》かすとも驚かしむる能わず。】は、「激しい雷が山をくだき、つむじ風が海をゆり動かしても、驚かすことはできない。」としています。
●大意にあまり影響はありませんが、新解釈では【風】は普通に「風」と訳しました。
▼　若然者乘雲氣騎日月
　　而遊乎四海之外

【然《かく》くの若《ごと》き者は雲気に乗じ日月に騎《の》りて、】
【四海の外に遊び、】

このような人は、雲気に乗じて、日月に騎《また》がり、
四海（有限な物理世界）の外で遊び、

＊【乘（乗）】は「人＋舛印（左右の足）＋木」で「人が両足で木の上にのぼった姿」。「乗り物にのること」「機会につけこむ・機会を利用して物事を行うこと」。
＊【雲】は「雨＋云（湯気が一印につかえて、もやもやとこもるさま）」。
＊【氣（気）】は「米＋气（いきが屈曲しながら出てくるさま）」で「蒸気」のこと。
＊【雲気】は「雲のように空中にあらわれるという気」。（昔はこれにより吉凶を占った。）
＊【騎】は「馬＋奇（不安定な形で重みをかけること）」で「のる」「またがる」こと。
＊【四海（海）】は「四方の海」→「世界・天下」のこと。
◆通説では、【然《かく》くの若《ごと》き者は、雲気に乗じ日月に騎《の》りて、四海の外に遊び、】は［このような人物は、雲や大気に乗り日や月にうちまたがって、この世界の外に出て遊ぶのである。］としています。
●表面上の訳には大差はありません。ただし微妙なニュアンスが少し違っているようです。
新解釈では、【雲気】とは、ただの自然界の「雲や大気」というよりは、「吉凶にかかわる運命を左右するような気」を指し示し、【乗じる】は「乗る」イメージを持ちつつ、「吉の機会をうまく利用する」意を含んでいると解釈しました。【日月】は「陽」「陰」が集結したものを象徴しているのだとみなしました。【騎る】も「のる」イメージを持ちつつ、「またがる（一方から他方に至る）」意味を含んでいると解釈しました。【四海の外で遊ぶ】というと、「この世界の外に《出て》遊ぶ」というイメージがありますが、「この物理世界以外の別の世界に《入って》遊ぶ」ということも含まれているものだと受け取りました。というのも、【四海の外】とは「物質的な世界の法則の支配下の外にある、内なる精神的な世界」をも指し示していると思えるからです。

▼死生无變於己

【死生も己を変えうることなし。】

死生によっても、《おのれ》が変わることはない。

◆【死生も己れを変えうることなし。】は、通説では「生死によってさえ心を動かすことはない。」としています。

●ここの【死生】は、他者のことでしょうか、自分のことでしょうか。自分のことだとすれば、「死ぬか生きるかという瀬戸際のこと」なのでしょうか。それとも実際の「死ぬことと生まれること」なのでしょうか。いずれにしても人生の一大イベントとも言える【死生】であっても、《おのれ》（という自分の中心核のようなもの）が動じて変わるようなことはない……と言っているようです。

▼而況利害之端乎

【而るをいわんや利害の端をや。】

いわんや、利害の帳尻合わせなど、意に介するわけがあろうか。」

＊【端】は、前にも説明したように、「左と右とのはしがそろってきちんとたつこと」を表します。「垂れ下がった布のはし」転じて「ものの一部分」。

◆【而況利害（害）之端乎】は、通説では「それをましてや、利害のあらわれなどにはなおさら心にとめることがないのだ。」としています。
●外界の大変な事態に対してばかりでなく、死生にかかわることでさえ、「おのれ」が動じて変わったりするものではないのに、「どうして（この外界での）利害の帳尻合わせごときに、（内界が）動じるわけがあろうか。意に介することではない。」……と言っているようです。

☆齧缺は今度は《知らぬこと》かどうかについて質問をしていますが、王倪はそれにも直接答えず、《知らぬこと》かどうかは、自分で感じ取るようにと、「至人」の話で応じています。

齧缺が言った。

「師《せんせい》は利害のことは《知らぬこと》のようですが、するとと、至人というのは、もともと利害なんて《知らぬこと》なのですか。」


——齧缺は、ここでも《(不）知》について質問を投げかけています。《知っていること》か《知らぬこと》かでものごとを理解しようとする癖があるようです。

齧缺から見るに、王倪は利害にまったく動じる様子もなく、執着することも関心をもつこともないのは、無頓着のような《あずかり知らぬこと》のように映ったのではないでしょうか。そこから類推して「至人」は皆、利害に対して《知らぬこと》なのかどうか確かめたかったのでしょう。

《知》に関して『荘子・大宗師篇』に次のような下りがあります。

天の為す所を《知り》、人の為す所を《知る》者は、至る。天の為す所を《知る》とは、天のままにして生きることだ。人の為す所を《知る》とは、その《知れる所》を《知る》ことによって、それをもって、その「《知れない所》を《知る》」ことを「養う」ことだ。…（略）…それには、「待つ所があり、しかる後に当る」ということを《知る》ことだ。…（略）…「真人」があって、しかる後に《真知》がある。

「至人」という言葉は『荘子』の中に度々出てきますが、その他に「真人」「神人」「天人」（「聖人」）という言葉もほとんど同義で使っているようです。『大宗師篇』では「真人」と表現していますが、「至人」は、天の為すところを《知り》、人の為すところを《知る》に「至った人」と解釈してもいいように思えました。齧缺は、《知》か《不知》かで理解しようとする傾向があるために、たとえもし「《知れないところ》を《知る》ことを養う」といった状況を説明されても、にわかに理解できないかもしれません。

王倪は言った。

「至人は、精神的に不思議な力をもっているのだ。」

――齧缺の「至人は利害のことは《知らぬこと》なのか」という質問に対して、やはり王倪は直接は答えてくれていませんが、別の角度から説明してくれています。

「神《しん》」を日本語にするのはちょっと難しいことです。「霊妙」の意味は、「人知でははかり知れないほどに、奥深くすぐれていること。神秘的な尊さをそなえていること。また、そのさま」ということなので、的を射た表現のようにも思えますが、「至人」という特別な人間が最初から神秘性を帯びている存在だというニュアンスではないように思います。生きている過程で、天を《知り》、人を《知り》得ることができるようになったのが《至人》であるのなら、そうなった時はじめて「精神的な変化がもたらされ、一般的な外から見たら不思議に思えるような力を内にもつことになる」……と言っているのではないでしょうか。

大きな沢が焚《や》かれても、熱がらせることはできず、

――ここの表現でちょっと不思議なのは、「大草原」ではなく、「大きな湿地帯」が燃えあがっているとしている点です。普通火の手が上がりにくいところが、燃え上がるということは、半端ない火の勢いを強調しているのでしょうか。それとも点在する水が存在しているということがミソなのでしょうか。いずれにしても、そんな状況下で、「至人」は平常心を保ちジタバタすることが一切ない精神力をもっているため「熱がらせることはできない」……と言っているのでしょう。

黄河や漢水が凍っても、寒がらせることはできず、

――小さな川ではなく、大きな黄河や漢水が凍るのはよっぽどの低温だということになると思います。普通なら凍えて精神的にもまいってしまうほどだと思いますが、「至人」は、その精神力は揺るぎなく「寒がらせることはできない」のだ……と言っているのでしょう。

先ほどの『荘子・大宗師篇』話の続きです。

どんな人を「真人」と言えるのか。古えの「真人」は、一人きりになっても逆らわず、成しても肩を張って威勢を示すことはない。…（略）…このような者は、過失があっても悔やむことなく、まさに的を射たことがあっても、得意になるようなこともない。

このような者は、高みに登っても怖れることなく、水に入っても濡れることなく、火の中に入っても熱がることもない。…（略）…古えの真人は、寝ていても夢を見ず、覚めていても憂うことなく、食べても甘いと思うことなく、その息は深々としている。真人の息は踵《かかと》を以てする。だが、衆人の息は喉で以てしている。

「真人」も「至人」も同じように形容されています。

疾走する雷が山を裂き、風が海を揺さぶろうとも、驚かせることはできない。

――「至人」のまわりの「外界」で尋常でない天変地異が起きようとも、その「内界」の精神的なところは微塵も「驚かせることはできない」……と言っているようです。

このような人は、雲気に乗じて、日月に騎《またが》り、
四海（有限な物理世界）の外で遊び、

――ここで言っていることは、「至人は神《しん》なり」と言った「神《しん》（精神的に不思議な力をもつこと）」とはどういうことかを付け加えて述べているようですね。外界に左右されることなく何事にも動じなくなっているような人は、精神が鍛え上げられていて、その内界の精神は、自由な存在として「雲気に乗って、日月に騎《またが》り、四海（有限な物理世界）以外のところで遊ぶ」と表現することができるのでしょう。

『荘子・逍遥遊篇』には、次のような話があります。

肩吾《けんご》は連叔《れんしゅく》に問うて言いました。「わたしは接輿《せつよ》からある話を聞きましたが、大げさで、果てしなく行きっぱなしのとめどもない話で、恐怖さえおぼえるくらいです。河漢（天の川）の伸びに、とりつく島がない無極のような話で、やはりわたしは、これは人の情とは大きく隔たる、信用できない狂っている話にすぎ

ないと思うのですが……」

そこまで聞いた連叔が、「その話とはどういうものか」と尋ねると、次のように答えました。「遥かな姑射《こや》の山には神人が住んでいる。肌は雪のように白く、からだのしなやかさは若い乙女のようである。五穀は食べないで、風を吸って露を飲み、雲気の流れにまかせて飛竜を御して乗りこなし、そうしてこの四海（有限な物質世界）の外の世界で遊んでいる。その（不思議な）精神が凝固すれば、物をしても傷つけたりひどい病気にさせたりすることなく、一年の実りを十分に成熟させることができるというのです。わたしはこの話は気が狂っているように思えて信じることができません。」

すると連叔はこう言いました。「盲人は文章を観てとれないし、聾者は鐘鼓の音を聞き取れないものさ。でも盲聾とは、何も肉体に限ったことじゃなく、《知》においても言えることなのだ。ちょうど、今のきみのように……。このような人の徳というのは、まさに両脇に万物をまんべんなく薄く平らげて抱え込み、そうすることによって《一》を為しているようなものさ。…（略）…このような人は大水が出て天に届くほどになっても溺れることもなく、大旱魃《かんばつ》で金属や岩石が解け流れて土の山を焦がしても熱がらないのだ。」


「四海の外で遊ぶ」と言うと、遥かかなたの「壮大な遠い外宇宙で遊べる」というイメージがわいてきますが、どうやらそれだけではなさそうです。「四海（有限な物理世界）の外」とは、「肉体的感覚に拘束されない無限な神秘的（精神的）世界」ということで、「微細な身近な内宇宙でも自由に遊べる」というニュアンスも含んでいるとも言えるかもしれません。「肉体的な苦楽などに左右される感覚の外で、その心（精神）は外宇宙に向かっても内宇宙に向かっても、自由に振る舞い遊ぶことができる」……と言っているように思

います。

死生によっても、《おのれ》が変わることはない。

――ここの「死生」が他人のことを含んでいる場合、「死」によって憂いたり、「生」によって悦んだり、その心は動じることはない……ということになり、自分だけのことならば、「死生の瀬戸際」に立たされても動揺することは一切ない……ということになるかもしれません。しかし、「心（精神）」ではなく《おのれ》が変わることはないとまで言っていることを加味すれば、もう一歩踏み込んだ微妙なニュアンスを含んでいるかもしれません。前にも荘子の「死生観」は転生を想定しているのではないだろうかと述べましたが、ここにもその概念が見え隠れしているのではないかと思っています。自分の中でも中心核をなす「おのれ（自分の一部）」という存在は生きている時はもちろん、死んでからも（生まれ変わっても）変わるようなものではない……という話をしているのかもしれません。

いわんや、利害の帳尻合わせなど、意に介するわけがあろうか。」

――齧缺が質問したように「至人」は「利害」のことは《知らぬこと》なのでしょうか。どうやら「至人」は「利害」を、単純に「小事」「つまらないこと」だからと、「無頓着」「無関心」「無視」を決め込んでいるような者……と言っているのではなさそうですね。

その質問に対して、王倪は直接答えていませんが、外的に何があっても、内的に「動じること（変わるところ）がない」とだけ応えています。トータルにとらえると、利益や損害といった外部での出来事と、それに対する人の一喜一憂する内的な心の状態のことを、まったく《知らぬ》どころか反対によく《知っている》が故に、左右されることなどありえないと言えそうです。つまりそんな利害の帳尻合わせといった端くれの出来事に、どうして「おのれ（自分の中心核のようなもの）」が「動じるわけがあろうか」「意に介するわけがあろうか」……と言っているようです。

十 - 一、瞿鵲子《くじゃくし》と長梧子《ちょうごし》（一）妄言

瞿鵲子問乎長梧子曰
吾聞諸夫子
聖人不從事於務
不就利　不違害
不喜求　不縁道
无謂有謂　有謂无謂
而遊乎塵垢之外
夫子以爲孟浪之言
而我以爲妙道之行也
吾子以爲奚若
長梧子曰
是黄帝之所聽熒也
而丘也何足以知之

瞿鵲子《くじゃくし》、長梧子《ちょうごし》に問いて曰く、
吾、諸《もろ》を夫《か》の子《し》に聞けり。
聖人は務めに従事せず、
利に就《つ》かず、害を違《さ》けず。
求めを喜ばず、道に縁《よ》らず。
謂うなくして謂うあり、謂うありて謂うなし。
而して塵垢《じんこう》の外に遊ぶ、と。
夫《か》の子は以て孟浪《もうろう》の言と為すも、
我は以て妙道の行と為す。
吾が子は以て奚若《いかん》と為す。
長梧子曰く。
是、黄帝の聴きて熒《ほのひかり》とする所なり。
而るに丘《きゅう》や、なんぞ以てこれを知るに足らん。

且女亦大早計
見卵而求時夜
見彈而求鴞炙
予嘗爲女妄言之
女以妄聽之
奚　旁日月挾宇宙
爲其脗合
置其滑涽
以隷相尊
衆人役役
聖人愚芚
參萬歳而一成純
萬物盡然
而以是相蘊

且つ女《なんじ》もまた大《はなは》だ早計なり。
卵を見て時夜《じや》を求め、
弾《だん》を見て鴞炙《きょうしゃ》を求む。
予《われ》、嘗《こころ》みに女《なんじ》の為にこれを妄言す。
女《なんじ》、以てこれを妄聴せよ。
なんぞ、日月は旁《よりそ》い宇宙を挟《はさ》み、
其の脗《ふん》は合を為し、
其の滑《こつ》は涽《こん》を置き、
隷《れい》を以て相《あい》尊ぶ。
衆人は役役《えきえき》たるも、
聖人は愚に芚《とん》じる。
万歳に参《まじわ》るも、而も一なる純を成す。
万物は然《しか》りとして尽くし、
而して是を以て相蘊《つつ》む。

瞿鵲子《くじゃくし》が、長梧子《ちょうごし》に尋ねて言った。
「吾《わたし》は、かの先生（孔子）から諸々のこんな話を聞きました。
『聖人は、無理やりりきんでするような仕事に携わることはなく、利益を寄せ集めることもしなければ、損害を避けることもしない。
〔何事も〕自分のものにすることを喜ばず、道を手づるにそって進むこともない。
もの謂わずしてもの謂い、もの謂いながらももの謂わない。
そうして塵垢（俗世界のほこりやあか）の外で遊ぶ。』と。
かの先生は、これをとんでもなく浮世離れした《お話》にすぎないとしていますが、
我《わたし》には、妙《たえ》なる《道の行い》に思えます。
〔吾《わたし》の本当の師であると思っている〕あなたは、この話をどう思いますか。」
長梧子は言った。
「この話は、黄帝が聴いても、《ごくわずかなほのひかり》とするほどのことだ。
丘（孔子）が、どうやってそれを知るに足りえるものか。
さらに言うなら、またお前もとんでもなく早合点すぎる。
卵を見て、夜明けをうかがい知ることを求め、
弓を見て、鴞《ふくろう》を炙《あぶ》ることを求めているようなものだ。
そこで試しに、予《わたし》はお前の為に《妄言する（いい加減なことを言う）》から、
お前もこれを《妄聴する（いい加減に聴く）》がいい。
どうしたことか、お日様とお月様が左右に寄り添いながら、小脇に宇宙を挟み込み、
その唇をピッタリと合わせるようにしていて、
その滑るようになめらかな接合部には薄暗い潤いが置かれており、

つなぎあって並び従えることで、〔日月は〕互いに尊びあっているものなのだ。
一般人は〔意識の遠地で〕ただあくせく働いているだけだが、
聖人は《愚（内側の鏡のような無我な心）》に、萌芽の生気をずっしりとため込んでいる。
万歳に参《まじわ》るも、一つの純（まじりけのない状態）を成しているのだ。
万物は、然《しか》るべくして（自然にまかせてエネルギーを燃やし）尽くしつつ、
そうして、これ（日月）をもって互いに〔命の熱気を〕つつみ込んでいるのだ。」

▼ 瞿鵲子問乎長梧子曰

【瞿鵲子《くじゃくし》、長梧子《ちょうごし》に問いて曰く、】

瞿鵲子《くじゃくし》が、長梧子《ちょうごし》に尋ねて言った。

＊【瞿】は「目＋目＋隹（とり）」で、「鳥が目をきょろきょろさせるさま」→「驚いた時の目つき」。
＊【鵲】は「鳥＋昔（音符／ちゃっちゃっと鳴く声）」で「かささぎ」のこと。「めでたい知らせを告げる鳥」とされているようです。
＊【長】は「老人がながい頭髪をなびかせて立つさま」を描いたもの。
＊【梧】は「木＋吾（かみあう）」で、「棒をかみこませてささえること」。普通は「あおぎり（樹高は一五～二〇メートル、樹皮は緑色の木）」のこと。中国では鳳凰が住む樹とされています。
◆いずれも架空の人物。【瞿鵲子】は孔子の一門、【長梧子】は道を得た達人……と説明しています。

通説では、【瞿鵲子《くじゃくし》、長梧子《ちょうごし》に問いて曰わく、】は［瞿鵲子が長梧子にたずねていった、］としています。

●訳は通説と同じです。ただ【瞿鵲子】が孔子の一門という設定ではないように思います。というのは、後から出てくる【長梧子】に対しては【吾子（わがし）】と言っているのに対して、孔子のことは【夫子（かのし）】と一歩離れた呼び方をしているからです。

二人とも架空の人物である以上、その名にも意味が込められているのではないかと推察します。【瞿鵲子】は、「新しいことを聞いて、驚いた目をしてちゃっちゃっと鳴き騒ぐカササギ然とした人」というイメージでしょうか。一方、【長梧子】は、「風になびく大きな葉をつけて、デンとそびえる梧桐《あおぎり》の老木のような人」といったイメージでしょうか。

▼ 吾聞諸夫子

【吾、諸《もろ》を夫《か》の子《し》に聞けり。】

「吾《わたし》は、かの先生（孔子）から諸々のこんな話を聞きました。

＊【諸】は（前にも述べましたが、）「言＋者（こんろに薪をつめこみ火気を充満させているさま）」で、「ひと所に多くのものが集まること」→「多くの。さまざまな」。

◆【諸】は、通説では単に「これ」という近称の指示語として、特に訳していません。【吾れ諸《こ》れを夫子《ふうし》に聞けり。】は［わたしが先生から聞いた話ですが、］としています。

●ここは【諸】に意味を持たせ、「諸々多くの含みをもった話」という感じにしました。

▼ 聖人不従事於務　【聖人は務めに従事せず、】

『聖人は、無理やりりきんでするような仕事に携わることはなく、

＊【従（従）事】は「仕事に携わる」意。

＊【務】は「攴＋矛（ほこ）＋力」で、「無理やりりきんで局面を打開する努力」「困難を克服しようとりきむこと」。

◆通説では【務】はただの「仕事」と訳しています。

【聖人は務めに従事せず】は、［聖人は仕事に励むことはせず、］としています。

●表層だけだと通説のように「労働はしない」「仕事に励まない」と受け取りがちですが、実際はちょっと【務】の持っている意味のニュアンスが違うようです。新解釈では、字源に従い、【務め】は、自然に沿って事を為していくのではなく、「無理やりりきんでするような仕事」としました。

▼ 不就利　不違害　【利に就《つ》かず、害を違《さ》けず。】

利益を寄せ集めることもしなければ、損害を避けることもしない。

＊【就】は「京（おおきいおか）＋尤（て）」で、「都に人々を寄せ集めるさま」→「よせ集めてある場所

やポストにつけること」→「まとめをつける」。

＊【違（違）】は「辵＋韋（物をあらわす口印を中心にして、左右に足が逆になるさま）」で、「きまった方向と向きが逆になる」「離れる」「合わない」などの意。

◆通説では、【利に就《つ》かず、害を違《さ》けず、】は〔利益に走らず害を避けず、〕としています。

●【利に就かず、】は「利益を寄せ集めることもしなければ、」としました。

▼不喜求　不縁道

【求めを喜ばず、道に縁《よ》らず。】

〔何事も〕自分のものにすることを喜ばず、道を手づるにそって進むこともない。

…………………………………………

＊【求】は、「頭や手足のついた動物の毛皮」を描いた象形文字。毛皮はからだに引き締めるようにしてまといつけるもので、「離れたり散ったりしないように、ぐいと引き締める」「自分のものにしようとする」「さがしもとめる」「ほしがる」などの意。

＊【縁（縁）】は「糸＋彖（腹の垂れ下がった豚）」で「布のはしに垂れ下がったふち」「手がかりによって何かをさぐる」「手づるにそって進む」などの意。

◆通説では、【求めを喜ばず、】は〔追求を好まず、〕とし、【道に縁《よ》らず。】は〔きまった道によらず、〕としています。

●新解釈では、【求】は「自分のものにしようとすること」としました。【縁】は道を進むのに「手がかり」や「手づる」といった何らかの頼りに従って進んでいく歩み方ですが、【不縁道】で「道を手づるにそって進むこともない」、つまり、ただひたすらに、何にも頼らない手放し状態で、道を歩んでいく……としました。

▼ 无謂有謂　有謂无謂

【謂うなくして謂うあり、謂うありて謂うなし。】

もの謂わずしてもの謂い、もの謂いながらもの謂わない。

＊【謂】は前にも述べましたが、「言＋胃（まるい胃袋の中に食べたものが点々と入っているさま＋肉）」で、「何かをめぐって、ものをいうこと」。

◆通説では、【无謂有謂　有謂无謂】は「無言でいて何かを語り、ものを言いながら何事も語らず、」としています。

●新解釈では、【謂】の原義「何かをめぐって、ものをいうこと」として、そのままの字を使いました。

▼ 而遊乎塵垢之外

【而して塵垢《じんこう》の外に遊ぶ、と。】

そうして塵垢（俗世界のほこりやあか）の外で遊ぶ。』と。

＊【塵】は「鹿（しか）＋土」で、「鹿の群れの走り去ったあとの土ぼこり」です。
＊【垢】は「土＋后（人体の後ろ，低い所にあってよごれた肛門）」で、「土砂が低い所にたまってよごれたもの」。
＊【塵垢】は「ちりとあか」「この世のけがれ」。
◆通説では、【而して塵垢《じんこう》の外に遊ぶと。】は［このようにして俗塵の外で遊ぶということです。］として います。
●【塵垢】は、「俗世界で生じる飛散するほこりと集積するあか」というイメージでしょうか。【塵垢之外】は、「この世のけがれの外」とも受けとれ、どこか「神聖なところ」といった感もあります。

▼ 夫子以爲孟浪之言

【夫《か》の子は以て孟浪《もうろう》の言と為すも、】
かの先生は、これをとんでもなく浮世離れした《お話》にすぎないとしていますが、

＊【孟】は「子＋皿（かぶせるおおい）」で、「覆いを突き破るほどの勢いある子」「長男」「季節のはじめ」「前進する」「大きい」などの意。
＊【浪】は、「水＋良（穀物を水でといてきれいにするさま・きよらかに澄んださま）」で、「清らかに流れる水のこと」「清らかななみ」→転じて「なみのようでとりとめのないさま」「型にはまらずかってなさま、でたらめなさま」。

＊【孟浪】は「とりとめのないこと」「でたらめなこと」の意というのが定説。
△【孟浪】の意味は、反対にこの話の内容から推察されて定着した言葉かもしれません。
◆【夫子《ふうし》は以て孟浪《もうろう》の言と為すも、】は、通説では［先生ご自身はこれをとりとめのない話だと考えていますが、］としています。
●【孟】は「型破りの勢いを感じること」というニュアンスを含んでいるのではないかと想像します。「型」とは、ここでは「常識」と考えるといいかもしれません。【浪】は意が転じる前の「清らかななみ」の意味を含んでいると考えられます。【夫《か》の子は以て孟浪《もうろう》の言と為すも、】は、総合的に考えて、「かの先生は、これは清らかな話だが常識を打ち破る勢いのあるとんでもなく浮世離れした（絵空事の）《お話（言）》にすぎないとしている。」といった意味だと解釈しました。

▼ 而我以爲妙道之行也

【我は以て妙道の行と為す。】

我《わたし》には、妙《たえ》なる《道の行い》に思えます。

…………………………………………………………

＊【妙】は、「女＋［小＋ノ（けずる）］」で、「女性の小がらで細い美しい姿」→「（見えないほど）きめ細かい働き」「巧みな」という意味も含みます。
◆通説では、【我れは以て妙道の行と為す。】は、［私にはすぐれた道の実践だと思えます。］と訳しています。

●【吾】を使わず、ここだけ【我】を用いているのは、瞿鵲子も私見を述べる時には意図して使い分けているという設定にしたのでしょうか。
【妙】は字源からすると「すぐれた」とか「巧みな」という意味以前に、「(見えないほどの)きめ細かな働き」という意味が含まれているようで、そのニュアンスを日本語に置き換えるのは難しいですね。【妙道】はそのまま「妙《たえ》なる道」としました。【行】は単なる【言(絵空事のお話)】と違って、「実践的、具体的行為」と言いたいのだと思います。

▼ 吾子以爲奚若

【吾が子は以て奚若《いかん》と為す。】
〔吾《わたし》の本当の師であると思っている〕あなたは、この話をどう思いますか。」

＊【奚若《いかん》】は、「どのような」「どんなであるか」(事実や状態を尋ねる疑問詞)。
◆通説では、【吾子《ごし》は以て奚若《いかん》と為す。】は「あなたはこの話をどうお考えですか。」としています。
●瞿鵲子は孔子の話を聞きかじっていたようですが、その一門とは限らず、【夫子】(かの先生)と一歩離れた感じで呼んでいるのに対し、長梧子に対してはただの「あなた」と呼べる相手ではなく、勝手にすっかりその弟子になった気分で、【吾子】(わが師)と呼んでいるところから、その信頼度の度合いの違いがうかがえそうです。自分の考えに対して、どう思うかという疑問の気持ちの裏には、まずは同調してくれるだろう相手を探していたのではないでしょうか。

☆鳥と木を擬人化したお話仕立てにしました。妄話ですので、妄読してください。

瞿鵲子《くじゃくし》が、長梧子《ちょうごし》に尋ねて言った。

——ある日、丘陵地の人里近くの木の上に住んでいた、ほぼ白黒のツートンカラーの鮮やかな一羽のカササギが、普段訪れることがない森の奥深くまで飛んできてうろうろしていました。実は《道》の話ができる梧桐《あおぎり》の老木があるという噂を信じてここまで来たのでした。しばらくしてまわりとあきらかに違う威風堂々としている老木に目が留まりました。その存在に気づいたカササギは、この木の精となら、心が通じ合うに違いないと思い、喜びいさんでチャッチャッという声でしゃべりはじめました。

「吾《わたし》は、かの先生（孔子）から諸々のこんな話を聞きました。

——「ああ、やっと見つけました！　噂どおり伝説の鳳凰が唯一身を寄せるという木にふさわしい風貌をお持ちですね。話をわかってくれそうなあなたに会えて、こんな嬉しいことはないです！　どうか話を聞いてください。私は丘のかの先生から諸々のこんな話を聞きました。」

老木「ほう～、どんな話かな。」

『聖人は、無理やりりきんでするような仕事に携わることはなく、

——カササギは喜んで話し始めました。

「まず『聖人は務めに従事せず、』と言っていました。『務め』とはどんな『仕事』であっても、『無理やりりきんでする仕事』とか、そういったことではないかと思えるんです。自然体ではないそんな『仕事』はしないということだと思います。

利益を寄せ集めることもしなければ、損害を避けることもしない。

――そして、『利に就《つ》かず、害を違《さ》けず。』と言っていました。利害に左右されないというのは、我欲がないのでしょうね。無欲で自然にあるがままに任せていると言っているのでしょうか。

〔何事も〕自分のものにすることを喜ばず、道を手づるにそって進むこともない。

――また、『求めを喜ばず、道に縁《よ》らず。』と言っていました。聖人にとっては、知識を含めたいかなるものも自分のものとして所有することを喜ばず、また、いかなるきまりきった過去の既成概念に頼ることなく、手ぶらで《今》の必要に従って《道》を歩んでいるって感じがしますね。

もの謂わずしてもの謂い、もの謂いながらもものの謂わない。

――『謂うなくして謂うあり、謂うありて謂うなし。』というところなんか、いかにも聖人らしいパラドックスを孕んでいて、なんだか奥が深そうって感じがして、どこかわくわくしてくるんですよ。

そうして塵垢（俗世界のほこりやあか）の外で遊ぶ。』と。

――『而して塵垢《じんこう》の外に遊ぶ』と言うのです。『俗世界のけがれの外で遊ぶ』と聞いただけで、なんだか居ても立っても居られなくなり、なんていうか、ぱーっともっと羽根を広げたくなって、とりあえず俗っぽい人里を離れて、私にとって未知の世界の森の奥深くまでやってきたわけです。そんなことをしても形の上からのアプローチにすぎないとはわかっていますが、もし本当に塵垢の外に居られるようになるならば、聖地で自由に遊べるようになるのかなあ～なんて憧れてます。

かの先生は、これをとんでもなく浮世離れした《お話》にすぎないとしていますが、

――この話を、かの先生は『孟浪《もうろう》の言』としています。つまり、かの先生は、単純に《とりとめのない、でたらめな話》と、全面的に否定しているわけではなく、《清らかな話》ではあると一目置いているものの、ただ現実ではありえないとんでもなく浮世離れした《お話》にすぎないととらえているようです。

我《わたし》には、妙《たえ》なる道の行いに思えます。

――しかし、わたしにはそうは思えません。これらの行動は《お話》にとどまらない『すばらしい道の具体的な行い』を示している話だと思えます。

〔吾《わたし》の本当の師であると思っている〕あなたは、この話をどう思いますか。」

――今まで丘のかの先生の話ばかりを聞いていましたが、実は私が探し求めていた本当の師だと思えるのはあなたのような方だったのです。あなたは、この話をどう思いますか。」

▼
長梧子曰
是黄帝之所聴熒也
而丘也何足以知之

【長梧子曰く】
【是、黄帝の聴きて熒《ほのひかり》とする所なり。】
【而るに丘《きゅう》や、なんぞ以てこれを知るに足らん。】

長梧子は言った。
「この話は、黄帝が聴いても、《ごくわずかなほのひかり》とするほどのことだ。
丘（孔子）が、どうやってそれを《知る》に足りえるものか。

＊【黄】は「火矢の形」を描いた象形文字。「上部［廿＋火（＝光）の略体］＋下部［中央にふくらみのある矢］」で「油をしみこませ、火をつけて飛ばす火矢」→「きいろい光」。

＊【黄帝】は、始めて文学・暦法・音楽・医薬等を作ったとされる伝説上の帝王。

■本来は雷神であり、「軒轅《けんえん》」（黄帝の氏《うじ》）が龍蛇形の星座を指す場合があり、『山海経』に登場する（黄帝の子孫が住む）軒轅国の住民が人面蛇身であり、伝説において龍との関係が深いことから黄帝は龍蛇形の神だったとも考えられています。

＊【熒】は、「三つの火＋冂（まわりをとりまく境界）」で、「ひかりの環にかこまれた小さなともしび」。

◆通説では、【熒】は「惑うほどの話」とか「理解できない」（岸氏）としています。

【長梧子曰わく、是れ黄帝の聴きて熒《まど》う所なり。而るに丘《きゅう》や、何ぞ以てこれを知るに足らん。】は、「長梧子は答えた。「それは黄帝でさえ聞いても惑うほどの話だ。〔おまえの先生の〕孔丘などにどうして理解できよう。」」としています。

●【黄帝】を唐突に引き合いに登場させたように見えますが、そこには意味がありそうです。伝説上の人物である以上、名前に「きいろい光」という意味があり、「雷神」として《道》を照らす明かりをもたらす帝と言えそうです。

新解釈では、【熒】は「惑う」とか「理解できない」という意味ではなく、黄帝ほどの多岐にわたる明かりに関するエキスパートでも、昼間は気づきにくく、夜の闇の中で、やっと見て認識することができるような「わずかなほのひかり」とか言えないような話なのだ……と言っているのだと受け取りました。そんな微妙な「ほのひかり」を、孔丘がどうしてわかろうものか……と言っているようです。

▼且女亦大早計

【且つ女《なんじ》もまた大《はなは》だ早計なり。】

さらに言うなら、またお前もとんでもなく早合点すぎる。

＊【計】は「言＋十（多くを一本に集める）」です。

◆【且つ女《なんじ》も亦《ま》た大《はなは》だ早計なり。】は、〔それにお前も〔これだけの話ですぐれた道の実践だなどと考えるのは、〕合点が早すぎる。〕

●聖人の一連の行為は、諸々の多くの含みをもっているものとして、そう簡単には理解できるものではないのに、たった一言にまとめて「妙道の行い」で済ませていることに対してのツッコミですね。

▼見卵而求時夜

【卵を見て時夜《じや》を求め、】

卵を見て、夜明けをうかがい知ることを求め、

＊【時】は、「日＋寺〔寸（て）＋之（あし／手足を働かせて仕事する）〕」で、「日が進行すること」↓「（よいしおどきを）うかがう」意も含みます。

◆通説では、【卵を見て時《じ》（司）夜《や》を求め、】は〔鶏の卵を見てすぐに暁《とき》を告げることを期待し、〕としています。

●【時夜】は熟語として辞書には載っていません。そこで新解釈では、【夜】が進行して「明ける時間を知らされること」つまり「夜明けをうかがい知ること」の意としました。普通の鶏の話の喩えのようにも見えますが、その奥は深みがありそうです。暗闇の中にあった状態から「意識の夜明け」をほのめかしているかのようです。

▼見彈而求鴞炙　【弾《だん》を見て鴞炙《きょうしゃ》を求む。】

弓を見て、鴞《ふくろう》を炙《あぶ》ることを求めているようなものだ。

＊【彈（弾）】は、「弓＋單（＝単／両耳付きの平らなうちわ・ぱたぱたとたたく）」で、「弓や琴の弦がしなやかに上下運動すること・振動させること」「はじきだま」「弓」などの意。

＊【鴞】は「鳥＋号（太い声で勢いよく鳴く）」で「ふくろう」のこと。

※「ふくろう」は【鴞】の他に三字あります。

「鴟」……「鳥＋氐（じっと止まる）」で「昼間、休んでいるふくろう」。

「梟」……「木＋［鳥の略体］」で「昔、死骸を木の上にさらして、小鳥をおどしたふくろう」。

「鵄」……「鳥＋至（まっすぐに、目標をめざす）」で「獲物を狙うふくろう」。

△【鴞】の字を使っていることから、「太い声で勢いよく鳴く」ことがクローズアップされていることがうかがえます。そこから、人間が説法することにかけて用いたのではないかと推測します。

＊【炙】は「肉＋火」で、「肉を火の上であぶること」を示しています。

※「親炙《しんしゃ》」で「そばについて直接教えをうけること」の意の熟語を作ります。

◆通説では、【弾《たま》を見て鴞炙《きょうしゃ》を求む。】は［はじき弾《だま》を見てすぐに焼鳥を求めるようなものだ。］としています。

●新解釈では、ここでの【弾】は鴞《ふくろう》を射止める道具としての「弓」としました。しかし、原義から考えると、ひょっとすると「うちわ」という意味で、鴞を炙《あぶ》る道具とする解釈もできないことはないように思い、少し迷いました。ちょっと深読みすると、【鴞炙《きょうしゃ》】が単なる「焼鳥」という表面的な意味だけでなく、「説法する者から［うまみとなる］教えを炙り出すこと」という含みをもった解釈ができるかもしれないと思います。

▼予嘗爲女妄言之
女以妄聽之

【予《われ》、嘗《こころみ》に女《なんじ》の為にこれを妄言す。】
【女《なんじ》、以てこれを妄聴せよ。】

そこで試しに、予《わたし》はお前の為に《妄言する（いい加減なことを言う）》から、お前もこれを《妄聴する（いい加減に聴く）》がいい。

＊【妄】は「女＋亡（ない）」で、「女性に心が惑わされ、我を忘れたふるまい」。「いいかげんに」「でたらめに」「根拠もなく」などの意。

◆【予《われ》、嘗《こころみ》に女《なんじ》の為にこれを妄言す。女《なんじ》、以てこれを妄聴せよ。】は、通説では「ひとつわしがお前のために出まかせを話してみよう。お前もいいかげんに聞けばよかろう。」としています。

●【妄言】に【妄聴】とは、一般ではなかなかない発想ですね。

▼ 奚 旁日月挾宇宙

【なんぞ、日月は旁《よりそ》い宇宙を挟《はさ》み、】

どうしたことか、お日様とお月様が左右に寄り添いながら、小脇に宇宙を挟み込み、

＊【奚】は、「なぜ」を意味する疑問詞に当てたものです。

＊【旁（旁）】は「二印（二つ）＋八印（左右に分かれる）＋方（左右に柄の張り出したすき）」で、「中心から左右に分かれて張り出す」意。↓「そばによりそう」「くっつく」意。

＊【挾（挟）】は「手＋夾（大の人が小の人をわきにはさむ）」で「わきにはさむこと」。

＊【宇】は「宀（やね）＋于（大きく曲る）」で「大きくてまるい屋根」「空間」。

＊【宙】は「宀（やね）＋由」で、字源解釈は様々あるものの「時間」。

◆通説では、【奚】は意味が落ち着かないので「矣」に置き換えて前の文末にあると解釈し、あえて訳していません。全文にわたり、「聖人」を主体（主語）としているようです。

【日月に旁《なら》び、宇宙に挾《わきばさ》み、】は「太陽や月と肩を並べて宇宙を小脇《こわき》にかかえ、」としています。

●新解釈では【奚】は文頭にあると解釈し、「どうしたことか」と疑問の意を含むと解釈しました。突拍

子もないことを話し始めるにあたり、文頭に置いたのでしょう。擬人化した「日月」を主語とみなしました。
【日月】は「陽と陰」を、【宇宙】は「空間と時間」を象徴するものとしてとらえました。

▼ 爲其脗合

【其の脗《ふん》は合を為し、】

その唇をピッタリと合わせるようにしていて、

＊【脗】は「肉＋勿（かくれて見えない）＋口」ですが、「吻」の異体字で、「くちびる」「口ぶり」。
＊【合】は「かぶせる印＋口（あな）」で、「穴に蓋するようにピッタリとあわせること」。
＊【吻合】は、「上下のくちびるのように、ピッタリと合わせること」。
◆【其の脗合《ぴんごう》を為し、】は、通説では「万物をピッタリと一つに合わせて」としています。
●新解釈では、ここの主語も擬人化したお日様とお月様と解釈しました。

▼ 置其滑涽

【其の滑《こつ》は涽《こん》を置き、】

その滑るようになめらかな接合部には薄暗い潤いが置かれており、

＊【置】は「网（あみ）＋直［一（まっすぐ）＋目］」で、「かすみ網をまっすぐにたてておく」こと。

＊【滑】は前にも述べましたが、「水＋骨（関節）」で「水気があってなめらかに自由にすべること」。
＊【涽】は「水＋昏（もと〔民＋日〕／見えにくい・くらい）」で、「薄暗い」意。
◆【其の滑涽《こつこん》に置《まか》（任）せ、】は通説では、〔すべてを混沌のままにまかせ、〕としています。
●新解釈では、そのピッタリと合わさっている唇の状態を描写しているものとみなしました。「混沌」どころか、むしろ隠れたところでの一種の「宇宙の秩序」と言ってもいいと思います。

▼以隷相尊

【隷《れい》を以て相《あい》尊ぶ。】

つなぎあって並び従えることで、〔日月は〕互いに尊びあっているものなのだ。

＊【隷】はもと「からなし（木＋示）＋隶（手がとどく）」で、「果実を手でもぎとって並べる」意。→「つないで並べる」→「したがう」。
＊【尊（尊）】は「酒どっくりの形＋手」で、「すらりと形のよい礼式用の酒器」→「形よく上品で安定している」→「たっとい」の意に用います。
◆通説では、隠れた主語は聖人とし、【隷《れい》を以て相い尊とぶ。】は〔賤しい者を尊んで〔貴賤の差を無視して〕ゆく。〕としています。【相】の意味が含まれていません。
●ここも日月が主語で、その両者の関係を表した展開の、まさに妄言ですね。

▼ 衆人役役

【衆人は役役《えきえき》たるも、】

一般人は〔意識の遠地で〕ただあくせく働いているだけだが、

＊【役】は「彳（いく）＋殳（ほこを手にして仕事する）」で、「遠い所へまっすぐ出向く」という意を含んでいます。よって、前にも出てきましたが、【役役】で「〔遠地で〕あくせく働く」というニュアンスになります。

◆通説では、【衆人は役役《えきえき》たるも、】は［一般の人はあくせくと務め励むが、］としています。

●前にも説明しましたが、【役】（〔遠地で〕あくせく働く）の「遠地」とは「場所」ではなく、「本心（意識）から遠く離れたところ」といったニュアンスを含んでいると解釈しました。

▼ 聖人愚芚

【聖人は愚に芚《とん》じる。】

聖人は《愚（内側の鏡のような無我の心）》に、萌芽の生気をずっしりとため込んでいる。

＊【愚】は「心＋禺（まねざる）」で、一般には「おろかで鈍い心」とされています。

※荘子の用いる「禺」に関連する字は、いろいろ出てきました。キーワードばかりです。

「禺」は、「まねざる」↓「そっくりなもの」「よく似たもの」の意です。

【耦】……そっくりなもうひとりの働き手。

【喁】……そっくりなもうひとつの声。

【偶】……対をなすもうひとつのもの。

【寓】……そっくりな仮の宿として身をおく。

【遇】……二つのものが歩み寄り、ふと出あってペアをなすこと。そっくりに歩むこと。
△【愚】は二‐三でも説明しましたが、荘子は一貫して【愚】を「そっくりにまねる心」、つまり「そっくりな姿を映す鏡のような（無我な）心」として、極めて肯定的に用い、一般の「おろか」という意味はまったく含んでいないと解釈できると思っています。
＊【芚】は「艸＋屯（ずっしりと生気が中にこもる）」。
◆通説では、【芚】の本来の意味は盛り込まれず、「鈍」と通じるものとしたようです。
【聖人は愚芚《ぐとん》、】は［聖人は愚鈍で、］としています。
●新解釈では、【愚】は「鏡のような心」、【芚】は外に見えるかたちで何も働いてないように見えるかもしれませんが、その実態は「内部にずっしりと生気がこもっている状態」になるように、見えないところでしっかりと内部が充実するように働いている状態と言えそうです。

▼参萬歳而一成純

【万歳に参《まじわ》るも、而も一なる純を成す。】

万歳に参《まじわ》るも、一つの純（まじりけのない状態）を成しているのだ。

＊【𠫸（参）】で「三つの玉かんざしをした人形＋彡（模様又は玉の光）」で、「入りまじってちらちらする」意を含みます。

＊【歳】は「戉（刃物）＋歩（あゆみ）」で「作物の刈り取りまでの時間の流れ」。太古には「種まきから収穫までの期間」→のち「一年」の意。

＊【純】は「糸＋屯（芽が地上に出る前にずっしりと生気をたくわえたさま）」で、「布地の両はしの房がずっしりと垂れたこと」を示します。房の糸は単色で、他の色がまじらないので、「純色の糸」の意となりました。「まじりけのないさま」「一つにまとまる」などの意。

◆通説では、【万歳に参《まじわ》りて成純に一たり。】は「千万年の推移の中に身をおきながら完全な純粋さと一致している。」としています。

●【参萬（万）歳】は「種まきから収穫までのサイクルが、何万年も続く歳月に参《まじわ》る」……ということになるでしょうか。【純】は「純粋」の「純」ということで、「まじりけのない状態」と補足しましたが、その前の【芚】の「屯」とも関連があり「純粋に天のプログラムに従った形で、一本の糸が続くように萌芽を促すずっしりと生気がこもった状態」……といったニュアンスになるでしょうか。

▼萬物盡然　【万物は然《しか》りとして尽くし、】

万物は、然《しか》るべくして（自然にまかせてエネルギーを燃やし）尽くしつつ、

＊【然】の原義は前にも述べましたが、「〔犬の脂肪肉の略体〕＋火」で、「燃」の原字。よって、もとは「燃える」という意味を含んでいました。
◆通説では、【盡（尽）】は「すべて」とし、【然】は「あるがままにある」と解釈しています。
【万物は尽《ことごと》く然りとして、】は、「万物はすべてあるがままにあることになり、」としています。
●【尽然】は、万物は陰陽の気が巡るに従って、次から次へと変化する代謝が起こり、摂取したものをエネルギー源として燃焼し尽くすようになる……ということでしょう。前の喩えの解釈のように「尽きる薪」と「尽きない火」の関係を思い出します。

▼ 而以是相蘊

【而して是を以て相蘊《つつ》む。】

そうして、これ〔日月〕をもって互いに〔命の熱気を〕つつみ込んでいるのだ。」

＊【蘊】は「艸＋縕（中に熱気がこもる）」で、「つつむ」「こもる」「たくわえる」などの意になります。
◆通説では【相】の意味を盛り込んでいないようです。
【而して是れを以て相《あ》い蘊《つつ》む】は「〔聖人は〕そうした立場ですべてを包み込むのだ。」としています。
●【相】は、「互いに」ということですので、【是】は「日月〔陽陰の気〕」と解釈しました。

☆「妄言」するから「妄聴」するがいいというおもしろい展開のようです。

長梧子は言った。

——老木が口を開きました。

「この話は、黄帝が聴いても、《ごくわずかなほのひかり》とするほどのことだ。

——「カササギくんよ、『荘子・天地篇』にこんな話があるが、知っているだろうか？

黄帝が赤水の北に遊び、崑崙の丘で南を見渡し帰ってきたが、《玄珠（見えないほど奥深い黒のたま）》を忘れたことに気が付いた。《知》に探させてみたが、得ることができず、《離朱《りしゅ》（離れた場所の小さいものも見わけられる、目のいい者）》や《喫詬《かいこう》（少し乱暴かもしれないが、力も強く、饒舌、毒舌な者）》でもだめだった。それがなんと、《象罔《しょうもう》（正体がはっきりしない、うすぼんやりの者）》にさせてみたところ、それを得てきたのだ。黄帝は言った。『不思議だねえ。《象罔》がこれを得ることができたとは……』と。

擬人化しているが、《知》などがどんなにがんばっても探し当てることができないものがあるのに、まったく頼りがなさそうなうすぼんやりとした《象罔》にしかできないことがあるという話だ。《象罔》も擬人化した者だろうが、火矢の明るい黄色光のまわりにできる、よくはわからないものであるがために逆に、何となく的を射ることのできる、薄ぼんやりした光と影の境目のような存在で、黄帝自身、そんな《象罔》の存在価値を大いに認めることになったエピソードだと言えるだろう。

もし、さっきの聖人の話を、すぐれた黄帝が聴いたとしても、《ごくわずかなほのひかり》とするようなことで、本質を見逃しかねない微妙なことなのだ。つまりだな、《熒》とはあるかないかわからない、そんな微妙な《ごくわずかなほのひかり》といったところのもので、黄帝が《象罔》の存在を認める感覚に近いものがあるのかもしれない。きわめて微妙な世界の話だ。

丘（孔子）が、どうやってそれを知るに足りえるものか。

――丘の先生（孔子）は、《知》や《離朱》や《喫詬》のような者なら使いこなせるだろう。だが、《象罔》となると、その存在すら否定するか無視するに違いない。だとすれば、《象罔》に《玄珠》を探させるようなことはありえないだろう。それに匹敵するように、あの黄帝でさえ、《ごくわずかなほのひかり》と認識することに相当するという話を、闇の世界に目を凝らすことなどない丘の先生がどうして知るに足りえるだろうか。つまり、その微細で微妙な光を放つ聖人の実態を理解することがどうしてできるものか。」

さらに言うなら、またお前もとんでもなく早合点すぎる。

――老木の話は続きます。

「だがな、丘のかの先生のことを言う前に、お前さん自身はどうなんだ。《諸》の話を《十把一からげ》にして、《道》や《聖人》のことをわかったつもりになっているだけではないのかな。せっかち屋は誰でも、早く自分が《知を得ている者》になりたがるものだ。だから早合点してしまうものだ。

さっきの話を聴いたからといっても、けっして、これぞ「妙道の行いだ」ときっぱりと言い切れるものではないということだ。《道》というのは、簡単に言葉にできるものではないだけに、そんなはっきりとしたものではないのだよ。」

カササギは、自分の見解に賛同してくれるものだとばかり思っていたので、ちょっと予想外の展開に驚きの目をギョロつかせているのでした。

卵を見て、夜明けをうかがい知ることを求め、

――老木の話は続きます。「お前さんの聞いた話は《卵》のようなものにすぎないのだ。《卵》を見て、手にしたなら、後は放っておいても鶏になり夜明け（朝）の時を告げてくれると早合点しているようなものだ。深読みすれば、道における《卵》を見つけただけで、心の中の闇世界の夜の終わり、目覚め（覚醒）の時を告げてくれるのではないかと期待しているようなものだ。」

弓を見て、鴞《ふくろう》を炙《あぶ》ることを求めているようなものだ。

――「さらに言うなら、あの話は《弾》のようなものだ。《弾》……それは《はじきだま》や《弓》のことでもあるが、その道具を見ただけで、離れた的の鴞《ふくろう》を射落とし炙《あぶ》ることを求めているようなものだ。もう少し違った観点からするならば、《弾（うちわ）》を見ただけで、あれこれと語る者からうまみのある話を炙り出すことを求めているとも言えるかもしれない。

『荘子・大宗師篇』の中にこんな話がある。

病気になり、体の外形がどんどん曲がりくねっていく子輿《しよ》であったが、心は静かで、そういったことを嫌がることもなく受け入れてこう言った。「もし左の臂《ひじ》が、鶏に化けていくというなら、私はそれに因って時夜を求めよう。もし右の臂が、弾に化けていくというなら、私はそれに因って鴞炙《きょうしゃ》を求めよう。」

ここの話と似たような要素が含まれている話だ。ただ違うのは、《見た（聴いた）》だけか、《体が化ける》かの違いと、《卵》か《鶏》かの違いだ。

似た概念を使っているのに、置かれている状況はちょっと違うようだ。ただ、共通するところがあることから、《時夜》と《鴞炙》とは単なる《時を告げること》や《焼鳥》という表面的な意味以上に深みがありそうだ。

《卵》を見つけてどう扱うか、《弾》を見つけてどう扱うか、そこが問題だ。早合点しているせっかち屋さんは、もう結果を見つけたかのように思い込んでいるが、子與と違って何も自分の身の上で変化するものがないので、落ち着かないに違いない。だから、誰かに賛同してもらいたくなるものだ。

《卵》はまず温めなくてはならないし、雛は育てなくてはならない。《弾》は力と技がなくてはならない。時間をかけて技術を磨かなくてはならない。そうでなければ、的（鴞《ふくろう》）を射ることはできず、ましてやうまく炙《あぶ》ることなど到底無理な話だ。

聖人の歩む《道》を理解するのは至難の業で、とてもナイーブなのだよ。はてさて、お前さんは何を《求めて》いるのだろう？　《卵》を見て、夜明けを告げてもらうことを《求めて》か？　《弾》を見て、その鳴き声の主からうまみを炙りだすことを《求めて》か？」

老木は、一陣の風が吹き込むのを待って、一言歌うように付け加えました。

「『聖人は、《求め》を喜ばず〜〜♪』」

そこで試しに、予《わたし》はお前の為に《妄言する（いい加減なことを言う）》から、
お前もこれを《妄聴する（いい加減に聴く）》がいい。

——老木は、ひと呼吸おくと、次のように言いました。

「ほのひかりのような言葉を自身の中でよく吟味できるように、試しに私は《妄言》つまり《いい加減に》あるいは《適当に》話そうと思うので、お前さんも《妄聴》つまり《いい加減に》あるいは《適当に》に聴くがいい。」

全く予想外な提案に、カササギは目をパチクリとしました。でも、《妄言》《妄聴》とは、何ともおもしろい表現だと思い、ちょっと興奮気味になりました。というのも、丘の先生のような人なら絶対に言わないだろう言葉だからです。

老木はひと言付け加えました。

「《妄》のことを、《いい加減》とか《適当》ととらえられるかどうかがポイントだ。つまり、一方で単なる《出まかせ》や《でたらめ》とも言えるに違いない話を、もう一方で《いい塩梅》《ちょうど適度、適切》と感じるられるかどうか、そこがミソだからだ。」

どうしたことか、お日様とお月様が左右に寄り添いながら、小脇に宇宙を挟み込み、

——老木は、奇妙な話をはじめました。

「《卵》の中身はツートンカラー。お前さんの体の色のようにな。その《卵》の中に、太陽と月が左右にくっついて並んでいるのが見えるだろうか？　そうすることによって、時空をおりなす宇宙もすっぽり小脇に挟みこんでいるのだよ……」

カササギは、自分の体を眺めてみましたが、やっぱり、さっぱり何のことかわかりませんでしたが、一言言いました。

「正確にはツートンカラーではなく、羽根は青みがかっています。」

その唇をピッタリと合わせるようにしていて、

――「それは失礼。体の色のことは忘れてくれ。《卵》の中の太陽と月には、それぞれ隠れた、気の出入口となる唇があるのだ。それを隙間なくピッタリと合わせるようにしているのだよ。お互いの穴を塞ぐようにピッタリとくっつけようとすると、お前さんのくちばしのように、突き出してなくてはならない。徐々に、ゆっくりと、その先が細くなるように滑らかに少しずつ……。

その滑るようになめらかな接合部には薄暗い潤いが置かれており、

――その滑らかさといったら、潤いに誘われ滑り込むかのようで、薄闇のようなぼんやりとした暁《あかつき》か黄昏《たそがれ》のごとく、その時間と空間を演出しているのは、太陽なのか、月なのかわからなくなってしまうかのようなのだ。しかしこれは混沌ではなく、必ずおきる必然の秩序のようなものなのだ。

つなぎあって並び従えることで、〔日月は〕互いに尊びあっているものなのだ。

――どちらかが相手を従え、どちらかが相手に従っているにもかかわらず、巡りくる暁と黄昏時を通過すると陰陽が逆転して支配することを知っているお互い（日月）は、相手をとても尊ぶのだよ。」

そこまで聴いて、キョトンとしたままのカササギでしたが、一言呟きました。

「卵の中身の黄身と白身がドロドロして、滑るような潤いがあるという話ではないことはわかりましたが……」

「はは……まあ、まあ……話は最後まで妄聴するに限るよ。お前さんのための、お前さんの《知》の居場所がない《妄言》なのだから。とはいえ、もう少しイメージを膨らませてみよう。《卵》と言ってきたが、象徴として円の中に白黒の弾（弓）のようなしなやかな半円の接合面とくちばしがついたようなマークを見た事はないだろうか？」

それを聴いたカササギは、とっさにキンキン声を上げていました。

「ああ、それなら知ってる！　《太極図》のことでしょ。《陰陽巴マーク》ということもある……」

「そうだ。太極を円で表し、勾玉のような形で陰陽の気を黒白で表したものだ。日月というのは、陽と陰をツートンカラーで象徴しているわけだが……」

「ですが、聖人とどういう関係があるのでしょうか？」

老木は一息ついてから答えました。

「やっぱりお前さんはせっかち屋だなあ。マークのことをもうわかったつもりで話を進めようとしている。聖人のことを少しでも理解するためにも、ここはもう少し妄聴しておくに限るね。いいかね、この太極図（マーク）はもっと宇宙の空間と時間の織りなす変化を象徴しているところがキーポイントなのだよ。空間的に言えば陰陽が別々にきっちりと別れているのではなく、陰の中に陽があり、陽の中に陰があることを示している。時間的に言えば陰陽がそれぞれの気が生まれ出ては盛んになり、ピークにさしかかった時点で陰陽が流動的に逆転することを表している。この陰陽、日月の関係性を擬人化して言えば、互いに従いあい、尊びあっていると言えるだろう。これを互いに順守してはじめて、命が永遠に繰り返されるといった見えないところでの秩序までをも示唆しているのだよ。」

一般人は〔意識の遠地で〕ただあくせく働いているだけだが、

――老木の話は続きます。

「一般の人の心は、今言った世界観とはまるっきり縁遠いところで、自分の知の外側をただ働かせているだけだ。言葉で表現されたものを《卵》や《弾》だとはみなさず、ただ耳にしただけで《既知の箱》にポイと入れ、放置したまま、そうして、もっとためになる利になりそうな別の話をと、求め求めて、どっか遠くへ必死に探しにいったりもするものだ。《既知の箱》には《知識》としてたくさんのものが集まるが、身をもって納得する《知》に至ることはないので、いつまでも心の中は飢えた状態が続いてしまうことになるだろう。

聖人は《愚（内側の鏡のような無我な心）》に、萌芽の生気をずっしりとため込んでいる。

――だが、聖人はそんな心の遠地をさまようようなことはしない。内側の一つ一つの言葉を《卵》とみなしているのだ。《卵》は《種》とも喩えられる。聖人は《愚（鏡のような無我の心）》に萌芽の精気をずっしりとため込んでいるのだ。言葉は《卵の殻》や《種の皮》のようなものをまとっている。それ故、それだけを見て、ややもすれば無機質の物のように扱われがちが、実は有機的なもので、その中に生気をずっしりとため込んでいるのだ。《卵》や《種》は命の声なき声を発している。その声をそっくりそのまま映しとれるのが《愚（鏡のような無我の心）》なのだ。その命が欲求している声（実はこれが飢えの声）に従って、誕生や発芽の条件を満たしてやり、いざ実現すると心の中は次第に満たされてゆく感覚になり、心の飢えを感じることがなくなっていくだろう。そうなってはじめて、後生大事にしていた言葉の《殻》や《皮》は破り捨てることができるのだ。

万歳に参《まじわ》るも、一つの純（まじりけのない状態）を成しているのだ。

――《歳に参《まじわ》る》とはどういうことか。それは《種》のまま放置しないということだ。種まきから収穫までのサイクルに参入するということだ。機が熟し、必要な条件がそろうと《種》の内部では変化が起こっているのだ。それを逃さず種まきをするのだ。その時、《種》の《殻》や《皮》を潔く捨てることになる。すると徐々に変化しながら育ち、成長を遂げることになる。それを《万歳》続けるためには、途絶えることなく新たに《殻》や《皮》をまとった《種》を作る必要がある。命の循環だ。《種》の自殺から新たな生を一巡して、また《種》を孕むという収穫を可能にするには、太極図が示していたような陰陽が循環する《歳》の見えないながらの秩序が必要なのだよ。

言葉の《種》の場合も同じことが言えるのだ。《既知の箱》の中に置き去りにすることなく、天のプログラムに沿ってそれに身をまかして同じく命のサイクルを知るのだ。そうなると何万年も果てしなく続く長い歳月に参入するにあたり、外側でどんな変化があったとしても、内側では一つのユニークな存在として純粋でまじりけなく途切れることないずっしりと生気がこもる状態を成しているのだ。

万物は、然《しか》るべくして（自然にまかせてエネルギーを燃やし）尽くしつつ、

——巨木である私とて、それは小さな《種》だった。その《種》が、内部に十分な気をため込んだなら、自然と《種（因）》としての役割は終わりを告げ、その中の一部《胚》だったものが、新しく《芽（結果）》として誕生するのだ。すると万物は、エネルギーを燃焼しながらあらんかぎりの促進を尽くしてゆくというのが自然のなりゆきだ。

そうして、これ（日月）をもって互いに〔命の熱気を〕つつみ込んでいるのだ。」

——人は外部では大小の代謝（いわば生死）を繰り返しながら、内部では心の成長、魂の進化を遂げることができるかもしれない。聖人はそうすることによって、常に自然に従い（日月、陰陽の）お互いの性質を保ちながら、その陰陽の気で心を育むように命の熱気をつつみ込んでいるのだ。

ところで、『荘子・天地篇』にこんな話がある。

泰初には《無》があり、《有》もなく《名》もない。《一》として起こる（動き始める）ところは、《一》があっても未だ形はない。《物》に行き当たることによって生じるもの、これを《徳》という。未だ形がないものから、分かれるものが存在するも、次々に少しの隙間もなく、然るべくなる（自然に火もなく燃えていく）もの、これを《命》という。《動》を留めて、《物》が生まれ、《物》が成立して、《理》が生まれるもの、これを《形》という。《形》のまとまった《体》が、《神（神経）》を保ち、《各々》があって、《則》で人を整えるもの、これを《性》という。《性》を脩《おさ》めれば、《徳》に反《かえ》り、《徳》が至れば、《初め》と《同じく》なる。《同じく》なると、いわば《虚》となり、《虚》となると、いわば《大（人が手足を大きく広げている姿）》となる。突き出た口を《合》して鳴き、嗚く口が《合》すれば、天地と共に《合》を為す。その《合》は《緡緡《みんみん》（よく見えない薄暗い糸のような連なり）》とし、《愚》のようであり、《昏（見えにくいもの）》のようでもある。これを《玄徳》と言い、《大順》と同じとなる。

ここには《次々に少しの隙間もなく、然るべくなるもの、これを命という。》とあるが、ここからも【然】は、《自然に火もなく燃えていく》と解釈したら納得のいくものになるだろう。

また、《愚のようであり》という表現があるが、否定的な意味合いではなく、《玄徳（奥深くすぎてはっきりとは見えない徳）》＝《大順（大いなる道に逆らわずに進むこと）》というふうに、肯定的に使っているところがポイントだ。

この話にあるような複雑な秩序を順繰りに経験しつつ変化を伴いながら歩んでいくという実感がともなってはじめて、《妙道》とも言えるかもしれない。お前さんが諸々の《聖人の行い》として列挙したような言葉にできる外部で《何かをすること》とは、内部の見えないような《因》があってこその、外部に見えるようになる一つの《結果》にすぎないのだよ。お前さんが他人である聖人の《結果》をまねてもそこには《道》はない。《既知の箱》にラベルだけ張って放置するのではなく、聖人の行為に触発されたことによって、自らの《因》となる眠っている《卵》や《種》を揺さぶり起こさなければ《結果》は生まれない。

聖人は自然の摂理に従って、《卵》や《種》の命を外部に具現化しようと、いつも内部の陰陽互いの気によって育まれるものを温め、つつみ込んでいるのだよ。」

そこまで話した老木でしたが、丘の方を少し眺めてから、静かに目を閉じ、次の風が自らのウロを鳴らすのを待っているかのようでした。

十 - 二、瞿鵲子と長梧子（二）夢と目覚め

予惡乎知說生之非惑邪
予惡乎知惡死之非弱喪
而不知歸者邪
麗之姫艾封人之子也
晉國之始得之也
涕泣沾襟
及其至於王所
與王同筐牀食芻豢
而後悔其泣也
予惡乎知夫死者
不悔其始之蘄生
夢飲酒者　旦而哭泣
夢哭泣者　旦而田獵

予《われ》いずくんぞ生を説くことの惑にあらざるを知らんや。
予いずくんぞ死を悪《にく》むことの弱を喪《うしな》いて
帰るを知らざる者にあらざるを知らんや。
麗《り》の姫《き》は艾《がい》の封人の子なり。
晋国の始めてこれを得るや、
涕泣《ていきゅう》して襟《えり》を沾《うるお》せるも、
其の王の所に至り、
王と筐牀《きょうしょう》を同じくし、芻豢《すうけん》を食らうに及びて、
而る後に其の泣きしを悔いたり。
予いずくんぞ、かの死者の
其の始めの生を蘄《か》るに悔いざるを知らんや。
夢に酒を飲む者は、旦にして哭泣《こくきゅう》し、
夢に哭泣する者は、旦にして田猟《でんりょう》す。

方其夢也
不知其夢也
夢之中又占其夢焉
覺而後知其夢也
且有大覺
而後知此其大夢也
而愚者自以爲覺
竊竊然知之
君乎牧乎　固哉
丘也與女皆夢也
予謂女夢亦夢也
是其言也
其名爲弔詭
萬世之後而一遇大聖
知其解者
是旦暮遇之也

方にして、其の夢や、
其の夢なることを知らず。
夢の中で又其の夢を占い、
覚めて後に其の夢なることを知る。
且、大覚あり。
而る後此《ここ》に其の大夢なることを知る。
而して愚者は自ずと覚を為すを以て、
竊竊《せつせつ》然としてこれを知る。
君や牧や、固《もと》よりかな。
丘や女《なんじ》はともに皆夢なり。
予《われ》の女《なんじ》を夢と謂うのも亦夢なり。
是、其の言や、
其の名を弔詭《ちょうき》と為す。
万世の後にして、大聖と一遇して、
其の解を知る者は、
是、旦暮にこれに遇するなり。

「生を説くことは惑（心が狭い枠で囲まれること）ではないと、どうして予《わたし》がそれを知れるだろうか。

死を厭うことは弱（柔らかな弾力性）が喪われ、〔魂のもといた所に〕帰ることを知らないでいることではないと、どうして予《わたし》がそれを知れるだろうか。

麗姫《りき》は、艾《がい》の国境を守る役人の娘だったが、晋の国に捕らえられたその始めは、ぽろぽろと流れ落ちる涙で襟《えり》を濡らすほどだったというのに、その王の宮殿に行きつき、王と〔四角いわくの中で〕寝床を共にして、〔囲まれた中で飼育される〕家畜を食べるに及び、すっかりその後には、かえって泣いたことを後悔したという。

そうして死んでいく者（彼女）が、その始めの〔艾での〕生き方を断絶してしまったことを悔やんでなかったと、どうして予《わたし》がそれを知れるだろうか。

夢の中で、酒を飲んで〔楽しんで〕いた者が、朝には、〔辛い出来事に〕大声を上げて泣き、夢の中で、大声で泣いていた者が、朝には、〔楽しく〕狩りをしていることもある。

あてもなく進行する夢の中にいる時は、それが夢であることは知らずにいるものだ。

夢の中で、また夢占いをしていたりもする。

だが、目覚めてはじめてその後に、それが夢だと知ることができるものだ。

さらに言えば、大いなる目覚めもある。

覚めた後はじめて〔人生という〕大きな夢を見ていたことを知るのだ。

《愚者（鏡のような無我な心をもつ者）》こそが、自ずと目覚めるようになれるのは、人知れず内部から少しずつあたかも〔滋養物を〕竊《ぬす》み食いするかのようにして、これ（実態）を知るからだ。

君（主）と、牧（主を養うもの）が、それぞれもとからあるからだ。

丘（孔子）もお前も皆夢の中だ。

予《わたし》がお前を夢の中だと言うことも、また夢だ。

こういったことは言うならば、
その名を《弔詭《ちょうき》（特異な弔いごと）》と言えよう。

長い時を経た後、大聖なるものと一たび遇し（出会ってペアのように歩み）、これ（聖なるもの）がどういうものか紐解くことを知った者は、これこそ、明けても暮れても〔大夢を見ることなく〕、これ（聖なるもの）とずっと遇する（そっくりとなって歩む）ことになるだろう。」

▼予惡乎知說生之非惑邪

【予《われ》いずくんぞ生を説くことの惑にあらざるを知らんや。】

「生を説くことは惑（心が狭い枠で囲まれること）ではないと、どうして予《わたし》がそれを知れるだろうか。

＊【說（説）】は「言＋兌（ときはなす→人の着物をときはなすこと）」で、「いわれや理屈などをときあかした意見、主張」のこと。「よろこぶ」の意は、「悦」との通用。

＊【惑】は「心＋或（一区域を武器で守る）」で「心が狭いわくに囲まれること」。

◆通説では、【予《わ》れ悪《いず》くんぞ生を説《よろこ》ぶことの惑《まど》いに非ざるを知らんや。】は〔生を喜ぶことが惑い〔であるかも知れない、そう〕ではないとはわしには決められない。〕としています。

●新解釈では、【説】は「悦」を通用させたものではなく、「言葉で説き明すこと」という本来の字義で、そのまま「説くこと」としました。【惑】は「迷い」といったニュアンスではなく、原義の「心が狭い枠で囲まれること」と解釈すると納得がいきます。「生」におけるしがらみを「言葉で説くこと」で「心」を解放しようとすることが、意図とは違った形で反対に「心」においては「狭い枠で囲まれること」になるという皮肉な現実となってはいないと断言できるかどうか、どうしてわたしにわかるだろうかと反問しています。

> ▼予悪乎知悪死之非弱喪
> 而不知帰者邪

【予いずくんぞ死を悪《にく》むことの弱を喪《うしな》いて
帰るを知らざる者にあらざるを知らんや。】

死を厭うことは弱（柔らかな弾力性）が喪われ、〔魂のもといた所に〕帰ることを知らないでいることではないと、どうして予《わたし》がそれを知れるだろうか。

＊【弱（弱）】は「［弓＋彡］×2」で、もとは「模様や飾りのついた柔らかい弓」。
＊【歸（帰）】は、もと「𠂤（土盛りの堆積）＋帚（ほうき／清め）」。のちに、「止（あし）」が加えられたもので、「あちこち回ったすえ、落ち着き場所（定位置）にもどる」ことを表します。

◆通説では、【弱喪】を「幼いころに故郷を離れて」と解釈しています。

【予れ悪くんぞ死を悪《にく》むことの、弱喪《じゃくそう》して帰るを知らざる者に非ざるを知らんや。】は〔死を憎むことが、幼いころに故郷を離れて帰ることを忘れた者と同じで〔あるかも知れない、そうで〕ないとは、わしには決められない。」としています。

●【弱喪】は、「柔らかな弾力性を喪失して」と考えられ、【不知帰】の「帰ることを知らない」とは、物理的な場所（故郷）ではなく、「魂のもといた所に帰ることを知らない」という意味だと解釈しました。

▼ 麗之姫艾封人之子也
晋國之始得之也
涕泣沾襟

【麗《り》の姫《き》は艾《がい》の封人の子なり。】
【晋国の始めてこれを得るや、】
【涕泣《ていきゅう》して襟《えり》を沾《うるお》せるも、】

麗姫《りき》は、艾《がい》の国境を守る役人の娘だったが、晋の国に捕らえられたその始めは、ぽろぽろと流れ落ちる涙で襟《えり》を濡らすほどだったというのに、

＊【艾】は前にも説明しましたが、「艸＋乂（はさみでかりとること）」で、「よもぎ」「もぐさ」のことです。「草や邪魔者をかりとる」「反乱や賊を平らげて世の中を安らかにする」「やすんじる」「おさまる」意。

＊【封人】は「国境を守る役人」「防人」のこと。

＊【麗之姫】は『春秋左氏伝』に「晋の献公が麗戎《りじゅう》の国を攻めて麗姫を手に入れた」とあるようです。

＊【涕】は「水＋弟（上↓下につるの巻いた棒の低い所）」で、「なみだが上から下へ低くたれ落ちること」の意。

＊【沾】は「水＋占（しめる）」で、「ひと所に定着する」。

＊【襟】は「衣＋禁（ふさぐ）」で、「えり」の意の他「胸のうち」も表します。

◆通説では、【麗《り》の姫《き》は艾《がい》の封人《ほうじん》の子なり。晋国の始めてこれを得るや、涕泣《ていきゅう》して襟《えり》を沾《うるお》せるも、】は、〔麗《り》姫《き》は〔麗戎国の〕艾《がい》の地の国境役人の娘だが、始めて晋の国につれていかれようとしたきは、さめざめと泣き悲しんで涙で襟を濡らすほどであったのに、〕としています。

●【艾】は、単に地名と考えられているようですが、「野性的だが自然に沿った生活をしているところ」という意味が込められているのかもしれません。

▼
及其至於王所
與王同筐牀食芻豢
而後悔其泣也

【其の王の所に至り、】
【王と筐牀《きょうしょう》を同じくし、芻豢《すうけん》を食らうに及びて、】
【而る後に其の泣きしを悔いたり。】

その王の宮殿に行きつき、王と〔四角いわくの中で〕寝床を共にして、〔囲まれた中で飼育される〕家畜を食べるに及び、すっかりその後には、かえって泣いたことを後悔したという。

＊【筐】は「竹＋匡（中を空にした四角いわく）」で、「寝台」「竹かご」の意。

＊【牀】は「木＋爿（細長い台を縦に描いたもの）」で、「寝台」「台」「床」の意。

＊【芻豢】は、前にも登場したように「囲まれた中で飼育される家畜」のことです。

◆通説では、【其の王の所に至り、王と筐牀《きょうしょう》を同《とも》にして芻豢《すうけん》を食《く》らうに及びて、而る後にその泣きしを悔ゆ。】は「さて王の宮殿に行きついて王と起居を共にし、牛や豚の美食を口にするようになってからは、はじめに泣いたことを後悔したという。」としています。

●【牀】だけで「寝台」の意味があるのにわざわざ【筐】の字を加えているところから、その漢字のもっている「竹かごのような四角いわくの中の生活」というイメージがこめられているように思います。【芻豢】も「囲まれた中で飼育される家畜」という意味があることから、野生味を失った生活だということがうかがえます。肉体の快楽が優先するようになったということでしょう。

▼予悪乎知夫死者
不悔其始之蘄生

【予いずくんぞ、かの死者の】
【其の始めの生を蘄《か》るに悔いざるを知らんや。】

そうして死んでいく者（彼女）が、その始めの〔艾での〕生き方を断絶してしまったことを悔やんでなかったと、どうして予《わたし》がそれを知れるだろうか。

＊【蘄】は「艸＋單＋斤（きる）」で、「刈り取られた山ぜり」として使われる他は、「祈」との通用として「もとめる」の意だとされています。

◆通説では、【予れ悪くんぞ夫《か》の死せし者のその始めの生を蘄《もと》めしを悔いざることを知らんや。】は「あの死んだ人々も、その生きていた時に生を求めたことを後悔してい〔るかも知れない、そうで〕ないとは、わしには決められない。」としています。

●ここの【死者】は一般的な別の人々のことを指しているのではなく、【夫（かの）】という指示代名詞がついていることからして、「麗姫」が【死者】になる時のことを指していると解釈しました。そして、その【始】とは、「艾での（野性的だが自然で自由な）生活」を示し、【蘄生】でその「生き方」が、まるで「刈り取られた山ぜり」のごとく、「途中で切断されて、魂主体の生活ではなく、肉体主体の生活をしたこと」を、悔やんでいないと言えるかどうかはわからないではないか……と言っているのではないでしょうか。

▼ 夢飲酒者　旦而哭泣
夢哭泣者　旦而田獵

【夢に酒を飲む者は、旦にして哭泣《こくきゅう》し、】
【夢に哭泣する者は、旦にして田獵《でんりょう》す。】

夢の中で、酒を飲んで〔楽しんで〕いた者が、朝には、〔辛い出来事に〕大声を上げて泣き、夢の中で、大声で泣いていた者が、朝には、〔楽しく〕狩りをしていることもある。

＊【夢】は、「[蔑の上側]（羊の赤くただれた目）＋冖（おおい）＋夕（つき）」で「夜のやみにおおわれて、物が見えないこと」。

＊【哭】は「口×2＋犬」で、「大声でなくこと」。

＊【田獵（猟）】は「平地に人手を配して平らに押していくかりのこと」。

◆通説では、【夢に酒を飲む者は、旦《あした》にして哭泣《こくきゅう》し、夢に哭泣する者は、旦にして田猟《でんりょう》す。】は［夢のなかで酒を飲んで楽しんでいた者が、朝になると不幸な現実に泣き悲しみ、夢のなかで泣き悲しんでいた者が、朝になると楽しく狩りに出かけるということがある。］としています。

●ここは通説と大差ありません。

▼ 方其夢也　不知其夢也
夢之中又占其夢焉
覺而後知其夢也

【方にして、其の夢や、其の夢なることを知らず。】
【夢の中で又其の夢を占い、】
【覚めて後に其の夢なることを知る。】

あてもなく進行する夢の中にいる時は、それが夢であることは知らずにいるものだ。夢の中で、また夢占いをしていたりもする。だが、目覚めてはじめてその後に、それが夢だと知ることができるものだ。

＊【方】は、前に説明しましたが、「左右に柄の張り出したすき」を描いた象形文字。いろいろな意味がありますが、「あてもなく出歩く」「どこまでも広がる」意もあります。

＊【占】は、「卜（うらなう）＋口（場所）」で、「うらないによって、一つの物や場所を選び決めること」の意。

＊【覺（覚）】は「見＋［上部／両手＋交差するさま＋宀（いえ）／學の原字］（片方が教え、他方が受け

とるという交差が行われる家）」で、「見聞きした刺激が一点に交わってまとまり、はっと知覚されること」の意。

◆通説では、【方】は「あたりて」と読んでいます。

【其の夢みるに方《あた》りては　其の夢なることを知らず、夢の中で又《ま》た其の夢を占い、覚めて後に其の夢なることを知る。】は「夢を見ている時には、それが夢であることは分からず、夢のなかでまた夢占いをしたりして、目が覚めてからはじめてそれが夢であったことが分かるのである。」としています。

●【方】は「あてもなく進行する」という意と解釈しました。大意は通説と大差ありません。

▼　且有大覺
　　而後知此其大夢也

【且、大覚あり。】
【而る後此《ここ》に其の大夢なることを知る。】

さらに言えば、大いなる目覚めもある。覚めた後はじめて「人生という」大きな夢を見ていたことを知るのだ。

◆通説では、【且つ大覚《たいかく》ありて、而る後に此れ其の大夢《たいむ》なることを知る。】は「〔人生も同じことだ。〕本当の目覚めがあってこそ、始めてこの人生が大きな一場の夢であることが分かるのだ。」としています。

●大意は通説と大差ありません。

▼而愚者自以爲覺
竊竊然知之

【而して愚者は自ずと覚を為すを以て、】
【竊竊《せつせつ》然としてこれを知る。】

《愚者（鏡のような無我な心をもつ者）》こそが、自ずと目覚めるようになれるのは、人知れず内部から少しずつあたかも〔滋養物を〕竊《ぬす》み食いするかのようにして、これ（実態）を知るからだ。

＊【竊】は、もと「穴＋廿＋米＋〔集まる小虫の意の字〕」で、「穴にしまった米を小虫がひそかに食う」「外からは見えない内側を空にする」→「ぬすむ」「ひそかに」という意味です。

◆通説では、【愚者（者）】は一般的な尺度における「おろかもの」とされています。

それ故、【而るに愚者は自ら以て覚めたりと為し、竊竊然《せっせつぜん》（察察然）としてこれを知る。】は、「それなのに、愚か者は、自分では目が覚めているとうぬぼれて、あれこれと穿鑿《せんさく》してはもの知り顔をして、」とかなり原文とはかけ離れたような意訳をしています。

●【愚】に関しては、前にも説明しましたが、荘子は一般的な「おろか」という批判的なニュアンスは一切もっておらず、積極的に肯定的な意味をもっているものとして用いているのです。「禺」は「そっくりなもの」という意味がこめられていると説明してきましたが、【愚者】は「そっくりな心をもつ者」ということになります。つまり「そっくりの姿を映しとる鏡のような無我な心をもつ者」と解釈しました。

【而して愚者は自ずと覚を為すを以て、】は、「《愚者》こそが、自ずと目覚めるようになれる」と言っているのであって、「うぬぼれる」などとはどこにも書いていません。どうして「自ずと目覚めるか」は、【竊竊《せつせつ》然としてこれを知る】つまり、人知れず内部から少しずつぬすみ食いするかのようにするため、実態を知るからだ……と言っているようです。言葉を「食べる」という概念でとらえることが重要だと言ったのは、このためです。なぜそれで「目覚める」のかは、次の言葉にヒントがあるようです。

▼君乎牧乎　固哉

【君や牧や、固《もと》よりかな。】

君（主）と、牧（主を養うもの）が、それぞれもとからあるからだ。

＊【君】は前にも説明しましたが、「口＋尹（手＋一印／上下を調和する働き・神と人の間をとりもつ）」で、後に「人々に号令して円満周到におさめまとめる人」となったものです。

＊【牧】は「牛＋攴（動詞の記号）」で、「牛を繁殖させる行い」を示します。「かう（家畜を飼う）」「まき・まきば」「養う」「自分の人格・教養を豊かにする」意味もあります。

＊【固】は、ここは「もとより」「もちろん」「固定して決まっている」意を示すことば。

◆通説では、【君】や【牧】を貴賤のある他人のこととし、【固哉】は「固陋《かたくな》なことだ。」としています。

【君たらんか牧たらんかと。固《こ》なるかな。】は「君主だといっては貴び牧人だといっては賤しんで差別する。固陋《かたくな》なことだ。」としています。

●【君乎牧乎】は、他人のことを言っているのではなく、ましてや「差別する」などどこにも書いていません。自分の中の【愚者】が「ひそかにぬすみ食いすること」がどうして「夢」から「目覚めること」になるのかを説明しているのです。

【君】というのは、喩えて言うならば、「種」の中で「胚」と呼ばれる小さな部位に当たり、天からの生きるための青写真を授かった主要な存在だと言えそうです。一方【牧】は【君】を養うための滋養物がたっぷりとつまっている「胚乳」と呼ばれる部位に相当するものだと喩えられそうです。まだ「種」である間は【君】も可能性の「夢」を見ている者にすぎず、種という姿を維持したまま変わらない状態でいるのです。ところが【君】は愚者のようになって、【牧】（胚乳）の栄養（滋養物）を「ぬすみ食い」することによって、種の「夢」が消え、天から授かっている青写真が「現実」になるべくして発芽という《目覚め》が起きるのです。このように、一人の人間の中には、【君】と【牧】という「主体として生きるもの」と「滋養物として食われて姿を消す（死んでいく）もの」という別々の存在がある……と言っているようです。【固哉】は、「それぞれもとからあるからだ」としました。つまり、一人の人間の中に、もともと絶対的に違う役割をもつものが存在している……と言っているのでしょう。

▼ 丘也與女皆夢也
予謂女夢亦夢也

【丘や女《なんじ》はともに皆夢なり。】
【予《われ》の女《なんじ》を夢と謂うのも亦夢なり。】

丘（孔子）もお前も皆夢の中だ。
予《わたし》がお前を夢の中だと謂うことも、また夢だ。

◆通説では、【丘《きゅう》と女《なんじ》と皆夢なり。予れ女に夢を謂うのも亦た夢なり。】は［孔丘もお前も皆夢を見ているのだ。そして、わしがお前に夢の話をしているのも、また夢だ。」としています。
●通説と大差ありません。

▼是其言也　其名爲弔詭

【是、其の言や、其の名を弔詭《ちょうき》と為す。】
こういったことは言うならば、その名を《弔詭《ちょうき》（特異な弔いごと）》と言えよう。

＊【弔】は「棒につるが巻きついたさま」で「上から下にたれる」意を含み、「天の神が下界に恩恵をたれること」→転じて「他人に同情をたれること」、また、「死んだ人に対する悔やみを述べる」ことにも使われます。
＊【詭】は「言＋危（変にとがった、並はずれてきつい）」で、「普通のものとちがうさま」「特異であるさま」を表しています。
◆通説では、【弔】は「テキ」と読んで、無上至極の意、と説明しています。しかし、辞書にはその音と意味は入っていません。
【是れ其の言や、その名を弔詭《てきき》と為す。】は［こうした話こそ、それを名づけて弔詭《てきき》（――すなわちとても変わった話）という。」としています。
●【弔詭《ちょうき》】とは、「数々の《夢》を見ている《自我》が死んで（消えて）いくことに弔意を示し、それが

《無我》ににになって甦って《目覚めていく》という天からの恩恵をたれるという、普通考えられないような特異な話」といったようなニュアンスでしょうか。

▼萬世之後而一遇大聖　【万世の後にして、大聖と一遇して、】
知其解者　【其の解を知る者は、】
是旦暮遇之也　【是、旦暮にこれに遇するなり。】

長い時を経た後、大聖なるものと一たび遇し（出会ってペアのように歩み）、これ（聖なるもの）がどういうものか紐解くことを知った者は、これこそ、明けても暮れても（大夢を見ることなく）、これ（聖なるもの）とずっと遇する（そっくりとなって歩む）ことになるだろう。」

*【遇（遇）】は「辵（足の動作）＋禺（よく似た相手、二つのものがペアをなす）」で「二つのものが歩み寄り、ふと出あってペアをなすこと」。

△また「禺」のつく字が出てきました。【遇】は定説では「出会う」ことに重点が置かれていますが、新解釈では「歩く」ことに重点があり、「ペアとなり一体となって歩む」という意味が含まれていたのではないかと推察しました。

*【聖（聖）】は「耳＋呈（まっすぐに述べる・まっすぐにさしだす）」で「耳がまっすぐに通ること」「わかりがよい」「さとい」などの意。「おかしがたくおごそかなさま」「その道で最高にすぐれた人」「この

上なくすぐれている」などの意。

＊【解】は「角＋刀＋牛」で、「刀で牛のからだをばらばらに分解すること」。「とく」「ときあかす」「とける」「さとる」などの意。

◆通説では、【万世の後にして一《ひと》たび大聖の其の解を知る者に遇《あ》うとも、是れ旦暮《たんぼ》にこれに遇うなり。】は〔この話の意味が分かる大聖人に〔めぐり会うのはむつかしいことで〕、万代もの後に一度めぐりあったとしても、それは朝晩に会っているほど〔の幸運〕なのだ。〕としています。

●【大聖】とは、「大聖人」のことではなく、「大いなる神聖」という意味で、訳は「大聖」のままにしました。【遇】の一般的意味は「出会う」ことですが、新解釈で述べたように、「ペアとなり一体となって（そっくりに）歩む」こととしました。

☆夢から目覚めるためには、どうやら《愚者》がからんでくるようです。

「生を説くことは惑（心が狭い枠で囲まれること）ではないと、どうして予《わたし》がそれを知れるだろうか。

――しばらくすると、丘のほうから山林に向かって、小さな旋風がやってきました。老木の太い幹のウロからは、「クルクル」とも「ホロホロ」とも聞こえるような、そんな歌声を伴いながら、続く話がこぼれてきました。

「お前さんに限らず、あの先生をはじめ、丘にいるような者たちは皆、口々に《生》を説きたがるものだ。《生きている意義はこれこれだ。》《生きているからいろんなことを知ることができる。》《生きているから成長できる。》《生きているから様々な活動ができる。》《生きているから楽しめる。》などなど、そうやって、《生》の中にだけに焦点を合わせてあれこれ説き始めるものだ。

だがな、そうやって《生》を説き明かすことによって、外的には活動が盛んになるかも知れないが、内的には次第に《こう生きるべきだ》《ああ生きなくてはならない》《生きている証に何かを成し遂げなくてはいけない》など、まさに生きる者の《心を狭いわくで縛り付けていくこと》になってはいないと言い切れるかどうか、わかったものではないぞ。

死を厭うことは、弱（柔らかな弾力性）が喪われ、〔魂のもといた所に〕帰ることを知らないでいることではないと、どうして予《わたし》がそれを知れるだろうか。

――《生》を受けたものは必ず《死》が訪れる。だが誰もが、《死ぬのはいやだ。》《死ぬのは怖い。》《死の時のことなど考えたくもない。》などと《死》を忌み嫌うものだ。だから、《死》の足音が聞こえ始めても、《いかに死んでいくか》に心を馳せるようなことはしないものだ。かたくなに《生》にしがみつくかのように《死》から気をそらすようにし、自然の流れに逆らい続けようとするものだ。そのため自然に元に戻ろうとする《弾力性を喪う》ことになるのだ。そうなると常に何かをすることによって気をまぎらわせていないと落ち着かなくなるのだ。《帰るところ》とは、《魂のもといた場所》だが、それがどこにあるのか迷うだけになってしまうかもしれないな。

生きている限り、何かを《すること（doing）》が問題となる。だが、《死》を境にしてそれは持っていけないものだ。だが、魂の存在（バイブレーション）として《あること（being）》は《死》を境にしても継続しているものかもしれない。もしそうなら、生きている間に《すること（doing）》を通して、どれだけ魂に

《あること（being）》を定着させたかによって《心の落ち着き場所》つまり《魂のもといた場所》を見出すことができるかもしれない。あるいはそうでないかもしれないが、それに関して、私はどちらとも言えない。《死》を厭うことは、死に際の自然に起こるバイブレーション……つまり、柔らかな弾力性による振動を喪うことになるのだ。そうなると死にゆく者の心が落ち着ける振動に帰ってくることができなくなると言えるかもしれないし、そうでないかもしれない。さて、事実はどうなのだろう。

麗姫《りき》は、艾《がい》の国境を守る役人の娘だったが、晋の国に捕らえられたその始めは、ぽろぽろと流れ落ちる涙で襟《えり》を濡らすほどだったというのに、

――なあ、カササギくん。もしお前さんが、誰か知らない者に捕まえられて、見知らぬ土地に連れていかれ、カゴの中に閉じ込められたなら、その始めにはショックで騒ぎ暴れて逃げようとしないか？　麗姫のように涙を流すことはないかもしれないが、悲痛な思いで、鳴き叫ぶかもしれないね。」

カササギは何も言いませんでしたが、うなずいて老木の話を聞いていました。

その王の宮殿に行きつき、王と〔四角いわくの中で〕寝床を共にして、〔囲まれた中で飼育される〕家畜を食べるに及び、すっかりその後には、かえって泣いたことを後悔したという。

――「だがな、もしその飼い主が、大きなカゴの中に入れ、毎日お前さんの美しい姿を愛でてくれ、雑食のお前さんの食べていた木の実や昆虫よりももっとおいしい、食べたこともないご馳走を、毎日たっぷりと準備してくれるとしたらどうだろう？　もう自分で、死なないようにと必死で自分で餌を探し求めて飛び続ける必要がなくなるのだ。また、雌のカササギと一緒に暮らすことになって、ヒナが生まれたとしても、カラスなどの天敵に襲われる心配もいらなくなるというものだ。安全なねぐらを約束され、ぐっすりと眠りにつけ季節ごとの移動や準備に忙しくすることもないような、そういった生活は慣れてしまえば反対に極楽に感じるようになって、はじめに騒いだことを後悔するのかもしれないな。麗姫も泣いたことを後悔したというのもありえることだ。」

そうして死んでいく者（彼女）が、その始めの〔艾での〕生き方を断絶してしまったことを悔やんでなかったと、どうして予《わたし》がそれを知れるだろうか。

――老木の話は続きます。

「カササギくんよ、自由に生活していた時は、常に《死》と隣り合わせに生きていたと言えるかもしれないね。でもカゴの中で生活するようになったら、《死》のことなどすっかり忘れてしまう甘い誘惑があると言えるかもしれない。そこにある日突然、老いか病気のせいで《死》の予感、その足音が聞こえてきたならば、どう思うだろう。急に不安になるか恐ろしく感じるか、その影におびえるようになるかもしれないね。そう、カゴは《死》のことを一時忘れさせることはできても、《死》から逃れられないことに変わりがないからね。《死》の訪れを感じ始める時、やり残したことはなかったと思えるだろうか。ああしておけばよかったのにと後悔の念が湧き起こらないだろうか。封印されたかのように使えなくなってしまった翼で思いっきり風を切って飛べなくなったことを無念に思ったりしないだろうか。逃げ出すことをあきらめていたことを悔いはしないだろうか。かつてその命を天にあずけ、草や木々の生い茂る丘で、身の危険を感じつつも、たくましく暮らしていた時のことを、想い出しはしないだろうか。

そういったことを考え合わせると、麗姫も逃げ出して元の生活に戻ることもできたかもしれないが、そういう生き方を選択しなかったわけだが、死んでいく時になってはじめて、もとの〔艾での〕生き方を断絶してしまったことを悔やんでなかったと言い切れるかどうか、誰にもわからないことだ。」

老木は西に傾く夕日に、長い影を落としていました。そうこうしているうちに、あたりはすっかり夕闇に包まれていました。鳥は、日が沈んでしまうとすぐに眠くなってしまうものです。古老の大樹に抱かれるようにして、カササギは古巣に帰ることもなく、知らぬまに心地よい眠りに誘われていました。

夢の中で、酒を飲んで〔楽しんで〕いた者が、朝には、〔辛い出来事に〕大声を上げて泣き、夢の中で、大声で泣いていた者が、朝には、〔楽しく〕狩りをしていることもある。

――翌朝、やさしい陽射しと、風に揺れる木の葉の音とに、カササギは起こされました。「おはよう、カササギくん。ゆっくり休めたのだろうか？　朝方、なんだか泣いているような鳴き声が聞こえてきたのだが……。」老木はやさしく尋ねました。

それに対し、カササギはとっさに「朝食を取りにひとっ飛びしてきます。」とだけ言って、東に向かって飛んでいきました。しばらくすると舞い戻ってきたカササギは嬉々として「あ～おいしかった」とご機嫌のようでした。

老木は「カササギくん、何か夢を見ていたのではないのかい？」と尋ねました。

それに対し、カササギは少々ばつが悪そうに、ごまかし笑いをしながら「はい、そのとおりです。実は、夢の中では生まれたてのヒナになっていたのです。親兄弟がみんな、遠くの方に飛び去り、空腹のままおいてきぼりにされて、どうしたらいいかわからずに、おもわず必死に鳴いてしまっていました。」と白状しました。

老木は言いました。「みんなそんなものだよ。夢の中で泣き悲しんでいる者が、朝には、狩りを楽しそうにしたりするものだよ。当然また逆のパターンもある。夢と現実は不思議な関係にあるものだ。

あてもなく進行する夢の中にいる時は、それが夢であることは知らずにいるものだ。

夢の中で、また夢占いをしていたりもする。

だが、目覚めてはじめてその後に、それが夢だと知ることができるものだ。

——あてもなく展開されていく夢の中にいる時は誰でも、まさにそれが《現実》だと思っているもので、夢の中だとは思ってもみない。そこでの泣いたり笑ったりは、実感そのものだからね。

その夢の中で、自分自身に自信がもてなくなったり、不安になったり、進む先の道に迷ったりすると、また夢占いをしたりして、人や棒に《おうかがい》を立てたりもする。《この夢は吉なのか凶なのか》とか、《この夢にどんな意味があるのか》とか、まったく意味のないことを真剣になってやっていることがあるものだ。

ところが、朝になって目覚めてはじめて《夢の中の自分》は《幻》で、《現実の自分》とは違うと気付くもんだよね。

さらに言えば、大いなる目覚めもある。

覚めた後はじめて〔人生という〕大きな夢を見ていたことを知るのだ。

——さらに言えば、人生における《大いなる目覚め》があるということを聞いたことがあるだろう。《大いなる目覚め》とは、《覚醒》とか《悟り》とか呼ばれることがある。その境地に至ってはじめて普通に目覚めて生活していると思っていることが、実は《大きな夢》だということを理解することになるのだ。

そのことを概念的には、もう既に《知ってる》と思っている人も少なくないだろうが、果たして、予想しているイメージと一致するかどうか、わかったものではないぞ。」

《愚者（鏡のような無我な心をもつ者）》こそが、自ずと目覚めるようになれるのは、

――老木の話は続きます。

「《愚者》の対極側にいるのは《賢人（知識人）》と言えるかもしれないな。彼らは《既知の箱》にたくさんの知識を詰め込んでいるかもしれないが、どんなにそれを増やしても《目覚め》は起きないのだ。彼らはもの知りだ。もちろん《目覚め》についての情報も知識としてもう《知っている》と言うだろう。我流の解説付きのラベルを張った言葉をたくさんもっている。だが、その解説は想像の中での自我による次元の低い歪められたものにすぎない。物知りは人から賞賛を受けるが、自分の中で何の変化も起こさないのでその《知》は眠ったままでいつも《夢》を見ているだけで、常に飢えを感じているものだ。彼らは寄せ集めてきた知識が指し示しているのは《卵》や《種》のようなものだと思ってもみない。

《愚者》は無我な状態で、心の鏡に映される入手した情報を手掛かりに、自分の中にあるのは《卵》や《種》のようなものだと認識するので、その実態はまだ《知らない》と言うだろう。彼は入手した言葉に反応して、自分の中に内在するそっくりな《卵》や《種》を探し出し、じっくり意識の温もりを当てて見守ってみるのだ。するとどうだろう、《卵》や《種》が、願望のような《飢え》を感じていることに気づくのだが、まだその正体は《知らない》ままだ。その《飢え》を満たすようにするうち突然、そこに《ヒナ》や《芽》といった実態が現れる。小さな《目覚め》だ。そうなってはじめて《卵》や《種》が、小さな《夢》を見ていたのだと悟るのだ。《愚者》はそういう形で自ずと《目覚め》、その言葉の指し示していた実態の正体をはじめてそこで《知る》ことができるのだ。

人知れず内部から少しずつあたかも〔滋養物を〕竊《ぬす》み食いするかのようにして、これ（実態）を知るからだ。

――《ぬすむ》という語のもつイメージを固定概念のみで考えるなら、すぐに《悪いこと》と決め込んでしまいがちだが、実際どうだろうか。確かに《物》に関してはそう言えるだろうが、《言葉》に限ってはどうだろうか。多かれ少なかれ、《言葉の伝達》《知識の継承》などの根底には、広い意味での《ぬすみ》なくしては、ありえないと言えないだろうか。つまり言葉を学ぶこと自体が《ぬすみ》と言えるのではないだろうか。とはいえ、まだピンとこないかもしれないな。

そこで紹介したいのは、『荘子・山木篇』の中にある、『君主は盗を為さず、賢人は竊《せつ》を為さず。』という下りだ。ポイントは《盗む》と《竊《ぬす》む》とどう違うかだ。両方とも《他人のものを自分のものにする》という意味を含むことになる。だから普通の解釈では、『君子は人のものを盗まず、賢人もこそ泥はしない。』としている。このように言葉を《盗む》とは自分なりの解釈をして《人の言葉を所有する》ことだ。だが、こんな下りの知識を所有してもどんな価値があるだろうか。とても食えたものではない下りだ。

一方、新しい解釈ができるかもしれない。言葉を《竊《ぬす》む》とは《中身をひそかにぬすみ食いすることで目覚める》ことだとして解釈したらどうだろうか。そこで先の下りを《食える》ように噛み砕くと、『君主は〔言葉を〕竊んで（中身をぬすみ食いして目覚めて）も盗まず（所有せず）、賢人（知識人）は〔言葉を〕盗んで（所有して）も竊まず（中身をぬすみ食いしないので目覚めない）。』ということにはなる。普通の解釈でのまったく《うまみ》がなかった話から、新しい解釈では《うまみ（意味）》のある話になり、その《中身を食える》ものになるという、この違いがわかるだろうか。

《愚者》はどうして《君》の《飢え》を満たすようにできたのか。なぜ《愚者》は自ずと《目覚め》が起きるのか。それは賢人（知識人）のように言葉を《既知の箱》に放置せずに、《竊竊然》としたからだ。つまり、植物で言うならば種の《胚》は夢を見ているが、《愚者》がその欲求の声に答え、《滋養になるもの、つまり胚乳を人知れず内部でこつこつと食い尽くしている状態》だったため、種の夢が終わり、発芽（実態を知る）という目覚めが起きたからだ。

君（主）と、牧（主を養うもの）が、それぞれもとからあるからだ。

——無我な《君（主）》は、天から授かった独自の青写真があるために、それを《現実のもの》にしたくて、可能性の願望的《飢え》を感じているのだ。それ故それに応えるべき《牧（養ってくれるもの）》を《食べたい》と望むのだ。

ところが《牧》となるべきものもそれぞれの願望があって自らは《食べられて死のう》とはなかなかしない無数の《自我》のようなものと言ってもいいかもしれないな。普通の《牧》になりたくない《自我》はどんなことを夢見ているかと言えば、お金持ちになりたい、衣食住において贅沢な生活をしたい、モテたい、異性を自分のものにしたい、セックスで快楽を味わいたい、愛されたい、もの知りだと思われたい、賢いと思われたい、人があっと驚くようなことがしたい、有名になりたい、多くの人から賞賛されたい、人より優位な立場に立って施したり教えたりしたい、それの見返りとして感謝されたい、多くの人と知り合いでいたい、人とおしゃべりしたい、勝負ごとや言いあいにどんな時でも勝ちたい、健康で長生きしたい、人間関係のしがらみに束縛されたくない、いつも楽しい気分でいたい、心身苦しみたくないなどといったような夢を見ているのだ。

一方、《君》はどんな夢をいだいているかと言えば、宇宙、自然の法則に則った人類の進化と発展に貢献したいといった言葉に集約できるかもしれない。人類のことを考えているので、自分の中で得た一歩一歩の光明への道しるべを他人にもシェアしたいとも願うものなのだ。すること（doing）に忙しくすることもあれば、在ること（being）にゆったりすることもある。時には言葉を用い、時には無言の存在感によって人に影響を与え、寿命は天にまかせ、バランスよく自分に役立つ知識と知恵を身につけ、議論をしても勝敗にこだわらず、社会の中に留まりつつも、独りであることに落ち着き、複雑に絡みついている人間関係のしがらみから逃れようとするのではなく、根気よくそれのからくりを紐解くことを楽しみ、心身の苦しみを避けて通ろうとすることなく、その味を噛みしめながら、それを乗り越える道を模索し、いかなる時も被害者意識はなく、自由を満喫するために全責任を負うといったようなことを夢見ているのだ。

一人の人間の中に、夢見る《食べる君》と夢見る《食べられる牧》はもともと決まったものとして別々に存在するのだ。」

丘（孔子）もお前も皆夢の中だ。

予《わたし》がお前を夢の中だと言うことも、また夢だ。

――老木の話は続きます。

「丘の先生やお前さんが、どんなに《既知の箱》に十把一からげに知識の量を増やそうとも、常に一種の《飢え・渇望》に苛まれ続け、心が落ち着かないでいるのはどうしてなのか、今なら少しはわかるのではないだろうか。《飢え・渇望》が続く限り、それは《必要》を満たす自らの《内》に既にあるものを《竊《ぬす》み食いしない》からだ。そうとも知らず、皆は《外》を巡って遥か彼方まで探し回ってそれを解決できるような情報をまだ知ろうとしている。それではいつまで経っても《夢の中》だ。予《わたし》がお前さんも《夢の中》だと言うこの話も、また《夢》の話で終わってしまうに違いない。」

カササギは、ゆうべの夢のことがまた浮かんできて、奇妙な感覚に襲われました。心の奥底のどこかが、《道》のことを知りたいと《飢えて渇望している》が、まだ満たされないで、老木に同意を求めて確かめようとしている自分がいることに気づいたからでした。つまり、あの《夢》の中で飢えたヒナであった自分の方が、より現実味を帯び、今、姿こそは成鳥である自分は、ある意味むしろ《夢》の中の仮の姿ではないだろうか、といった一種のめまいのようなものを感じたからでした。

こういったことは言うならば、

その名を《弔詭《ちょうき》（特異な弔いごと）》と言えよう。

——老木は話を続けました。

「《君（主）》という存在は天から永遠の命を授けられているかもしれないが、最初から確たるものとして認識できるものではなく、育てるのが難しい存在だ。成長した《君（主）》の《知》は計り知れないものになるかもしれないが、その前身は幼子であるかのように純粋無垢な、何も《知らない》と答えるような無我な者として存在していると言えるかもしれない。

一方、多くの《牧（自我）》はその場しのぎのようにして知識欲、食欲、セックス欲などを満たしながらも常に飢えと闘っているかのようだ。しかし、どうがんばってもこの《生》の期間の終わりを迎える時、全ては何ひとつ持って行けず死んでしまうものだということに本当は気づいているのだ。だから《死》を恐れて極力考えないでいようとし、長生きすることを望むようになるのだ。そうして自分が生きているという証を得ようと奮闘しているようだ。

だが、《半ば目覚めた自我》は、いくらがんばってもこのままでは、結局のところ《無駄死に》するだけだと悟るのだ。すると《無駄死に》したくないという願望が沸き上がる。《半ば目覚めた自我》は永遠の命が与えられていると思われる《君（主）》の望むことに加担しようと思いつくのだ。例えば自分の中に自然や宇宙の調和や進展などを基盤とするバイブレーションを身につけたいと考えたり、他人に真実に出会う幸福感をシェアしたいと願ったりする《君（主）》の役に立つ《牧》として《死んでいこう（食べられよう）》と覚悟を決めるかもしれない。この《自我の自殺》を決行した状態を名づけるなら《特異な弔いごと》と言えるかもしれないな。

生きている意味をつかむための本当の《目覚め》を望むのであれば、自分自身の《君（主）》のための《牧》となるべく《自我の自殺（死）》、つまり《特異な弔いごと》ということがキーポイントになるのだよ。言うは簡単なことだが、実際《自我》はよっぽどのことがなければ《自殺》しようなどとは考えないものだ。ただの《自我の死》は自己のアイデンティティの喪失に思えるため怖いのだ。《自我》がなくなれば《わたし》が生きている意味がなくなるのではないかと考えるからだ。だが、《君（主）》のための《自我の死》はまるっきり違うものだ。《自我》が《君（主）》の《牧》になるためには《自我の自殺》といった意識を通過しなければならないのだ。そこを通過した者だけが、《自我の死》の後に待っているのは、《無我となった牧の真実の生》だということを知ることができるのだ。《牧》が存在しているのは、三次元世界で豊かになるように自然（天）が《君（主）》をサポートする役割を与えているからだろう。《種》や《卵》の夢見の世界が完全に役割を終え死んでから、発芽や誕生を迎え、はじめて本当の《目覚めた》人間の生きている意味がスタートするのだ。《君（主）》は、《天》と《一》となってはじめて、《独自》の世界を生きることができると言えるだろう。

長い時を経た後、大聖なるものと一たび遇し（出会ってペアのように歩み）、
これ（聖なるもの）がどういうものか紐解くことを知った者は、
これこそ、明けても暮れても〔大夢を見ることなく〕、
これ（聖なるもの）とずっと遇する（そっくりとなって歩む）ことになるだろう。」

――なあ、カササギくん、真理を語るにあたり、世の中にはよく似た思想が存在することがあるが、《梵我一如》という言葉を聞いたことはあるだろうか。まあ、解釈は様々だが、それは古代インドにおけるヴェーダ哲学の究極の悟りとされる境地のことだ。どういうことかと言うと、個人の中に存在する《自我》を《幻（マーヤー）》と看破して、この宇宙に普遍的に存在する万物の原理・生命の源と考えられている《梵（ブラフマン）》と、唯一無二の《真我（アートマン）》とが本質的には同一であると《悟る》境地のことだ。宇宙と《わたし》は《一》であることを知ることにより、自由になり、苦が消え、永遠の至福に到達するとされている思想だ。《涅槃》や《解脱》とも言われることがある。

宇宙普遍の《梵（ブラフマン）》と《真我（アートマン）》が《一》であるとなると、人間の中の《真我（アートマン）》も不滅だと考えられ、生まれ変わりの思想もここから生まれてくることになるのだ。

違う思想を簡単に横滑り的に当てはめると言葉の罠に陥ることがあるが、仮に《大聖》は《梵（ブラフマン）》、《夢》は《幻（マーヤー）》、《君》は《真我（アートマン）》、《目覚め》は《悟り》と置き換えてみると、その共通点があることで多少は理解のためのヒントくらいにはなるかもしれないな。

仏教では、梵（ブラフマン）が人格をともなって梵天として登場するが、本来のインド思想にあっては、自然そのもの、あるいは遍在する原理、または真理を指していたのだ。同様に《大聖》を普通《大聖人》と解釈しているが、人ではなく《大いなる神聖》だと考える方が的を射ることができるかもしれないな。

自分の中の《愚者》は、小さな様々なものの真相（実態）を少しずつ確実に知っていくという意味においては、こつこつといわば《小聖》に出会ってそれに沿って歩んでゆくことになるかもしれない。内なる《愚者》がそうしたことを積み重ねてゆくならば、内なる《君（主）》は〔生まれ変わりながら〕長い年月の後に、一たび《大聖》に出会ってペアのように《一》となって歩むことによって、その聖なる宇宙的自然の原理を解き明かすことができたならば、《大いなる目覚め》が起き、人生における《大夢》が消え去ることになるだろう。つまり、朝晩を通してどんな時でも《大聖》と《わたし》が《一》となって一緒に歩む境地に至るのだ。そうした道の途にいる人をはじめて《聖人》と呼ぶことができるのだよ。」

カササギは、話を聞き終わると、自分が《聖人》のことを知ったかぶりしていたことを恥ずかしく思うのでした。そして一言「愚者のように心を鏡のようにした上で、竊竊然《せっせつ》とすることが目覚める秘訣か……」とつぶやいていました。

十一、無竟（終わりなき音楽）

既使我與若辯矣
若勝我　我不若勝
若果是也我果非也邪
我勝若　若不吾勝
我果是也而果非也邪
其或是也其或非也邪
其俱是也其俱非也邪
我與若不能相知也
則人固受其黮闇
吾誰使正之
使同乎若者正之
既與若同矣
惡能正之

既《つく》して我と若《なんじ》とを弁ぜしめんや、
若、我に勝ちて、我、若に勝たざれば、
若、果たして是《ぜ》にして、我、果たして非なりや。
我、若に勝ちて、若、吾に勝たざれば、
我、果たして是にして、而《なんじ》、果たして非なりや。
其れ或いは是にして、其れ或いは非なりや。
其れ倶《とも》に是にして、其れ倶に非なりや。
我と若と相知ること能《あた》わざれば、
則ち人固より其の黮闇《たんあん》を受けん。
吾、誰にかこれを正さしめん。
若に同じき者をしてを正さしめば、
既に若と同じで、
悪《いず》くんぞ能《よ》くこれを正さん。

使同乎我者正之
既同乎我矣
悪能正之
使異乎我與若者正之
既異乎我與若矣
悪能正之
使同乎我與若者正之
既同乎我與若矣
悪能正之
然則我與若與人
倶不能相知也
而待彼也邪
何謂和之以天倪（A～）
曰　是不是（A）
然不然（A）
是若果是也（A）
則是之異乎不是也（A）
亦無辯（A）

我に同じき者をしてこれを正さしめば、
既に我と同じで、
悪くんぞ能くこれを正さん。
我と若とに異なる者をしてこれを正さしめば、
既に我と若とに異なりて、
悪くんぞ能くこれを正さん。
我と若とに同じき者をしてこれを正さしめば、
既に我と若とに同じで、
悪くんぞ能くこれを正さん。
然らば則ち我と若と人と
倶《とも》に相知ること能《あた》わず。
而るに彼を待たんや。
何をかこれを和するに天倪《てんげい》を以てすと謂うや。
曰く、「是《ぜ》は不是《ふぜ》にして、
然《しかり》は不然《しからず》なり」と。
是《ぜ》にして若是《なんじ》を果たすならば、
則ち是《ぜ》の不是《ふぜ》に異なるや、
また弁なし。

然若果然也（A）
則然之異乎不然也（A）
亦無辯（～A）
化聲之相待（B～）
若其不相待（B）
和之以天倪（B）
因之以曼衍（B）
所以窮年也（～B）
忘年忘義
振於無竟
故寓諸無竟

然《しかり》にして若然《なんじ》を果たすならば、
則ち然《しかり》の不然《しからず》に異なるや、
また弁なし。
化声の相待つも、
若其《なんじ》れ相待てず。
これを和するに天倪《てんげい》を以てし、
これに因るに曼衍《まんえん》を以てする。
年《とし》は窮《きゅう》する所以《ゆえん》に、
年を忘れ、義を忘れ、
無竟《むきょう》に振るう。
故に諸を無竟に寓《ぐう》す。

徹底的に、我《わたし》とあなたとで弁論させたとして、
あなたが我《わたし》に勝ち、我《わたし》があなたに勝てなかったとしたら、
あなたは結果、是（正しい）となり、我《わたし》は結果、非（間違い）となるのだろうか。
我《わたし》があなたに勝ち、あなたが吾《わたし》に勝てなかったとしたら、
我《わたし》は結果、是（正しい）となり、あなたは結果、非（間違い）となるのだろうか。
そのある一方が是（正しい）で、ある一方が非（間違い）となるものだろうか。

その両方とも是（正しい）か、両方とも非（間違い）となるものだろうか。
我《わたし》にもあなたにも、二人ともお互いそれ（真実）を《知る》ということが不可能ならば、
つまり、人間はもともとの深い暗黒の闇を受け負っていることになる。
〔そうならないようにするために〕吾《わたし》は〔第三者となる〕誰かに、
これを正しく判定をさせることができるだろうか。
あなたに賛同する者に、これを正しく判定させようとしても、
つまるところ、あなたと同じなのだから、
どうやってこれを正しく判定することができるだろうか。
我《わたし》に賛同する者に、これを正しく判定させようとしても、
つまるところ、我《わたし》と同じなのだから、
どうやってこれを正しく判定することができるだろうか。
我《わたし》とあなたとに異論のある者に、これを正しく判定させようとしても、
つまるところ、我《わたし》とあなたとに異なるのだから、
どうやってこれを正しく判定することができるだろうか。
我《わたし》とあなたとに賛同する者に、これを正しく判定させようとしても、
つまるところ、我《わたし》とあなたに同じなのだから、
どうやってこれを正しく判定することができるだろうか。
そうだとすると、つまりは我《わたし》であれあなたであれ第三者であれ、

〔三人になっても〕誰も皆互いに〔真実を〕《知る》ということは不可能だ。
それなのに、まだ彼方の誰かを待つというのか。
こういったことを〔対立ではなく〕和する（異なるものをうまく配合する）のに天倪《てんげい》（天の絶妙なバランス）を用いると謂われているのだが、それは一体全体どういったことか。（A〜）
こういうことだ。「是（正しい）は不是（正しくない）でもあり、（A）
然（そのとおり）は不然（そのとおりではない）でもある」ということだ。（A）
是（正しい）として、あなたが是（正しい）の果てまで行くならば、（A）
つまりは、是（正しい）は不是（正しくない）と異なるはずが、（A）
〔実は異なることなく〕全く区別して言うことが無くなってしまうのだ。（A）
然（そのとおり）として、あなたが然（そのとおり）の果てまで行くならば、（A）
つまりは、然（そのとおり）は不然（そのとおりではない）と異なるはずが、（A）
〔実は異なることなく〕全く区別して言うことが無くなってしまうのだ。（〜A）
その声は、だんだん変化して対極の状態の言葉になることを待っているとしても、（B〜）
あなたは、そこに至るまで待っていられないかもしれない。（B）
これを和して（異なるものをうまく配合して）いくのに、天倪《てんげい》（天の絶妙なバランス）を用い、（B）
これに因るに、曼衍《まんえん》（果てしのない水のような変幻自在さ）を用いるのだ。（B）
年《とし》には、区切りの終焉があるがゆえに、（〜B）
年のことを忘れ、義（これでよしとするような折り目）を忘れ、無竟（終わりなき音楽のような状態）のままに、（内部で）振るえることだ。
それ故に、諸々を無竟（終わりなき音楽）に寓する（そっくりの仮の宿としてゆく）のだ。

★通説では、この章は十（章）の続きの話と解釈されています。それに際し、A～AとB～Bを入れ替えて解釈していますが、新解釈では入れ替えず、完全に、ここからまったく別の話（十一）として訳しました。理由は、長梧子の話の中では「予（われ）」と「女（なんじ）」という字で一人称と二人称を表していましたが、ここからは「我・吾（われ）」と「若・而（なんじ）」という字で話が展開されていている上、なにより も内容も連続性がなく、全く変わるからです。

▼既使我與若辯矣

【既《つく》して我と若《なんじ》とを弁ぜしめんや、】

徹底的に、我《わたし》とあなたとで弁論させたとして、

＊【既（既）】は「皀（ごちそう）＋旡（満腹でおくびの出るさま）」で、「ごちそうを食べて腹いっぱいになること」「限界にまでいく」↓転じて「すでに」の意となりました。動詞としての読みは、「つくす・つきる」です。

＊【使】は、使役文を構成します。

◆通説では、【既】は、「若」の意として、「もし」と読んでいます。【使】は使役として読んでいますが訳

していません。

【既《も》（若）し我れと若《なんじ》とをして弁ぜしめんに】は、「もしわしとお前とが議論をしたとして、」としています。

●新解釈としては、【既】はもともとの意味の「限界にまでいく」という意が含まれているものとして「徹底的に」と訳しました。【使】はここでは使役として用いているものと解釈しました。ただ言葉で是非論はすべきではないというのではなく、どこにたどり着くか、実際に意識的に限界まで試してみたら……と言っているようです。

▼
若勝我　我不若勝
若果是也我果非也邪
我勝若　若不吾勝
我果是也而果非也邪

【若、我に勝ちて、我、若に勝たざれば、】
【若、果たして是《ぜ》にして、我、果たして非なりや。】
【我、若に勝ちて、若、吾に勝たざれば、】
【我、果たして是にして、而《なんじ》、果たして非なりや。】

あなたが我《わたし》に勝ち、我《わたし》があなたに勝てなかったとしたら、
あなたは結果、是（正しい）となり、我《わたし》は結果、非（間違い）となるのだろうか。
我《わたし》があなたに勝ち、あなたが吾《わたし》に勝てなかったとしたら、
我《わたし》は結果、是（正しい）となり、あなたは結果、非（間違い）となるのだろうか。

＊【勝（勝）】は「力＋朕（舟＋両手で持ちあげる）」で「たえる」意と「上に出る」意を含んで、「耐えぬいて他のものの上に出ること」。

◆通説では【若《なんじ》我れに勝ち、我れ若に勝たざれば、若果たして是《ぜ》にして我れ果たして非《ひ》ならんか。我れ若《なんじ》に勝ち、若吾れに勝たざれば、我れ果たして是《ぜ》にして若果たして非《ひ》ならんか。】は「お前がわしに勝って、わしがお前に負けたとすると、お前が正しくてわしが間違っていることになるのだろうか。わしがお前に勝って、お前がわしに負けたとすると、わしが正しくてお前が間違っていることになるのだろうか。」としています。

●「負ける」ではなく、「勝てなかった」としているところに、微妙に意図を感じます。「勝つ」といっても「勝負」をしようとしているのではなく、どちらが「勝《まさ》る」かに焦点を合わせているようです。「勝つ」＝「正しい」、「勝てない」＝「間違っている」という図式になるのだろうか……と、あらためて問いかけているようです。（【我】の中に、一字【吾】とありますが、誤字ではないかと思っています。）

▼ 其或是也其或非也邪
其倶是也其倶非也邪

【其れ或いは是にして、其れ或いは非なりや。】
【其れ倶《とも》に是にして、其れ倶に非なりや。】

そのある一方が是（正しい）で、ある一方が非（間違い）となるものだろうか。
その両方とも是（正しい）か、両方とも非（間違い）となるものだろうか。

＊【倶】は「人＋具（貴重な物＋両手）」で、「人々が共にそろって行動すること」→のち、副詞として使われるようになったものです。

◆通説では、【其の或《ある》いは是にして其の或いは非ならんか。其の倶《とも》に是にして其の倶に非ならんか】は［その一方が正しくて、他方が間違っているということになるのだろうか。それともそのどちらも正しいか、どちらも間違っているということだろうか。］としています。

●ここは、通説と大差ありません。

▼我與若不能相知也
則人固受其黮闇

【我と若と相知ること能《あた》わざれば、】
【則ち人固より其の黮闇《たんあん》を受けん。】

我《わたし》にもあなたにも、二人ともお互いそれを《知る》ということが不可能ならば、つまり、人間はもともと深い暗黒の闇を受け負っていることになる。

＊【黮】は「黒（黒の旧字体）＋甚（ふかい・ひどい）」で、「とても黒い、暗い」ことです。

＊【闇】は「門＋音（口をとじて声だけ出す、ふさぐ）」で、「入り口をとじて、中をくらくふさぐこと」です。

＊【受】は「爪（て）＋又（て）＋舟（音符）」で、「Aの手からBの手に落ちないように渡し、失わないようにうけとめるさま」「よい物をうけとる」という意もありますが、「ひどいめにあう」という意もあり

ます。

◆通説では、【人】を「第三者」と解釈し、【固】も【受】もあいまいなままです。【我れと若《なんじ》と相知ること能《あた》わず。則ち人固より其の黮闇《たんあん》を受けん。】は、「わしにもお前にも、判断することができない。してみると、第三者のばあいでもきっと解決できない暗黒の事態に迷いこむことになるだろう。」としています。

●【我と若と相知ること能《あた》わざれば、】は、弁論する「当事者の二人とも互いに《正しさ（真実）》を《知る》ことが不可能なものならば」という条件でしょう。ここの【人】は「第三者」のことではなく、「人間というものは」という意味だと解釈しました。【闇】だけでも「暗い」というのに、それ以上に【黮】の字が加わっていて、本当に「とても黒い、暗闇」をもとより受け負っていることになる……と言っているようです。

▼ 吾誰使正之

【吾、誰にかこれを正さしめん。】

〔そうならないようにするために〕《吾《わたし》》は〔第三者となる〕誰かに、これを正しく判定をさせることができるだろうか。

＊【正】は「一（目標）＋止（あし）」で「目標にまっすぐ向かい、一で止まる」「ただす・まっすぐにする」「まともな」「まんなかの」「まさに・ちょうど」。

◆【吾れ誰にかこれを正さしめん。】は、通説では「わしは誰にこれを判定させたらよいだろうか。」としています。

●ここの使役文の主語（わたし）は【吾】を用いて前文を受け、「そうならないようにするために」第三者を介入させたら問題解決するものかどうか言及しているようです。

▼
使同乎若者正之
既與若同矣　惡能正之
使同乎我者正之
既同乎我矣　惡能正之
使異乎我與若者正之
既異乎我與若矣　惡能正之
使同乎我與若者正之
既同乎我與若矣　惡能正之

【若に同じき者をしてを正さしめば、】
【既に若と同じで、悪《いず》くんぞ能《よ》くこれを正さん。】
【我に同じき者をしてこれを正さしめば、】
【既に我と同じで、悪くんぞ能くこれを正さん。】
【我と若とに異なる者をしてこれを正さしめば、】
【既に我と若とに異なりて、悪くんぞ能くこれを正さん。】
【我と若とに同じき者をしてこれを正さしめば、】
【既に我と若とに同じで、悪くんぞ能くこれを正さん。】

あなたに賛同する者に、これを正しく判定させようとしても、
つまるところ、あなたと同じなのだから、どうやってこれを正しく判定することができるだろうか。
我《わたし》に賛同する者に、これを正しく判定させようとしても、
つまるところ、我《わたし》と同じなのだから、どうやってこれを正しく判定することができるだろうか。

我《わたし》とあなたとに異論のある者に、これを正しく判定させようとしても、
つまるところ、我《わたし》とあなたとに異なるのだから、どうやってこれを正しく判定することができるだろうか。
我《わたし》とあなたとに賛同する者に、これを正しく判定させようとしても、
つまるところ、我《わたし》とあなたに同じなのだから、どうやってこれを正しく判定することができるだろうか。

◆通説では、【我れに同じき者をしてこれを正さしむれば、既《すで》に我れと同じ、悪《いず》くんぞ能《よ》くこれを正さん。我れと若とに異なる者をしてこれを正さしむれば、既に我れと若とに異なりて、悪くんぞ能くこれを正さん。我れと若とに同じき者をしてこれを正さしむれば、既に我れと若とに同じ、悪くんぞ能くこれを正さん。】は「お前と同じ立場の者に判定させるとすると、これはお前と同じなのだから、公正な判定ができるはずがない。わしと同じ立場の者に判定とすると、これはわしと同じなのだから、公正な判定ができるはずがない。わしともお前とも違った立場の者に判定させるとすると、これはわしともお前とも違うのだから、やはり公正な判定ができるはずがない。わしともお前とも同じ立場の者に判定させるとすると、これはわしともお前とも同じなのだから、やはり公正な判定ができるはずがない。」としています。

●ここは新解釈でも通説と大差はありませんが、否定形で話を進めるのではなく、疑問形に留めている点が違います。大したことではないと思うかもしれませんが、一貫して《我》の主張で話を進めるのではなく、いかなる時も、読者自身で考えるように疑問形にしているのだと思うので、大事なポイントです。

▼然則我與若與人
倶不能相知也
而待彼也邪

【然らば則ち我と若と人と
倶《とも》に相知ること能《あた》わず。】
【而るに彼を待たんや。】

そうだとすると、つまりは我《わたし》であれあなたであれ第三者であれ、〔三人になっても〕誰も皆互いに〔真実を〕《知る》ということは不可能だ。それなのに、まだ彼方の誰かを待つというのか。

◆通説では、【然らば則ち我れと若と人と、倶《とも》に相い知ること能《あた》わず。而《な》（寧）んぞ彼を待たんや。】は〔そうだとすると、わしもお前もそれから第三者も、皆〔正しいか間違っているのかの〕判断をすることはできないのだ。どうしてさらに他人に期待することができようか。〕としています。

●微妙な解釈の違いですが、【知ること能《あた》わず。】は、「〔正しいか間違っているのかの〕判断をすることはできない」というばかりではなく、「〔真実を〕《知る》ということは不可能だ」と言っているところがミソだと思います。弁論のはじまりは〔真実を〕《知る》のを目的としているはずが、決着がつかない是非〔正誤〕の判断をつけようとすることによっては、何人人を集めても、その目的〔《知ること》〕を果たすことは「不可能だ」……と言っているのだとみなしました。というのも、続く話で《知る》ことを「可能にする」道を指し示しているからです。

☆弁論はどんなにがんばっても、〔真実を〕を《知ること》に至ることができないようです。

徹底的に、我《わたし》とあなたとで弁論させたとして、

――ここは「もし議論するとして」といったいわば消極的な結果ではなく、あえて《吾》が《我》を行使して「徹底的に、弁論させてみる」という積極的に課題を与える使役文ととらえました。

「弁論」「弁舌」「議論」……そもそも、人はなぜ弁論しはじめ、他人と意見を闘わすようになったのでしょう。「ことの真実を確かめたい」という思いからはじまったのでしょうか。それとも、自分の考えの「正しさ」をアピールしたいという思いからでしょうか。教化や啓蒙を目的としてでしょうか。あるいは、感情的な反動からでしょうか。いずれにせよ、まず徹底的に二人で弁論させてみた結果どうなるか、検証してみようとしているようです。

あなたが我《わたし》に勝ち、我《わたし》があなたに勝てなかったとしたら、
あなたは結果、是（正しい）となり、我《わたし》は結果、非（間違い）となるのだろうか。
我《わたし》があなたに勝ち、あなたが吾《わたし》に勝てなかったとしたら、
我《わたし》は結果、是（正しい）となり、あなたは結果、非（間違い）となるのだろうか。

――二人の間で何が真実なのかの「弁論」が始まると、人は「勝ち」を意識し始めるものです。自分の優位を勝ち取るとはどういうことなのでしょう。弁が立つ方が自分の言葉を尽くして、相手を黙らせることができたら「勝ち」となるのかもしれません。言葉を失った者が「勝てなかった」者だということになりますが、その本人の中で、言葉に窮しても、自分が「負けた」のではなく、ただ「弁論」で相手が「勝《まさ》った」だけだという認識でいるのかもしれません。

真実を《知る》ことは難しいことです。単純に、「弁論」に「勝った」者が「正しい」かどうかわかりません。「弁論」に「勝てなかった」者が「間違っている」かどうかもわかりません。「勝った」者が真実を知っていて、「勝てなかった」者が真実を知らないとなるでしょうか。どうやら、「弁論」で言い比べて「正しさ」と「間違い」を決定づけることはできないということになりそうです。いずれにしても、「勝った」にしても「勝てなかった」にしても、論議の後には何らかの虚しさや後味の悪さといったようなものを感じることがあったりします。どうしてでしょうね。それは真実は言葉では言い尽くすことができないが故に、心の中に「明かり」が灯されるどころか、真実を《知る》ことのできない「暗闇」のままで気分が晴れないことが多いからからもしれませんね。

そのある一方が是（正しい）で、ある一方が非（間違い）となるものだろうか。

その両方とも是（正しい）か、両方とも非（間違い）となるものだろうか。

――そもそも、真実とはある一定の領域の区切りがつくところで、一方が「正しい」という見解になった場合、もう一方の言い分は「間違い」というふうに、分かれているものなのでしょうか。あるいは両方とも「正しい」と言えるものでしょうか。それとも両方とも「間違っている」と言えるものでしょうか。

何度もわかりやすい喩えとしますが、まだ地球が三次元の球体だと知らなかった時代に、二次元のある図法で描かれた地図は一方が「正しく」て、もう一方の違う図法で描かれた地図が「間違い」になるのでしょうか。それとも、それは両方とも「正しい」と言えるのか、あるいは両方とも「間違っている」と言えるか問うているようなものです。

真実は言葉で言い尽くすことのできない次元のことなのに、それを表現しようとすると、言葉という低次元で展開するしかありません。次元が違うということを認識しないまま、二人の言葉を闘わせてみても「真実」を判明のしようがないのかもしれませんね。

我《わたし》にもあなたにも、二人ともお互いそれを《知る》ということが不可能ならば、
つまり、人間はもともとの深い暗黒の闇を受け負っていることになる。

――真実を「知る」ということは、内部に光が差し込むかのようにして、「明るくなる」状態と言えるかもしれません。ところが、わたしとあなたという二者の間での弁論にどちらかが勝ったとしても、是非の判断などできるわけでもなく、結局真実を「知る」ことが不可能だということになれば、人間はもともとの「深い暗黒の闇」、つまり「無知」のままの状態を受け負うことになる……と言っているようです。

ここは「知ることが不可能ならば」という条件付けをしているところがミソかもしれません。（後から知ることが可能になる道を示唆しているからです。）言葉で表現できる次元と真実の次元は違うものだと言えるのです。真実の次元の的を射て「知る」に至れば「明るく」なるでしょうが、言葉の次元に留まって「知る」に至らなければ「真っ暗な闇を受け負っている」ということになるでしょう。

〔そうならないようにするために〕吾《わたし》は〔第三者となる〕誰かに、
これを正しく判定をさせることができるだろうか。

――ここは、二人の間で弁論し合っても埒が明かないような暗闇のまま終わらせるようにしないために、誰か第三者として入ってもらったらこれ（真実）を正しく判定させることができるかどうか検証してみよう……と言っているのでしょう。

あなたに賛同する者に、これを正しく判定させようとしても、
つまるところ、あなたと同じなのだから、
どうやってこれを正しく判定することができるだろうか。
我《わたし》に賛同する者に、これを正しく判定させようとしても、
つまるところ、我《わたし》と同じなのだから、
どうやってこれを正しく判定することができるだろうか。
――どちらかの見解に賛同している第三者が介入しても、多数決で正しさが判明できるわけではないので、意味をなしませんね。
我《わたし》とあなたとに異論のある者に、これを正しく判定させようとしても、
つまるところ、我《わたし》とあなたとに異なるのだから、
どうやってこれを正しく判定することができるだろうか。
――わたしとあなたとまったく違う独自の見解を持っている第三者、たとえば地図の喩えで言えば、「地球は四角四面のものではなく、円いのだ。」と言って、大海にとり囲まれた平らな円盤だと主張する者がいたしても、二次元の図面である限り全く同じレベルで、真実を正しく判定することはできないでいるようなものですね。
我《わたし》とあなたとに賛同する者に、これを正しく判定させようとしても、
つまるところ、我《わたし》とあなたに同じなのだから、
どうやってこれを正しく判定することができるだろうか。

——優柔不断な第三者、つまり、わたしの見解にも賛同したかと思えば、あなたの見解にも賛同する不可解な者がいても、矛盾をかかえたままでは、真実を正しく判定することはできないと言えるかもしれないですね。

そうだとすると、つまりは我《わたし》であれあなたであれ第三者であれ、〔三人になっても〕誰も皆互いに〔真実を〕《知る》ということは不可能だ。

——「第三者」を介入させても、所詮行き着く先では、何をもって「正しい」と言えるか、つまり「真実を《知る》」と言えるか、そういった問題を解決してくれそうにありません。

それなのに、まだ彼方の誰かを待つというのか。

——自分にとってまだ未知の「真実を《知る》」ためには、心の準備をして《待つ》という姿勢が必要なようです。「真実を《知る》」ために、いったい「何」を《待て》ばいいのでしょうか。普通の人は暗黒の闇を照らしてくれそうな「人」はなかなか見つかりそうもなく、そこで「真実を《知っている》」と思える師」になるような「人」に出会うことを《待っている》かもしれません。万が一、幸運にもしそんな「人」に出会ったとしても、師にできることは「道しるべ」や「ヒント」指し示すことができるだけで、結局は「他人」が《わたし》の中の暗黒の闇を照らすことはできません。つまり、どんな「人」を頼りに《待った》としても、「他人」に頼って《待っている》限り、「真実を《知る》」という「明かり」は灯らず、「暗い闇」のままと言えるかもしれません。

▼何謂和之以天倪

【何をかこれを和するに天倪《てんげい》を以てすと謂うや。】

こういったことを〔対立ではなく〕和する（異なるものをうまく配合する）のに天倪《てんげい》（天の絶妙なバランス）を用いると謂われているのだが、それは一体全体どういったことか。

＊【和】は既に述べたように、「口＋禾（粟の穂のまるくしなやかにたれたさま）」で、「円くかど立たない」意。「一緒にとけあう・成分の異なるものをうまく配合する」「プラスする」などを含みます。

＊【倪《げい》】は「人＋兒（泉門がまだふさがらない頭と足のついた幼児のこと）」で、「弱くて小さい」「小さな隙間からのぞく」などの意があります。

△【倪】は前にも出てきましたが、「幼児のような状態の柔軟さをもって、相反するもののバランスを保ち、パラドキシカルな要素を含み持ったようなこと」とでもいった感じでしょうか。

◆通説では、【何をかこれを和するに天倪を以てすと謂うや】（A〜）は、順番を入れ替えて【化聲之相待若其不相待　和之以天倪　因之以曼衍　所以窮年也】（B〜B）の後から訳されています。〔天倪ですべてを調和するというのはどういうことかというと、こうだ。〕としています。

●新解釈では、【何謂和之以天倪】は（A〜）の順番のまま、補足しながら説明すると、「〔暗闇に明かりを灯し、真実を《知る》ためには、〕こういったこと（是非）を〔対立で決着をつけるのではなく〕和する（異なるものをうまく配合する）のに、〔人を待つのではなく、自分に備わっている〕天倪《てんげい》（天の絶妙な配合のバランス）を用いると謂われているが、それは一体全体どういったことか。」と解釈しました。

▼曰 是不是
然不然

【曰く、「是《ぜ》は不是《ふぜ》にして、】
【然《しかり》は不然《しからず》なり」と。】

こういうことだ。「是（正しい）は不是（正しくない）でもあり、然（そのとおり）は不然（そのとおりではない）でもある」ということだ。

◆通説では、【曰わく、是《ぜ》と不是《ふぜ》と、然《ぜん》と不然《ふぜん》と】は、「善しという意見と善くないとする意見があり、またそうだとする意見と、そうでないとする意見があると、～」と、後に続く説明の前置きのような解釈をしています。（A）

●新解釈では、「『是（正しい）は不是（正しくない）でもあり、然（そのとおり）は不然（そのとおりではない）でもある』ということだ。」と、パラドックスを含むようなかたちで、【天倪】の典型的な特徴を端的にまず述べているものだと解釈しました。

▼是若果是也
則是之異乎不是也
亦無辯
然若果然也

【是《ぜ》にして若《なんじ》是を果たすならば、】
【則ち是《ぜ》の不是《ふぜ》に異なるや、】
【また弁なし。】
【然《しかり》にして若《なんじ》然を果たすならば、】

則然之異乎不然也
亦無辯

【則ち然《しかり》の不然《しからず》に異なるや、】
【また弁なし。】

是（正しい）として、あなたが是（正しい）の果てまで行くならば、
つまりは、是（正しい）は不是（正しくない）と異なるはずが、
〔実は異なることなく〕全く区別して言うことが無くなってしまうのだ。
然（そのとおり）として、あなたが然（そのとおり）の果てまで行くならば、
つまりは、然（そのとおり）は不然（そのとおりではない）と異なるはずが、
〔実は異なることなく〕全く区別して言うことが無くなってしまうのだ。

＊【果】は、「木の上にまるい実がなったさま」の象形文字。「はたす（結果が出るところまでやりとげる。終わりまでやりとおす）」などの意。

◆通説では、ここの【若】は、「もし」という仮定形として読まれています。【果】を「果たして」と読んでいますが、訳は曖昧になっています。

【是若《ぜも》し果して是ならは、則ち是の不是に異なるや、亦た弁なし。然若《ぜんも》し果して然ならは、則ち然の不然に異なるや、亦た弁なし。】は〔その善しとすることがもし本当に善いのなら、善しとする意見と善くないとする意見との相異は分別するまでもない〔明白な〕ことであるし、またそのそうだとすることがもし本当にそうであるなら、そうだとする意見とそうでないとする意見との相異は、これまた分別するまでもない

〔明白な〕ことである。〔だから善しとしたり善くないとしたり、そうだとしたりそうでないとしたりする意見は起こりようもないわけで、そうした対立を根本的に超えるのこそ、自然の平衡ですべてを調和させるということだ。〕」としています。（A）

●あくまで、ここで使われている【若】は、すべて二人称（あなた）で扱うことにしました。ここは真実を《知る》に至るためには、《他人》を待つのではなく、《若》《あなた》自身で果てまで行って確かめる必要があるのだ……と言っているのだとみなしました。

通説では【果】の意味も曖昧でしたが、新解釈では「果てまでいく」という意味としました。実際にそれをずっと突きつめて進めていくと、是非や表裏（反対のもの）が異なるものではないという自然の成り行きが理解できるようになり、そこには区別して言うことがなくなっていることになる……という意味にとらえました。これは単純な相対的な概念を捨てて、ニュートラルの状態で【若《なんじ》（あなた）】自身が実際にその道にそって歩んでいかないことにはわかりえない事実である……と言っているのではないかと思い、【若】を「なんじ」と解釈することが重要なカギを握っているのだとみなしました。

▼化聲之相待
若其不相待

【化声の相待つも、】
【若《なんじ》其れ相待てず。】

その声は、だんだん変化して対極の状態の言葉になることを待っているとしても、
あなたは、そこに至るまで待っていられないかもしれない。

◆通説では、【若】は「ごとし」と読んで、【化声の相い待つは、其の相い待たざるが若《ごと》し。】は〔「こうした当てにならない判断、つまり〕内容のないうつろい易い声に期待するのは、始めから期待をかけないのと同じ〔で無意味なこと〕だ。」としています。（B～）は（A～A）の前に訳しています。

●【化聲（声）之相待】というのは、議論で意味が固定しているような「言葉」ではなく、進行して対極のものにも変わっていく「音楽のような声」に喩えられるようなもので、前文の「是」が「不是」に、「然」が「不然」に変化していくということが可能になるのを「待っている」ようなものなのだ……と言っているようです。

【若】は「なんじ」の意を残しました。つまり「化していく声」は自然と「相対するもの」になるのを「待ち受けている」けれども、【若《なんじ》】（あなた）は、「相対するもの」はあくまで「異なる声」として固定していて、もし自然体なら音楽のように「変化する声」となるのだが、それを「待って」いられない状態にある……といった意味が含まれていると解釈しました。

「待つ」のは、前に出てきた「彼（彼方の正誤判断）」ではなく、自分（若《なんじ》自身）の中で確認できる「対極にまで変化していく声」だということです。それなのに【若】（あなた）はそれに気付くことなく、その変化をじっくりと「待つことができないでいる」かもしれない……と言っているのだと解釈しました。

▼和之以天倪
因之以曼衍

【これを和するに天倪《てんげい》を以てし、】
【これに因るに曼衍《まんえん》を以てする。】

これを和して（異なるものをうまく配合して）いくのに、天倪《てんげい》（天の絶妙なバランス）を用い、これに因るに、曼衍《まんえん》（果てしのない水のような変幻自在さ）を用いるのだ。

＊【曼】は「おおう印＋目＋又（て）」で、「長いたれ幕を目の上にかぶせて垂らすこと」を示します。
＊【衍】は「水＋行」で、「水が長く横にのびるさま」。
＊【曼衍】は「果てしがない・限りがない」「ずるずるとのびて広がるさま」の意。

◆通説では、【これを和するに天倪《てんげい》を以てし、これに因《よ》るに曼衍《まんえん》を以てするは、】は、［そこで天倪（すなわち自然の平衡）ですべてを調和させ、曼衍《まんえん》（すなわち極まりなき変化）ですべてをまかせていくのが〜］としています。（B）

●【曼衍】を日本語にするのも難しいところです。「果てや限りがない」とは、「時間の長さ・空間の大きさ」にも通じるもので、「水」の持っている特性や状態から、「流れ」「変幻自在さ」「柔軟性」などといったところの「無制限さ」をイメージできる言葉のようです。【これに因るに曼衍《まんえん》を以てする。】は、「これに因るに、曼衍《まんえん》（果てしのない水のような変幻自在さ）を用いるのだ。」ということで、「化声」をじっくりと待てるための秘訣のようなものと言えるかもしれません。

▼ 所以窮年也

【年《とし》は窮《きゅう》する所以《ゆえん》に、】

年《とし》には、区切りの終焉があるがゆえに、

＊【年】は「禾（いね）＋人」で、「穀物が熟す期間」「人に収穫される期間」。
＊【窮】は「穴（あな）＋躬（曲げる）」で、「曲がりくねって先がつかえた穴」。
◆通説では、【年を窮《きわ》むる所以なり。】は［天寿を全うする方法である。］としています。（～B）
ここまでが、（A～A）の前に訳されています。
●【年《とし》は窮《きゅう》する所以《ゆえん》に、】は前の文に続いているのではなく、後の文章に続いているのだと解釈しました。
よって、ここで区切って（A～A）の前に置く説はとりません。「定められた年に余儀なく起こる死という区切りの終焉が訪れるがゆえに」……と言っているようです。

▼ 忘年忘義

【年を忘れ、義を忘れ、】

年のことを忘れ、義（これでよしとするような折り目）を忘れ、

＊【忘】は「心＋亡（人がL印の囲いに隠れて姿をみせなくなること）」で、「心中から姿を消してなくなる、つまり、わすれる」の意。

＊【義】は「羊（かたちのよいひつじ）＋我（ぎざぎざとかどめのたったほこ）」で、「かどめがたってかっこうのよいこと」などの意。

◆通説では、【年を忘れ義を忘れて】は［こうして年齢のことを忘れ（て死生にとらわれず）、義理を忘れて（善し悪しにとらわれず）、］としています。

●年を重ね肉体は死ぬことになるということを忘れ、生に折り目をつけることも忘れ、水のように途切れることなく変化することが、精神的にいつまでも潤いを保つ秘訣で、生死をも超えた生きた方だ……と言っているようです。「曼衍」のどこまで行ってもその軌道は滑らかで、曲線美を感じるような生き方に対して、【義】はギザギザの折れ線で角目をつけていく生き方という対比できるイメージが浮かんできます。

▼
振於無竟
故寓諸無竟

【無竟《むきょう》に振るう。】
【故に諸を無竟に寓《ぐう》す。】

無竟（終わりなき音楽のような状態）のままに、（内部で）振るえることだ。
それ故に、諸々を無竟（終わりなき音楽）に寓する（そっくりの仮の宿としてゆく）のだ。

＊【振】は「手＋辰（ふるう・ふるいおこす）」で「ふるえ動く」「手でふるう」。
＊【竟】は「音＋人」で、「音楽のおわり」「楽章の最後」を示すものです。
◆【無竟《むきょう》に振《ふ》るう、故に諸《こ》れを無竟に寓《ぐう》す。】は、通説では［無限の境地で自在に活動することになる。

そこで、すべてをこの対立のない無限の境地におくのだ。」としています。

●【振】は、「ふるまい（活動すること）」といったニュアンスではなく、内的な「振動《バイブレーション》」そのものを指しているものと解釈しました。【無竟】は「音楽の終わりのない状態」のことでしょう。どこにも折り目をつけず、無限に湧き出してくる言葉（声）で尽きることなく詩《うた》を歌っているかのごとく、複雑な旋律の中に一つのテーマが見え隠れする、「終わりなき音楽」のような振動だと解釈しました。

☆《知る》ということは、言葉の意味を理解することだけではないがために、それだけでは真実にたどり着くことはできないのかもしれません。いわば次元の違う魂をも含めた全身全霊で、内部で鳴り響いている「終わりなき音楽の振動に共振する」かのごとくすることではじめて《知る》に至ることができるのかもしれません。

こういったことを〔対立ではなく〕和する（異なるものをうまく配合する）のに天倪《てんげい》（天の絶妙なバランス）を用いると謂われているのだが、それは一体全体どういったことか。

――【天倪】について、『荘子・寓言篇』の中では、次のように書かれています。

卮言《しげん》（自由自在の言葉）が日々に出《い》でて、和するに、【天倪】を以てするのでなければ、いったい誰が、その久（曲がるがゆえにずっと長く続くこと）を得られるだろうか。万物は皆種なのだ。同じではない形を以てして、互いに譲ってゆき、始めと卒《おわり》は、環のようになるも、その倫（並べられるような同じもの）を得

ることは無いのだ。これを天均と言うが、天均とは【天倪】のことでもある。

＊「均」は、「土＋匀（手をひと回りさせた姿＋＝印／全部にそろえて平均させること）」で、「土をならして全部に行き渡らせること」。「ひとしい（全部に公平に行き渡っているさま）」などの意。

「始めと卒《おわり》は、環のようになる」というのをイメージで言うとメビウスの輪のようなものが思い浮かびますね。一方を表（善し）、もう一方を裏（悪し）とすることなく、この二つの見解を「和して」、全体として両方バランスよく合わせ持つというのが「天倪」と言えるかもしれません。表現（言語）の次元でフォローするためには、矛盾ではなく、パラドックスと考える方が理解しやすいかもしれませんね。それがさらに次元を高く変えてみることが可能になった時、はじめて見える「真実」には矛盾もパラドックスもなくなっているると言えるでしょう。

相反する見解を「是非（正誤）の対決」で決着をつけるのではなく、両方を「和する（異なるものをうまく配合する）」ことがキーポイントになるでしょう。それには「天倪」という（自分に備わっている）「天から授かった絶妙なバランス」を用いることだと言われているようですが、それがどのようなことなのか、次に説明しているようです。

こういうことだ。「是（正しい）は不是（正しくない）でもあり、
然（そのとおり）は不然（そのとおりではない）でもある」ということだ。

――再度、次元を下げて、地図と地球の喩えで考えるならば、例えば「一番遠いは一番近い」というパラドックスがあるとして、二次元の地図を赤道面をつなげるように三次元の環にしてみた時、それはパラドックスではなく、実際に端と端（極東と極西）が接点となり、「一番遠いが一番近い」という「真実」への一歩になるのではないでしょうか。ただまだ円柱のままです。そこでまた「一番広いは一番狭い」というパラドックスも、紙の上では作成が難しいですが、頭の中で球に近づく想定ができたなら、矛盾なく極地域が一点に絞り込まれる状態が生まれ、「一番広いは一番狭い」というパラドックスが解け、「真実」に近づくことになります。

地球儀の喩えは単純すぎて、かえって嘘くさくなるかもしれませんが、地の視点では矛盾やパラドックスにしか思えないことが、天の視点では対立なく受け入れられる例として、ヒントになるかもしれません。

是（正しい）として、あなたが是（正しい）の果てまで行くならば、
つまりは、是（正しい）は不是（正しくない）と異なるはずが、
〔実は異なることなく〕全く区別して言うことが無くなってしまうのだ。
然（そのとおり）として、あなたが然（そのとおり）の果てまで行くならば、
つまりは、然（そのとおり）は不然（そのとおりではない）と異なるはずが、
〔実は異なることなく〕全く区別して言うことが無くなってしまうのだ。

——仮に自分の《外》を旅する時、東に向かって進み続けたなら平面地図の東の果てまで行くならば、それは西に向うことと異なることがなくなるようなものなのです。自分が実際に歩いてみてわかることなのですが、実際《外》の世界で自分の足で確かめられないかもしれませんね。ところが、自分の《内》の意識での旅ではどこにでも行けます。というか、自分自身でしか旅できないのです。例えば《あなた》が「怒り」の

「果て」までもし行ったとしたら、そこで「愛情」に出会うかもしれません。「悲しみ」の「果て」までもし行ったならば、そこで「慈しみ」に出会うかもしれません。《あなた》自身が実際にその道にそって歩んでいかないことにはわかりえない真実がある……と言っているのではないかと思い、【若】を「なんじ」と解釈することが重要なカギを握っていると受け取りました。

その声は、だんだん変化して対極の状態の言葉になることを待っているとしても、
あなたは、そこに至るまで待っていられないかもしれない。

――実際に「自己観察」をすることができたならば、「変化する声」は、窮極的なところまで行って、ついには、その「対極」のものに自然とたどり着くことを知っているがために、そこに至るまで、じっと「待っている」ことができるのかもしれません。「何が正しいのか」……外側の彼方の人をいくら「待って」いても、それは無意味なことのようでした。そうではなく実際には自分の内側にある「是非や表裏がうまく調和して音楽のように流れていく声」の中にこそ、その真実の「実在」を見い出すことになるのかもしれないのです。

けれどもそれを知るには、徹底的な「自己観察」をする観照者がいなければわからないものなのです。ですから、せっかち屋は表層の言葉の意味だけで押さえて完結して、このように矛盾に思えるようなことは「理解」できないかもしれません。《あなた》の中に静かに観照する者がおらず、変化を「待つ」姿勢を保っていられないならば、「変わっていく声」を聞き逃してしまっているかもしれません。

これを和して（異なるものをうまく配合して）いくのに、天倪《てんげい》（天の絶妙なバランス）を用い、
これに因るに、曼衍《まんえん》（果てしのない水のような変幻自在さ）を用いるのだ。

――「天倪」をもって「和する」とはどういうことか……対極に至った「声」はそこに肯定（是）と否定（非）、プラスとマイナスのバランスをとって存在し、正負、雌雄の出会いが故にできる「種」のように第三のエネルギーを生み出す可能性を秘めていると言えるのではないでしょうか。

「曼衍」に「因る（身を委ねて乗っかる）」とはどういうことか……それは一つとして同じでない「声」にピッタリとそぐい、「種」からの変化、つまり、発芽、成長、開花、結実に喩えられるような「声（音楽）」で、時には、大きく、広く、深く、時には、小さく、狭く、浅く、どんな形になろうとも、その滑らかさはずっと一続きのままでいられるような、そんな水の流れのような融通自在な「声（音楽）」の上にゆったりと身を委ねて乗っかることで、精神的な命は生死を超えて果てなく続きゆくことになる……と言っているのかもしれません。

年《とし》には、区切りの終焉があるがゆえに、

――「年《とし》」には限りがあり、誰の肉体であっても必ず死という区切りがあるのですが、生ある限り有益に過ごし、さらに来世の存続のためにはどうしたらいいかということかもしれません。肉体の場合は必ず死という区切りの終焉がありますよと念を押し、その裏で「人間」というものは肉体だけではなく、心あるいは魂のような精神的なものは「年」とは無縁に生死を超えて存在できる可能性があるとほのめかしているようですね。

年のことを忘れ、義（これでよしとするような折り目）を忘れ、

――「年」をとることなど忘れ、やれこれが正しい、これは間違っているなど判断し続け、「義（ギザギザと生きていくこと）など忘れてごらん……と言っているようです。

無竟（終わりなき音楽のような状態）のままに、（内部で）振るえることだ。

――自然に従って生きるならば、人生は一つのテーマに沿って織りなされる音楽のようなものだと喩えることができるかもしれません。それはギザギザに区切られたものではなく、一続きの滑らかなものなのです。つまりそれはエンドレス、「無竟（終わりなき音楽）」なのです。その振動に全身全霊で「共振すること」によってはじめて得られる《知》もあるのです。

それ故に、諸々を無竟（終わりなき音楽）に寓する（そっくりの仮の宿としてゆく）のだ。

――それゆえに、諸々のことを、自己表現においても、止まることもなく、途切れることもなく、また過去にとらわれることもなく、未来にふりまわされることもなく、現在の「今ここ」の音を「無竟（終わりなき音楽）」として「寓する」……と言っているのではないでしょうか。その生き方は、常に一コンマの「仮の足場」として「暫定的」なものにしてゆくなら、諸々の言葉（音）は、一つの「旋律」を作り上げてゆき、「永遠の調べ」とも言えるような「終わりなき音楽」を奏でられるのかもしれません。

十二、かげ

罔兩問景曰
曩子行　今子止
曩子坐　今子起
何其無特操與
景曰
吾有待而然者邪
吾所待又有待而然者邪
吾待蛇蚹蜩翼邪
惡識所以然
惡識所以不然

罔兩《もうりょう》、景《かげ》に問いて曰く、
「曩《さき》の子は行《し》き、今の子は止まる。
曩の子は坐し、今の子は起《た》つ。
何ぞ其の特操《とくそう》なきや。」
景曰く、
「吾は待つ有りて然《しか》る者や。
吾の待つ所は又待つ有りて然る者や。
吾は蛇蚹《だふ》や蜩翼《ちょうよく》を待つや。
悪《いず》くんぞ然《しか》る所以《ゆえん》を識《し》らん。
悪くんぞ然らざる所以を識らん。」

罔両《もうりょう》（うすぼんやりとした精霊）が、くっきりとした景《かげ》に問いかけて言った。
「さきの貴方は歩いていたのに、今の貴方は止まっている。

さきの貴方は坐っていたのに、今の貴方は立っている。

どうして特定の操作をしないのですか。」

くっきりとした景は言った。

「わたしは、〔動作する体を〕待つ身であって、それに従ってそうしているだけの者なのだ。

ところが、わたしが待つところのその主（体）も、また何かを待つ身であって、
その何か（主）に従ってそうしているだけの者のようなのだ。

わたしが待っているところは、

〔喩えるなら、行動の起点となる〕蛇なら腹のうろこ、セミなら翅《はね》といったところだ。

どうしたらそうしているわけを識《し》ることができるのだろうか。

どうしたらそうしないでいるわけを識ることができるのだろうか。」

▼ 罔兩問景曰

【罔両《もうりょう》、景《かげ》に問いて曰く、】

罔両《もうりょう》（うすぼんやりとした精霊）が、くっきりとした景《かげ》に問いかけて言った。

＊【罔】は「网（あみ）＋亡（みえない）」で、「かぶせて隠すあみ」。
＊【兩（両）】は「左右両方が対をなして平均したはかり」を描いたもの。
＊【罔両】は「影のそばに生ずる薄いかげ」「山川の精」「山川の妖怪」。

＊【景】は「日＋京（小高い丘に建てた家）」で、「高く大きい」大きい」意を含む。「高く明るく大きい」↓「明暗がはっきりと分かれるもの」↓「明るい日影」。

◆通説では、【罔両】は「影のそばに生ずる薄いかげ」で、当然影の動きにつれて動く……と説明しています。

【罔両《もうりょう》、景《かげ》に問いて曰わく、】は［罔両《うすかげ》が影《かげ》にむかって問いかけた、］としています。

●【罔両】が「影のそばに生ずる薄い影」だとする説は、定説として完全に定着しているようです。しかし、それだとすると【罔両】は、【景】と行動において同じ動きとなります。そうなると主体性を問う次のような質問は生まれてこないのではないかと思います。よって別の存在だとみなすことが自然のように思い、「山川の精」の意味もあることから、ここでは「うすぼんやりとした精霊」としました。

▼
曩子行　今子止
曩子坐　今子起

【「曩《さき》の子《し》は行き、今の子は止まる。」】
【曩の子は坐し、今の子は起《た》つ。】

「さきの貴方は歩いていたのに、今の貴方は止まっている。
さきの貴方は坐っていたのに、今の貴方は立っている。

…………

＊【曩】は「日＋襄（間に割り込む）」で「中間に何日も割りこんで日が経たこと」。「さき」「以前」。

◆通説では、【曩《さき》には子《し》行き、今は子止まる。曩には子坐し、今は子起《た》つ。】は［「君はさきほどは歩いていたのに今はたち止まり、さきほどは坐っていたのに今は立っている。」としています。
●【曩】は字源の意味がわざわざ「何日も日が経たこと」という含みをもった語を選んだのか少し疑問が残るところですが、ここでは「さき」という意味として訳しました。【子】は「きみ」でいいようにも思いましたが、「敬称」だとみなし、「貴方」としました。

▼何其無特操與

【何ぞ其の特操《とくそう》なきや。】

どうして特定の操作をしないのですか。」

＊【特】は「牛＋寺」で「目立つ種牛」。↓「とくに、それだけ特出する」。
＊【操】は「手＋喿（木の上の三つの口／せわしない、やかましいこと）」で、「手先でやりくりする」「たぐり寄せる」「あやつる」↓転じて「みさお（自分の意志や主義・主張を貫いて、誘惑や困難に負けないこと）」の意。
◆通説では、【何ぞ】は反語とみなされ、「問いかけた」と言いながら、疑問形に訳されていません。【特操】の【特】は一の意。【操】は節操。心中に一定した守り所をもつこと。……と説明しています。
【何ぞ其れ特操《とくそう》なきやと。】は「何とまあ定まった節操のないことだね。」」としています。
●新解釈では疑問形として扱います。【操】は「みさお」（節操）の意味も含まれますが、それよりも、もともとの字義の「あやつる（操作する）」というところに意味があるものとして、【無特操】は「特定の操作をしない」としました。

> ▼景曰　吾有待而然者邪
> 吾所待又有待而然者邪

【景曰く、「吾は待つ有りて然《しか》る者や。
【吾の待つ所は又待つ有りて然る者や。】

くっきりとした景は言った。
「わたしは、〈動作する体を〉待つ身であって、それに従ってそうしているだけの者なのだ。ところが、わたしが待つところのその主（体）も、また何かを待つ身であって、その何か（主）に従ってそうしているだけの者のようなのだ。

◆通説では、【景曰わく、吾は待つ有りて然《しか》る者か。吾の待つ所は又待つ有りて然る者か。】は「影は答えた、「僕は〈自分の意思でそうしているものではなくて、〉頼るところ〈人間の肉体〉に従ってそうしているらしいね。〈ところが〉私の頼るところはまた別に頼るところに従ってそういているらしいね。」」としています。

●新解釈では、「操作なんてとんでもない」という理由を述べているものだと解釈しました。「景」という身の存在は「待つ身」であって、従属的存在だ言っています。ところが「待っているその主《ぬし》〈形ある肉体〉」もどうやら従属的な「待つ身」の存在で、何か別の主《ぬし》の意志に従ってそうしているようだという、ここの言葉がこの話のキーポイントだとみなしました。

▼吾待蛇蚹蜩翼邪

【吾は蛇蚹《だふ》や蜩翼《ちょうよく》を待つや。】

わたしが待っているところは、〔喩えるなら、行動の起点となる〕蛇なら腹のうろこ、セミなら翅《はね》といったところだ。

＊【蚹】は「虫＋付（ピッタリとくっつく）」で「（蛇の）下腹部のうろこ」のこと。

＊【蜩】は「虫＋周（音符／鳴く音から）」で、「せみ」のこと。

＊【翼（翼）】は「つばさ」を描いた象形文字。

◆通説では、ここの【蛇蚹】【蜩翼】は、「蛇・セミのぬけがら」として、「はかなく空虚なもの」の例えとして、解釈されています。

【吾れは蛇蚹《だふ》・蜩翼《ちょうよく》を待つか。】は、「僕は蛇の皮や蟬《せみ》のぬけがら〔のようなはかないのもの〕を頼りにしていることになるのだろうか。」としています。

■というのも、よく似た話が『荘子・寓言篇』の中にあるためだと思われます。

衆罔両、景に問うて曰わく、「若向《なんじさき》には附《ふ》（伏）して、今は仰《あお》ぐ。向には括《くく》りて、今は被髪《ひはつ》（ざんばら髪に）する。向には坐して、今は起《た》つ。向には行きて、今は止まる。何ぞや」と。景曰く、「叟叟《そうそう》（かまどに手を入れてかきまわすよう）たり。奚《なん》ぞ稍《こまか》（細か）く問うや。予《われ》は有れども其の所以《ゆえん》を知らず。予は蜩《ちょう》甲《こう》（セミの抜け殻）や、蛇蛻《だぜい》（蛇の抜けた皮）や、これに似て非なるものなり。火と日とに吾屯《あつ》（集）まり、陰《かげ》と夜とに吾代わる〔消える〕。彼〔火と日〕は吾が〔頼りにして〕待つ所以あらんや。而《しか》るを況《いわ》んや以て〔頼りにして〕待つ者〔かげの主〕あるをや。彼来たらば則ち我これと与《とも》に来たり、彼往《ゆ》けば則ち我これと与《とも》に往き、彼、強陽〔強くて陽気〕なれば則ち我これと与に強陽なり。強陽なる者、又た何を以てか問うことあらんや。」

○ここには「予は蜩甲《ちょうこう》や、蛇蜕《だぜい》や、これに似て非なるものなり。」とあります。ここの「甲・蜕」は、明らかに「ぬけがら」ですが、「待つ」対象ではなく、続く言葉は、「似て非なるもの」と文脈は違っています。全体を通して、この文章は別人の偽書のようなものではないかと判断しました。その理由は、ここの話のような深みを感じないからです。文字の一つ一つに重みを感じません。こんな短い文章の中に自称が「予」「吾」「我」と意図なしに別字になっていたり、「彼」が「主体〔かげの主〕」を受けているのではなく、景ができる現象の原因の「火と日」と解釈せざるを得ない感じがして、それだと話が表面的なもので終わります。景のできる仕組みの説明ということ以外、何の為の話なのか、その意図もくみ取れません。

●よって新解釈では、【蛇蚹《だふ》】【蜩翼《ちょうよく》】を「蜩甲《ちょうこう》」「蛇蜕《だぜい》」と同じ意味と解釈する説はとりません。【蛇蚹】【蜩翼】は、あくまでも「蛇の腹のうろこ」「セミの翅《はね》」とみなしました。「かげ」という存在の動きを《操っている〔ように見える〕》のは「蛇ならば腹のうろこ、セミならば翅《はね》」といったところで、「かげ」はその行動を待つだけの者なのだ……と言っているのだと解釈しました。

　つまり、「かげ」というものの特性というものは、〔人間に限らず生物全般において言えることは〕《操る》側ではなく、《操られる》側にある……と言っているようです。その行動の起点となる時を「待っている」

状態の者なのだ……と言っているのでしょう。

でも、《操る》側に見えた者（体）も実は《待つ身》で、結果《操られている》らしいと言っていましたが、真に《操る》者は別にいるようだとほのめかしているかのようです。

▼ 悪識所以然
悪識所以不然

【悪《いず》くんぞ然《しか》る所以《ゆえん》を識《し》らん。】

【悪くんぞ然らざる所以を識らん。】

どうしたらそうしているわけを識《し》ることができるのだろうか。

どうしたらそうしないでいるわけを識ることができるのだろうか。」

＊【識】は「言＋［弋（棒ぐい）＋Y型のくい／目印］＋口（音）」で、「目印や名によって、いちいち区別して、その名をしること」「特色によってそれと見わける」「物事の是非・善悪の見わけ方・判断のしかた・また、それをつかさどる心の能力」。

◆通説では、【悪《いず》くんぞ然《しか》る所以《ゆえん》を識《し》らん。悪くんぞ然らざる所以を識らん。】は【悪（悪）】を反語と解釈して、［さて、なぜそうなのか分からないし、なぜそうでないのかも分からないね。］と否定文にしています。

●【悪】は反語ではなく、反問ととらえるべきでしょう。つまり、「わからない」と否定しているのではなく、答えを出さずに罔両に反対に問い返す形をとるところがミソのようです。「しる」をここでは【識】

という字を使っているところにも意図を感じますね。「判断や行動を司る心の能力」という意味がありますが、「操っている主の行動の理由」を「認識・意識」できるだろうかと問題提起しているようです。

☆単なる影の話をしているように受け取られていますが、人間の「主体」はどこにあるのだろうかという奥深い疑問を投げかけているようです。

罔両《もうりょう》（うすぼんやりとした精霊）が、くっきりとした景《かげ》に問いかけて言った。

――「罔両」が、定説のように「影のそばに生ずる薄いかげ」だとすると、常に自分も「景（くっきりとしたかげ）」と行動を共にとる立場にあって、質問をする立場には立てないのではないでしょうか。

「罔両」には、「山川の精」という意味もあります。「精」というのははっきりとした存在ではなく「うすぼんやり」しているイメージです。自身が「うすぼんやり」しているため、自分では影といえるようなものは、ほとんど認識できない、ないに等しい存在だというお膳立てかもしれません。そこで、ここでは「うすぼんやりとした精霊」にとって、めずらしい存在として「はっきりくっきりしている景」に疑問に思ったことを質問をしたという設定ではないかと推察しました。

「さきの貴方は歩いていたのに、今の貴方は止まっている。

さきの貴方は坐っていたのに、今の貴方は立っている。

どうして特定の操作をしないのですか。」

――「子」には「男の子」の意味もありますが、呼びかけに使う時は「敬称」なので、「貴方」として丁寧語にしました。よって上から目線のような批判を投げかけたわけではないと思っています。
一貫性も主体性もないような動きを見て、ただひたすら《操られている》だけに思い、「どうして特定の（貴方自身の）《操作》をしないのか」という質問をしたのでしょう。

くっきりとした景は言った。「わたしは、〔動作する体を〕待つ身であって、
それに従ってそうしているだけの者なのだ。

――「かげ」という存在は、自分を《操る》ことは不可能な者で、ただひたすら《操られる》ことを待つだけの者にすぎない……と言っていることは、誰にでも容易に納得のいく答えです。

ところが、わたしが待つところのその主（体）も、また何かを待つ身であって、
その何か（主）に従ってそうしているだけの者のようなのだ。

――ただこの言葉は、普通の人の盲点となっているところをするどく指摘している視点かもしれません。
「景」の待っている《操っている》ところ（肉体の動き）も、実は《操っている》のではなく、また別の何かによって《操られる》ことを待っている者にすぎないようだ……と言っているのです。この一文で、では本当に《操っている》者はいったいどこにいるのだろう、実際いるのだろうか……という問題を提示しているようです。

わたしが待っているところは、
〔喩えるなら、行動の起点となる〕蛇なら腹のうろこ、セミなら翅《はね》といったところだ。

――「景」が「待っている」ところは、通説で言われているように「はかないもの」ではなく、明らかに「蛇なら腹のうろこ」、「セミなら翅」だとまではっきり言えるようです。でも、それらも「待つ身」なのだと言っています。蛇やセミは行動に表すために何を「待っている」のでしょう。その「うろこ」や「翅」に何を「待っている」のか尋ねてみたら何と答えるでしょうか。「食欲だよ」とか「安全だよ」とか「性欲だよ」とか、「本能」に基づく答えが返ってきそうです。では人間の場合はどうでしょう。人間も他の生き物同様に「本能」で終わる話でしょうか。

　どうしたらそうしているわけを識《し》ることができるのだろうか。
　どうしたらそうしないでいるわけを識ることができるのだろうか。

――「どうしたらそうしたり、そうしなかったりする理由を識ることができるのだろうか。」……と疑問を投げかけているようです。「なぜそうしたり、そうしなかったりするのはわからない」……と言っているのではないようです。

　人間の肉体に「何を待っているのか」「どうしてそうするのか」を聞いたらどう答えるでしょうか。結局は同じく「本能」と答える場合もあるかもしれません。その場合でも「無意識」の人と、「意識的」な人とでは何かが違います。前者は「そのわけは識らず」、後者は「そのわけを識っている」と言えるでしょう。また本能以外の行動している人であっても、やみくもな「無意識的」な行動に対しては「そのわけを識る（意識する）」ことはできないでしょう。なぜなら、主体性をもって動いているように思っていても、実は理由もわからず主体性などないに等しいまま行動しているのかもしれないからです。それは「景」同様な《操作不能な待つ身》に終わっているのかもしれないのです。

　ですが、人間ははっきりした「意志」をもって《操る》ことができる存在のはずです。はっきりした「意志」を自覚してはじめて、「意識的」な行動に対しては、「そのわけを識る」ことも可能になるかもしれません。

荘子は景の姿を借りて、我々に「意識的」に主体性をもって行動する主《ぬし》はいるのだろうかと問いかけているようです。人間の盲点になっているところに焦点を合わせつつも持論を述べることなく、質問という形で余韻を残して、各自で答えを導き出せと言っているようです。

十三、胡蝶の夢

昔者莊周夢爲胡蝶
栩栩然胡蝶也
自喩適志與
不知周也
俄然覺
則蘧蘧然周也
不知周之夢爲胡蝶與
胡蝶之夢爲周與
周與胡蝶則必有分矣
此之謂物化

昔者《むかし》、荘周《そうしゅう》、夢に胡蝶《こちょう》と為る。
栩栩然《くくぜん》として胡蝶なり。
自ずと喩《さと》りて志と適し、
周なることを知らざるなり。
俄然《がぜん》として覚《さ》むれば、
則ち蘧蘧然《きょきょぜん》とする周なり。
知らず、周の夢に胡蝶となるか、
胡蝶の夢に周となるか。
周と胡蝶とは則ち必ず分あらん。
此《ここ》にこれ物化と謂う。

昔、荘周《そうしゅう》は夢の中で、胡蝶（全身を大きく覆い尽くす蝶）になっていた。ひらひらと自由に舞い飛ぶ胡蝶だった。

自ずと喩《さと》った時の、心の向う志とピッタリと適合して、
自分が周であることなど知らなかった。
突然にして、はっと目が覚めたら、
そこにいたのは、振幅するように〔夢と現実を〕行き来する周だった。
さあわからないぞ、周の夢で胡蝶になったのか、胡蝶の夢で周になったのか。
周と胡蝶とが分かれていることは必至のことだ。
このことを「物化（物質は姿を変えるもの）」だと言っておこう。

▼昔者莊周夢爲胡蝶

【昔者《むかし》、荘周《そうしゅう》夢に胡蝶《こちょう》と為る。】

昔、荘周《そうしゅう》は夢の中で、胡蝶（全身を大きく覆い尽くす蝶）になっていた。

＊【胡】は、「肉＋古」で、「顎の下の肉が大きく垂れふくらむ」「大きく表面をおおい隠す」意を含み、「全体に大きくかぶさる」意です。また、「中国の北方や西方に住む遊牧民族の総称」、又は「その産物」も表します。

＊【荘（莊）周】は、姓は「荘」、名は「周」。荘子のこと。

◆通説では、【昔者《むかし》、荘周《そうしゅう》、夢に胡蝶《こちょう》と為る。】は［むかし、荘周《そうしゅう》は自分が蝶《ちょう》になった夢を見た。］としています。

●いろいろ調べてみたところ、【胡蝶】という名前の蝶がこの話以前に存在していたわけではなく、この名の由来はまさにこの話から固有名詞化したものだということのようです。ただの【蝶】でいいところを、わざわざ【胡蝶】というからには、そこに【胡】を意味あるものとしてあえて付け加えた意図を感じます。一つには「中国の北方や西方にいる蝶」とも考えられますが、それだけではわざわざ付け加える意味が乏しいように思います。それよりももう一つの「大きく表面をおおい隠す」とか「全体に大きくかぶさる」意を含んでいると考える方がこの話に深みを感じます。そこで、【胡蝶】は「全身を大きく覆い尽くす蝶」と補足しました。

▼ 栩栩然胡蝶也

【栩栩然《くくぜん》として胡蝶なり。】

ひらひらと自由に舞い飛ぶ胡蝶だった。

＊【栩】は「木＋羽」で「羽のように葉の飛び散る落葉樹」「くぬぎ」です。

＊【栩栩然】とは「羽のようにふわふわと飛ぶさま」。

◆通説では、【栩栩然】は『釈文』に「喜ぶさま」とあるため、「嬉しげに楽しむありさま」……と注釈がついています。

【栩栩然《くくぜん》として胡蝶なり。】は「楽しく飛びまわる蝶になりきって、」としています。

●【栩栩然】とは「羽のようにふわふわと飛ぶさま」を表すとされています。ここで表現されていることは、「喜ぶ」とか「楽しむ」といった主観的ニュアンスというよりも、それ以前の客観的な様子を表しており、わざわざ木へんが付いている【栩】の字を使っているところから考えると、固定されていた枝から解き放たれる「自由」になったさまを表しているのだと解釈しました。

▼ 自喩適志與
不知周也

【自ずと喩《さと》りて志と適し、】
【周なることを知らざるなり。】

自ずと喩《さと》った時の、心の向う志とピッタリと適合して、
自分が周であることなど知らなかった。

＊【喩】は「口＋兪（丸木の中をくりぬいた舟→じゃまな部分を抜きとる）」で、「疑問やしこりを抜き去ること」→「さとる」「たとえる」という意味です。
＊【適（適）】は前にも説明しましたが、「辶＋［啇の変形］（一つにまとめる、一本になった）」で、「ゆく・まともに向う」「思い通りの」「かなう」「ピッタリとあてはまる」などの意。
＊【志】は「心＋士（＝之：いく）」で、「心が目標を目ざして進み行くこと」。
◆通説では、【喩】は「愉」と通用して「たのしむ」「よろこぶ」意と解釈されています。【志】は訳されていません。
【自ら喩《たのし》（愉）みて志《こころ》に適《かな》うか、周なることを知らざるなり。】は「のびのびと快適だったからであろう。

自分が荘周であることを自覚しなかった。」としています。

●新解釈では、【喩】は「愉」と通用することなく、本来の意味「日常の邪魔な疑問やしこりが消え去って何かを喩《さと》った時」と解釈しました。その喩《さと》った時の解放感といったら、おもわず自ずと「飛びたい」という衝動に駆られるものなのです。胡蝶である自分は、心の向かう志にピッタリ適合して、思いっきりその喩《さと》った軽快さに舞い飛ぶことができ、自分が飛べない人間の周であることなど知らなかった……ということでしょう。

▼ 俄然覺
則蘧蘧然周也

【俄然《がぜん》として覚《さ》むれば、】
【則ち蘧蘧然《きょきょぜん》とする周なり。】

突然にして、はっと目が覚めたら、
そこにいたのは、振幅するように〔夢と現実を〕行き来する周だった。

＊【俄然】は、「平らに進んできた事がらが、急にがくんと変わった状態」です。
＊【覺（覚）】は、前にも述べましたが「見＋〔両手＋×印に交差するさま＋宀（いえ）〕」で、「見聞きした刺激が一点に交わってまとまり、はっと知覚されること」です。
＊【蘧《きょ》】は「艸＋遽（獣の奮迅する姿・不安定にうごく）」で、「（ゆらゆらする）かわらなでしこ」を指します。

◆通説では【蘧蘧然】は訳されていません。
【俄然《がぜん》として覚《さ》むれば、則ち蘧蘧然《きょきょぜん》として周なり。】は、「ところが、ふと目が覚めてみると、まぎれもなく荘周である。」としています。

●新解釈では、【蘧】は、獣で言うなら、駆ける時の脚の「交代交差」するような感覚、草で言うなら、風に揺れるかわらなでしこの振り子状の「ゆらゆら感」のような感覚のものとして、「自分」という「主」の感覚が、「胡蝶」と「荘周」との間で、「振り子のように何度も瞬間的に入れ代わっているさま」ととらえました。

▼不知周之夢爲胡蝶與
胡蝶之夢爲周與

【知らず、周の夢に胡蝶となるか、】
【胡蝶の夢に周となるか。】

さあわからないぞ、周の夢で胡蝶になったのか、
胡蝶の夢で周になったのか。

◆通説では、【知らず、周の夢に胡蝶と為るか、胡蝶の夢に周と為るか。】は「いったい荘周が蝶になった夢を見たのだろうか、それとも蝶が荘周になった夢を見ているのだろうか。」としています。

●微妙な違いですが、後から出てくる「物化」という言葉にも関係してくるように、どちらがどちらの「夢を見ているか」といった視点ではなく、どちらの夢でどちらの「物（胡蝶又は周）になったのか」と

いった視点に重点を置いているところがミソだと思います。

▼ 周與胡蝶則必有分矣　【周と胡蝶とは則ち必ず分あらん。】

周と胡蝶とが分かれていることは必至のことだ。

＊【必】は「棒を伸ばすため、両側から当て木をして、締めつけたさま」の象形文字。両側から締めつけると、動く余地がなくなることから、「ずれる余地がなく、そうならざるをえない」意を含んでいます。

◆通説では、【周と胡蝶とは、則ち必ず分あらん。】は［荘周と蝶とは、きっと区別があるだろう。］と推量形にしています。

●新解釈では、断定形にしました。

▼ 此之謂物化　【此《ここ》にこれ物化と謂う。】

このことを「物化（物質は姿を変えるもの）」だと言っておこう。

＊【化】は前にも説明しましたが、「左右に違った姿勢をした人」で、「姿をかえること」です。

◆通説では、【此れをこれ物化と謂う。】は［こうした移行を物化《ぶっか》（すなわち万物の変化）と名づけるのだ。」としています。

●この【物化】という概念をつかむのは少々難しいですね。夢の中では、「志とピッタリと適合していた」のは「胡蝶」という物質的な姿。ところが目が覚めた時には、人間の「周」という物質的な姿に変わっていたという事実。「周」の夢で「胡蝶」になっていたのか「胡蝶」の夢で「周」になっていたのか、惑うほど両者の存在感は五分五分に思えたようです。実質（本質）は何も変わることなく同じものなのに、「物質は姿を変えることがありうる」……と言っているようです。

☆「胡蝶の夢」はとても有名な話ですが、一般的解釈よりその奥はもっと深いもののようです。

昔、荘周《そうしゅう》は夢の中で、胡蝶（全身を大きく覆い尽くす蝶）になっていた。

――「荘周は胡蝶の夢を見た」というのと「荘周は夢で胡蝶になっていた」という文脈では、ちょっとしたニュアンスが違うように感じませんか。ましてや、胡蝶になっている時、「夢を見ている」という自覚は伴わないわけですから、夢を夢とは思わず「胡蝶になりきっていた」と言った方が実感に近い表現になるかもしれません。

「胡蝶」ということで、ただの「蝶」というよりも、実際の大きさのことではなく、存在感として、中身をすっかり覆い尽くす大きなものだと感じるような「蝶」になっていた……と言っているのではないでしょうか。

ひらひらと自由に舞い飛ぶ胡蝶だった。

──人間は誰しも、心のどこかで自分が「飛ぶ」ということに憧れを抱いているのではないでしょうか。何か、「自分」というのは外面の肉体では飛べなくても、内面の心などのようなものは飛んでいるという実感に近いものを感じ取っているからでしょうか。

単純に「楽しく飛びまわる」というのであれば、わざわざ「栩栩然」と言わずに、もっと他の漢字を当てて表現するのではないかと思います。「栩栩然」というからには、クヌギの葉の舞うイメージを伴っているのです。心身のしがらみから「解放された自由な状態」を形容していて、その心中は、ただ一時の軽い「楽しみ」というより、心底から湧き出る深みのある「軽やかさ」を秘めているように感じます。

自ずと喩《さと》った時の、心の向う志とピッタリと適合して、自分が周であることなど知らなかった。

──「自ずと喩《さと》りて志と適し、」という下りがなければ、通説など一般的に解釈されているような、「楽しく飛びまわる蝶になりきって、のびのびと快適だった」とか「心ゆくばかり空に遊んで」といった軽いタッチの表現（意訳）とみなすこともできるかもしれませんが、ここの意味はもう少し深みがある含みをもっていると解釈しました。

心の中である種の疑問やしこりが消えてなくなる時、つまり自ずと何らかのことを「喩《さと》った」時というのは、その解放感から思わず「舞い飛びたい」という衝動にかられるものです。それまでの重みが消え、自身が軽くなる実感を伴うからです。そんな時、胡蝶はその志とピッタリと適合して、こころゆくまで自由に「舞い飛ぶこと」ができる……と言っているものだと解釈しました。

もしそこに自分は人間の周だという認識が微塵でもあったなら、「自分は飛べない」という既成概念が働いて「思いのまま飛びたい」という志（心の衝動の目標）を実現させることはできなかったでしょう。それ故、胡蝶になりきっていた自分は、飛べない人間の周であることを「完全に認識してなかった」……と言っているのだと解釈しました。つまり、ただ「忘れていた」レベルのことではなく、「すっかり蝶に覆い尽くされていて、蝶以外のなにものでもない」というニュアンスに近い感覚だと思います。

突然にして、はっと目が覚めたら、
そこにいたのは、振幅するように〔夢と現実を〕行き来する周だった。

——自分は胡蝶だと思い込んでいたところが、突然目覚めて周だと気づいたものの、胡蝶と周とは、どちらが主体なのか意識が行き来する状態になったのでしょう。「蘧蘧然《きょきょぜん》とする」という表現により、風に揺れるかわらなでしこが振幅する時のように、しばらくの間夢と現実との間を何度も交差する意識状態を示しているのだと受け取りました。

さあわからないぞ、周の夢で胡蝶になったのか、胡蝶の夢で周になったのか。

——周の夢で胡蝶になったのか、胡蝶の夢で周になったのか、一瞬だけ逆転の発想が生まれたというのではなく、継続して意識が行き来する状態に陥ったことを形容しているのではないでしょうか。普通の人ならば、目覚めた瞬間だけ「胡蝶の夢で周になったのか」という発想も生まれることもあるかもしれませんが、時間が経てばすぐに、「周の夢で胡蝶になった」だけだということに落ち着くところでしょう。ところが、荘周は大真面目に、五分五分だと言っているのだと思います。

それはどういうことか、ちょっと別の角度で『奇蹟を求めて　～グルジェフの神秘宇宙論～』（P．D．ウスペンスキー著　平河出版社）より、簡単に要約した形で、次のような話を紹介したいと思います。

グルジェフは、催眠術をも使いこなせるグル（師）でしたが、ある時、こんな催眠術の実験をしています。被験者の一人は、社会的地位も重きをなしていた年配者で、自分や家族のこと、宗教や戦争のことについてなど、真剣に活発にしゃべる人でした。もう一人は、とても真面目な人間とは思えない若者で、馬鹿を演じたかと思えば、ことを複雑にした形式的な議論を果てしなくするような人でした。ところが、催眠にかけられた二人はまったく別人のようになったのです。

年配者は、それまで討論していた宗教や戦争などについて、何を尋ねられても、「よくわからない。興味がない。」と、黙りこんでしまうようになったのです。その時、誰かから「それならば、今、何を欲しているのか。」と尋ねられると、答えたのは、ティーカップを見ながら、「ラズベリージャムを少し……」と言うだけでした。

一方、若者はグルジェフの話を聞き、それから彼自身話しはじめました。弟子たちは互いに目を見合わせました。彼の声が違っていたからです。彼はある自己観察を、はっきりと、簡潔かつ明瞭に、余計な言葉や無節制でおどけた調子を全く交えずに語ったのです。また、若者は「なぜ、あなた方は彼に質問をするのか。」と声をかけ、そして「彼が眠っているのがわからないのか。」と言ったのです。誰かが「あなた自身もなのか?」と尋ねたところ、若者は、「私は反対に目が覚めたよ」と答えたのです。「どうしてあなたは目が覚めて、彼は眠ってしまったのか?」と尋ねられたものの、それには、若者も「わからない」と答えるだけでした。

さて、それについて、グルジェフの説明はこういうものでした。「人間は《人格》と《本質》とが別々に形成されており、通常生活において、《自分》と思って活動している《人格》を眠らせた時、《本質》がはじめて顔をのぞかせることもあるのだ。年配者の《人格》は、どんなに会話や感情形成、生活などで活躍していたとしても、実際、《本質》の中には、何も残っていなかったのだ。ところが、若者の方は、ふざけたり無駄なおしゃべりをしたりしてしまう性癖の《人格》を眠らせても、その背後に、よりものを知る《本質》がいて、代行したからだ。そして、実は、その《本質》の方が正当な権利をもっているのだ。」と。

催眠状態と睡眠状態とは同じではありませんが、おもしろい話だと思いませんか。単純に、「人格」が「周」で、「本質」が「胡蝶」だと当てはめることはできませんが、何が現実で何が夢なのか一筋縄では答えられないということになりそうです。
「胡蝶」でいた時の方が、「志に適していた」というからには、肉体より心を重んじる者にとっては、「胡蝶の夢で周になっている」という感覚も、ある意味リアリティを帯びてくるようにも思います。そのため、五分五分だと思ったのです。

周と胡蝶とが分かれていることは必至のことだ。

――人間という物質の「周」と、昆虫という物質の「胡蝶」とは、何の関係もない別々に分かれた存在であるということは必至の事実だ……と前置きをしているようです。

このことを「物化（物質は姿を変えるもの）」だと言っておこう。

――その「周（人間）」と「胡蝶」という別個の「物質」が、夢を介して「姿を変える」という「自己」の顕現の仕方の違いを示唆しているようです。「志」をもった「主体」となる「自己」の中で、「周」と「胡蝶」との存在価値が等しく感じられるくらい、夢の中での「胡蝶」の存在は大きかったのでしょう。「周」はもともと意識（心）の中では、何かを喩る度に「自由な空間での逍遥《しょうよう》」を体験していたに違いありません。しかし「周（人間）」である限りは飛べないというのが事実です。夢の中とはいえ、志とピッタリ適合して飛べたのは「物質的な飛べる胡蝶」に「姿を変えた」時だ……と言っているのです。してみると「胡蝶」という「物質」の夢で「周」という「物質に姿を変えた」とも言えるのではないかと思ったのでしょう。見えない「自己」はどちらも変わらぬ存在だという示唆を含めて、見える形の違う「物質は姿を変えること」があり、このような現象を「物化」だと言っておこう……としめくくっているのではないでしょうか。

「胡蝶の夢」といえば、一般的に流布している解釈は、「夢の中の自分が現実か現実の方が夢なのかといった説話」とか「現実と夢とが区別できないことのたとえ」とかとされています。この最後の「物化」という言葉を軽視（あるいは無視）して解釈しているようです。難解だからでしょう。通説では「物化」を「万物の変化」とか「事物の窮まりない変化」とか解釈されていますが、ここの「物」とは見える形の「物質」、つまり「周」か「胡蝶」かを指しているもので、見えないものの「志（本質）」は同じでも、「（見える形の）物質は姿を変えるもの」……と言ってるのではないでしょうか。「周」と「胡蝶」はどちらが「主体」なのか、つまり「本当の《自分》とは何者であるのか」という問題に一石を投じた話だったということになりそうです。

タオの風

～字源解釈による新説と自由展開で噛み砕く『荘子』斉物論篇～

2024年10月23日　第1刷発行

著　者　　吹黄

発行人　　大杉　剛

発行所　　株式会社 風詠社

〒553-0001　大阪市福島区海老江5-2-2 大拓ビル5 - 7階

Tel 06（6136）8657　https://fueisha.com/

発売元　　株式会社 星雲社（共同出版社・流通責任出版社）

〒112-0005　東京都文京区水道1-3-30

Tel 03（3868）3275

装　幀　　2DAY

印刷・製本　シナノ印刷株式会社

ISBN978-4-434-34667-5 C0010

乱丁・落丁本は風詠社宛にお送りください。お取り替えいたします。